Denise Linn

Die geheime Kraft der Träume

Denise Linn

Die geheime Kraft der Träume

Spirituelle Traumarbeit – Selbsterkenntnis – Heilung

Mit großem Traumlexikon

Aus dem Englischen von Claudia Fritzsche

KAILASH

*★ Dieses Buch widme ich David,
dem Mann meiner Träume, und
Meadow, meiner Traum-Tochter. ★*

Die englische Originalausgabe erschien 2009 unter dem Titel
»The Hidden Power of Dreams« bei Hay House Inc., USA.

FSC
Mix
Produktgruppe aus vorbildlich
bewirtschafteten Wäldern und
anderen kontrollierten Herkünften
Zert.-Nr. SGS-COC-1940
www.fsc.org
© 1996 Forest Stewardship Council

Verlagsgruppe Random House FSC-DEU-0100
Das FSC-zertifizierte Papier EOS für dieses Buch
liefert Salzer, St. Pölten.

1. Auflage
Deutsche Erstausgabe

Lektorat: Mareike Fallwickl
Satz: EDV-Fotosatz Huber/Verlagsservice G. Pfeifer, Germering
Druck und Bindung: GGP Media GmbH, Pößneck
Printed in Germany
ISBN 978-3-424-63015-2
www.kailash-verlag.de

Inhalt

Auf meiner Lebensreise
schwimme ich stromabwärts,
lese vieles in den Fluten auf: Glitzerkram,
Menschen, Orte, Dinge.

Doch was ich mit mir nehmen werde,
wenn es Zeit wird, den Strom zu verlassen,
ist kein Talmi,
es wird die Kraft meiner Träume sein.

Karl Bettinger

Was Ihnen dieses Buch bringt

Während unserer Lebensreise durch Zeit und Raum sind wir alle auf der Suche. Ihre Suche hat Ihnen dieses Buch in die Hände gelegt und wird Sie immer weiter durch Ihre persönliche Entwicklung führen. Mein Buch zeigt Ihnen, wie Sie über die Brücke Ihrer Träume das Reich jenseits des physisch erfahrbaren Raums betreten, wo Sie Antworten auf die Fragen in Ihrem tiefsten Inneren erhalten und so zur Selbsterkenntnis gelangen. Ich möchte Sie mit den notwendigen Informationen versorgen, mit deren Hilfe Sie zu Ihren eigenen, inneren Antworten kommen, die Sie nicht in irgendwelchen Lehren finden können, weil sie mit Ihren Gefühlen, Ihren Lebensmustern und Ihren Träumen verwoben sind.

Wie alles begann …

Träume sind die geheimnisvolle Sprache der Nacht. Jeden Abend, wenn die versinkende Sonne den Mond hervorgelockt hat, bringt unser Bewusstsein in seinem Schlummer eine goldene Ernte ein. Visionen aus dem rätselhaften nächtlichen Reich wurden als Botschaften der Götter betrachtet und haben seit jeher dazu beigetragen, individuelle Schicksale ebenso zu gestalten wie die Geschicke ganzer Nationen. Seit dem Anbruch der Zeit schlüpfen Traumweber durch den Riss zwischen den beiden Welten, um im inneren Raum umherzustreifen und die Gaben der Nacht einzuholen.

Diese geheimen Botschaften können Ihnen Ihre Zukunft vorhersagen, Ihre Vergangenheit offenbaren und Sie vor Gefahren warnen. Sie vermögen Ihnen kreative Inspirationen zu schenken oder Ihnen dabei zu helfen, Schranken und Barrieren in Ihrem Leben einzureißen. Träume können Ihnen Zutritt zu mystischen Gefilden verschaffen: zu Reisen in die innere Dimension und zur Zwiesprache mit geliebten Verstorbenen. Sie dienen als Ausgangspunkt für Nachtheilungen, Astralreisen und die Seelensuche.

Doch wir haben all das vergessen.

Träume gelten heute nur mehr als »Überbleibsel des Verstandes«, als »geistiger Datenmüll«. Wir wenden uns nicht mehr an die »Musen der Nacht«, ganz anders als die Menschen von einst. In jenen alten Zeiten, als der Mensch noch eng mit der Natur und ihren Zyklen verbunden war, lenkten Träume die Geschicke eines Stammes oder einer Kultur. Zu nächtlicher Stunde riefen die Menschen die Abgesandten der Nacht-Weisheit an und baten sie, ihnen innere Wahrheiten zu übermitteln, und diese ließen ihnen unschätzbar wertvolles Wissen zuteilwerden.

Doch wir haben all das vergessen.

Heute ist es üblich geworden, den Schlaf als eine Periode der »Unproduktivität« zu betrachten. Wir erkennen die Existenz von Träumen zwar an, doch selbst wenn wir uns an sie erinnern, betrachten wir sie nur äußerst selten als wertvoll oder als für unser Wohlergehen erforderlich – ganz im Gegensatz zu den *realen* Ereignissen unseres Alltags.

Wenn unsere Kinder schlecht geträumt haben, trösten wir sie gern mit den Worten: »Ach, das war doch bloß ein Traum«, und setzen uns leichthin über bedeutsame Botschaften aus den Tiefen ihres Seins hinweg – wir billigen Träumen bestenfalls die Qualität einer Art »innerer Datenverarbeitung« zu.

Doch da wir nun auf unserem Planeten in eine entscheidende Phase eingetreten sind, ist der Moment gekommen, die alten Erinnerungen mit neuem Leben zu erfüllen. Es wird zunehmend wichtiger, den »Träumer« in jedem von uns zu erwecken und dem »Orakel des Herzens« zu lauschen, um leichten Schritts in die vor uns liegenden Zeiten zu gelangen.

Meine eigene Traum-Reise

Meine eigene Reise ins Traumreich begann im Mittleren Westen – an einem Nachmittag im Frühsommer vor mehr als 40 Jahren. Es war ein herrlicher Tag, über den Feldern lagen die goldenen Schleier des Sommers. Zu beiden Seiten des Weges stand üppiges honiggelbes Korn auf den Feldern, als ich voll unbeschwerter Fröhlichkeit mein Motorrad über die Nebenstraßen unserer landwirtschaftlichen Gemeinde lenkte. Ich war 17. Plötzlich zerstörte eine Kugel aus dem Pistolenlauf eines Heckenschützen das sommerliche Idyll. Der unbekannte Angreifer hielt mich für tot und ließ mich liegen. In dieser einschneidenden Sekunde wirbelte mein Leben und alles damit Verbundene vor meinen Augen herum wie verrückt. Als ich wieder »zu mir kam«, war ich ein anderer Mensch.

Jemand, der zufällig vorbeifuhr, sah mich, verständigte einen Rettungswagen und ich wurde in ein nahe gelegenes Krankenhaus gebracht. Ich lag dort auf der Unfallstation und kämpfte mit stechenden Schmerzen, als die Qualen mit einem Mal abrupt endeten und mich eine tiefe Stille umfing. Eine samtene, milde Schwärze sank auf mich herab. War ich tot? Ich fühlte mich wie in einer schwarzen Kugel eingeschlossen. Plötzlich platzte diese »Blase«, und ich badete in strahlend hellem Licht. Eine Erfahrung ganz eigener Art – denn *ich selbst war* dieses Licht: ein alles durchdringendes Leuchten. Dann vernahm ich Musik, Klänge von nie gehörter Reinheit, die an- und abschwollen wie Wellen flüssigen Lichts, sie durchfluteten das Universum und waren herrlicher als jede Symphonie. Die Wogen der Harmonie erfassten mich, bis *ich selbst* diese Musik wurde. In diesem Moment bestand ich nur noch aus Licht und Tönen.

Es existierte nichts anderes mehr um mich herum, nichts, das nicht ich war. Ich besaß auch kein Zeitempfinden – ich kannte keine Vergangenheit und keine Zukunft. Alles war einfach »jetzt gerade«… und zur selben Zeit fühlte ich mich unendlich geliebt und liebend. Irgendetwas an dem Ort, an den ich gereist war, als ich meinen Körper verlassen hatte, erschien mir vertraut. *Ich wusste: Hier bin ich schon einmal gewesen.*

In jedem von uns lebt ein intuitives Gefühl von Liebe, es ist ebenso natürlich wie das Atmen und reicht weit hinaus über alle Grenzen, über alle Formen und Gestalten. Einem endlosen Meer gleich durchdringt es jede Zelle und jedes Molekül unseres Seins. Ich hatte ein tiefes inneres Empfinden, ein Bewusstsein dieser Art Liebe. Das war kein Zustand, in den man »hineingeht« oder »herausfällt«, es gab keine Trennung zwischen der Liebe und mir, kein »Ich-Sein« oder »Du-Sein«. Sie bestand einfach.

Da wurde mir klar, dass ich nach Hause gekommen war. Doch ganz unerwartet hörte ich eine tiefe und kraftvolle Stimme erklären: »Du darfst nicht hierbleiben. Es gibt für dich noch etwas zu tun.«

Als ich in meinen Körper zurückgezogen wurde, schrie ich: »Neeeiiinn!«

Später entdeckte ich die große Ähnlichkeit zwischen meinem Erlebnis und der vielen Menschen bekannten, sogenannten Nahtod-Erfahrung. In den Beschreibungen ist oftmals von einem sehr hellen Licht die Rede, von dem Gefühl tiefsten inneren Friedens und einer vagen Vertrautheit mit der anderen Sphäre. Wie auch immer Sie meine Erfahrung bezeichnen wollen – sie veränderte meine Realitätswahrnehmung jedenfalls für alle Zeit.

Meine Nahtod-Erfahrung entsprang einer mir völlig fremden Welt. Ich war das älteste von vier Kindern und meine Eltern hatten beide naturwissenschaftliche Berufe, mein Vater war Ingenieur und meine Mutter, sie war indianischer Abstammung, hatte in einer Drogerie-Apotheke gearbeitet. Meine ganze Jugend hindurch war ich fest davon überzeugt gewesen, es seien ausschließlich jene Dinge real, die man anfassen und anhand der wissenschaftlichen Gesetzmäßigkeiten beweisen kann. Nach dem Schuss auf mich suchte ich einen Weg, um meine Nahtod-Erfahrung mit meiner Vorstellung von der

Realität in Einklang zu bringen. Doch stattdessen fiel alles, was ich für wahr und wirklich gehalten hatte, allmählich in sich zusammen und an seiner Stelle erwuchs ein neues Weltverständnis. Wie es schien, nahm mein Leben eine völlig neue Wendung.

Während ich mich von meinen Verletzungen erholte, vernahm ich Musik, die außer mir niemand hören konnte, und empfand oftmals die Gegenwart sehr liebevoller geistiger Wesen um mich herum. Und ich erkannte, dass mein »Ich« von meinem Körper getrennt war. »Ich« war nicht mein Körper. Der Schuss hatte schwere körperliche Verletzungen und dauerhafte Schäden verursacht: Mein Körper hatte einen Teil der Milz, eine Nebenniere und eine Niere eingebüßt, Magen, Darm, Lunge und Zwerchfell waren ebenfalls betroffen; zudem ersetzte ein Plastikschlauch meine Aorta – doch »ich« war ganz geblieben. Eine wirklich verblüffende Erkenntnis, die mich mental bei meinem physischen Heilungsprozess unterstützte. Der Wandel vollzog sich sehr subtil, doch allein, dass ich begann, mich mit meiner spirituellen Essenz zu identifizieren – anstatt mit meinem physischen Da-Sein –, ließ mich schneller genesen. Meinen Verletzungen zum Trotz wurde ich sogar ganz außerordentlich gesund!

Zusätzlich gewannen meine Träume an Lebendigkeit und Bedeutsamkeit. Meine Berührung mit dem Tod ermöglichte es mir, in die Traumlandschaften längst vergessener innerer Dimensionen hineinzustolpern. Das alles war sehr seltsam und fremd für mich. Schließlich war ich ein Mensch, dessen Zugang zum Leben davor stets über die rein rationale Schiene geführt hatte. Doch obwohl meine Träume intensivere und sogar prophetische Züge angenommen hatten, waren sie keineswegs immer angenehm oder gar idyllisch. Wenn die Portale der Nacht sich für mich öffneten, drängten die lange Zeit zurückgehaltenen Bilder in Massen heraus. Oftmals waren diese Visionen angsteinflößend, dann wieder sorgenlindernd und zutiefst beruhigend. Manchmal erhaschte ich in meinen Träumen einen flüchtigen Blick auf jenen wundervollen, golden leuchtenden Ort, zu dem ich gereist war, als ich glaubte, gestorben zu sein. Doch wenn ich nach diesen blassen, umwölkten Bildern greifen wollte, schwanden sie dahin wie Nebelschleier. Mich zog es sehr dorthin zurück, doch war ich nicht bereit, dafür zu sterben.

Während dieser Zeit tauchte in meinen Träumen häufig eine schemenhafte Figur auf, die mich verfolgte und mich jagte. Oftmals lag ich danach lange wach, zu verängstigt, um wieder einschlafen zu können. Diese unheilverkündende, gestaltlose Kreatur spukte während der nächsten Jahre unablässig in meinen Träumen herum.

Ich schlug eine Journalisten-Laufbahn ein und nahm im Sommer 1969 an einer Konferenz für Berichterstatter in Osteuropa teil. Nach dem Höhepunkt dieser Veranstaltung beschloss ich, auf einer der zahllosen Inseln vor der Küste des ehemaligen Jugoslawien zu campieren. Ich brauchte all meine Überredungskünste, damit ein Fischer mich mit seinem Boot – wenn auch sehr widerwillig – zu einer wunderschönen, verlassen daliegenden Insel brachte. Als ich in der ersten Nacht in meinem Schlafsack lag, blickte ich in den Sternenhimmel und verlor mich dort in der Einsamkeit der Galaxis. Obwohl unendlich weit entfernt, schien Gott so nahe.

Am nächsten Morgen drang das Geräusch eines Flugzeugmotors in die sonnengesprenkelte Stille – es flog reichlich tief – zu tief, wie ich fand. Und ohne die geringste Vorwarnung wurde ein heftiges Gewehrfeuer auf mich eröffnet! Die Kugeln schlugen praktisch überall um mich herum ein oder prallten von Felsen und Bäumen ab. Hastig suchte ich Schutz und fand Unterschlupf unter einigen Büschen und Sträuchern. Das Donnern der Gewehrsalven dauerte an. Und dann endeten sie ebenso plötzlich, wie sie begonnen hatten. Von blankem Entsetzen erfüllt, kroch ich unter den Büschen hervor. Weshalb hatte wieder jemand auf mich geschossen? Ich verstand es nicht.

Es gelang mir, durch Winken einen vorbeirudernden Fischer auf mich aufmerksam zu machen, der mich fortbrachte und mir in gebrochenem Englisch erklärte, dass man mich keinesfalls auf diese Insel hätte bringen dürfen, da sie zum militärischen Sperrgebiet gehörte und gelegentlich vom jugoslawischen Militär für Schießübungen aus der Luft benutzt wurde.

Der nächtliche Schatten, der Heimsucher meiner Träume, verschärfte seinen Terror.

Ich kehrte in die USA zurück. Die Zeitung, für die ich arbeitete, schickte mich nach Chicago, New York und Washington D.C., von wo aus ich über die Protestkundgebungen gegen den Vietnamkrieg berichten sollte. In Washington lief ich bei einem Protestmarsch ganz vorn mit, als urplötzlich mit Gasmasken und Gummiknüppeln ausgerüstete Polizisten von überall her buchstäblich aus dem Boden wuchsen. Mit Tränen- und Pfeffergas hielten sie auf die vordersten Reihen der Demonstranten. Der Kontakt mit diesen extrem giftigen Gasen ist äußerst schmerzhaft, und es fühlt sich an, als versengten sie einem Haut und Augen. Zu meinen Füßen explodierten ganze Gas-Kanister. In diesen Lärm mischten sich die Schreie der in Panik geratenen Menge. Ich musste zusehen, wie Menschen in meiner Umgebung – unfähig, dem Druck der nachdrängenden Masse standzuhalten – von anderen, verzweifelt vor dem Gas fliehenden Menschen einfach überrannt wurden.

Doch so stürmisch meine Tage auch waren, die Nächte bargen noch größere Schrecken. Mein wachsamer nächtlicher Angreifer hetzte mich weiterhin wie ein Wolf seine Beute. Um meinen hartnäckigen mitternächtlichen Verfolger weiter in Schach zu halten, nutzte ich die Tagesstunden und arbeitete an meinem Umgang mit Gefahrensituationen. Ich nahm Karateunterricht und übte Fallschirmspringen. Während meiner journalistischen Arbeit erlebte ich die mit der Berichterstattung über Krawalle und Konfrontationen einhergehende Gewalt. Überdies hatte ich auch noch den Angriff eines mit einem Messer herumfuchtelnden Vergewaltigers abzuwehren.

Kurz nach dieser Attacke fiel mir ein Buch über den Zen-Buddhismus in die Hände. Ich fand die Gemeinsamkeiten zwischen den darin geschilderten Inhalten und meiner Nahtod-Erfahrung sehr ungewöhnlich und eindrucksvoll. Es war von Erleuchtung die Rede und davon, über die Grenze der linearen Zeit hinauszugehen. Es wurde beschrieben, wie die Erfahrung von *satori*, dem Erleuchtungserlebnis, es einem Menschen erlaubt, das große Licht zu sehen und sich mit allem eins zu fühlen, gleichsam mit dem Universum zu verschmelzen. Bei der Lektüre des Buchs fragte ich mich, ob es wohl möglich sei, noch einmal an den »golden leuchtenden Ort« zu reisen, ohne vorher sterben zu müssen. Nun war der Moment gekommen, mein Leben zu ändern, und ich wusste: Dies war der Zeitpunkt, mich auf die Suche nach jenem Land zu begeben, das jenseits dieser Realität lag und in das ich bei meiner Nahtod-Erfahrung vorgedrungen war. Eigentlich sollte mein Besuch in dem Zen-Kloster, in das ich mich Anfang der 1970er-Jahre zurückzog, nur von kurzer Dauer sein, eine »Stippvisite« – die sich auf mehr als zwei Jahre ausdehnte. Einen Großteil dieser Zeit verbrachte ich in der Lotosposition, den Blick auf eine Mauer geheftet, und das zwischen vier und 16 Stunden pro Tag. Weil man dabei leicht von Schmerzen und Müdigkeit abgelenkt wird, überwacht in einem Zen-Kloster üblicherweise ein Zen-Meister die Übung und schlägt dem Schüler mit dem *kyosaku*-Stock auf die Schulter, um seine Aufmerksamkeit wachzuhalten und ihn wieder »zu sich zu bringen«. Ein *kyosaku*-Stock ähnelt einem flachen Baseball-Schlagholz und das Echo des unerträglichen Geräuschs, das er beim Auftreffen auf meine Schulter verursachte, hallte von den Klosternmauern wider. In einer für den Laien reichlich paradox anmutenden Praxis ließ der Zen-Meister gerade dann seinen *kyosaku* besonders kraftvoll auf mich niedersausen, wenn ich seinem Eindruck nach meine Sache gut machte – also zur Bestärkung!

Ich hatte Visionen, doch der Zen-Meister sagte immer: »Das sind nur Illusionen … geh tiefer.« Große Einsichten drangen in mir nach oben und der Zen-Meister sprach: »Alles nur Illusionen. Mach weiter. Bemühe dich um die darunter liegende Realität … die wahre Realität. Lerne, dich so zu sehen, wie du wirklich bist.« Diese Worte wurden schließlich zu einem immer wiederkehrenden Thema, zu einem roten Faden in meinem Leben.

Während meines Aufenthalts im Kloster veränderten sich allmählich meine Träume und flossen sogar in mein Wachbewusstsein ein. Eines Morgens hatte ich mit einem Mal ein strahlendes, dreidimensionales Mandala vor meinen Augen … *Dabei war es Tag, und ich war hellwach!* (Ein Mandala ist ein rundes oder quadratisches Symbolbild, das üblicherweise auf einer Vierteilung beruht, es steht für das Universum und entstammt dem religiösen Kontext.) Als ich mich über Mandalas und ihr spontanes Auftauchen erkundigte, erfuhr ich, dass Mandalas nach Meinung des Psychologen und Traumforschers C. G. Jung von Ganzheit künden, und wenn ein solches Gebilde auf mystische Weise in Erscheinung tritt, gilt es als machtvolles Symbol der Verschmelzung. Wie Jung weiter ausführte, ist das weltweite Auftreten der Zahl Vier (die vier Himmelsrichtungen, die vier Seitenlinien eines Vierecks, ein quadratisches Mandala) ebenfalls der Ganzheit zuträglich.

In meiner Klosterzeit machte ich eine Entdeckung, den nächtlichen Verfolger in meinen Träumen betreffend: Eines Nachts, er war wieder dabei, mich durch ein Labyrinth düsterer Gänge zu jagen, blieb ich abrupt stehen und dachte: *Das ist doch nur ein Traum. Und ich werde meinem Feind jetzt Auge in Auge gegenübertreten, wer auch immer er sein mag.* Als ich das tat, verschwammen die Konturen meiner Nemesis, und mein Kontrahent wich in die Schatten zurück. Zwar suchte er mich in meinen Träumen weiterhin heim, verschwand aber jedes Mal, wenn ich mich ihm direkt zuwandte, ohne mir sein Gesicht zu zeigen.

Meine Zen-Übungen machten mir bewusst, dass es Mittel und Wege gab, meinen Körper von innen heraus zu heilen. Ich begegnete einer hawaiianischen *Kahuna*, einer Medizinfrau, die im Ruf stand, eine herausragende Heilerin zu sein. Erst nachdem ich ihr von meinen indianischen Vorfahren erzählt hatte, willigte sie ein, mich zu unterrichten. Sie brachte mir bei, mich gezielt und bei vollem Bewusstsein in meine »innere Dimension« zu begeben, die ich bislang nur in meinen Träumen ziellos erkundet hatte. Diese weise Frau öffnete die Tore meines Verständnisses, und ich lernte zu sehen, dass der *Spirit* in allem wohnt, alles durchdringt, und ich lernte, wie man ihn anruft, um mit seiner Unterstützung gesund zu werden. Ich erinnere mich an eine Begebenheit mit ihr: Sie hatte mich zum Jackass Ginger gebracht, einem tropischen Wald mit einem kleinen See und einem Wasserfall auf Oahu, nahe Honolulu. Dort wollte sie dem König der *Menehune*, der hawaiianischen Elfen, Früchte darbringen. Während ich so am Waldrand stand, kam mir in den Sinn, wie unglaublich es doch war, mit einem Menschen hierhergekommen zu sein, der mit *Elfen* sprach. Für die *Kahuna* sind die Übergänge zwischen Traum- und Wachzustand fließend, weshalb sie ganz leicht zwischen diesen beiden Welten hin und her wechseln können.

Während meiner »Ausbildung« durch die *Kahuna* begann sich mir eine ganz neue Dimension des Träumens zu erschließen. Ich entdeckte, dass ich meinen Körper verlassen konnte, eine Astralreise rund um meine Hütte unternehmen und sogar von oben auf meinen schlafenden Körper hinunterschauen konnte (mehr dazu in Kapitel 13). Während dieser Phase wurden die Heimsuchungen durch meinen nächtlichen Peiniger allmählich seltener; doch selbst wenn er auftauchte, hatte er für mich viel von seinem Schrecken verloren. Sein Gesicht konnte ich nach wie vor nicht erkennen, und die schemenhafte Gestalt machte noch immer Jagd auf mich.

Zu jener Zeit bemühte ich mich, so viel wie möglich über mein inneres Potenzial zu erfahren, und zu verstehen, weshalb ich mit verschiedenen spirituellen Lehrern arbeitete. Zu denen, die mich in der Tiefe berührten, gehörte auch eine zierliche Japanerin namens Hawayo Takata. Bei unserer ersten Begegnung erzählte sie mir, sie habe seit etlichen Jahren auf mich gewartet, und wollte wissen, weshalb ich für meinen Weg zu ihr so lange gebraucht hätte. (Sie war jene Reiki-Meisterin, die das Heilsystem des Reiki aus den japanischen Klöstern in den Westen brachte.) Takata Sensei (*sensei* ist die respektvolle japanische Bezeichnung für einen Lehrer) vermittelte mir den Zugang zu meiner eigenen vitalen Lebensenergie, die ich seitdem bei meiner Heilarbeit in meine Arme einströmen lassen kann. Schließlich organisierte ich ihre ersten Reiki-Kurse für Menschen im Westen.

Ein anderer Lehrer – ein außergewöhnlicher Shiatsu-Meister – zeigte mir, wie ich meinen Körper durch die Stimulation bestimmter Punkte und Zonen ins Gleichgewicht bringen konnte. Wörtlich übersetzt bedeutet Shiatsu »Fingerdruck«, und ich habe diese Methode inzwischen an Menschen auf der ganzen Welt weitergegeben. Während ich noch mit der Erkundung weiterer Heilweisen und -methoden beschäftigt war, wurde die Bitte an mich herangetragen, im Rahmen des *Continuing Education Program* an der Universität von Hawaii

Unterricht in Massagetechniken zu erteilen. Damit begann meine Laufbahn als Lehrerin – meine wahre Berufung.

In jener Zeit tauchte wiederholt das flüchtige Bild eines gelassen, aber zugleich stark wirkenden Mannes in meinen Träumen auf. Wer war dieser sympathische Eindringling? Ich fasste alle seine mir erkennbaren Wesensmerkmale in einer Liste zusammen – und siehe da, sie schienen genau das abzudecken, was ich immer bei einem Liebhaber und Gefährten gesucht hatte.

Zwei Wochen danach nahm ich an einem Seminar zum Wachstum des Selbst teil. Ich war unzufrieden mit den Inhalten und hob meine Hand, um dem Leiter dies mitzuteilen. Doch anstatt sich mit meinen Fragen auseinanderzusetzen, schien er zu glauben, was mir wirklich fehlte, sei jemand, der mich beschäftigt hielt. Also gab er mir zur Antwort: »Sagen Sie mal, warum heiraten Sie den Typen nicht, der neben Ihnen sitzt?« Gewaltig irritiert, wie ich war, wendete ich mich dem stillen Mann an meiner Seite zu und platzte mit der Frage heraus: »Willst du mich heiraten?« Zu meiner völligen Verblüffung entgegnete er ganz ruhig: »Ja.« (Ich kannte ihn zwar, aber nur vom Sehen.)

Ich war ziemlich verwirrt, schließlich hatte ich gerade einem Fremden einen Heiratsantrag gemacht. Der Seminarleiter piesackte mich mit Fragen nach dem Hochzeitstermin. Irgendwann wurde ich wütend: »Also gut, ich werde ihn morgen heiraten!«, ohne jedoch ernsthaft eine Hochzeit am nächsten Tag in Erwägung zu ziehen. Mein Verstand dachte: »Das ist doch vollkommen absurd!« Doch tief in meinem Inneren tat es einen sanften Ruck, ich wandte mich dem Mann auf dem Nachbarstuhl zu, und das schwer fassbare, liebenswürdige Wesen aus meinen Träumen schien die Gestalt dieses Mannes anzunehmen – die Gestalt des Mannes meiner Träume, des einen, der mein Ehemann werden sollte.

Nach unserer Trauung, die tatsächlich am Tag darauf stattfand, ereignete sich etwas Ungewöhnliches: Ich träumte, mein schattenhafter Peiniger jage mich erneut! Doch als ich mich dieses Mal umdrehte, um meiner Angst ins Auge zu blicken, erlitt ich einen Schock: In meinem Folterknecht erkannte ich niemand anderen als *mich selbst!* Die ganze Zeit über war es immer ich selbst gewesen …

In meinem Traum umarmte ich diese heimatlose Kreatur, die mich all die Jahre verfolgt hatte, und nahm sie an; sie verlangte doch auch nur nach Liebe und Achtung. Mir war, als sei ich heimgekommen. Bald darauf wurde ich schwanger und nach der entsprechenden Zeitspanne kam Davids und mein Kind zur Welt. Da die Ärzte mir immer gesagt hatten, ich würde wegen meiner schweren Verletzungen nie Kinder haben können, war dies ein echtes Wunder. Noch dazu hatte ich eine komplikationslose Hausgeburt! Inzwischen ist unsere Tochter Meadow zu einer schönen jungen Frau herangewachsen. Und vielleicht habe ich gerade aus meiner Mutterschaft am meisten gelernt.

Dieses Buch fasst die Erkenntnisse aus meiner jahrelangen Selbst-Erforschung zusammen. Auf der Basis zahlreicher dramatischer und nicht selten schmerzlicher Erfahrungen habe ich mithilfe meiner Träume allmählich ein tieferes Verständnis für mich selbst entwickelt. Möge dieses Buch nun Ihnen helfen, durch Ihre Träume mehr Selbst-Erkenntnis zu erlangen – gefahrlos und freudvoll. Ich danke Ihnen dafür, dass Sie mich an Ihrem Leben teilhaben lassen.

Teil I
Traumtore

Komm über die Brücke des
Schlafs in meinen Traumgarten …

Kapitel 1

Träume aus Sicht der Wissenschaft

Stellen Sie sich einen prachtvollen Garten vor, von einer Mauer mit vielen Toren umgeben. Wenn Sie ihn von der Ostseite her betreten, fällt Ihr Blick auf reichhaltige schwarze Erde. Ein stechender Geruch liegt in der warmen Luft. Dieser Garten dient der Aussaat und Aufzucht neuer Pflanzen, er ist ein Ort des Neubeginns. Es ist der fruchtbare Boden für Regeneration und Erneuerung.

Hinter dem südlichen Eingang breitet sich ein zauberhafter Blütenteppich aus: Dahlien, Schmuckkörbchen, Margeriten, Ringel- und Sonnenblumen. Die Farbsinfonie erfreut Ihr Auge und die Komposition der verschiedenen Düfte umschmeichelt Ihre Nase. Dieser herrliche Blumengarten ist zweifellos ein Ort von Kreativität, Schönheit und strahlender Lebendigkeit.

Hinter dem Westtor erstreckt sich ein Feld mit Getreide, dessen Halme und golden leuchtende Ähren sich sanft im Sommerwind wiegen. Von den Weinreben hängen reife, pralle Trauben herab, Tomaten verströmen ihr süßliches Aroma. Dieser Garten verkörpert für Sie Nahrung im Überfluss.

Und wenn Sie durch das Nordtor hereinkommen, begegnen Ihnen immergrüne Büsche und delikat zurechtgestutzte Sträucher, umringt von Statuen aus Marmor. Eine elegante, vornehme, mit viel Raffinement gestaltete Gartenanlage – zweifellos der ideale Platz für Reflexion und Meditation.

Immer derselbe Garten ... verschiedene Tore führen hinein – und jedes eröffnet eine andere, vielschichtige Wahrnehmung.

Auch Ihr »Traumgarten« hat verschiedene Zugänge. Nehmen Sie den durch das im Lauf der Jahre etwas abgenutzte Tor der Wissenschaft, sehen Sie die saftig-grünen Jungpflanzen alle akkurat in Reih und Glied stehen, sorgfältig gepflegt und mit Nummern versehen. Die Wissenschaft weiß, dass wir alle träumen. Das gilt auch für Menschen ohne Augenlicht. Und Leute mit einem sehr niedrigen Intelligenzquotienten haben nicht weniger Träume als Superhirne. Träumen ist ein ebenso natürlicher Prozess wie Atmen. Und man kann es – außer durch Drogenkonsum und/oder übermäßigen Alkoholgenuss – nicht unterbinden.

Im Durchschnitt produzieren wir jede Nacht vier bis fünf Träume, es können aber auch nur drei oder gar neun sein. Wer behauptet, nicht zu träumen, hat in Wahrheit lediglich Schwierigkeiten, sich an seine Träume *zu erinnern*. Bei jedem Menschen füllen Träume annähernd 20 Prozent seiner gesamten Schlafzeit. Über den Daumen gepeilt sind das eine Stunde bis anderthalb Stunden pro Nacht. So verbringen wir während unseres Lebens etwa so viel Zeit mit Träumen, wie wir für einen Hochschulabschluss brauchen. Dennoch ist der Wissensstand der Forschung zum Thema Träumen immer noch sehr gering.[1]

Was die Forscher herausgefunden haben, ist zum Beispiel, dass unser Herzschlag sich während der Traumphasen ohne erkennbaren Grund verlangsamt oder beschleunigt. Der Blutdruck steigt und sinkt unvorhersehbar, der Pulsschlag wird unregelmäßig – wie auch der Atemrhythmus. Der Stoffwechsel ist erhöht, und die Nieren produzieren weniger, aber konzentrierteren Urin. Die spontane Hirnaktivität geht mitunter über die des Wachzustands hinaus. Zudem erhöht sich die Hirndurchblutung um 40 Prozent. Kleine Muskeln, wie etwa in den Fingern, neigen zum Zucken, größere hingegen werden schlaff.

REM-Schlaf

REM bedeutet *Rapid Eye Movement*, zu deutsch »schnelle Augenbewegung« – und wir träumen üblicherweise während der REM-Schlafphasen. Diese Schlafzustände wurden in den frühen 1950er-Jahren in Amerika entdeckt. Bis dahin war ein Großteil der Wissenschaftler, meist ohnehin nur am Rande am Schlaf als Zustand interessiert, dem renommierten russischen Physiologen Iwan Pawlow (Sie wissen schon: der mit dem Hund und dem »bedingten Reflex«) gefolgt, nach dessen Theorie das Gehirn während des Schlafs in gewisser Weise »herunterschaltet«. Das änderte sich erst, als Physiologie-Professor Nathan Kleitman von der Universität in Chicago (der Gelehrte gilt als »Vater der modernen Schlafforschung«) und sein Doktorand Eugene Aserinsky 1953 die Verbindung zwischen Augenbewegungen und Schlaf untersuchten. Sie fanden heraus, dass die Versuchspersonen, die sie während einer Phase rascher, seitwärtiger Augenbewegungen aus dem Schlaf weckten und über ihr Befinden bzw. ihren Zustand befragten, fast immer antworteten, sie seien mitten in einem Traum gewesen. Diese Entdeckung hatte eine verblüffende Wirkung auf die ganze Forschergemeinde, die nun anfing, das Träumen und die Traumphänomene näher unter die Lupe zu nehmen.[2]

Während der REM-Phasen können lebendige Bilder Kommandos an den Körper ausgeben, etwa: »Spring«, »Lauf« oder

»Tritt zu«. Die Bewegungen der Augäpfel in verschiedene Richtungen korrespondieren mit dem Geschehen bzw. den Abläufen, von denen der Träumende später berichtet. Diese handlungsorientierten Botschaften werden von Neuronen im Hirnstamm konterkariert, die unseren Muskelapparat »außer Betrieb setzen«, weshalb unsere willkürlichen Muskelgruppen während der Traumphasen praktisch vollständig gelähmt und wir dadurch bewegungsunfähig sind. Menschen mit Schädigungen gerade an jenem Teil des Hirnstamms waren dafür bekannt, ihre Träume mit heftigen Körperaktionen auszuagieren, mitunter derart exzessiv, dass man sie im Bett festhalten musste, um sie daran zu hindern, sich selbst oder andere zu verletzen.[3]

REM-Phasen treten normalerweise in 90-Minuten-Zyklen auf. Ein 90-Minuten-Zyklus des Non-REM-Schlafs (REM-Latenz) steht üblicherweise zwischen dem Einschlafen und dem Beginn der ersten REM-Phase. Mit dieser beginnen unsere Hirnwellen, ein bestimmtes, außergewöhnliches Aktivationsmuster auszubilden, das im EEG sichtbar wird. Eine mitten in der Nacht aufgeweckte Versuchsperson wird nicht eher wieder Schlaf finden, bis eine komplette 90-minütige Schlafphase vorbei ist. Der Durchschnittsschläfer durchläuft pro Nacht vier bis fünf REM-Phasen. Zu Beginn der Nacht treten die REM-Phasen seltener auf und sind kürzer, gegen Ende der Nacht nehmen Frequenz und Dauer zu, sie enden am frühen Morgen mit einer Traumphase von 30 bis 45 Minuten. Nach Ansicht etlicher Wissenschaftler dienen Träume der Regeneration der Großhirnrinde (Cortex), indem sie überlastete Schaltkreise »säubern«. Das bedeutet, diese Forscher betrachten Träume (lediglich) als einen elektrochemischen Prozess zur »Reinigung« unseres Gehirns von tagsüber angesammeltem Datenmüll.[4]

Zwillinge und ihre Träume

Experimente französischer Wissenschaftler deuten darauf hin, dass genetische Aspekte auch beim Phänomen des Träumens eine Rolle spielen. Untersuchungen an eineiigen Zwillingen brachten eine ungewöhnliche Ähnlichkeit ihrer REM-Muster ans Licht, die weit ausgeprägter war als bei »normalen« Geschwistern. Tatsächlich verlaufen bei eineiigen Zwillingen die REM-Phasen nach demselben Muster, sie treten zur selben Zeit auf und haben dieselbe Dauer. Nach Ansicht der französischen Forscher wird die für die Kontrolle der Traumzustände zuständige Hirnregion von Erbmaterial gesteuert. Darüber hinaus untersuchten sie die Gelegenheiten, bei denen Zwillinge in derselben Nacht auch denselben Traum hatten.

Betritt man den »Traumgarten« jedoch durch ein anderes Tor, etwa das der Metaphysik, lautet die Erklärung, dass Zwillinge aufgrund ihrer seelischen Verbundenheit dieselben Träume haben. Die laufenden wissenschaftlichen Forschungen auf dem Gebiet der hellsichtigen und vorauswissenden Träume legen den Schluss nahe, dass die Erfahrungen und Emotionen unserer Vorfahren als genetische Codes in unserer DNA und RNA gespeichert sind.[5]

Die Notwendigkeit von Träumen

Selbst wenn wir uns nicht an sie erinnern können: Träume sind wichtig für das Gleichgewicht unseres Gefühls- und Körperhaushalts. Ein Entzug der REM- bzw. Traumphasen führt bei den meisten Menschen zu Konzentrationsproblemen und Lernschwierigkeiten, zudem werden sie nervös und zerstreut. Manche entwickeln sogar Symptome von Psychosen und Halluzinationen.[6]

Früher ging man davon aus, Schlaflosigkeit sei nur wegen des damit einhergehenden *Schlafmangels* schädlich, doch heute weiß man es besser: Die Auswirkungen von Schlaflosigkeit sind deshalb so verheerend, weil sie uns nicht nur den Schlaf, sondern vor allem auch die *Träume* raubt. Schwere Persönlichkeitsstörungen können das Ergebnis von *Traummangel* sein! Selbst wenn sie reichlich Schlaf bekommen, halten die wenigsten Menschen länger als 72 Stunden ohne Träume durch. Versuchspersonen, bei denen das Experiment »Traum- bzw. REM-Phasenentzug« über diese Zeitspanne hinaus fortgesetzt wurde, begannen zu halluzinieren. Von den normalen Stimulationskanälen »abgeschnitten«, erschafft sich der Verstand offenbar seine eigenen Stimuli in Form von Fantasien. Eine der Gefahren des Alkoholkonsums liegt darin, dass er die Traumphasen verkürzt. Wenn ein alkoholkranker Mensch aus seiner Abhängigkeit herausfindet, wird er oder sie die ersten »alkoholfreien« Nächte fast ausschließlich mit Träumen verbringen, denn ein Mensch, der unter REM- bzw. Traumphasen-Entzug gelitten hat, hält sich dafür in den Folgenächten »schadlos« – und zwar in genau dem Verlust bzw. Entzug entsprechenden zeitlichen Umfang. Interessanterweise wurde dieses Phänomen im Zusammenhang mit den Non-REM-Schlafphasen nicht beobachtet. Möglicherweise besitzt der Körper doch mehr Weisheit als bisher angenommen und kennt sich in Bereichen aus, von deren Existenz der Verstand noch immer nichts ahnt.[7]

Hypnagogische Träume

Träume im hypnagogischen Zustand, also zwischen Wachbewusstsein und Schlaf, fallen *per definitionem* nicht in die Kategorie der REM-Träume, sondern entsteigen ebenjener mysteriösen Dimension zwischen Wachsein und Schlafen. Typisch dafür sind blitzartig erscheinende, zufällige Bilder, oftmals in Form von Gesichtern oder Landschaftsszenarien. Sie kennen das bestimmt aus dem »Dämmerzustand« unmittelbar vor dem Einschlafen. Solche Träume können beträchtliche Zeitspannen umfassen.[8]

In den Augen der Wissenschaftler sind diese hypnagogischen Träume keine »echten« Träume, weil der Betreffende in einem halbbewussten Zustand bleibt, in dem er alle Vorgänge um sich herum am Rande mitbekommt. Ihrer Ansicht nach handelt es sich dabei lediglich um »Erinnerungsbilder«, eine Art »Ausräumen« des Gehirns. Ein Anhänger der Metaphysik würde vielleicht sagen, der Verstand verhalte sich während eines hypnagogischen Traums wie ein Radioempfänger, der wahllos zwischen den einzelnen Sendestationen hin und her springt. Diese verschiedenen Stationen sind Gedanken, Gefühle und Bilder, die andere Menschen in der Vergangenheit, Gegenwart und Zukunft hatten und haben (werden). Die mystische Perspektive ist wieder eine andere, ihr zufolge sind hypnagogische Träume Reflexe des wahllosen Eintauchens in verschiedene Realitätsebenen.

Kinder und ihre Träume

Untersuchungen zufolge scheinen die REM-Schlafphasen mit der Entwicklung des Gehirns verknüpft zu sein. Frühgeborene Babys verbringen 75 Prozent ihrer Schlafzeit im REM-Zustand, bei normal ausgereiften Säuglingen sind es rund 50 Prozent. Bei Kindern im Alter von fünf Jahren hat der Anteil der REM-Phasen sich auf 25-30 Prozent verringert, bei Jugendlichen sinkt er allmählich auf 20 Prozent – das ist der Wert eines Durchschnittserwachsenen. Bei Senioren ab 60 fällt das

Quantum auf rund 15 Prozent. Mit zunehmendem Lebensalter verändern sich auch die Trauminhalte: Kleinere Kinder träumen häufig von Tieren wie Tigern und Löwen, Schlangen und Spinnen, doch je älter sie werden, desto weniger Tiere erscheinen in ihren Träumen. Sind sie erst einmal erwachsen, beträgt der Anteil der Tier-Träume nicht einmal mehr 8 Prozent.[9]

Tiere und ihre Träume

Sie haben Ihre Katze oder Ihren Hund bestimmt schon einmal beim Schlafen beobachtet und dabei festgestellt, dass die Augen zuckten oder die Atmung unregelmäßig wurde – beides Anzeichen für REM-Schlafphasen. Das hat Forscher zu der Hypothese gebracht, dass die meisten Tiere tatsächlich träumen. Bei Schlangen und anderen Reptilien wurden allerdings noch keine Anzeichen von Traumaktivitäten wahrgenommen, obwohl sie immerhin rund 60 Prozent ihrer Lebenszeit schlafend zubringen. Teilt man die Gattung der Säugetiere in zwei Gruppen ein – die Gejagten (wie Kaninchen, Schafe, Wild, Elche usw.) und die Jäger (Hunde, Katzen und Menschen) –, entdeckt man eine interessante Tatsache: Bei den Jägern machen die Traumphasen 20 bis 35 Prozent ihrer Schlafzeit aus, bei den Gejagten lediglich 6 bis 8 Prozent.[10]

Untersuchungen an Tieren lassen den Schluss zu, dass dem Träumen eine wesentliche Bedeutung in der Evolution zukommt. Unter den Säugetieren ist bisher nur ein »Nichtträumer« bekannt, und zwar der Delphin. Sein Schlafmuster ist ungewöhnlich, es tanzt sozusagen aus der Reihe, denn Delphine schlafen – statt REM-Phasen zu durchlaufen – jeweils immer nur mit einer Gehirnhälfte! Meiner Ansicht nach hüten die Delphine eines der Geheimnisse des Schlafs … Für einen erfahrenen Yogi besteht nur ein geringer Unterschied zwischen Traum- und Wachzustand. Vielleicht haben die Delphine ja unwissentlich die Grenzen des Traumreichs auf der Zellebene überwunden.[11]

Traumgeborene wissenschaftliche Entdeckungen

Im Verlauf wissenschaftlicher Untersuchungen von Träumen und im Rahmen der Traumforschung hat sich gezeigt, dass nicht wenige wissenschaftliche Entdeckungen von Träumen inspiriert waren. René Descartes, der Begründer des frühneuzeitlichen Rationalismus, soll durch drei Träume in derselben Nacht auf seine »Vision« gekommen sein. (Seine »Universale Methode zur Erforschung der Wahrheit« bildet die Grundlage der Entwicklung der modernen Wissenschaften.)[12] Der Entdecker der Struktur des Benzols, der Chemiker Friedrich August Kekulé von Stradonitz, soll das Geheimnis des Benzol-Rings 1861 im Dämmerzustand am Schreibtisch sitzend entschlüsselt haben: Bei der Beobachtung des Funkenspiels im Kaminfeuer habe er – nach eigenen Worten – die Kohlenstoff- und Wasserstoffatome vor seinen Augen tanzen sehen, dazu sei ihm in einem Wachtraum ein altes alchimistisches Symbol erschienen: die Ourobourosschlange, die sich in den eigenen Schwanz beißt. Später soll er seinen Kollegen den Rat erteilt haben: »Meine Herren, lernen Sie träumen!«

Auf die Frage nach der Inspirationsquelle für seine Relativitätstheorie gab Albert Einstein zur Antwort, es sei ein Traum in seiner Jugend gewesen. In diesem Traum sei er auf einem Schlitten gefahren und dieser sei immer schneller und schneller geworden, bis er Lichtgeschwindigkeit erreicht zu haben schien. Die Sterne hätten sich verformt und in verblüffende Muster und Farben verwandelt. In diesem Augenblick sei ihm die immense Kraft dieses Transformationsvorgangs grundlegend bewusst geworden. Wie er weiter erzählte, hatte dieser Traum ihn nicht nur auf seine Relativitätstheorie gebracht, vielmehr ließ sich seine gesamte Wissenschaftslaufbahn als eine »erweiterte Meditation« über diesen einen Traum betrachten.[13]

Auch der Däne Niels Bohr, Entdecker des nach ihm benannten Atom-Modells, Erforscher der Struktur der Atome, verdankt seine Entdeckung einem Traum: Er träumte, er sei beim Pferderennen gewesen und seine Aufmerksamkeit habe sich auf die markierten Bahnen innerhalb des Runds gerichtet, wo die Pferde entlanggaloppierten. Analog dazu entwickelte Bohr sein Modell des stabilen Atoms, wobei die Elektronen den Atomkern in diskreten, konzentrischen Kreisen umrunden, ohne von diesem absorbiert zu werden. Für die Ergebnisse seiner »Forschungen über die Atomstruktur sowie die von den Atomen ausgehende Strahlung« erhielt er 1922 den Physik-Nobelpreis.[14]

Mitte des 19. Jahrhunderts hatte sich ein gewisser Elias Howe die Aufgabe gestellt, eine »Näh-Maschine« zu entwickeln. Er probierte die verschiedensten Konstruktionen aus, doch mit keiner gelang es, Stoffbahnen zusammenzunähen. Eines Tages schlief er vor lauter Müdigkeit und Verzweiflung über seine Fehlschläge mitten bei der Arbeit ein. Fast sofort landete er in einem Albtraum: Eine Gruppe furchterregender afrikanischer Krieger verfolgte ihn und nahm ihn gefangen. Die »Wilden« fesselten ihn und stießen mit ihren Speerspitzen nach ihm. Als Howe wieder zu sich kam, war er so aufgeregt, dass er weder zurück an seine Arbeit gehen noch sich von den lebhaften, intensiven Traumbildern lösen konnte. Ganz deutlich hatte er die seltsamen Speere der Krieger vor Augen. Auf langen Schäften steckten eigenartig geformte Klingen – mit einem Loch in der Spitze … *Aber genau das war es doch!*

Eine Nadel mit dem Öhr in der Spitze! Howe machte sich sofort ans Werk und schuf den Basisentwurf zu seiner ersten erfolgreichen Nähmaschine. Damit wurde zum ersten Mal in der Geschichte die Massenproduktion von Textilien möglich – und den Nähmaschinen liegt noch heute Howes Originalmodell zugrunde. Howe war mit seiner Erfindung in eine Sackgasse geraten und hatte durch kreatives Träumen den Ausweg gefunden.[15]

Kapitel 2

Träume im Licht der Psychologie

Für die Psychologen sind Träume weit mehr als nur elektrochemische Prozesse. Jeder Traum gilt als kostbarer Samen, der sorgsam gehegt und gepflegt, sprießen, gedeihen und aufblühen kann, um die wachen Stunden unseres Lebens zu bereichern, um ihnen mehr an Substanz und Begreifen zu schenken.

Nach Ansicht von Psychotherapeuten bilden Träume das geheime Tor, durch das die Psyche dem Bewusstsein (lebens-) wichtige Informationen zukommen lässt, um in den wach verbrachten Zeiten das emotionale Gleichgewicht aufrechtzuerhalten. Träume eröffnen uns die Möglichkeit, jene Probleme zu verarbeiten, die wir tagsüber eher »unter den Teppich kehren«, als sie bewusst anzugehen.

In meiner persönlichen Praxis als Heilerin hat sich mir offenbart, dass uns keineswegs immer die Traumata blockieren, die wir durchlebt haben. Oftmals errichten gerade jene Traumata und Schwierigkeiten, die wirklich zu erfahren wir uns nicht gestattet oder die wir von Haus aus verdrängt haben, Barrieren und Sperren in unserem Leben. Träume können ein Weg dazu sein, diese verleugneten emotionalen Schranken zu beseitigen.

Als ich mich auf Hawaii einmal beim Stolpern über einen großen Baumstumpf am Fuß verletzte, bedeutete mir meine Mentorin, die *Kahuna*, meinen Fuß gegen den Baumstumpf zu stemmen und den Schmerz in das Holz zurückzustoßen. Als ich ihrer Aufforderung nachkam, bemerkte ich verblüfft, wie der Schmerz in meinem Fuß nachließ und eine weiche Welle der Entspannung ihn durchrollte. Ich hielt das für *Kahuna*-Zauber. Doch auf eine urtümliche Weise ergab das Ganze durchaus Sinn: Der Baumstumpf hatte den Schmerz verursacht, also gab ich ihn ihm zurück.

Als ich einem befreundeten Psychologen die Geschichte erzählte, entgegnete er: »Du bist mir vielleicht ein Schaf! Du kannst doch den Schmerz nicht in den Baumstumpf zurückstoßen. Was du getan hast, war etwas ganz anderes: Du hast dir erlaubt, den vorher unterdrückten Schmerz auszuleben. Durch das Nachstellen der Situation, die dir beim ersten Mal den Schmerz verursacht hat – ich meine, als du deinen Fuß gegen den Baumstumpf gedrückt hast –, hattest du Empfindungen, die du beim ersten Mal nicht zugelassen hast, und konntest sie deshalb auch loslassen. Wenn man körperliche oder seelische Schmerzen unterdrückt, konserviert man sie auf diese Weise oftmals. Gestehst du dir aber zu, deinen Schmerz durch und durch zu fühlen oder gar eins damit zu werden, besteht keine Trennung mehr zwischen dir und deinem Schmerz – und er vergeht.«

Loslassen heißt erlösen, und Träume bieten einen sicheren Weg, sich zu befreien und diejenigen Gefühle und Empfindungen gehen zu lassen, die man tagsüber nicht ausgelebt oder verarbeitet hat.

Die Traumdeutung

Die psychologische Traumdeutung hat ihre Wurzeln in der zweiten Hälfte des 19. Jahrhunderts. 1861 brachte der Therapeut Karl Albert Scherner in seinem Buch *Das Leben des Traums* die Theorie vor, Gegenstände oder Emotionen aus dem Tageserleben könnten im Traum die Gestalt anderer Gegenstände und Symbole annehmen (»unbewusst symbolisierende Fantasietätigkeit«). So könnten die Lungen beispielsweise als Ballons erscheinen und rasende Wut als Feuersbrunst.[1]

1877 stellte ein weiterer Traumforscher, Ludwig Strümpell, die Behauptung auf, Träume seien Fluchtmechanismen, eine Möglichkeit, die *Erfahrung* des Lebens zu vermeiden. Er formulierte das Gesetz der Assoziation, aus dem Sigmund Freud seine These von der Freien Ideenassoziation ableitete. Einer anderen Theorie aus derselben Zeit zufolge haben Träume eine ähnliche Funktion wie unsere körperlichen Ausscheidungsprozesse: Sie sollen uns von nutzlosen Gedanken befreien. Träume galten auch (schon vor Freud) als fiktive bzw. verdeckte Wunscherfüllungen. Andere Traumdeuter sahen in Träumen Erinnerungsbilder aus der Kindheit, Ausdruck von Komplexen oder sexuellem Verlangen. Doch erst Sigmund Freud brachte all diese verschiedenen Ansätze in einer anwendbaren Therapie »unter einen Hut«.[2]

Sigmund Freud (1856–1939)

Freud regte seine Patienten stets dazu an, ihm ihre Träume in aller Ausführlichkeit zu schildern, und legte ihnen nahe, die durch ihre Träume hervorgerufenen Gedanken spontan zu äußern. Auf der Basis anderer Theorien und dieser Arbeitsweise entwickelte er seine Methode der »Freien Assoziation der Ideen«. Nach Freuds Ansicht waren Träume eine Form der Triebunterdrückung oder der Wunscherfüllung oder von beidem. Er stellte die Behauptung auf, ein Mensch könne überhaupt nur durch die Freie Assoziation an seine zementierten Gefühle herankommen. Selbst Träume mit Inhalten wie Schmerz und Gewalt wurden von ihm als Wunscherfüllung gedeutet. Er wies der Seele eine dreiteilige Struktur zu, mit den Komponenten »Es«, »Ich« und »Über-Ich«, wobei das »Ich« den Spiegel des Bewusstseins darstellt, das »Es« das Unbewusste mit allen unseren primitiven Instinkten ist und das »Über-Ich« unsere soziale Konditionierung (anerzogene Normen und Verhaltensmuster) repräsentiert.[3]

Nach Freuds Meinung ist das Ich im Schlaf ausgeschaltet und das Es – die Triebebene mit unseren Sexualfantasien und den Überlebensinstinkten – tritt in den Vordergrund. Um Ich und Über-Ich vor den unmittelbaren sexuellen Begierden zu schützen, verkleidet das Es diese in den Träumen, verbirgt sie hinter Symbolen, in der Hoffnung, den Träumenden nicht zu schockieren. Das Es möchte die Wünsche auf indirektem Weg ins Bewusstsein »einschleusen«. Laut Freud besteht die Funktion eines Traums darin, den Schlaf zu erhalten. Deshalb treten unsere irrationalen Wünsche quasi »in Camouflage« auf, um unsere Selbstzensur, unser Über-Ich, zu überlisten. Freud betrachtete die Träume als eine Art Kompromiss zwischen der auf Trieberfüllung ausgerichteten Kraft des Es und dem repressiven Über-Ich als moralisch geprägtem Vertreter der gesellschaftlichen Konventionen, er sah in ihnen den »Königsweg zum Unbewussten«. In jedem Fall enthalten Träume unter ihrer Oberfläche Botschaften oder Codes, die es aufzuspüren und zu interpretieren gilt. Die Freud'sche Symbolsprache war sehr reduziert und hauptsächlich auf unsere primitiven (sexuellen) Wünsche bezogen. Das Gros der Freud'schen Symbole bestand in »Tarnkappen« für die unterschiedlichen Formen des menschlichen Sexualtriebs. Nach Freuds Ansicht sind selbst durch Tageserlebnisse oder -reize ausgelöste Träume in erster Linie gespeist von üblicherweise mit sexueller Frustration verbundenen Kindheitserlebnissen.[4]

Carl Gustav Jung (1875–1961)

Dem Schweizer C. G. Jung, einem ehemaligen Schüler Freuds, war dessen Traumdeutungsansatz zu eng gefasst. Er teilte Freuds Ansicht hinsichtlich der Bedeutung des Sexualtriebs, betrachtete ihn jedoch nicht als bestimmenden Faktor. Nach Jungs Auffassung konnte ein im Traum erscheinender Gegenstand auch tatsächlich das sein, was er war: So konnte beispielsweise eine Schlange durchaus eine Schlange sein und musste nicht zwingend als Phallussymbol dienen. Jung richtete sein Hauptaugenmerk auf den Traum an sich, betrachtete ihn als Abbild der inneren Wirklichkeit des Träumenden, der – um verstanden zu werden – nicht der Verzweigungen durch die Freie Assoziation bedürfe. Er vertrat die These, dass im Verstand keine Selbstzensur am Werk und Träume Offenbarungen der unbewussten Weisheit des Individuums seien und ihren eigenen Sinn besäßen.[5]

Für Jung bildeten Träume auch den Zugang zum kollektiven Unbewussten (der Begriff »kollektives Unbewusstes« stammt von ihm). Um das Vorhandensein des kollektiven Unbewussten bei allen Kulturen und Gesellschaften nachzuweisen, bediente er sich der Mythologie. Auf seinen ausgedehnten Reisen durch Nordamerika und Afrika stellte er Studien bei den Afrikanern und den amerikanischen Ureinwohnern an. Die Ergebnisse festigten seine Überzeugung von der Existenz zweier Schichten des Unbewussten: das *kollektive Unbewusste* und das *persönliche Unbewusste*. Seiner Auffassung nach enthält das kollektive Unbewusste sogenannte Archetypen, gemeinsame Urbilder, die in den Seelen aller Menschen, unabhängig von ihrem zeitlichen, kulturellen und sozialen Hintergrund, gespeichert sind und die den Weisheitsschatz, die ererbten Grundlagen der Menschheitsgeschichte darstellen. Sie werden auf dieselbe Weise vererbt wie individuelle Charakteristika. Für Jung ist unser persönliches Unbewusstes erkennbares Material aus der Vergangenheit, das in Vergessenheit geriet oder verdrängt wurde.[6]

Wie Jung feststellte, erscheinen archetypische Bilder in den Träumen von Menschen in lebensbedrohlichen oder lebenswandelnden Situationen. Er beobachtete das Auftreten dieser Bilder immer, wenn Menschen Erkrankungen durchmachten, Formen von Stress ausgesetzt waren oder sich von bestimmten Einstellungen, Haltungen oder Glaubensvorstellungen lösten. Auf der Suche nach einer Neuorientierung schien das jeweilige Individuum an eine Quelle lebensspendender Energie in Form von Symbolen angeschlossen zu sein. Jung hielt den jeweiligen Archetyp für ein Ur-Bild, das den Augenblickserfordernissen entsprach. Seinen Darlegungen nach handelt es sich bei wirklichen archetypischen Symbolen niemals um Erfindungen, vielmehr um universell gültige Bestandteile des kollektiven Unbewussten aller Menschen.[7]

Besondere Bedeutung maß Jung Traumserien bei, da sich häufig erst durch sie das eigentliche Thema der Träume und damit die seelischen Nöte eines Patienten offenbaren. Freud hingegen betrachtete Träume als »Einzelphänomene«. Beide konnten mit ihren unterschiedlichen Herangehensweisen Erfolge verzeichnen – ihre Theorien und Methoden verkörperten zur damaligen Zeit den Stand der Wissenschaft.[8]

Alfred Adler (1870–1937)

Ein anderer Weggefährte, der österreichische Arzt und Psychotherapeut Alfred Adler, entzweite sich 1911 ebenfalls mit Freud, nachdem er dessen These von der Fixierung des Menschen auf seine Libido nicht (mehr) mittragen wollte. Er betrachtete den Menschen als freies Wesen, das die ihm im Leben gestellten kulturellen Aufgaben bewältigen muss. Nach seinen Erkenntnissen suchen die Menschen nach einem Sinn in ihrem Leben, Werte und Absichten sind ebenso lebenswichtig wie Sexual- und Machttrieb. Anders als Freud und Jung legte Adler seinen Fokus nicht auf das Unbewusste; daher stellte er Träume eher in den Kontext von Wunschdenken und Wunscherfüllung. Im Gegensatz zu Freud bilden bei Adler nicht Sexualfantasien und -trieb die Grundlage unserer Träume, seiner Ansicht nach sind sie von unserem Geltungsstreben beeinflusst.[9] Adler sah im Streben nach Geltung und Macht einen Grundmotor des Menschen. Die Antithese zum Machtstreben bildet nach Adler das Gemeinschaftsgefühl, ein (unbewusster) Persönlichkeitsanteil, dessen Entfaltung er im Hinblick auf die Entwicklung einer gesunden, reifen Persönlichkeit für unerlässlich hielt. Adler bereicherte die psychologische Terminologie um Begriffe wie *Geschwisterrivalität*, *Minderwertigkeitskomplex* und *Überlegenheitskomplex*.

Erich Fromm (1900–1980)

Nach den Worten des deutsch-amerikanischen Psychoanalytikers und Philosophen Erich Fromm existierte einmal eine – heute in Vergessenheit geratene – universale Sprache, aus der sich alle anderen Sprachen herleiteten: die Symbolsprache der Träume.[10] Er teilte die Traumsymbole in drei Kategorien ein:

konventionelle, zufällige und universale Symbole. Die konventionellen Symbole besaßen lediglich eine aktuelle Bedeutung, wie ein Stoppschild oder ein Plus- bzw. Minuszeichen. Zufällige Symbole werden nur aus der Biografie und der Erlebnisverarbeitung des Träumenden (oder einer Gruppe bestimmter Menschen) verständlich, besitzen jedoch keine allgemeine Gültigkeit. Den Gegensatz dazu bilden die universalen Symbole, bei denen ein Zusammenhang besteht zwischen dem Symbol selbst und dem, was es darstellt: Wasser etwa bedeutet Gefühl und Intuition, Feuer repräsentiert Energie, Kraft, Reinigung und Transformation.[11]

Für Fromm ist das Träumen ein kreativer Vorgang, Träume sieht er als sinnvolle und bedeutsame Äußerungen der schlafenden Psyche und nicht nur – wie bei Freud – als Ausdruck der niedrigsten und irrationalsten, sondern auch der höchsten und wichtigsten seelischen Vorgänge.

Kapitel 3
Träume und die Metaphysik

Ich stehe am äußersten Ende der langen, felsigen Mole, die weit in die ruhige See hineinragt. Hinter den am Horizont dahinziehenden Wolken gehen die Grenzen des blauen Himmels in den Ozean über. Ohne Vorwarnung donnert eine hoch aufgetürmte Woge übers Meer heran, schmettert auf die Mole und stößt mich unsanft ins Wasser. Ich kann mich an den zerklüfteten Felsen festklammern, werde jedoch losgerissen und in das brodelnde Wasser geschleudert. Meine ganze Kraft verlässt mich, als die zurückströmende Brandung an meinen nassen Kleidern zerrt, und ich kämpfe, um mich über Wasser zu halten. Meine Lungen stechen vor Schmerz, als ich Salzwasser einatme, während ich in die dunkle, kalte See hinabgezogen werde. Ich weiß, dass ich ertrinken werde und nichts dagegen unternehmen kann.

Ich saß aufrecht im Bett und tastete angsterfüllt nach dem Lichtschalter. Dann stieß ich einen tiefen Seufzer der Erleichterung aus: Das Ganze war nur ein böser Traum gewesen. Ich kuschelte mich wieder unter meine angenehm kühle Bettdecke. Als ich das Licht löschte, verblassten die Schreckensbilder in meinem Bewusstsein, und ich fiel wieder in tiefen Schlaf.

Am Morgen deutete nichts mehr auf den nächtlichen Schrecken hin. Tatsächlich hatte ich gar keine bewusste Erinnerung mehr daran. Als ich gerade aufgestanden war, rief eine Freundin an und lud mich ein, mit ihr an den Strand zu gehen. (Zu der Zeit lebte ich auf Hawaii.) Es war ein klarer, vollkommener Tag. Meine Freundin und ich fuhren an einen Strand, den wir noch nicht kannten. Dort ragte eine lange Mole ins Meer hinaus. Während wir auf den Felsen herumkletterten und alles erkundeten, kam mir nicht der leiseste Gedanke an meinen Traum in den Sinn. Ich ließ mich am Ende der Mole nieder und blickte auf den Horizont, wo eine sacht dahinsegelnde Wolke Meer und Himmel zu einem endlosen blauen Universum verschmelzen ließ. Auf einen Schlag überschwemmten die Erinnerungen der letzten Nacht meinen Verstand. Ich erschrak, nahm die Hand meiner Freundin und zerrte sie hektisch hinter mir her. Völlig verunsichert von meiner Panik, ließ sie es geschehen und kletterte hastig mit mir zurück über die gezackten Felsen zum sicheren Strand. Dort angekommen, schilderte ich ihr meinen Traum. Kurz darauf sahen wir mit ungläubigem Staunen, wie das Meer zu donnern begann, eine mächtige einzelne Woge heranrollte und mit voller Wucht auf die Mole schlug – genau an der Stelle, an der wir wenige Augenblicke zuvor noch gestanden hatten. Uns liefen Angstschauer den Rücken hinunter bei der Vorstellung, was wohl passiert wäre, hätten wir uns beim Aufprall der Welle noch am Ende der Mole befunden …

Dieser Traum bewahrte uns vor einem mehr als schlimmen Erlebnis, vielleicht rettete er uns sogar das Leben.

Vor meinem Traum wusste ich noch gar nicht, dass ich am nächsten Tag an den Strand gehen würde. Und an diesem besonderen Strand war ich noch nie gewesen – ich kannte ihn auch nicht von Bildern. Doch die Hüter der Wissenschaft würden in meinem Traum vermutlich nicht mehr als ein zufälliges Zusammentreffen sehen wollen. Ein Wissenschaftler würde wohl damit argumentieren, bei der enormen Zahl von Träumen, die jeder Mensch produziert, bestünde eben eine gewisse statistische Wahrscheinlichkeit, dass einer davon einmal wahr würde. Für einen Anhänger der Metaphysik hingegen wäre mein Traum reine Prophetie gewesen.

In längst vergangenen Zeiten schrieben die Träumenden ihre nächtlichen prophetischen Visionen überirdischen Kräften und Erscheinungen zu. Sie glaubten, dass Gott, Engel, Naturgeister, Götter und Göttinnen, verschiedenste andere Wesenheiten sowie die Geister ihrer Ahnen sie zu nächtlicher Stunde besuchten und durch Träume Kontakt mit ihnen aufnähmen. Damals verstanden sich die Menschen darauf, diese Einflüsse bewusst zu nutzen, sie herbeizurufen, indem sie ihre Träume »bebrüteten« (eine Praktik, bei der man ein Traum-Thema auswählt und sich dann selbst darauf programmiert). Die aus diesen programmierten Träumen gewonnenen spirituellen Wahrheiten und Informationen dienten dann telepathischen Zwecken und Prophezeiungen, wie auch für Astralreisen und zur Kontaktaufnahme mit Verstorbenen.

Metaphysiker halten Träume nicht nur für in Sekundenbruchteilen abgefeuerte Aktionspotenziale von Nervenzellen oder für den Befreiungsakt der Seele von ungelösten Tagesproblemen, vielmehr betrachten sie Träume als Möglichkeit, in die »inneren Dimensionen« vorzudringen. Die enorme Popularität von Carlos Castanedas Büchern über den mexikanischen Mystiker Don Juan Matus kann als Beispiel für das Interesse an diesem Glaubenssystem dienen. Nach den Ausführungen Don Juans bieten Träume Hilfestellung bei der Entwicklung seelischer und mentaler Kräfte. Um diese Fähigkeiten auszubauen, so Don Juan, braucht eine Person während ihrer Träume lediglich im Wachbewusstsein zu bleiben und zu lernen, den Trauminhalt willentlich zu steuern. Bleibt das

Bewusstsein im Traumzustand wach, spricht man von einem »Klartraum« oder »luziden Traum« (mehr dazu in Kapitel 9).

Edgar Cayce, der »schlafende Prophet«

Edgar Cayce, treffend als der »schlafende Prophet« bezeichnet, gilt für viele als Großvater der metaphysischen und psychischen Traumdeutung. Im »Normalzustand« des Wachbewusstseins war Cayce als Fotograf und Sonntagsschullehrer tätig – er galt als begabt und liebenswürdig. Edgar Cayce in Trance genoss allerdings eine noch weit größere Reputation und vor allem in einem weitaus »schillernderen« Umfeld. Als begnadetem Medium und Hellseher war es ihm möglich, wertvolle Informationen zu »channeln«, wodurch er eine nachhaltige Wirkung auf Tausende von Menschen ausübte.[1]

Der »schlafende« Edgar Cayce war ein medizinischer Diagnostiker und ein Visionär. Die von ihm und seinem Leben ausgehende Faszination spiegelt sich in der Tatsache wider, dass an der Universität von Chicago neun Jahre nach seinem Tod ein junger Wissenschaftler mit seiner Arbeit über Cayces Werk promovierte. In dieser Dissertation wird Cayce als »religiöser Seher« bezeichnet.[2]

Als Junge schlief Cayce oft über seinen Schulbüchern ein – und hatte beim Aufwachen am nächsten Morgen den Lernstoff intus, ohne sich je bewusst damit befasst zu haben. Das Ergebnis war eine rasante Schulkarriere – zunächst jedenfalls. Dann verließ ihn diese »Begabung« allmählich und er konnte nur sieben Schulklassen erfolgreich abschließen. Im Alter von 21 Jahren bildete Cayce eine langsam fortschreitende Kehlkopflähmung aus, ihm drohte der Verlust seiner Stimme. Er konsultierte etliche Spezialisten, doch gelang es keinem, die Ursache seines Leidens zu ermitteln. Als letzten Ausweg bat

Cayce einen Freund, ihm dabei zu assistieren, sich in jene Art von Schlaf zu begeben, die ihm als Kind zu seinen schulischen Gedächtnisleistungen verholfen hatte. Der Freund setzte die geeigneten suggestiven Mittel ein, und irgendwann glitt Cayce tatsächlich in einen schlafähnlichen Zustand. Auf dieser Bewusstseinsebene fand er heraus, welche Medikation und Therapie ihn heilen konnte – er befolgte seinen eigenen medizinischen Rat, woraufhin die Lähmung zurückging und seine Stimmbänder sich erholten.[3]

Nachdem sich die Nachricht von seinen außergewöhnlichen Fähigkeiten verbreitet hatte, begannen immer mehr Ärzte in Kentucky, Cayce bei ihren Diagnosen zu Rate zu ziehen. Wie sich herausstellte, benötigte der Hellseher lediglich den Namen, den Wohnort und das Geburtsdatum des Patienten, um sich auf sie oder ihn einzustellen und in einem traum- oder tranceähnlichen Zustand wichtige Informationen über den Betreffenden »einzuholen«. Cayce starb 1945 im Alter von 77 Jahren in Virginia Beach. In den 43 Jahren seiner Tätigkeit als Medium hatte er Tausenden Menschen als »Informationskanal« gedient. *Eine seiner 20 Lesungen, von ihm selbst »readings« genannt, nahm auf Träume Bezug*. Laut Cayce waren Träume eine Praktik der Problemlösung. Das »Bebrüten« von Träumen (siehe Kapitel 8) eröffnete in seinen Augen eine Möglichkeit, den Problemen des Tages Lösungen entgegenzusetzen.[4]

Cayce machte immer wieder deutlich, wie unterschiedliche Traumsymbole versuchen, das Bewusstsein des Träumenden zu schärfen. Seiner Auffassung nach können Symbole bedeuten, dass der Zeitpunkt gekommen ist, neue Glaubensvorstellungen zu entwickeln, mehr Verantwortung zu übernehmen, toleranter zu werden oder den Horizont zu erweitern. Wie er ausführte, dienen nicht alle Träume ihrem Wesen nach notwendigerweise der Lösung von Problemen, doch leisten sie dem Träumer bei seinem Selbst-Verwandlungsprozess Unterstützung. Er vertrat die Ansicht, bestimmte Traumserien seien dazu bestimmt, neue Qualitäten in dem Träumenden hervorzubringen, wie etwa Bescheidenheit, die Fähigkeit, nicht zu bewerten, nicht zu verurteilen, Selbstakzeptanz, Liebe und Mut.[5]

Auch war Cayce davon überzeugt, dass manche Träume für eine neue Art von Energie oder einen Wandel im Leben eines Menschen stehen und bestimmte Träume sogar die Zukunft vorhersagen können. Dazu ein Beispiel: Eine Frau schilderte Cayce in einem Brief einen Traum, in dem sie fünf Chrysanthemen auf dem Grab ihres Schwiegervaters hatte liegen sehen. Daraufhin antwortete Cayce, ihr verstorbener Schwiegervater werde ihrem Mann innerhalb der nächsten fünf Wochen über den Weg der Träume eine lehrreiche Botschaft übermitteln, und betonte, dass dies eine freudvolle Erfahrung für den Ehemann sein werde. Und tatsächlich stellten sich innerhalb der folgenden fünf Wochen die angekündigten Träume bei dem Mann ein.

Vielleicht war seine Intuition auf dem Gebiet der Gesundheit und dem der Träume Cayces größte Gabe. Er glaubte, dass Menschen im Traumzustand Signale bevorstehender Störungen des physischen Gleichgewichts empfangen können – und darüber hinaus die entsprechenden Therapien.[6]

Als ihm eine Frau voller Kummer berichtete, sie habe geträumt, niemals schwanger werden zu können, versicherte Cayce ihr, dass sie mit allergrößter Wahrscheinlichkeit ein Kind zur Welt bringen würde, und gab ihr den Rat, sich von der buchstabengetreuen Auslegung des Traums zu lösen. Dann erläuterte er ihr, besagter Traum habe vielmehr den Sinn, sie darin zu bestärken, sich sorgsam auf ihre Mutterschaft vorzubereiten, ganz besonders im Hinblick auf ihre Ernährung und ihre Glaubensmuster, denn dies seien die beiden Bereiche, in denen sie eine »Neugeburt« in sich selbst bewirken müsse, um das verzweifelt herbeigesehnte Kind empfangen zu können. Gute neun Monate später schenkte die Frau einem gesunden Kind das Leben.[7]

Cayce legte seinen Klienten beständig ans Herz, ihre Probleme mithilfe eigener Interpretationen ihrer Träume zu lösen. Zahlreiche seiner Lesungen (man spricht von rund 14 000) sind aufgezeichnet, und seine Publikationen auf Englisch sollen etwa 300 Bände ausmachen – die Wirkungen von Cayces Schaffen und seine gewaltige Hinterlassenschaft war und ist von größter Wirkungskraft, sie bildet noch heute eine der Grundlagen der modernen Metaphysik.

Kontakt mit Verstorbenen aufnehmen

Es gibt einen weiteren metaphysischen bzw. Traum-Aspekt: die Möglichkeit, mit Menschen in Verbindung zu treten, die bereits hinübergegangen sind, sei es aus diesem Leben oder aus gemeinsamen vergangenen Inkarnationen. Denn unserer wahren Essenz nach sind wir *Spirit* (Geist) und nicht bloße physische Materie. Zahlreiche Traumberichte handeln davon, dass ein Verstorbener einem Menschen im Traum erschien und ihm versicherte, er sei lebendig und wohlauf – es bestehe also kein Grund zu weiterer Trauer. Mitunter gibt der Verstorbene dem Träumenden auch Aufklärung über wesentliche Angelegenheiten des täglichen Lebens. Hierzu möchte ich Ihnen gern ein eindrucksvolles Beispiel aus meiner eigenen Erfahrung schildern:

Während einer sehr fruchtbaren Phase meines Lebens arbeitete ich in San Francisco, in einem Heilungszentrum in der Union Street. Beim Shiatsu war ich mit meinem Können und meiner Erfahrung auf dem Zenit angelangt. Außerdem hatten meine Zen-Meditationen mit ihrer Disziplin und der Verpflichtung zu äußerster Konzentration meine Fähigkeit intensiviert, bei jedem Punkt, den ich berührte, ein Gefühl von enormer Klarheit und Heilkraft zu entfalten.

Eines Abends, als sich gerade der berühmte *San-Francisco-Fog*, der undurchdringliche Nebel, über die Stadt senkte und der dumpfe Klang der Nebelhörner ertönte, läutete das Telefon. Ein Freund teilte mir zögerlich, mit emotionsgeladener Stimme mit: »David ist tot.« David arbeitete als Arzt und Heiler in derselben Klinik wie ich. Sein jugendlicher Überschwang und seine Lebenslust erfüllten das ganze Haus. Mein erster Gedanke war: Das ist doch nicht möglich! Nicht David! Er hatte doch so viel, wofür er lebte, hatte noch so viel vor. Seine Praxis florierte, zusammen mit seiner Frau hatte er gerade erst ein schönes Haus in Mill Valley gekauft, und beide freuten sich auf die bevorstehende Geburt ihres Kindes. Warum David?

In derselben Nacht schien eine Präsenz mir Zeichen zu geben und am Rand meines Bewusstseins hin- und herzuflattern. Wie benommen stolperte ich durch die nächsten Tage und nahm seltsame Phänomene wahr. Wenn ich durch die verschiedenen Zimmer unserer Wohnung ging, schienen die Lampen wild zu flackern. Ganz entfernt kam mir der Gedanke, einen Elektriker zu rufen. Meine Träume waren von einem schwer fassbaren Gefühl, einer Art Drängen, erfüllt. Nichts davon brachte ich jedoch mit David in Verbindung. Ich hielt dies alles lediglich für »Auswüchse« meiner eigenen Trauerbewältigung.

Kurz vor Weihnachten hatte sich meine Shiatsu-Gruppe in unserem Wohnzimmer versammelt. Unser wackerer kleiner Christbaum erstrahlte im Licht seiner Mini-Birnchen. Als ich mit dem Unterricht anfing, begannen die Birnchen auf dem Baum plötzlich zu blinken – ganz entgegen ihrer normalen

Funktion. Ich erklärte meinen Schülern, dass wir Probleme mit der Stromversorgung gehabt hätten und sie keine Notiz von den »Lichtspielen« nehmen sollten. Währenddessen blinkten die Birnchen weiter – in bestimmten, gleichmäßigen Intervallen. Einer der Kursteilnehmer lenkte die allgemeine Aufmerksamkeit zurück auf den Baum, als er ihn fragte: »Willst du uns etwas mitteilen?« Die Lichterkette blinkte eine Art Muster – eine Antwort! Endlich dämmerte mir, dass David versucht hatte, in meinen Träumen Kontakt mit mir aufzunehmen, um durch mich seiner trauernden Frau Trost und Botschaften zukommen zu lassen. Fest entschlossen, nicht aufzugeben, versuchte er nun, den Kontakt über unser elektrisches System zustande zu bringen. Wir stellten ihm weitere Ja-Nein-Fragen, die er mithilfe der elektrischen Weihnachtskerzen beantwortete: Ein Mal blinken bedeutete *Ja*, zwei Mal blinken stand für *Nein*. Schließlich hatten wir alle Informationen, die wir an seine Frau weiterleiten sollten. Nachdem ich ihr Davids Aussagen überbracht hatte, hörten die Träume auf, und auch unsere Lampen funktionierten wieder einwandfrei.

Ein Psychologe würde meine Träume während dieser Zeit vermutlich als eine Art Vehikel betrachten, das dazu diente, meine Trauer zu verarbeiten und loszulassen. Ein Metaphysiker hingegen teilte sicher meine Empfindung, dass David wirklich zwecks Informationsübermittlung mit mir in Verbindung treten wollte. Für mich erfährt die metaphysische Deutung ihre Bekräftigung durch das Phänomen der blinkenden Lichter und durch die Tatsache, dass die von mir an Davids Witwe weitergegebenen Botschaften für sie große Bedeutung hatten. Die Kommunikation mit Verstorbenen lässt sich durch die Praktik der »Bebrütung« (Inkubation) von Träumen lernen (mehr dazu in Kapitel 8).

Andere mystische Träume

Träume vom Fliegen zählen ebenfalls zu den metaphysischen Träumen. Ein Psychologe würde das Symbol des Fliegens vielleicht als Ausdruck von Freiheit oder Freiheitsstreben interpretieren. Für den Metaphysiker stellt das »Traum-Fliegen« jedoch eine astrale Projektion dar. Einfach ausgedrückt: Eine astrale Projektion tritt dann auf, wenn die Seele eines Menschen seinen Körper verlässt – und mit diesem nur mehr durch einen dünnen Astral- oder Ätherfaden verbunden bleibt – um in andere Welten und Dimensionen einzutauchen. In Kapitel 13 werde ich auf dieses Phänomen näher eingehen.

Eine andere in spirituellen Kreisen verbreitete Überzeugung besteht darin, dass in unseren Träumen so etwas wie »Traumführer« erscheinen, um uns mit wertvollen Informationen und Einsichten zu versorgen. Nach der allgemeinen Auffassung erhalten die Traumführer leichter Zugang zu unserem inneren Selbst, wenn im Schlaf das Verstandesbewusstsein »herunterfährt«. Ein Traumführer ist im Allgemeinen ein körperloses Wesen, mit dem Sie in einem früheren Leben einmal in Verbindung standen. Dieses Wesen hat immer noch Interesse an Ihnen, es arbeitet mit Ihnen und leitet Sie, um Ihre Seele weiter Gestalt annehmen zu lassen.

Teil II
Traumweber

Vorfahren, ihr habt sie angetreten,
die monumentale Reise der Nacht,
den Stoff unserer Träume zu weben,
als Spiegel unserer innersten Welten.

Geschickte Meister des Traumwebstuhls
allezeit Struktur und Farbe eines Fadens
gegenüber einem anderen abwägend,
wir folgen den Fußspuren eures Übergangs.

M. Anne Sweet

Kapitel 4
Die Träumer der Vergangenheit

Irgendwo im Fensterrahmen Ihres Bewusstseins schweben flüchtige, geheime Botschaften, gerade außerhalb Ihrer Reichweite. Vielleicht spüren Sie, dass sie dort warten, doch wenn Sie danach greifen wollen, schlüpfen sie Ihnen durch die Finger. Diese Mitteilungen existieren jenseits der Welt von Form und Illusion, sie sind im geheimnisvollen Reich unserer Träume zu Hause.

Zu allen Zeiten und in allen Kulturen hat es immer wieder Menschen gegeben, welche die Schwelle der Schläfer in ein anderes Reich überschritten, um den Botschaften der Nacht zu lauschen. Aus den stillen Räumen der Nacht kehrten die Traumweber in die schlaflose Realität zurück und brachten kostbare Geschenke mit – und diese veränderten die Geschicke einzelner Individuen wie auch ganzer Nationen.

Zwar sind die meisten Legenden der zahllosen Mystiker der Nacht auf ewig verloren, doch haben wenigstens ein paar davon die Zeiten überdauert. Im Mittelpunkt einer dieser Geschichten steht Wu Ding (1324–1266 v. Chr.), ein Herrscher aus der chinesischen Shang-Dynastie. Als einer seiner engsten Berater starb, traf dieser Verlust Wu Ding sehr schwer. Er vollzog ein Opferritual für Shang-di, den obersten Gott im alten China, und fragte ihn, wer denn nun die Nachfolge seines geliebten Beraters antreten solle. Daraufhin erschien ihm der neue Berater im Traum. Der Kaiser hatte sein Gesicht so deutlich vor sich gesehen, dass er ein Porträt des Mannes zeichnen lassen konnte. Da jener Mann in der Hauptstadt nicht auffindbar war, wurde sein Bild im ganzen Reich herumgezeigt. Endlich fand man einen Mann, dessen Gesicht mit dem Porträt übereinstimmte – allerdings war er nur ein ganz gewöhnlicher Arbeiter. Doch Wu Dings Glauben an seinen Traum war so stark, dass er den Mann zum Premierminister seines Reichs ernannte.[1]

Nach Ansicht von Forschern gab es im alten Griechenland 300, wenn nicht gar 400 Tempel, in denen Traumsteuerung (bzw. Tempelschlaf) praktiziert wurde und die angeblich über tausend Jahre bestanden haben sollen. Sie dienten als Stätten der physischen und emotionalen Heilung.[2] Die Tempelpriester erbaten die Unterstützung der Götter. Hypnos, der Gott des Schlafs, soll die Sterblichen durch das Fächeln mit seinen Flügeln in Schlummer versetzt haben. Dann übermittelte der Göttervater Zeus Warnungen, Prophezeiungen und Inspirationen an Morpheus, den Gott der Träume. Von diesem gelangten sie an den geflügelten Götterboten Hermes, der sie an die Menschen weitergab. Und deren Träume wurden anschließend von den Priestern gedeutet.[3]

Die Suche nach speziellen Träumen zur Beschwörung der göttlichen Hilfe nennt man *Traumbebrütung* oder *Trauminkubation*. Im antiken Griechenland geschah das, wenn ein Mensch sich an einem heiligen Ort (meist im Tempel zu Füßen des Götterbildes) zum Heilschlaf niederlegte, nachdem er zuvor ein Reiningungsritual durchlaufen hatte. Dies schloss im Allgemeinen auch eine tagelange Abstinenz von Alkohol, Fleisch und sexuellen Handlungen ein, dazu kam ein Opfer an die betreffende Gottheit.[4]

Viele heilige Orte Griechenlands – wie das Apollon-Heiligtum in Delphi (als Gott aller Künste war Apollon auch für die Heilkunst zuständig) und der Asklepios-Tempel von Epidauros – galten als besonders günstig für Traum-Orakel. Die Menschen glaubten, dass die Götter an diesen Orten die Geheimnisse des inneren Wissens enthüllten. Ihre Hoffnung, Asklepios, der Gott der Medizin und der Therapie, würde ihnen im Schlaf erscheinen, ließ die Kranken zu diesen Stätten reisen. Nach Auskunft antiker Quellen behandelte der Gott die Menschen mit Medizin aus Heilkräutern und bewirkte gelegentlich sogar Spontanheilungen. Nach allgemeiner Überzeugung erschien er seinen Patienten in ihren Träumen, mischte Tränke und legte Heilpflaster auf die kranken Stellen. In besonderen Fällen rief Asklepios seine heiligen Schlangen herbei, ließ sie über die betroffenen Körperpartien züngeln und die Krankheit »heraussaugen«. Wer eine Therapie besonderer Art wünschte, legte sich inmitten der ungiftigen Schlangen schlafen, sie galten als heilbringend.

Und auch heute noch assoziieren wir Heilung bzw. ärztliche Kunst mit der Schlange, was sich im Wahrzeichen des Medizinerstands, dem Äskulapstab mit der darum gewundenen Natter, widerspiegelt.[5]

Interessanterweise symbolisiert im traditionellen Yoga eine am unteren Ende der Wirbelsäule zusammengerollt liegende Schlange die Kundalini-Energie. Die Kundalini-Kraft ist eine kosmische Kraft. Sie manifestiert sich in jedem menschlichen Wesen und sitzt im untersten, im Muladhara- oder Wurzelchakra. (Kundalini ist ein Sanskrit-Ausdruck und bedeutet »die Zusammengerollte«. Durch bestimmte Yogaübungen lässt sich die Kundalini-Kraft erwecken, dann entrollt sich die »Schlange« und die Energie fließt durch alle Chakren bis ins Kronenchakra.) Hippokrates (um 460–370 v. Chr.), der berühmteste Arzt des Altertums und »Vater der modernen Medizin«, sagte einmal: »Manche Träume sind göttlich inspiriert, andere stehen in direktem Zusammenhang mit dem physischen Körper.« Nach seiner Auffassung war das Erscheinen von Sonne, Mond, Sternen und Naturphänomenen in Träumen von Bedeutung zum Verständnis der Gesundheit und der Befindlichkeit eines Menschen. Träumte eine Person von einem sehr klaren Himmel, so ging man damals davon aus, dass mit ihm bzw. ihr auf der körperlichen Ebene alles in Ordnung war. Doch schimmerten die Sterne in einem Traum nur trübe oder fielen sie gar vom Himmel, galt das als Signal für ein gesundheitliches Problem. In seiner Abhandlung über Träume schrieb Hippokrates: »Es ist ein Zeichen für eine Krankheit, wenn ein Stern im Traum nur blass erscheint oder wenn er sich bewegt, nach Osten bzw. Westen, aufwärts oder nach unten zur Erde oder ins Meer fällt. Eine Aufwärtsbewegung weist auf Fluxe, außergewöhnliche Stoffverlagerungen durch Ausfließen, im Kopf hin. Stürzt der Stern ins Meer, kann man auf eine Darmerkrankung schließen, eine Bewegung nach Osten hingegen auf Tumorwachstum im Körper.«[6]

Diese symbolischen Deutungen lassen sich heute zwar nicht mehr aufrechterhalten, doch bezeugen sie den hohen Respekt der Menschen im Altertum vor Traumsymbolen. Damals hieß es auch, vor dem Ausbruch einer Krankheit würden dem Betroffenen die entsprechenden Symptome im Traum gezeigt. Solche Träume werden heute *prodromisch* genannt, abgeleitet vom griechischen Wort *prodromos* »vorauseilend«.[7]

Wie schon der große Philosoph Aristoteles (384–322 v. Chr.), der Begründer zahlreicher Disziplinen, darunter die formale Logik, vertrat der gleichfalls berühmte griechische Arzt Galenos von Pergamon (129–216 n. Chr.) die Auffassung, Träume reflektierten den körperlichen Zustand eines Menschen und könnten daher als Hilfsmittel zur Diagnose wie auch zur Therapie herangezogen werden. Nach Platon

(427–347 v. Chr.) war die Leber der Sitz der Träume. In seinem Spätwerk *Timaios* behauptete er, prophetische Träume würden über die Leber empfangen. Für den römischen Gelehrten Plinius den Älteren, Verfasser der *Naturgeschichte*, hatten Träume einen übernatürlichen Ursprung. Traumdeuter waren im antiken Griechenland sehr gefragt, genau wie bei uns die Ärzte. Zu den in der Traumdeutung wichtigen Objekten gehörten Traumtore. In den Träumen der alten Griechen erschienen für gewöhnlich zwei davon: eines aus Elfenbein, ein anderes aus Horn. Sah der Träumende das Elfenbeintor, galt das als Warnsignal, während das Horntor den Trauminhalt als prophetisch auswies.[8]

Verschiedene alte Zivilisationen übten sich in der Traumverehrung. So ist aus vier der ältesten Hochkulturen – China, Indien, dem Nahen Osten und Ägypten – überliefert, in welcher Weise sie von ihren Träumen Gebrauch machten bzw. welchen Nutzen sie daraus zogen.

In Ägypten war das »Traumbebrüten« von 4000 bis 2000 v. Chr. eine gängige Praxis. Die Pharaonen hegten großen Respekt vor Träumen, da sie ihnen als »Wegweiser« aus der göttlichen Sphäre galten. Die Große Sphinx von Gizeh hält zwischen ihren Pranken eine Inschriftentafel, eine Traumstele aus rosa Granit, mit der Schilderung von Träumen und Ereignissen aus dem Leben des späteren Königs Thutmosis IV. Eines Tages lag der Sohn von Pharao Amenophis II., nach einer Löwenjagd ermüdet, schlafend im Schatten der Sphinx, als der Sonnengott Ra in seinem Traum erschien und ihm eröffnete, er werde eines Tages Herrscher über ganz Ägypten sein. Beim Erwachen bemerkte der junge Mann, dass die Sphinx von einer Sandschicht bedeckt war und zudem Schadstellen aufwies. Daraufhin gelobte er, im Fall seiner Regentschaft die Sphinx vom Sand zu befreien und sie immer in gepflegtem Zustand zu erhalten. Als sich die Voraussage des Traums erfüllte und der Mann einige Jahre darauf als Pharao Thutmosis IV. den Thron bestieg, stand er zu seinem Wort und ließ die Sphinx restaurieren. Seitdem hat man sie nie mehr verkommen lassen.[9]

Dem Griechengott Asklepios entsprach der ägyptische Imhotep, einst Pyramidenbaumeister, Schriftgelehrter, Hohepriester und Begründer der ägyptischen Medizin. In der Spätzeit, im Neuen Reich, wurde er als Gott der Heilkunde verehrt. In seinem Schrein haben sich Papyri mit Beschreibungen und Deutungen unterschiedlicher Träume erhalten. In einem davon steht zu lesen: »Ein brennendes Bett bedeutet, dass dein Partner dich betrügt.«[10]

Im antiken Syrien kannte man sogar ein spezielles Bittgebet für Träume:

Mein gnädiger Gott, steh mir zur Seite …
Mein wohlwollender Gott wird mir zuhören:
Mamu, Gott meiner Träume,
Mein Gott, sende mir eine günstige Botschaft.[11]

Im Nahen Osten bediente man sich der *Istigara*-Praxis, um eine Traum-Antwort auf eine Frage zu erhalten. Das *Istigara* war ein besonderes Traum-Gebet, das der Ratsuchende direkt vor dem Einschlafen aufsagte.[12]

Auch das Alte und Neue Testament sprechen davon, dass Gottes Wille durch die Träume und Visionen der Propheten offenbart werden solle. Und tatsächlich existieren mehr als 20 gut dokumentierte Berichte, in denen von einer durch Träume übermittelten göttlichen Führung die Rede ist. In manchen Fällen haben diese Träume bzw. ihre Botschaften den Lauf des Schicksals beeinflusst. Moses erhielt von Gott die Anweisung, seinen Worten im Traum zu lauschen: »Und er sprach: Höret meine Worte: Ist jemand unter euch ein Prophet des Herrn, dem will ich mich kundmachen in einem Gesicht oder will mit ihm reden in einem Traum.« (4. Mose 12,6)[13]

Laut einer anderen Bibelstelle erschien dem durch die Schwangerschaft Marias verwirrten Joseph im Traum ein Engel des Herrn und sprach: »Joseph, du Sohn Davids, fürchte dich nicht, Maria, dein Gemahl, zu dir zu nehmen; denn das in ihr geboren ist, das ist von dem heiligen Geist.« (Matthäus 1, 18-20)[14]

Im alten Japan wurde die Trauminkubation sowohl in den buddhistischen wie auch den Tempeln des Shintoismus praktiziert. Einige buddhistische Tempel standen sogar im Ruf, bedeutende Traum-Orakelstätten zu sein. Wer einen visionären Traum herbeiführen wollte, wandte dazu dieses Verfahren an: Zunächst durchlief er eine Periode der Abstinenz, danach folgten eine Reise zu der betreffenden heiligen Stätte und ein rituelles Opfer. Anschließend blieb der zukünftige Träumende für eine festgesetzte Zeitspanne an diesem Ort: entweder 7, 21 oder 100 Tage. Diesen Zahlen kam eine spezielle Bedeutung zu. In Erwartung eines besonderen Traums legte sich der »Traumwünschende« dann zum Schlafen vor dem Allerheiligsten nieder, denn dort – so glaubte man – wohnte die Gottheit des Tempels. Sehr häufig baten die Menschen hier um Heilträume – wie auch im antiken Griechenland – und es erschien ihnen der Bodhisattva Kannon Bosatsu (chinesisch *Guanyin*, der Bodhisattva der Barmherzigkeit) in einer seiner vielen Gestalten und heilte sie von ihren Krankheiten.[15] Unabhängig von der Kultur, in der die Traumheilung praktiziert wurde: Zur Heilbehandlung trat immer die (lokal) amtierende Gottheit in Erscheinung.

Kapitel 5
Die Träume der Ureinwohner

Am abendlichen Himmel verlischt die rote Glut der untergehenden Sonne. Der einsame Schrei einer einzelnen Eule durchdringt die kalte Stille. In den Schatten gleiten die Stammesmitglieder geräuschlos in ihre Tipis zurück. Die Zeit der Großen Jagd rückt näher, und diese Nacht gehört den Träumen. Die Stammesmitglieder genießen dabei einen Vorteil: Sie erwarten Traumführer, die mit der Bitte um Unterstützung und Begleitung angerufen werden. In dieser Nacht braucht man ihren Rat bei der Entscheidung, wann, wo und wie die Jagd stattfinden soll. Das Himmelszelt ist von funkelnden Sternen übersät, eine Sternschnuppe malt ein golden glühendes Komma an das samtschwarze, stille Firmament.

Am nächsten Morgen versammeln sich alle und teilen ihre Träume miteinander – und mit jedem Traum kristallisieren sich Ort und Strategie der Jagd deutlicher heraus. Wie der Stamm sehr wohl weiß, hängt sein Überleben von diesen Träumen ab.

Für die amerikanischen Ureinwohner besitzen Träume eine besondere Bedeutung: »Respektiere die Träume deines Bruders« lautet ein altes indianisches Sprichwort, und in beinahe jedem Stamm zog man Träume heran, um die Zukunft vorherzusagen, psychische Probleme in den Griff zu bekommen, sexuelle Blockaden zu lösen und Krankheiten zu heilen. Dabei bediente sich jeder Stamm seiner ganz eigenen Methoden oder Techniken, um Träume hervorzubringen und zu verstehen. Die nähere Beschäftigung mit den Träumen und ihrem Umgang innerhalb der einzelnen Kulturen und Gemeinschaften der amerikanischen Ureinwohner zeigt deren Komplexität.[1] In diesem Kapitel möchte ich Ihnen wenigstens einen flüchtigen Eindruck davon vermitteln.

Für die amerikanischen Ureinwohner war es nur eine dünne Linie, die den Traum- vom Wachzustand trennte. Mutter Erde existierte als reales Wesen und stetig sprudelnde Kraftquelle, der Schöpfer durchdrang die Natur mit all ihren Erscheinungen. Ihrer Vorstellung nach konnte man während der Nacht Zugang zum Großen Geist, den Ahnen und zur eigenen inneren Führung erlangen. Deshalb maßen die Indianer den Träumen eine enorme Bedeutung bei.

Bei den Mohawk ließen die Träumenden sich üblicherweise von ihren Traumbildern zum Verfassen von Gedichten oder Rätseln anregen, wobei Geschenke ausgetauscht wurden, je nachdem, ob andere Stammesangehörige der Lösung auf die Spur kamen oder nicht.[2]

Weil die Mitglieder des Stammes der Seneca es mit ihren Träumen sehr genau nahmen, bestanden sie darauf, jeder Traum müsse entweder »wortgetreu« oder symbolisch nachgestellt werden – dieser Aspekt ihrer Kultur vertrug sich schlecht mit der Bekehrung zum Christentum, was die Arbeit der frühen französischen Missionare beträchtlich erschwerte.[3]

Jeder Stamm in der unter anderem ihrer liberalen demokratischen Verfassung wegen berühmten »Irokesen-Liga« – die Mohawk, Oneida, Onandaga, Cayuga, Seneca und Tuscarora – nahm an diesem einzigartigen täglichen Traumritual teil.

Außerdem versammelten sie sich alljährlich nach dem ersten Schneefall, um ein ganz spezielles Gemeinschaftsritual zu vollziehen. Zum Besuch dieser Versammlungen brachten die dazu bestimmten Indianer große Entfernungen hinter sich. Nach der Ankunft legten sie ihre Masken an, um dann ihre Träume nachzuspielen. Mitunter trugen sie zu den Masken auch eine Art Kostüm, bei anderen Gelegenheiten hatten sie außer der Maske nichts am Leib. Das alljährliche Festspiel dieses »reisenden Traumtheaters« trug den Namen *Onoharoia* (wörtlich »das Gehirn auf den Kopf stellen«). Es bot vielen *Ondinnonk* (speziellen Träumen) und ihrer sehr dramatischen Aufführung einen Rahmen. Bei diesen Zeremonien kamen zahlreiche Ritualmasken der Irokesenstämme zum Einsatz. Die jungen Männer, die in diesen Traum-Darbietungen auftraten, reisten von einer indianischen Siedlung zur nächsten, um ihre Träume »auszuagieren«.[4]

Die Irokesen-Völker waren so felsenfest von der Bedeutung der *Ondinnonk* überzeugt, dass sie davon ausgingen, ein Mensch, dessen Träume nicht nachgespielt würden, müsse krank werden, wenn nicht gar sterben.[5]

Auch die Aborigines, die australischen Ureinwohner, glaubten an die Kraft der Träume. Ihre ebenso reichhaltige wie unergründliche Traumwelt umfasste weit mehr als die Träume der Nacht und erscheint den Menschen des Westens bis heute geheimnisvoll und rätselhaft. Doch galten auch die nächtlichen Träume als sehr bedeutsam, und so wurden Alltagsdinge häufig dadurch geregelt, dass man seine Träume und deren Deutungen miteinander teilte. Bei einigen Aborigines-Stämmen herrschte die Meinung, vor der Ankunft des weißen Mannes sei alles ein Traum gewesen.

Traumführer

Im Mittelpunkt des Verständnisses der meisten Ureinwohner-Stämme stand die Vorstellung eines Traumwächters oder -führers, an den man im Wachzustand ebenso herantreten konnte wie im Schlaf. Ein Psychologe würde das vielleicht streng rational als eine Art »Gestalttherapie« auffassen wollen, mit einem imaginären Gegenüber, das in Wahrheit ein uneingestandener Aspekt des eigenen Selbst ist. Für die Ureinwohner war dieser Traumführer jedoch real. Ihre Traumfreunde waren für sie genauso wirklich wie die Freunde, mit denen sie sich im wachen Zustand umgaben und die sie berühren konnten. Häufig fasteten sie eine Zeit lang, um einen Traumführer zu bekommen, einen bestimmten Traum oder ein Traumlied (eine Melodie, die sich im Schlaf einstellt). Obwohl Träumer mitunter auch ohne vorheriges Fasten Traumlieder komponierten, scheint der Nahrungsmangel diesen geheimnisvollen kreativen Prozess aus unbekannten Gründen zu befördern. Möglicherweise hat die einzigartige, dünne Luft in den hohen Bergen und auf den Felsenarealen, den bevorzugten Fastenorten einiger amerikanischer Ureinwohner, die Qualität ihrer Träume ebenfalls beeinflusst.

Wie Untersuchungen belegen, erhöht sich die Aufnahmekapazität für Träume bei Menschen in ruhigen Zeiten stark gegenüber umtriebigen Phasen mit ausgeprägten sozialen Aktivitäten. Auch die REM-Zyklen verlängern sich – in »stillen Zeiten« hat man bis zu 60 Prozent mehr REM-Schlaf. Das zunehmende Alleinsein bewirkt offenbar ein Mehr an Träumen, völlige Isolation kann bei manchen Menschen sogar Halluzinationen hervorrufen. Physische Untätigkeit gehört auch zu den Faktoren, die zu einer verstärkten Traumaktivität führen.[6]

Das bewusste Einsetzen der Träume

Die amerikanischen Ureinwohner nutzten ihre Träume auf vielfältige Art. Außer zur Festlegung von Zeit und Ort für die Jagd oder für die Aussaat von Pflanzen halfen ihnen die Träume auch bei der Namenswahl. Sie pflegten einen Traum zu »bebrüten« oder nach dem Namen für ein neugeborenes Baby zu fragen, und dieser Name wurde ihnen dann im Traum »zugestellt«. Häufig kamen ihnen die Ideen für neue Tänze und Lieder in ihren Träumen, wie auch die Ursprünge zahlloser kultureller Errungenschaften in Träumen zu suchen sein sollen. Etliche der dekorativen Muster auf Decken, Bildern, Schmuck und Kleidungsstücken haben die Künstlerinnen und Künstler ebenfalls im Traum empfangen.

Charakteristika eingeborener Kulturen

Folgende Merkmale zeigen sich bei allen eingeborenen Kulturen mit engem Bezug zu Träumen:

- Träume gelten als unverzichtbar für den Erfolg im Leben. Diese Auffassung erleichterte den Völkern der Frühzeit die Erinnerung an ihre Träume und deren Deutung, sie besitzt noch heute Gültigkeit.

- In Träumen treten überirdische Gestalten oder Wesen in Erscheinung, die besondere Kräfte spenden und/oder wertvolle Hinweise geben.

- Von Schamanen (Medizinfrauen und -männern) wird erwartet, dass sie ihre Träume dazu einsetzen, um ihr Wissen und ihre Kenntnisse zu erweitern.

- ★ Träume werden durch bestimmte Techniken herbeigeführt – etwa durch einsames Schlafen an einem Kraftplatz oder einer heiligen Stätte, aber auch durch Fasten.[7]

Untersuchungen haben interessanterweise ergeben, dass 80 Prozent aller Jäger-und-Fischer-Gemeinschaften Träume einsetzen, um nach übernatürlichen Kräften zu suchen und sie zu lenken, während es bei den Ackerbauern und Viehzüchtern lediglich 20 Prozent sind. Allem Anschein nach steigt mit der Abhängigkeit einer Kultur vom Jagen und Fischen auch ihr Bedürfnis, Träume zu Rate zu ziehen, sich ihrer Führung anzuvertrauen und Erkenntnisse daraus zu gewinnen.[8]

Heute betrachtet man Träume vielfach als »geistigen Datenmüll«, als Überbleibsel von Denkvorgängen. Die ursprünglich gebliebenen Völker hingegen hatten bis vor nicht allzu langer Zeit direkten Zugang zu den Träumen. Als sie noch naturnah lebten, im Einklang mit den Zyklen von Mutter Erde, fiel ihnen der »Übergang« in die geheimnisvolle Welt der Träume wesentlich leichter – und sie waren imstande, die Bilder in ihren Träume selbst zu deuten, wie auch deren tieferen Sinn zu erfassen. Heute haben sich unsere Gesellschaften immer weiter von der Natur entfernt, und uns ist die Fähigkeit, einfachen und direkten Zugang zu unseren Träumen zu finden, verloren gegangen.

Doch wir können uns Wissen zurückholen: von den Ureinwohnern Amerikas. Nehmen Sie sich einen Tag oder eine Woche frei und verbringen Sie die Zeit in der Natur, weit weg von Elektrizität, Maschinen und Computern. Vertrauen Sie Ihren eigenen Ressourcen. Nehmen Sie wieder Verbindung mit den Kreisläufen der Natur auf. Setzen Sie sich ins Mondlicht – und baden Sie richtiggehend darin! Wie Sie feststellen werden, erleichtert Ihnen diese kleine Erholungsphase den Zugang zu Ihren Träumen beträchtlich – und Sie werden wesentliche Einsichten gewinnen…

Teil III
Traumschöpfer

Der Versuch hinüberzugehen, fällt uns anfangs schwer,
wir stehen auf unsicheren Beinen, der Weg
ist geheimnisvoll und zeichnet sich nur unklar ab,
unsere Träume sind aus dicker, grober Wolle gewoben.

Auf dem Weg begegnen uns die Spuren
unserer Vorfahren,
alter Traumweber, die uns als Wegweiser dienen,
als Lichtspender unseren Weg erhellen und
die Qualität unseres Gewebes verfeinern.

M. Anne Sweet

Kapitel 6
Sich an seine Träume erinnern

Ihre Träume können Ihnen Fantasiegebilde, Abenteuer und Romantik bescheren. Sie können Ihnen als mystischer Schlüssel für die Räume der Zukunft dienen und Licht in Ihre Vergangenheit bringen. Auf dem Gebiet der Unterhaltung können Ihre Träume in Konkurrenz zu Hollywoodfilmen treten, mit *Ihnen* als Regisseur/-in, Produzent/-in und Hauptdarsteller/-in. Allesamt mit Sicherheit oskarverdächtig. Doch wenn Sie sich Ihre Träume ins Gedächtnis zurückrufen wollen, müssen Sie wachsam bleiben, sonst vergessen Sie die Rollen, die Sie gespielt haben – und dazu die anderen Protagonisten und deren Bedeutung. So wie Schauspieler ihr Text-Gedächtnis schulen müssen, müssen Träumende die Fähigkeit ausbilden, sich an ihre Träume zu erinnern. Sonst werden Sie zweifellos jede von Ihnen gesprochene Zeile bereits vor dem Aufwachen vergessen haben.

Das ausschlaggebende Element bei der Traumerinnerung ist die Motivation. Um diese Motivation aufzubauen, müssen Sie zuallererst Ihre Träume als lohnende »Studienobjekte« ansehen (lernen). Nehmen Sie Ihre Träume als wertvolle Botschaften Ihres Unterbewusstseins wahr, die unbedingte Beachtung verdienen. Es ist wichtig, dass Sie davon wirklich überzeugt sind!

Betrachten Sie jeden Traum wie einen kostbaren Edelstein, dessen spiegelnde Facetten Ihnen alle einzeln eine klare und außergewöhnliche Einsicht in Ihr eigenes inneres Sein präsentieren. Jeder Traum ist ein Tor, durch das Sie in die Tiefen Ihres Selbst schauen können. Diese verschiedenen Blickwinkel werden Sie in Ihrem Selbstverständnis erheblich weiterbringen. Wenn Sie Ihre Träume demnach als wertvoll und nutzbringend zu schätzen wissen, werden Sie auch hinreichend motiviert sein, um sich daran zu erinnern.

Erinnerungsblockaden

Sollten Sie momentan nicht in der Lage sein, sich an Ihre Träume zu erinnern, steht dem vielleicht etwas in Ihnen selbst im Weg – vielleicht die innere Haltung oder Einstellung, die Sie zu dem Thema haben. Um herauszufinden, ob das tatsächlich der Fall ist, brauchen Sie nur das auf den nächsten Seiten dargestellte Verfahren anzuwenden. Es wird Ihnen helfen, sich potenzieller Barrieren oder Begrenzungen Ihres Traumgedächtnisses bewusst zu werden – selbst wenn sie in Ihrem Unterbewusstsein verborgen sein sollten – und sich davon zu befreien. Während dieses Prozesses werde ich Sie mit einer Aufzählung der am weitesten verbreiteten Einstellungen und Ansichten konfrontieren, die der Traum-Erinnerung hinderlich sind. Eine oder mehrere davon mögen auf Sie zutreffen. Lesen Sie sich diese Liste langsam und *laut* vor. Sollte eine oder mehrere Aussagen passen oder sich für Sie stimmig anfühlen, halten Sie Stift und Papier bereit, um sich Notizen zu Ihren Empfindungen zu machen.

Schreiben Sie die folgenden Überschriften auf ein eigenes Blatt, und lassen Sie darunter jeweils ausreichend Platz für ein oder zwei Antwortsätze.

Einstellung/Ansicht

Gedankliche Reaktion:

Gefühlsmäßige Reaktion:

Körperliche Reaktion:

Affirmation:

Ihre gedankliche Reaktion

Wenn Sie eine bestimmte Aussage lesen, die Ihnen für Sie selbst zutreffend erscheint, notieren Sie die Gedanken, die sich als Antwort einstellen. Unterscheiden Sie dabei genau zwischen bejahenden und ablehnenden Gedanken. Was auch immer Ihnen in den Sinn kommt, wenn Sie sich die einzelnen Aussagen laut vorlesen – schreiben Sie es auf. Und vor allem – seien Sie ehrlich zu sich selbst! Bedenken Sie, dass es bei dieser Liste kein »falsch« oder »richtig« gibt. Diese Übung soll Ihnen lediglich dazu dienen, sich besser an Ihre Träume zu erinnern.

Ihre gefühlsmäßige Reaktion

Beobachten Sie Ihre Gefühle sehr genau, während Sie die einzelnen Aussagen lesen oder hören. Welche Gefühle löst das betreffende Statement in Ihnen aus? Bewerten Sie Ihre Antwort nicht, schreiben Sie sie einfach nur auf. *Schon allein die Tatsache, dass Sie Ihre Einstellungen überprüfen, wird es Ihnen ermöglichen, sie loszulassen.*

Ihre körperliche Reaktion

Wenden Sie Ihre Aufmerksamkeit Ihrem Körper zu und notieren Sie seine Antwort. Selbst wenn es Ihnen schwerfallen sollte, sich Ihrer gedanklichen oder emotionalen Reaktion bewusst zu werden – Ihr Körper wird Ihnen sehr eindeutige Botschaften übermitteln. Er wird – vielleicht mitunter zurückhaltend – in Resonanz zu den laut ausgesprochenen Aussagen gehen, und Sie werden lernen, sich dessen bewusst zu werden. Wenn Sie eine Aussage vorlesen, konzentrieren Sie sich ganz auf Ihren Körper und versuchen Sie, auch die leiseste Veränderung wahrzunehmen. Das kann eine winzige Verspannung in Ihrer Brustmitte oder ein Zucken Ihres linken Auges sein. Ihr Körper wird Ihnen immer Anhaltspunkte liefern. Achten Sie sorgsam darauf, denn diese Zeichen können dazu dienen, die Blockaden Ihrer Traum-Erinnerung aufzuspüren.

Ihre Affirmationen

Den letzten Punkt auf Ihrer Liste bilden die *Affirmationen*. Affirmationen sind selbstbejahende Sätze, positive Gedankeninhalte, sie verstärken die Richtung, die Ihre Gedanken nehmen. Finden Sie oder er-denken Sie sich eine aufbauende Behauptung zur Auflösung der Einstellung oder Ansicht, die Ihrem Traum-Erinnerungsvermögen im Weg steht. Unsere Einstellungen und Haltungen bilden die Pfade, auf denen unsere Gedanken reisen. Es sind ausgetretene Pfade, die wir ohne nachzudenken immer wieder entlanggehen, ungefähr so, wie wir eine Wiese mit hoch stehendem Gras auf dem schon vorhandenen Trampelpfad durchqueren. Hat jemand die Einstellung »Träume sind bedeutungslos«, geschieht Folgendes: Jedes Mal, wenn dieser Person das Wort *Traum* in den Sinn kommt, wird ihr Verstand – wie immer – den alten Pfad mit der Bezeichnung *Träume sind unwichtig* nehmen. Dieser Pfad kann durch die ständige Benutzung dermaßen »ausgelatscht« sein, dass es einer bewussten Anstrengung bedarf, um einen neuen anzulegen.

Glücklicherweise funktioniert das Ganze auch andersherum: Ein positiver Gedanke oder eine Affirmation, wie beispielsweise *Meine Träume sind wertvoll und wichtig*, wird allmählich einen neuen Pfad schaffen. Und schließlich, wenn er oft genug »positiv verstärkt« wurde, wird der neue Pfad den alten ersetzen. Schießt einem dann ein mit dem Thema »Traum« verbundener Gedanke durch den Kopf, wird der Verstand den neuen Pfad einschlagen und damit den Gedanken *Träume sind wertvoll* bekräftigen. Und als Ergebnis wird man sich besser an seine Träume erinnern können. Am Ende dieses Abschnitts habe ich einige Vorschläge für Affirmationen zur Verbesserung des Traumerinnerungsvermögens aufgelistet.

Was die Traumerinnerung blockiert

Die folgenden Einstellungen können der Grund dafür sein, dass Ihnen der Zugang zur Traumerinnerung verwehrt bleibt. Beginnen Sie damit, sich diese Aussagen einzeln laut vorzulesen, und notieren Sie Ihre jeweiligen inneren Antworten darauf.

- ⋆ Meinem Gefühl nach sind Träume nicht von Bedeutung.
- ⋆ Ich bin mir nicht sicher, ob ich überhaupt wissen möchte, was in meinem Unterbewusstsein vor sich geht.
- ⋆ Ich brauche Schlaf. Träume halten mich vom erholsamen Schlafen ab.

* ⋆ Ich könnte Dinge über die Zukunft erfahren, die ich gar nicht wissen will.
* ⋆ Vielleicht sollen wir uns gar nicht erinnern.
* ⋆ Träume mit sexuellem Inhalt beunruhigen mich.
* ⋆ Ich könnte Albträume bekommen.
* ⋆ In meinem Träumen habe ich keine Kontrolle über mich, das ist mir unangenehm.
* ⋆ Ich könnte mich dem Einfluss von Kräften öffnen, die auf meine Psyche wirken.
* ⋆ Ich finde es beängstigend, in meinen Träumen Dinge zu tun, die meinen Wertvorstellungen im wachen Zustand widersprechen.
* ⋆ In meiner Vergangenheit gab es ein problematisches Ereignis, an das ich nicht denken und von dem ich auch nicht träumen will.
* ⋆ Sich an seine Träume zu erinnern, kostet zu viel Zeit und Mühe.

Das ist nur eine kleine Auswahl von inneren Haltungen oder Ansichten von Menschen, die sich nicht auf ihre Träume besinnen können. Wenn Sie die oben genannten Aussagen im Hinblick auf Ihre eigene Person »abgearbeitet« haben, dann schauen Sie bitte einmal, ob Sie selbst nicht noch die eine oder andere Einstellung finden, die Ihrer Traumerinnerung entgegenstehen könnte. Und behalten Sie dabei im Sinn, dass es oft schon ausreicht, sich der eigenen inneren Haltungen bewusst zu werden bzw. sie sich genauer anzusehen, um sie loslassen und sich besser an seine Träume erinnern zu können. Im Anschluss zeige ich Ihnen an einem Beispiel, wie Ihre Aufzeichnungen ungefähr aussehen könnten.

Einstellung/Ansicht

Meinem Gefühl nach sind Träume nicht von Bedeutung.

Gedankliche Reaktion:
Ich glaube, sie sind wichtig für *andere Menschen*, für solche mit Problemen.

Gefühlsmäßige Reaktion:
Beim Vorlesen dieser Aussage verspüre ich Irritation und sogar Zorn.

Körperliche Reaktion:
Nachdem ich mir dieses Statement vorgelesen hatte, bemerkte ich, dass ich nicht richtig tief atmete und meine unteren Nackenmuskeln sich verspannten.

Affirmation:
Träume besitzen eine <u>große</u> Bedeutung, sie sind <u>sehr wichtig,</u> denn sie geben mir die Möglichkeit, mein bisher ungekanntes inneres Potenzial zu erschließen. Ich träume liebend gern und erinnere mich sehr gut an meine Träume.

Affirmationen zur Förderung der Traumerinnerung

- *Ich träume sehr gerne und erinnere mich lebhaft an meine Träume.*

- *Meine Gefühle sind wertvoll, und ich genieße die Gefühle, die ich in meinen Träumen empfinde.*

- *Ich habe alle Zeit der Welt, um mich an meine Träume zu erinnern und sie in mich aufzunehmen.*

- *Ich akzeptiere meine Vergangenheit bedingungslos und weiß, dass alles, was mir in meinem Leben (und in meinen Träumen) jemals geschehen ist, für mich notwendig war, um dorthin zu gelangen, wo ich heute bin.*

- *Meine Träume vermitteln mir wertvolle Wahrnehmungen und Erkenntnisse, die für mehr Ausgeglichenheit und Freude in meinem Leben sorgen.*

- *Die Träume machen mich kreativer, und ich erinnere mich sehr gerne an sie.*

- *Ich beurteile meine Träume nicht. Denn wie ich weiß, ist jede Botschaft meines Unterbewusstseins es wert, angehört zu werden.*

- *Meine Träume geben mir wertvolle Aufschlüsse über die Zukunft.*

- *Ich verdiene es, sexuelle Lust zu empfinden und finde Traum-Sex sehr anregend.*

- ⋆ *Ich erlaube mir, mich an meine Träume zu erinnern und ihre tiefere Bedeutung zu verstehen.*

- ⋆ *Träume besitzen eine großе Bedeutung, sie sind sehr wichtig, denn sie geben mir die Möglichkeit, mein bisher ungekanntes inneres Potenzial zu erschließen.*

- ⋆ *Ich träume liebend gerne und erinnere mich sehr gut an meine Träume. So sei es!*

Das Traumtagebuch

> *Ich verreise nie ohne mein Tagebuch. Denn in der Bahn sollte man immer eine spannende Lektüre bei sich haben.*
>
> Oscar Wilde

Ein Traumjournal berichtet von Ihren inneren Reisen und Ihrem Streben nach Selbst-Verständnis. Es umfasst jedoch nicht nur ein oder zwei Träume, sondern alle, an die Sie sich erinnern. Nach Ansicht von C. G. Jung erwächst echte Selbst-Erkenntnis aus der Beobachtung und Deutung einer ganzen Reihe von Träumen (oder einer Traumserie) über eine lange Zeitspanne – das können Jahre sein. Auf diese Weise – so C.G. Jung – kann jeder Mensch beginnen, aus seinen Aufzeichnungen im übertragenen Sinn eine Art Bildteppich zu sticken, dessen zentrale Motive die immer wiederkehrenden, das Leben durchdringenden Themen sind. Indem Sie Ihr Traumtagebuch täglich führen, gewinnen Sie Einblick in Ihren Daseinszweck, Ihre Aufgabe und Ihr Schicksal – möglicherweise entwickelt sich das Tagebuch zu Ihrem persönlichen Weisheitsschatz.

Träume sind sehr flüchtig, meist hat man sie bereits zehn Minuten nach dem Aufwachen vergessen, und es bedarf unter Umständen enormer Willensanstrengung, um sie auf die Ebene des bewussten Denkens zurückzuholen. Wie Untersuchungen ergaben, treten Träume in Begleitung von REM (*Rapid Eye Movement* »schnelle Augenbewegung«) auf. Wenn man jemanden während einer REM-Schlafphase aufweckt, erwischt man ihn mitten in einem Traum. Unmittelbar nach dem Erwachen konnten die Schläfer ihre Träume komplett wiedergeben, ließ man jedoch fünf Minuten verstreichen und fragte sie dann erneut, konnten sie sich nur mehr an Traumfetzen erinnern. Und Menschen, die man zehn Minuten nach dem Aufwecken nach ihren Träumen fragte, *hatten praktisch keine Erinnerung mehr daran*. Im Klartext heißt das: Ein Traum ist nur die ersten paar Sekunden nach dem Aufwachen in seiner Ganzheit lebendig. Deshalb müssen Sie Ihre Träume unmittelbar nach dem Aufwachen notieren, solange Ihre Erinnerung daran noch frisch ist. Bringen Sie alles zu Papier, woran Sie sich erinnern – selbst kleinste Details. Luzide Träume bleiben länger und besser im Gedächtnis, weil man ja bewusst daran »teilnimmt«.

Was Sie für Ihr Traumtagebuch brauchen

1. einen gut schreibenden Stift
2. ein Heft, Tagebuch, Tonband oder Diktiergerät
3. eine Taschenlampe oder Campingleuchte (wenn Sie Ihre Träume schriftlich festhalten)
4. eine gut sichtbare Uhr

Der gut schreibende Stift

Stellen Sie sicher, dass der ausgewählte Stift auch wirklich »drucklos« dahingleitet, benutzen Sie vielleicht einen Faserschreiber. Nehmen Sie keinen Bleistift, das Schriftbild könnte zu flüchtig ausfallen, wenn Sie noch sehr schläfrig sind. Legen Sie Stift und Buch oder Kollegheft griffbereit neben Ihr Bett. Falls Ihnen ein Stift mit eigener Beleuchtung lieber sein sollte – so etwas bekommen Sie im Medizinfachhandel. Eine kostengünstigere Variante wäre eine Minitaschenlampe, die Sie mit Klebeband an Ihrem Stift befestigen.

Das Heft oder Tagebuch

Zur Traum-Aufzeichnung eignet sich ein spiralgebundenes Heft am besten. Lose Blätter zu verwenden, hat wenig Sinn, weil sie beim Beschreiben hin und her rutschen können. Legen Sie zwei Spalten auf jedem Blatt an, auf die linke Seite kommen Datum, Uhrzeit und sämtliche Einzelheiten Ihres jeweiligen Traums. In der rechten Spalte notieren Sie Ihre Interpretation des Traums. (Weiter unten finden Sie eine Beispielseite.)

Es ist wichtig, dass Sie das jeweilige Datum auf der Seite vor die Uhrzeit setzen, weil das eine positive Erwartung erzeugt: Sie *werden* Ihren Traum an diesem Tag aufzeichnen. Die Datumsangabe errichtet außerdem eine gewisse Struktur, die Ihnen die Suche nach einem oder mehreren bestimmten Träumen erleichtert, falls Sie Ihre Notizen ergänzen oder neue Erkenntnisse hinzufügen möchten. Dazu ein Beispiel: Sie hatten am 24. Oktober einen Traum, haben aber erst später realisiert, dass dies der Geburtstag Ihrer Mutter war. Im Traum selbst und bei der Niederschrift waren Sie sich dessen nicht bewusst, doch hat Ihr Verstand auf Ihre Gefühle für Ihre Mutter reagiert. Zu einem späteren Zeitpunkt kann diese Information Ihnen wertvolle Aufschlüsse über sich selbst und Ihr Verhältnis zu Ihrer Mutter geben.

Vielleicht möchten Sie Ihren Traum mit der Überschrift **Traum 1** versehen. Auch dies erzeugt eine positive Erwartung – die (mindestens) eines zweiten Traums … Sowie Sie mit der Schilderung Ihres ersten Traums fertig sind, und bevor Sie wieder einschlafen, verstärken Sie die positive Erwartung eines zweiten Traums noch durch die Überschrift **Traum 2** in der linken Spalte.

Vergessen Sie nicht, auch die Gefühle, die Sie während des Traums bewegt haben, in Ihre Aufzeichnungen mit einzubeziehen. Notieren Sie vorherrschende Farben, Symbole, Stichwörter, Themen und Emotionen. Doch verzetteln Sie sich bitte nicht mit Einzelheiten, damit Ihnen nicht das ganze übrige Traumgeschehen abhandenkommt. Falls Sie in Ihrem Traum ein Gedicht, einen interessanten Ausdruck oder Satz *gehört* haben, halten Sie das als Erstes fest. Dann gehen Sie zu den sichtbaren Erinnerungen über, da visuelle Traum-Eindrücke etwas »haltbarer« sind als akustische.

Für alle diejenigen, denen es schwerfällt, wach genug zu werden, um Licht zu machen, Aufzeichnungen anzufertigen oder ein Tonband/Diktiergerät in Gang zu setzen, gibt es die »Geschlossene-Augen-Technik«. Wenn Sie wach werden, tasten Sie nach dem Tagebuch neben Ihrem Bett. Dann beginnen Sie zu schreiben – mit geschlossenen Augen, um weiter innerhalb Ihres Traumgeschehens zu bleiben. Sie müssen dabei nur einen Weg finden, Ihre bisherigen Aufzeichnungen nicht zu überschreiben. Eine Möglichkeit besteht darin, den kleinen Finger der Schreibhand als »Führer« einzusetzen, um als Orientierung die Ober- und Außenkante des jeweiligen Blatts zu finden und daran entlangzugleiten. Menschen, denen es am nächsten Tag ernsthafte Schwierigkeiten bereitet, ihre nächtlichen Notizen zu entziffern, kritzeln ihre Träume nachts erst einmal auf Schmierpapier, um sie später in Reinschrift in ihr Traumtagebuch zu übertragen.

Seitenaufriss für Ihr Traumtagebuch

Traum 1

Datum:
Zeit:
Ort:

(Schreiben Sie alles auf, woran Sie sich erinnern können, jedes Wort und jedes Bild. Beginnen Sie ganz frei mit dem, das Ihnen als Erstes in den Sinn kommt – auch wenn es nicht nach Traum klingen oder aussehen sollte. Notieren Sie Ihre während des Traums empfundenen Gefühle. Bringen Sie alles zu Papier, was Sie gehört haben. Beziehen Sie auch die Farben, Symbole, Stichwörter, Themen und Emotionen mit ein.)

Hier findet Ihre Deutung des Traumes Platz.

Beispiel für Ihr Traumtagebuch

Traum 1

Datum: 7. Dezember
Zeit: 4 Uhr 20
Ort: Zuhause

Mein Auto läuft heiß. Ich öffne die Motorhaube und stelle fest, dass Kühlflüssigkeit fehlt. Ich fülle Kühlwasser nach, aber durch ein Loch im Gehäuse tropft es immer wieder heraus. Ich bin frustriert.

Deutung

Die Kühlung eines Autos dient dazu, dass der Motor sich nicht überhitzt. Mein Wagen steht anscheinend für meinen Körper oder für mich selbst. Wasser ist für mich das Symbol für Spiritualität. Also fließt meine Spiritualität immer wieder aus mir heraus. Wenn das so weitergeht, werde ich mich überhitzen und nicht mehr laufen bzw. funktionieren können. Ich spüre, dass dieser Traum mir sagen will, ich solle einige Zeit in Ruhe verbringen und mich auf meine spirituelle Seite einstimmen. Ich glaube auch, dass ich mehr Wasser trinken sollte. (Später stellte sich heraus, dass bei meinem Wagen über Nacht die Lenkflüssigkeit ausgelaufen war, was dem Traum zusätzlich einen prophetischen Aspekt verlieh.)

Das Diktiergerät

Der Vorteil in der Verwendung eines Aufnahmegeräts liegt darin, dass Sie bei der mündlichen Schilderung Ihres Traums näher an den lebendigen Traumbildern bleiben als bei einer schriftlichen Aufzeichnung. Jenen, die nur schwer wieder einschlafen können, bietet ein Diktiergerät die fabelhafte Möglichkeit, mehr Einzelheiten in kürzerer Zeit festzuhalten. Ein Nachteil besteht darin, dass Sie Ihr Diktat später in das Journal übertragen müssen. Ein weiterer Nachteil könnte sich daraus ergeben, dass Sie nachts zwar glauben, sich klar und verständlich auszudrücken, am Morgen aber Schwierigkeiten haben, Ihre unzusammenhängenden Äußerungen zu verstehen. Ihre Stimme wird häufig klingen, als kämen Sie gerade aus einer anderen Dimension – was ja auch stimmt. Wenn Sie also ein Aufnahmegerät verwenden möchten, empfiehlt sich aus Gründen der Benutzerfreundlichkeit ein kleines handliches Diktiergerät.

Die Taschenlampe

Eine batteriebetriebene Lichtquelle ist für nächtliche Traum-Niederschriften ausgezeichnet geeignet. Obwohl auch die kleinen Taschenlampen gut funktionieren, sind Sie mit einer batteriebetriebenen Campingleuchte mit Fuß (etwa aus einem Campingladen) am besten beraten, denn damit müssen Sie – im Gegensatz zur Taschenlampe – während Ihrer Niederschrift nicht herumjonglieren.

Die gut sichtbare Uhr

Es ist wichtig, sich die Uhrzeiten seiner Träume zu notieren, denn möglicherweise lässt sich daran ein bestimmtes Traummuster erkennen, vor allem, wenn Sie mit den alten chinesischen Meridianen arbeiten (mehr dazu in Kapitel 23).

Zeichnen Sie Ihre Träume auf

* Legen Sie Ihr Aufnahmegerät oder Tagebuch, zusammen mit dem Nachtlicht, dem Stift und der Uhr in Reichweite neben Ihr Bett.

* Legen Sie sich gerade auf den Rücken, während Sie sich selbst auf die Erinnerung Ihrer Träume programmieren.

* Entscheiden Sie sich für eine der unten genannten Techniken zur Programmierung der Traumerinnerung vor dem Einschlafen.

* Süße Träume!

Techniken vor dem Einschlafen

Die tibetische Traum-Meditation

Wenn Sie sich schlafen legen, konzentrieren Sie sich auf den Wunsch, Ihre Träume im Gedächtnis zu behalten. Richten Sie nun Ihre gesamte Aufmerksamkeit auf Ihr Halsinneres, auf die Rückseite Ihres Kehlkopfs. Visualisieren Sie eine leuchtende blaue Kugel um diese Region und stellen Sie sich vor, wie Sie Ihren Wunsch nach Traumerinnerung in diese blaue Kugel einschließen. Halten Sie dieses Bild fest, bis Sie einschlafen. Mit zunehmender Anwendung und Beherrschung dieser Praktik wird sich Ihr Traumgedächtnis enorm verbessern. Interessanterweise besitzt diese alte tibetische Technik eine genaue physiologische Entsprechung. Wie Untersuchungen ergaben, liegt hinter dem Kehlkopf (nahe dem Hirnstamm) jener Bereich, der für die Aktivierung der Traumzustände verantwortlich ist. Deshalb stimuliert die innere Verbindung mit dieser wichtigen Region vor dem Einschlafen die Traumaktivität und die Erinnerung daran.

Die Wasser-Methode

Leeren Sie vor dem Schlafengehen ein Glas Wasser zur Hälfte. Während Sie trinken, versichern Sie sich selbst: *»Heute Nacht werde ich mich an meine Träume erinnern.«* Wenn Sie beim Aufwachen in der Früh dennoch keine Erinnerung an Ihre Träume haben, trinken Sie den Rest des Wassers und sprechen Sie zu sich selbst: »Ich werde mich auf meine Träume besinnen, von jetzt an und während des ganzen Tages.« Oftmals beflügelt die zweite Wasserration die Traumerinnerung. Mitunter kommen Erinnerungen an die Träume tagsüber überraschend an die Gedächtnisoberfläche.

Die Technik »des Dritten Auges«

Diese Methode basiert ebenfalls auf der Verwendung von Wasser. Stellen Sie eine kleine Schüssel mit Wasser direkt neben Ihr Bett. Tauchen Sie unmittelbar vor dem Einschlafen zwei Finger ins Wasser und betupfen Sie Ihre Kehle sanft damit. Anschließend reiben Sie mit diesen beiden Fingern auf der Stirn die Gegend Ihres Dritten Auges (es sitzt ein Stückchen oberhalb des Punkts zwischen Ihren Augen). Während Sie die Stelle reiben, versichern Sie sich selbst, dass Sie sich an Ihre Träume erinnern werden. Am nächsten Morgen betupfen Sie beide Regionen wieder mit Wasser. Das führt häufig zum Erfolg.

Spirituelle Unterstützung

Entspannen Sie sich körperlich, halten Sie Ihren Rücken gerade. Bringen Sie Ihren Verstand zur Ruhe und erhöhen Sie seine Aufnahmebereitschaft. Beten Sie zu Ihrem Traumführer oder bitten Sie ihn darum, Ihnen bei der Erinnerung an Ihre Träume behilflich zu sein (siehe Kapitel 5). Bekräftigen Sie sich selbst gegenüber, dass Sie sich auf Ihre Träume besinnen werden, und wiederholen Sie das bis zum Einschlafen mehrmals.

Kreative Visualisierung

Wenn Sie merken, dass Sie kurz vor dem Einschlafen stehen, visualisieren Sie sich selbst: wie Sie aufwachen, auf die Uhr sehen, die Zeit notieren und einen Traum niederschreiben. Fahren Sie so lange damit fort, bis Sie sich selbst am Morgen aufwachen und einen weiteren Traum niederschreiben sehen. Visualisieren Sie sich selbst, wie Sie zufrieden dreinschauen und sich auch so fühlen, weil Sie Ihre Träume dokumentiert haben.

Die Technik der vier Himmelsrichtungen

Diese Technik setzt sich aus mehreren Schritten zusammen und eignet sich nicht nur, um das Erinnerungsvermögen anzukurbeln, sondern auch, um Visionen in Ihren Träumen herbeizuführen.

1. *Räuchern Sie den Bereich um Ihre Schlafstätte mit Salbei, Zeder, Wacholder oder Duftendem Mariengras (Hierochloe odorata)* und zwar, indem Sie die glimmenden Kräuter auf dem jeweiligen Untersatz erst allen vier Himmelsrichtungen präsen-

tieren, sodass der Rauch in alle vier Richtungen aufsteigt, und anschließend nach unten und oben, zu Mutter Erde und Vater Himmel. Um die Rauchschwaden zu lenken, benutzen Sie eine Feder oder einen Fächer. Räuchern Sie zur Reinigung den Bereich um Ihren Körper herum. Dieses uralte Ritual dient der Weihe und der Reinigung. Die Menschen früherer Zeiten glaubten, durch Rauch direkte Zwiesprache mit dem Schöpfer halten zu können. Die Gebete eines Menschen steigen mit dem Rauch auf, und der Schöpfer sendet ihm Botschaften oder seinen Segen durch den Rauch zurück.

2. *Wenn Sie sich hinlegen, lassen Sie jede Aktivität des Tages Revue passieren, vom Moment Ihres Aufwachens an.* Dann fangen Sie das Ganze noch einmal von vorn an, spielen Sie im Geist jedes Ereignis vom Morgen an nach, und verändern Sie Ihr Verhalten in jeder Situation, in der Sie sich im Rückblick lieber anders benommen hätten. Zum Beispiel: Wenn Sie jemanden zu Unrecht verurteilt haben, holen Sie sich die Begebenheit noch einmal vor Augen – aber behandeln Sie denjenigen diesmal freundlich und verständnisvoll.

3. *Richten Sie jeden Tag ein Dankgebet an Gott* und bekräftigen Sie Ihre Absicht, ein harmonisches, von Empathie geprägtes Leben zu führen.

4. *Visualisieren Sie eine in Ihnen selbst aufsteigende Energie-Doppelhelix in Form einer Spirale*, während Sie rückwärts von 10 nach 1 zählen, und bestätigen Sie sich dabei, dass Sie sich auf Ihre Träume besinnen werden. Oftmals beeinflussen gerade die allerletzten Gedanken vor dem Einschlafen die Träume eines Menschen.

5. *Bitten Sie den Schöpfer in Ihren Träumen um Führung.* Bitten Sie ihn, Ihnen Ihren Lebenspfad zu zeigen.

6. *Danken Sie am Morgen für alles, was Sie empfangen haben.*

Techniken am Morgen

Sich herumdrehen

Wie Untersuchungen gezeigt haben, drehen Menschen sich unmittelbar nach einem Traum im Schlaf um oder verändern ihre Position. Man nimmt an, dies verhelfe dem Schläfer zu einem anderen Hirnstromwellenmuster (und »entlade« den jeweiligen Traum). Wenn Sie sich nicht an Ihre Träume erinnern können, versuchen Sie, Ihre Lage zu verändern, denn das kann mitunter spontan Traumbilder heraufholen – falls Sie in die Lage zurückfinden, die Sie während des Traums eingenommen haben. Anscheinend sind Träume an die Haltung »gebunden« – folglich kann ein sanfter Übergang in die alte Position die Erinnerung auslösen.

Sich mitteilen

Teilen Sie Ihre Erinnerungen sofort nach dem Aufwachen mit einem anderen Menschen. Wenn Sie gleich von Ihrem Traum zu erzählen beginnen, werden Ihnen größere Teile davon bewusst werden.

Aufschreiben

Beim Verfassen Ihres Traumtagebuchs notieren Sie alles, aber auch alles, woran Sie sich erinnern, selbst wenn es sich »nur«

um ein Wort oder Gefühl handelt. Wenn Sie sich an gar nichts erinnern können, schreiben Sie: »Ich erinnere mich nicht an meinen Traum.« Sehr häufig setzt gerade das den Erinnerungsprozess in Gang. Oder verleihen Sie Ihren Empfindungen hinsichtlich des Sich-nicht-erinnern-Könnens schriftlich Ausdruck, denn auch das eröffnet häufig einen Traumzugang.

Visualisieren

Wenn Sie am Morgen aufwachen und sich nicht an Ihre Träume erinnern können, stellen Sie sich vor, es sei der vergangene Abend und Sie seien gerade dabei, ins Bett zu gehen. Sie putzen sich die Zähne, legen sich hin und schlafen ein. Dann geben Sie Acht auf die Bilder und Gefühle, die in Ihnen aufsteigen, und stellen Sie sich weiter vor, welcher Art Ihre Träume der letzten Nacht gewesen sein könnten. Auch wenn es in Ihren Ohren seltsam klingen mag, sich Ihren Traum *vorzustellen:* Diese Übung fördert häufig die Erinnerung.

Kritzeln

Wenn Sie sich nicht auf Ihre Träume besinnen können, fangen Sie doch einfach an, in Ihrem Traumtagebuch herumzukritzeln. Diese von der rechten Gehirnhälfte gesteuerte Aktivität löst oftmals Assoziationen aus und kann das Licht Ihrer Erinnerung entzünden.

Mit Farben spielen

Versuchen Sie herauszufinden, nach welcher Farbe sich Ihr Traum *anfühlte,* und beginnen Sie, mit der Farbe zu arbeiten bzw. sie zu visualisieren, um der Erinnerung auf die Sprünge zu helfen.

Ausflug in die Gestalttherapie

Legen Sie zwei Kissen auf den Boden. Setzen Sie sich auf das eine und fragen Sie das andere: »In Ordnung, ihr Träume, weshalb bleibt ihr mir nicht in Erinnerung?« Dann setzen Sie sich gegenüber auf das andere Kissen und beantworten Sie Ihre Frage (aus Sicht Ihrer Träume); beispielsweise so: »Du bist am Morgen immer so hektisch. Ich habe nie das Gefühl, dass genug Zeit wäre – Zeit, die ich bräuchte, um hervorzukommen.« Wechseln Sie für die Dauer des Dialogs immer zwischen den beiden Kissen hin und her. Dann fragen Sie: »Wie kann ich mich an euch erinnern?« Beachten Sie die unterschiedliche Klangfärbung Ihrer Stimme und die Körperhaltungen in den jeweiligen Positionen. Diese Unterhaltung kann auch in schriftlicher Form stattfinden.

»Stimmungsstreicheln«

Bevor Sie aus dem Bett aufstehen, noch mit geschlossenen Augen, erkunden Sie Ihre Stimmung und schwelgen Sie darin. Die Stimmung, in der Sie erwachen, spiegelt häufig Ihre Träume. Wenn Sie noch tiefer in Ihre Stimmung hineingehen, kann das die Traumerinnerung verstärken.

Tipps zur Traumerinnerung

Unbedingt aufschreiben. Auch wenn Sie ganz sicher sind, dass Ihnen Ihr Traum in Erinnerung bleiben wird – meistens tut er es nicht. Also notieren Sie ihn.

Nicht bewegen. Wenn Sie Ihre Aufzeichnungen unmittelbar nach einem Traum vornehmen, achten Sie darauf, Ihre Haltung so wenig wie möglich zu verändern. Wie Studien in Schlaflabors gezeigt haben, beeinträchtigen Bewegungen oftmals die Erinnerung. Wenn Menschen sich nach dem Erwachen aus einem Traum auf die andere Seite drehen, fällt es ihnen deutlich schwerer, sich auf ihren Traum zu besinnen. (Setzen Sie die Technik des Sich-Herumdrehens nur dann ein, wenn Sie überhaupt *keine* Erinnerung an Ihren Traum haben.)

Auf »Traumfetzen« achten. Häufig dringt ein Traum nicht an die Oberfläche, aber Sie haben das vage Gefühl, er liege unmittelbar hinter Ihrer nächsten Gehirnwindung. Es ist, als sei er am Rand Ihres Bewusstseins deponiert – in Erwartung eines vertrauten Elements in Ihrem wachen Leben, das die Erinnerung anstößt. Diese Erinnerungsbilder können unglaublich schnell entstehen und vergehen, deshalb müssen Sie sich bewusst auf die Bilder konzentrieren, die so plötzlich vor Ihrem geistigen Auge erscheinen. Geben Sie Acht auf die Bilder oder »Traumfetzen«, die Ihnen tagsüber durchs Gehirn schießen.

Auch Bruchstücke notieren. Selbst wenn Sie nur ein Traumfragment zu fassen bekommen, lassen Sie es nicht »sausen«, schreiben Sie es auf. Es kann für Ihr Selbstverständnis von Bedeutung sein.

Jeden Traum sofort aufzeichnen. Es ist schwierig, sich morgens auf *alle* seine Träume zu besinnen. Untersuchungen in Traumlabors haben gezeigt: Selbst wenn jemand dazu imstande ist, sich an alle seine Träume zu erinnern, so sind diese Erinnerungen doch weit weniger lebhaft und detailreich, als wenn sie unmittelbar nach dem Traumgeschehen notiert werden. Es ist wie bei einem »Kinotag« von acht Stunden mit vier bis fünf Filmen – und dem anschließenden Versuch, sich an alle exakt zu erinnern. Ihre Erinnerungen sind weitaus präziser, wenn Sie Ihre Träume jeweils direkt im Anschluss daran aufzeichnen.

Kürzere Schlafphasen. Versuchen Sie, tagsüber zwei oder drei Mal ein Weilchen zu schlafen. Wenn Sie Ihr Schlafmuster dahingehend verändern, dass Sie nachts fünf Stunden schlafen und während des Tages ein bis zwei Nickerchen einlegen, werden Sie sich deutlich fitter fühlen, weil Sie sich immer wieder von Neuem erfrischen – auf diese Weise werden Sie sich auch besser an Ihre Träume erinnern.

Lesen und lernen. Lernen Sie so viel wie möglich über Träumen und Träume. Wo eine Absicht wirkt, fließt Energie! Wenn Sie Ihr Bewusstsein auf alle Aspekte des Themas »Traum« ausdehnen, verbessern Sie zugleich Ihre Traumerinnerung.

Träume benennen! Geben Sie bei der Niederschrift Ihrer Träume jedem einen passenden, möglichst anschaulichen Namen. Dann wird Ihr Traumgeschehen übersichtlicher und Sie finden sich später besser in Ihrem Tagebuch zurecht.

Von selbst aufwachen. Trainieren Sie sich selbst darauf, vor dem Weckerläuten aufzuwachen. Wenn Sie von einem markerschütternden Geräusch geweckt werden, kann das oftmals die Qualität Ihres Traums bzw. die Qualität der Erinnerung daran verändern.

Für Härtefälle: Wenn Sie sich jetzt immer noch nicht auf Ihre Träume besinnen können, müssen Sie einen Weg zu einem leichteren Schlaf finden. Trinken Sie beispielsweise größere Mengen Wasser vor dem Schlafengehen, sodass Sie nachts mehrmals aufstehen und zur Toilette gehen müssen. Oder schlafen Sie in einem Sessel. Alles, was Ihrer Meinung nach Ihren Schlaf von seiner Schwere befreit, fördert Ihre Traumerinnerung.

Albträume annehmen. Notieren Sie wirklich *alle* Ihre Träume, auch Albdrücke und andere Träume, mit denen Sie sich *nicht wohlfühlen*. Menschen sind nicht einfach nur »gut«. Jeder von uns ist eine Ganzheit, ein Dualismus aus hell und dunkel, Yin und Yang, gut und schlecht. Wir sind vollkommene, unendliche Wesen und gerade deshalb müssen wir *sämtliche Aspekte* unseres Selbst *achten und annehmen*. Jeder Traum zählt. Betonen Sie für sich während der Niederschrift die Bedeutsamkeit des betreffenden Traums.

Keine falsche Scham! Widerstehen Sie dem Drang, einen Traum rationalisieren oder »wegerklären« zu wollen – schieben Sie ihn nicht auf ein zu spätes oder zu schweres Abendessen, auf eine Fernsehshow, die Sie unmittelbar vor dem Schlafengehen gesehen haben, oder das Buch, das Sie gerade lesen. Diese Aktivitäten sind nur Reize, Auslöser für Sie, um in einen tieferen Bereich Ihrer Psyche vorzudringen. Fünfzig andere Menschen, die alle dasselbe Fernsehprogramm geguckt haben, werden trotzdem fünfzig verschiedene Träume haben. Ein anderes Beispiel: Sie werden von Hundegebell geweckt und träumen dann, Sie seien von einer Meute tobender, geifernder Hunde umgeben – während ein anderer Mensch unter denselben Umständen vielleicht vom Lieblingshund seiner Kindheit träumt, der wedelnd um ihn herumhüpft. Beide Träume lassen sich auf das Gebell zurückführen, aber jeder enthält wichtige Symbole, die absolut individuell sind.

Keine Schuldgefühle! Lassen Sie keine schlechten Emotionen oder Schuldgefühle aufkommen, falls Sie vergessen, sich an einen Traum zu erinnern. Schuldgefühle behindern nur Ihren Entwicklungsprozess. Und falls Sie sich doch schuldig fühlen sollten, fühlen Sie sich bitte deswegen nicht auch noch schuldig!

Keinen Interpretationszwang! Sie brauchen keineswegs die Bedeutung *jedes* Traums herauszufinden. Häufig wird es Ihr inneres Gleichgewicht positiv beeinflussen, wenn Sie sich einen Traum einfach nur immer wieder vor Ihr geistiges Auge holen und ihn dort noch einmal ansehen. Lieben und genießen Sie Ihre Träume – mit und ohne Deutung!

Seien Sie mit Begeisterung bei der Sache!!! Sie müssen auch *nicht unbedingt alle* Ihre Träume notieren. Wenn Ihnen nicht danach zumute ist, dann zwingen Sie sich nicht dazu. Schließlich sollen Sie sich mit Freude an Ihre Träume erinnern und das Traumtagebuch gern führen!

Kapitel 7
Traumhelfer

Zaubertränke, Totems sowie die Rhythmen und Kreisläufe der Natur waren allzeit in die Heilungsrituale von Schamanen, *Kahunas*, Sehern, Magiern, Druiden, Medizinfrauen und -männern eingebunden. Sie waren maßgeblich für ihre visionären Künste. Die alte Volksmythologie kennt die Verwendung von Kraftobjekten, um die Gabe der Weissagung und das innere Wissen zu fördern.

Heute können Sie dieses Instrumentarium für sich nutzen, um tiefer in Ihre Innenwelt, Ihr Traumreich, vorzudringen.

Steine, Perlen und Kristalle

Seit Anbeginn der Menschheitsgeschichte hat man Steinen besondere, geheimnisvolle Eigenschaften zugesprochen. Sie wurden deshalb hoch in Ehren gehalten. Die Ursprungsvölker dieses Planeten wie auch diverse rätselvolle Geheimbünde haben nie aufgehört, Steine in besonderer Weise dafür zu verwenden, ein Verständnis der unsichtbaren, verborgenen Welten zu erlangen.

In diesem Rahmen kann ich Ihnen nur einige wenige Steine vorstellen, die aber einen positiven Einfluss auf das Traumgeschehen ausüben. Bedenken Sie dabei, dass diese Steine von sich aus nichts bewirken können – sie werden allein durch Ihre *Intention* aktiviert.

Mondstein

Er schimmert milchig bis silbrig weiß, das Licht gleitet in Wellen über seine Oberfläche. In Indien gilt der Mondstein als heilig – und als Glücksbringer. Er eignet sich besonders gut als Geschenk für Liebende, da er angeblich zärtliche Leidenschaft weckt und die Fähigkeit verleiht, in die Zukunft zu schauen. Mondsteine wirken auch beruhigend und ausgleichend auf den Gefühlshaushalt. Frauen helfen sie während ihrer Periode bei körperlichen Beschwerden und unterstützen ihre emotionale Balance. In vielen Kulturen heißt es, der Stein verändere sich mit den Mondphasen. Da die Mondphasen mit den Traumzyklen in Zusammenhang stehen, verbinden uns die Mondsteine tiefer mit unserem inneren Traumerleben. Legen Sie sich einen Mondstein neben oder in Ihr Bett (am besten unters Kopfkissen) oder kleben Sie sich ein kleines Exemplar auf Ihr Drittes Auge (mit Seidenklebeband). Vor dem Einschlafen programmieren Sie den Mondstein, indem Sie sich innerlich auf ihn einstimmen, denn das konzentriert seine Energie, und widmen Sie ihn dann seiner Aufgabe, Ihr Traumgeschehen anzuregen. (Vergessen Sie bitte nicht, den Stein immer wieder zu reinigen und neu aufzuladen.)

Selenit

Der durchscheinende Kristall wird vom Mond beherrscht. Seinen Namen hat er von der griechischen Mondgöttin Selene. Der Selenit gilt als einer der machtvollsten Heilsteine, mit seiner Hilfe gewinnt man Einblicke in seine eigene innere Wahrheit. Er hat eine sehr beruhigende Wirkung, fördert tiefen inneren Frieden. Da er den reinen Geist verkörpert, regt er das eigene spirituelle Wachstum an und ist zum Meditieren besonders gut geeignet. Der Selenit ist ein alchemistischer Schlüssel für die Tore von Vergangenheit und Zukunft, in ihm ist alles enthalten, was sich je ereignet hat und ereignen wird.

Der Selenit ist mit dem Kronenchakra verbunden, er wirkt auf den höchsten energetischen Ebenen. Dieser Stein ist ein hervorragendes »Instrument«, um über die Träume seine Intuition und telepathischen Kräfte zu entfalten.

Verwenden Sie ihn, um Träume von mentaler und spiritueller Klarheit herbeizuführen. Er sollte ebenfalls vor dem Einschlafen programmiert werden, widmen Sie ihn der Aufgabe, Ihre Traumerinnerung zu intensivieren, wie auch um (durch Ihre Träume) ein tieferes spirituelles Verständnis zu entwickeln. (Vorsicht mit Nässe: Der Selenit verträgt keine Feuchtigkeit, er löst sich auf!)

Perlen

Sie sind keine Mineralien im eigentlichen Sinn, werden vom Mond gelenkt und aktivieren die Traumtätigkeit. Sie wachsen im Meer, in Perlaustern bzw. -muscheln. Der Mond nimmt nicht nur Einfluss auf die Gezeiten und die Geschöpfe des Meeres, sondern auch auf unsere Träume. Die Perlmuttschichten der Perlen sind konzentrisch angeordnet, ihre gerundete Form, ihr sanft schimmernder Lüster und die ungezählten dünnen Perlmuttschichten stehen für das nichtlineare Wesen unserer Träume. Perlen entstammen dem Wasser, doch auch an Land halten sie ihre Verbindung zu Ebbe und Flut und der intuitiven Natur des Meeres aufrecht. Perlen aus den salzigen Ozeanen besitzen gegenüber Süßwasserperlen größere Kräfte als »Traumverstärker«. Beide werden Ihnen in jedem Fall dabei helfen, intuitive Träume »herbeizuziehen«.

Kristalle

Kristalle dienten der Menschheit von Anbeginn als Gegenstände der Verehrung und als Hilfsmittel, um Einblick in unbekannte Welten zu gewinnen und sie (besser) verstehen zu lernen. Ihr geheimnisvoller Nimbus umspannt alle Zeiten und Kulturen.

Das Zepter der schottischen Kronjuwelen trägt eine Kristallkugel und eine schottische Perle als Bekrönung. Nach Auskunft von Sir Walter Scott bezeichnen die schottischen Highlander Kristalle als »Kraftsteine«. Auch in einigen antiken griechischen und römischen Quellen ist von der Kraft der Kristalle die Rede. In Ägypten verwendete man zur Zeit der 11. Dynastie (2137–1994 v. Chr.) Kristalle, um Aufschlüsse über tiefere inneren Dimensionen zu erhalten. Schamanen in Australien, Neuguinea, Afrika und im früheren Verbreitungsgebiet der Maya arbeiteten mit Kristallen. Im alten Japan und in China glaubte man, in Bergkristallen den gefrorenen Atem von Drachen zu erkennen. Drachen versinnbildlichen im asiatischen Raum die höchste Schöpferkraft. Beinahe jede bedeutende Kultur mit esoterischem (oder animistischem) Verständnis hat Quarz-Kristalle zum »Hellsehen« verwendet.[1]

Die amerikanischen Ureinwohner besaßen besondere Kenntnisse in der Anwendung von Kristallen für Kraft-Träume. Den Medizinfrauen und -männern der Apachen dienten Kristalle dazu, Visionen herbeizuführen und verlorene Besitzgegenstände wiederzufinden. Die Cherokee-Schamanen verwendeten Kristalle in ihren Heilungszeremonien und für das »innere Sehen« – sie saßen inmitten ihrer Kristalle, die sie als ihre Freunde betrachteten, räucherten mit Zedernholz und baten um einen Traum oder eine Vision, die sie leiten sollte. Nach Meinung vieler Metaphysiker wurden Kristalle im untergegangenen mythischen Inselreich von Atlantis zur Traumarbeit herangezogen; mithilfe der Kristalle konnten die Menschen in ihren Träumen Reisen durch Zeit und Raum unternehmen.

In erster Linie wirken Kristalle (Quarze) als Verstärker und Übermittler – beispielsweise in Radios. Das zur Familie der Kristalle gehörige Silicium (von lat. *silicia* »Kieselerde«) bildet das Grundmaterial der modernen Mikroelektronik und Computerindustrie. Aufgrund seiner Halbleitereigenschaft ermöglicht es den Transport gewaltiger Datenmengen. Da auch zwischen Menschen bioelektrische Ströme fließen, können wir uns die Kraft der Kristalle zunutze machen, um Traumzustände buchstäblich »auszustrahlen« oder zu intensivieren, indem wir unsere Absicht durch ihre Kristallstruktur übertragen.

Kristalle zur Ausdehnung Ihrer Traumzustände

Der richtige Kristall. Sie sollten einen Kristall haben, den Sie nur in Ihrer »Traumlandschaft« benutzen und nirgendwo anders. Ein klarer Quarz mit einer naturgeformten Spitze oder ein geschliffener Stab eignet sich am besten.

Reinigen. Die beste Art, einen Traum-Kristall zu reinigen, besteht darin, ihn in einer klaren Mondnacht ins Freie zu legen, wo er möglichst viel direktes Mondlicht abbekommt. Sollte das bei Ihnen nicht möglich sein, versuchen Sie es mit einer der folgenden Vorgehensweisen:

1. Reiben Sie Ihren Kristall behutsam mit Eukalyptusöl ab.
2. Legen Sie ihn in eine Salzwasserlösung ein. (*Nicht* den Selenit!)

3. Legen Sie ihn draußen (oder im Fenster) für mindestens fünf Stunden ins direkte Sonnenlicht.
4. Legen Sie Ihren Kristall eine Stunde lang ins Meer oder unter einen klaren Wasserstrahl. (*Nicht* den Selenit!)

Den Kristall programmieren. Um Ihren Kristall zu programmieren, halten Sie ihn an Ihr Drittes Auge und sprechen Sie laut oder still für sich eine »Widmung« – aber jeweils immer nur für *eine* Aufgabe! Hier gebe ich Ihnen ein paar Beispiele für derartige Widmungen:

★ *Ich widme dich, Traum-Kristall, Träumen, die mehr Freude in mein Leben bringen.*

★ *Ich widme dich, Traum-Kristall, Träumen, die mich mit einem festen Glauben an meinen Selbstwert stärken.*

★ *Ich widme dich, Traum-Kristall, Träumen, die mich befähigen, mein einzigartiges kreatives Geschick zu entwickeln.*

★ *Ich widme dich, Traum-Kristall, Träumen, die meinen Beziehungen Heilung ermöglichen.*

★ *Ich widme dich, Traum-Kristall, Träumen, die mir machtvolle Einblicke in meine Zukunft vermitteln.*

★ *Ich widme dich, Traum-Kristall, Träumen, die mich dabei unterstützen, mich selbst und andere zu heilen.*

★ *Ich widme dich, Traum-Kristall, Träumen, die meine Verbindung zu Spirit vertiefen.*

Sie brauchen den Kristall nicht immer wieder neu zu programmieren – es sei denn, Sie möchten ihm eine andere Aufgabe zuweisen. Dann reinigen Sie ihn sorgsam und programmieren Sie ihn neu.

Die Traumtür. Bewahren Sie Ihren Kristall an einem speziellen Ort auf, wenn Sie ihn nicht verwenden. Sie können ihn dazu in schwarze Seide wickeln, um seine Energie zu halten. Falls Sie ihn lieber weiter bewundern möchten, platzieren Sie ihn offen an einer sicheren Stelle und nachts neben Ihrem Bett. Legen Sie ihn unmittelbar vor dem Einschlafen auf Ihr Drittes Auge, und stellen Sie sich dabei vor, wie Ihr Bewusstsein in ihn hineinfließt. Visualisieren Sie im Inneren des Kristalls eine mystische Tür zu Ihren Träumen und sehen Sie, wie diese langsam aufschwingt. Machen Sie sich bewusst, die geheimnisvolle Tür zu Ihren Träumen geöffnet zu haben. Anschließend nehmen Sie den Kristall von der Stirn und behalten Sie ihn die Nacht über in Ihrer Nähe.

Amethyst

Der Amethyst gehört zu den Kristallen. Seine Farbskala reicht von Rosa bis zu tiefem Violett, der Farbe des Dritten Auges – daher kann man diesen kraftvollen Stein dazu verwenden, die Region um das Dritte Auge für spirituelle Träume zu öffnen. Seine Klarheit ermöglicht den Wechsel zwischen verschiedenen Bewusstseinsebenen und eröffnet den Zugang zu einer anderen Realität. Zudem wirkt der Amethyst emotional ausgleichend. Er sorgt dafür, dass Geist und Körper zur Ruhe kommen. Mit seiner Hilfe kann sich unser inneres Wesen in unseren Träumen zeigen. Der Amethyst eignet sich auch besonders gut für Menschen mit wiederkehrenden Albträumen. Um ihn als Schutz dagegen einzusetzen, legen Sie Ihren Amethyst auf das Dritte Auge und programmieren Sie ihn darauf, Ihnen tiefen, ruhigen Schlaf zu verschaffen. Auch unter dem Kopfkissen macht der Amethyst sich gut – da schenkt er »süße« Träume.

Traumkissen

Ob dieses Kraut einen speziellen Inhaltsstoff besitzt, der das Träumen erleichtert, oder ob Ihr Bewusstsein den Wunsch zu träumen mit dem Aroma verknüpft, bleibt ungewiss. Auf jeden Fall hält man den unvergleichlichen Duft des Beifuß für fähig, das Dritte Auge, die Traumtür, zu öffnen. Seinen Geruch im Schlaf einzuatmen, soll nicht nur Ihr Traumerinnerungsvermögen steigern, sondern Ihnen auch bei der Deutung prophetischer Träume behilflich sein. Wenn Sie auf einem mit getrocknetem Beifuß gefüllten Kissen schlafen, kommt eine Verbindung zwischen dem Duft des Krauts und Ihrem Wunsch nach einem besonderen Traum zustande. Und glauben Sie mir: So ein Traumkissen funktioniert tatsächlich! Andere Kräuter, mit denen Sie es füllen können, sind Borretsch, Lavendel und Schafgarbe.

Am besten orientieren Sie sich hinsichtlich Vorbereitung und Gebrauch eines Traumkissens an diesen Vorgaben:

- Stellen Sie sicher, dass die Kräuter von bester Qualität und möglichst frei von Pestiziden sind, kaufen Sie sie am besten auf einem Biomarkt.

- Verwenden Sie nur Naturmaterialien. Seide eignet sich am besten, denn sie leitet die bioelektrische Energie (jene elektrischen Ströme, die in Nerven und Muskeln fließen) ganz hervorragend. Auch Wolle ist sehr gut. Viele Yogis und andere spirituelle Lehrer sitzen während der Meditation auf einer Wolldecke oder einem Schaffell, weil sie sich dadurch am besten auf den Fluss der vom Planeten ausgehenden bioelektrischen Energie einstellen können. Wenn Sie Ihr Traumkissen also aus Seide oder Wolle fertigen, wird das Material dazu beitragen, dass Ihre Träume an Aussagekraft zunehmen, weil Ihre bioelektrische Energie gleichmäßiger strömt.

★ Als Farbe schlage ich Ihnen Lavendel in allen Schattierungen vor oder Violett, denn das sind die Farben des Traumportals. Beide werden Ihrem Traumkissen zusätzliche Kraft verleihen.

★ Benutzen Sie Ihr Traumkissen ausschließlich dann, wenn Sie wirklich träumen wollen, und zu keinem anderen Zweck, damit Sie es auch nur mit dem Thema »Träumen« in Verbindung bringen. Am besten bewahren Sie es in einer eigenen Schachtel oder einem Extrabezug auf und nehmen es erst kurz vor dem Schlafengehen heraus. Sein Duft wird eine vertraute Erinnerung an die Einstimmung auf Ihre Träume sein.

★ Drücken Sie das Kissen an Ihre Nase, wenn Sie kurz vor dem Einschlafen sind. Und behalten Sie in Ihren Gedanken an erster Stelle den Wunsch nach einem Traum. Atmen Sie am Morgen den Duft Ihres Traumkissens ganz tief ein. Das belebt normalerweise die Traumerinnerung.

Die alte chinesische Organuhr

Die Kulturen in China, Japan und Indien haben im Gegensatz zu den westlichen Gesellschaften keine lineare Zeitauffassung, vielmehr stellen sie sich den Ablauf der Zeit in Form von Zyklen vor. Die traditionelle chinesische Medizin ordnet die Stunden des Tages verschiedenen Organen und verschiedenen Aspekten des Körpers zu. Beispielsweise ist zwischen 23 Uhr und 1 Uhr die Zeit der Gallenblase. Interessanterweise werden zwei der wirksamsten »Traumkräuter«, Beifuß und Schafgarbe, auch dazu verwendet, die Produktion der Gallenflüssigkeit anzuregen. Es ist kein Zufall, dass dieselben Kräuter, die Träume erzeugen helfen, auch für die Stimulation der Gallenblase zuständig sind. Die meisten Menschen erleben ihren ersten Traum während der Gallenblasen-Zeit. Neben ihren traumfördernden Eigenschaften sind diese beiden Kräuter auch sehr gut geeignet, um die Gallenblase anzuregen, das »herrschende Organ«, das es Ihrem Körper ermöglicht, sich auf die natürlichen Rhythmen des Universums einzustimmen. (Man atmet dazu entweder das Aroma der Kräuter ein oder bereitet einen Tee daraus zu.) Schwingt Ihr Körper im Einklang mit der naturgegebenen Kadenz des Universums, gewinnen Ihre Träume an Intensität.

Falls Sie während oder kurz vor der Gallenblasen-Zeit schlafen gehen wollen, stimulieren Sie Ihren Gallenblasenmeridian, indem Sie vor dem Zubettgehen die Schläfengegend oberhalb Ihrer Ohren reiben. Achten Sie auf die Zeiten, zu denen Sie sich schlafen legen, und fördern Sie Ihr Traumerleben direkt davor noch durch zusätzliches Anregen der entsprechenden Meridianpunkte.

Schlafenszeit	*Stimulation*
2 –23 Uhr Zeit des Meridians (Funktionskreises) »Drei-Wärme-Bereiche« (Er reguliert einige Körperflüssigkeiten und ist zugleich einer der Meridiane, der die Qi-Energie verteilt.)	Reiben Sie die Stelle hinter Ihren Ohren.
23–1 Uhr Gallenblasen-Zeit	Reiben Sie oberhalb der Ohren.
1–3 Uhr Leber-Zeit	Reiben Sie die Gegend über der Leber.
3–5 Uhr Lungen-Zeit	Reiben Sie die kleine Grube zwischen den oberen Rippen und der jeweiligen Schulter, unterhalb des Schlüsselbeins.
5–7 Uhr Dickdarm-Zeit	Reiben Sie den Muskel zwischen Daumen und Zeigefinger.
7–9 Uhr Magen-Zeit	Klopfen Sie sanft auf den Bereich unterhalb Ihrer Augen.
9–11 Uhr Milz-Zeit	Üben Sie kreisförmig Druck auf die Gegend über der Milz aus, auf der rechten Körperseite, direkt unterhalb der neunten Rippe.
11–13 Uhr Herz-Zeit	Reiben Sie die Achselhöhle Ihres linken Arms.
13–15 Uhr Dünndarm-Zeit	Üben Sie starken Druck auf den äußeren Ansatz Ihrer kleinen Finger aus.

Schlafenszeit	*Stimulation*
15–17 Uhr Blasen-Zeit	Reiben Sie die Stelle auf dem Nasensattel, wo üblicherweise die Brille aufliegt.
17–19 Uhr Nieren-Zeit	Reiben Sie auf Ihrer Fußsohle die Gegend hinter dem Ballen des großen Zehs.
19–21 Uhr Kreislauf-Zeit/Sex-Zeit (Diese Phase ist die Zeit der Erholung und Entspannung der wichtigsten Körperorgane.)	Massieren Sie Ihre Mittelfinger.

(Weitere Informationen zum Verständnis Ihrer Träume in Verbindung mit der alten chinesischen Organuhr finden Sie in Kapitel 23.)

Die alte chinesische Organuhr

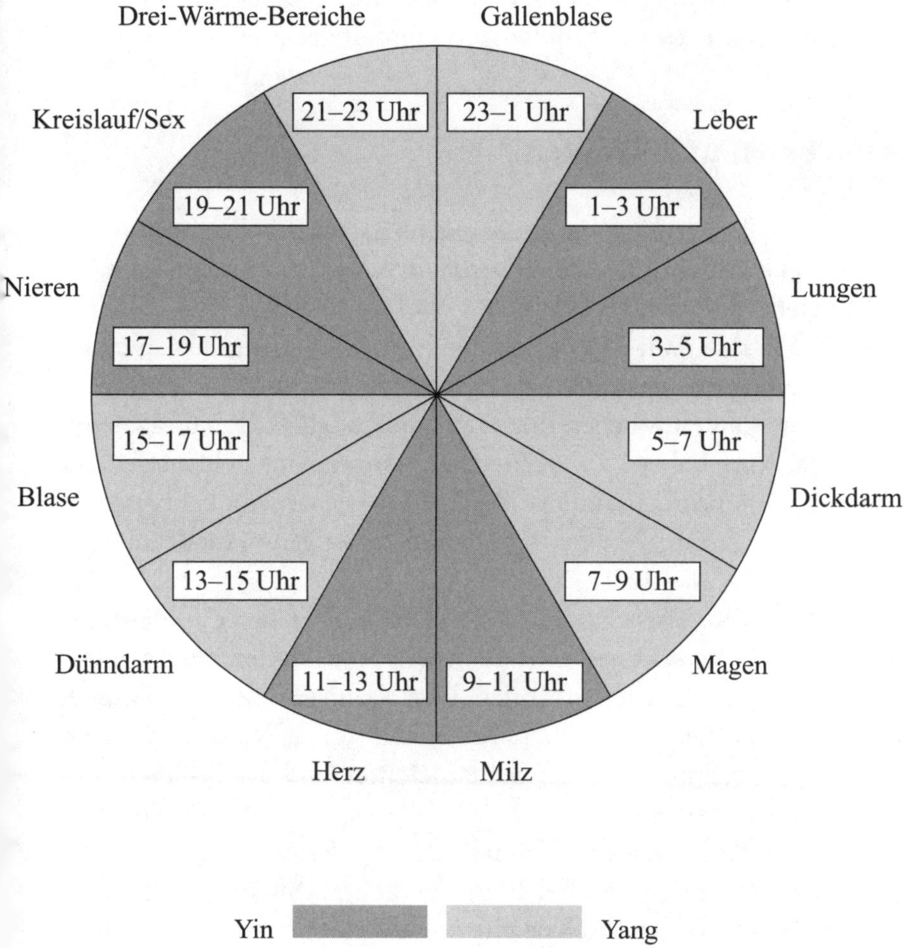

Körperliche Einstimmung

Falls möglich, schlafen Sie mit dem Kopf in Richtung des magnetischen Nordens. Das bringt Ihre bioelektrischen Energieflüsse besser in Einklang und fördert das Traumerleben.

Essen und Trinken

Ihre Ernährung kann großen Einfluss auf Ihre Traumzustände haben. Wenn Sie schwer verdauliche Speisen zu sich nehmen, zieht das unter Umständen »schwer verdauliche« Träume nach sich. Wie Untersuchungen gezeigt haben, ruft Druck im Verdauungsapparat Unruhegefühle hervor und führt dazu, dass wir beim Aufwachen nur zusammenhanglose Traumfragmente im Kopf haben. Wenn Sie Ihre Nahrung gut verdauen, dann haben Sie auch Träume, die Sie gut »verdauen« können. Am besten essen Sie direkt vor dem Schlafengehen nichts mehr.

Melonen. Diese Früchte sollen lebhaftes Träumen fördern. Ihr hoher Wasseranteil und die runde Form stellen eine mediale Verbindung zwischen Ihnen, dem Mond und dem Traumreich her. Vielleicht trägt auch ihre entwässernde Wirkung dazu bei, denn dadurch wird der Schlaf leichter, und die Traumerinnerung funktioniert besser. Möglicherweise unterstützen auch bisher nicht näher bekannte »innere Werte« der Melonen die Traumerinnerung. Jedenfalls verhelfen Melonen manchen Menschen dazu, sich leichter und besser auf ihre Träume zu besinnen. Essen Sie Melonen Ihrer Verdauung zuliebe nicht zusammen mit anderen Lebensmitteln.

Vitamin B_6. Manchen Menschen verhelfen 50 Milligramm dieses Vitamins vor dem Zubettgehen zu einer besseren Traumerinnerung, möglicherweise wegen seines entwässernden Effekts.

Alkohol und andere Drogen. Alkohol und viele Drogen unterdrücken Träume. Wer regelmäßig mehr oder weniger berauscht in die Federn steigt, bringt sich selbst um erholsamen Schlaf und seine Träume. Die Priester der alten Griechen, Meister in der Kunst der Traumdeutung, verlangten von den im Traumtempel Ratsuchenden eine Reinigungszeremonie, die unter anderem eine mindestens dreitägige Abstinenz von Alkohol vorschrieb. Denn sie wussten, dass Menschen unter Alkoholeinfluss nur selten klare Träume haben. (Bei Alkoholproblemen hilft der Amethyst, sein aus dem Griechischen abgeleiteter Name *a-méthystos* »dem Trunkensein entgegenwirkend« verweist darauf.)

Mondwasser. Trinken Sie Wasser, das zuvor etwa eine Stunde lang im Mondlicht gestanden hat. Sorgen Sie dafür, dass der Mond unmittelbar auf das Wasser scheint und nicht durch das Glas. Trinken Sie dieses Mondwasser direkt, bevor Sie sich schlafen legen, um Ihr Traumerleben zu intensivieren.

Kapitel 8

Die Praktik der Trauminkubation

Die Kranichmutter späht vorsichtig durch die Binsen, als der kalte kanadische Wind den See aufpeitscht. Unter ihr liegen drei perfekt gerundete Eier, in molliger Wärme, weil ihre Mutter sie vor dem Zugriff der Elemente schützt. Eine dunkle Wolke schiebt sich vor die Sonnenstrahlen, kühler Regen fällt ... und die Eier sind in Sicherheit. Dunkel zieht der Abend herauf. Der Wind kräuselt die Wasseroberfläche, wieder und wieder zerdehnen die kleinen Wellen das Spiegelbild des Mondes. Die Eier sind nach wie vor sicher. Während der langen, dunklen Nacht bersten die Eier. Das fahle Licht der Morgendämmerung setzt einen Akzent auf das Geräusch des vom sumpfigen Schilfrohr herabtropfenden Wassers. Unter der Kranichmutter ... drei noch etwas wackelige, aber jubilierende Vogelbabys.

Genauso wie die Kranichmutter ihre Eier bebrütet, um neues Leben darin wachsen zu lassen, können Sie Ihre Träume »bebrüten«. Sie können Ihre Träume steuern, indem Sie sich ganz bewusst dazu entschließen genau das zu tun. Die Idee ist keineswegs ungewöhnlich – oft raten wir jemandem, der mitten in einer Klemme steckt: »Schlaf doch erst mal drüber.«

Und am Morgen ist – auf wundersame Art und Weise – die gesuchte Lösung plötzlich da.

Hinter der Trauminkubation steht die Vorstellung, dass man die Richtung seiner Träume aus dem Wachzustand heraus bewusst lenken kann. Um Ihnen ein Beispiel zu geben: Ein tagsüber aufgetauchtes Problem kann sozusagen »im Schlaf« gelöst werden, wenn man sich ganz bewusst dafür entscheidet. Es geschieht ganz einfach dadurch, dass Sie Ihren Traumzustand sozusagen personalisieren, Ihre Träume als Personen ansprechen.

Vielleicht haben Sie gerade Schwierigkeiten mit einem Ihrer Kinder. Dann könnten Sie folgende Bitte an Ihre Träume richten: »Liebe Träume, bitte liefert mir Informationen, die mir helfen, das Problem mit meinem Sohn zu lösen.« Oder Sie fragen Ihre Träume: »Liebe Träume, was wäre ein sinnvoller Karriereschritt für mich?« Vielleicht möchten Sie aber etwas anderes von den Träumen wissen: » Liebe Träume, weshalb fällt es mir so fürchterlich schwer abzunehmen, und was kann ich selbst in dieser Situation für mich tun?« Oder: »Liebe Träume, ich fühle mich in letzter Zeit nicht besonders gut. Gibt es irgendeine Art Ernährungsratgeber, der mich dabei unterstützt, mich besser zu fühlen?« Alle drei Fragen sind Beispiele für das »Bebrüten« von Träumen. Sie können Ihre »Traumpersonen« auch nach früheren Träumen befragen, um sie im Nachhinein (besser) verstehen zu können: »Liebe Träume, was sollten denn die Kängurus in meinem Traum heute Nacht? Was haben sie zu bedeuten?«

Manchmal führt es zum Ziel, das Problem erst einmal in den Hintergrund zu schieben, denn daraufhin schläft man ruhiger und kann in seinen Träumen eine Lösung oder Entscheidung empfangen. Durch diese Kommunikation mit Ihren Träumen können Sie Antworten auf viele Lebensfragen erhalten.

Träume ermöglichen es uns, Kontakt zu verborgenen Anteilen in uns selbst herzustellen. Mithilfe von Träumen können wir ein Wissen erschließen, das weit größer ist als jenes, über das wir im Wachzustand verfügen. Nur über die Quelle, aus der diese Informationen fließen, streiten die Experten. Einige vertreten die Ansicht, sie sei in einer außerirdischen Kraft zu suchen, ähnlich unserer geistigen Führung und/oder Gott. Andere sind überzeugt, unser Höheres Selbst stehe dahinter. Wieder andere Traumfachleute wollen den Ursprung all dessen lediglich in einem Bereich unserer eigenen psychischen Struktur sehen, zu dem wir in unserem normalen Tagesbewusstsein keine Verbindung haben. Wie dem auch sei, es hat sich immer wieder bewiesen, dass man durch das »Bebrüten« seiner Träume Informationen erhält, die für das Leben sehr nützlich sind.

Es ist an uns – als den Traum-Machern – diese körperlosen, immateriellen Erscheinungen in Bilder zu übersetzen, die in unserem dreidimensionalen, linear geprägten Bewusstsein einen Sinn ergeben. Die Trauminkubation zielt darauf ab, Träume zu produzieren, die möglichst viel Sinn für uns ergeben und die eine sehr klare und verständliche Sprache sprechen.

Sie können auch Träume bebrüten, um Zukunftskonstellationen zu testen. Visualisieren Sie mögliche Verläufe und Ergebnisse. Auf diese Weise können Sie Zukunftshandlungen ausprobieren und mögliche Resultate kalkulieren. Diese Technik eröffnet Ihnen den Zugang zu Erfahrungen im Traum, die Sie dann in Ihrem Alltag nicht mehr alle im Detail zu machen brauchen.

Wenn Sie Ihre Träume inkubieren, werden Sie im Traumzustand sehr wahrscheinlich von tiefen Gefühlen bewegt werden. Lassen Sie sie wie ein Musikstück auf sich wirken. Seien Sie bereit, die gesamte Skala Ihrer Emotionen zu durchleben. Lassen Sie das Auf und Ab Ihrer Gefühle zu, lassen Sie die Wellen hochschlagen und wieder abebben. Stimmen Sie mit

Ihrem Atem ein – in den Jubel des Crescendo und das verhaltene Decrescendo Ihrer persönlichen Symphonie. Genießen Sie Ihre Wut, umfangen Sie liebevoll Ihre Traurigkeit, lernen Sie Langeweile kennen – zelebrieren Sie bewusst jede Nuance und Variante Ihrer Empfindungen. Geben Sie sich allen Aspekten Ihrer Träume hin: Jeder davon ist ein wichtiger Faden im »Bilderteppich« Ihres Lebens.

Sie können Träume auch einfach nur bebrüten, um sich daran zu erfreuen – ähnlich wie Sie einen guten Film genießen. Sie müssen diese Träume auch keineswegs immer auf die Bedeutung für Ihr Leben hin abklopfen.

Falls es in Ihrem Leben einen Bereich gibt, den Sie gern näher erkunden möchten, oder Sie den Wunsch nach Selbstwahrnehmung auf der Seelenebene verspüren, kann die Methode der Trauminkubation Ihnen wertvolle Dienste leisten. Lesen Sie vorher bitte die folgenden einfachen Hinweise durch:

- Wählen Sie einen Abend, an dem Sie weder sehr müde sind noch Alkohol oder andere Drogen intus haben. Und stellen Sie sicher, dass Ihnen am Morgen ausreichend Zeit bleibt, sich eingehend mit den Trauminformationen der Nacht zu beschäftigen.

- Sollte es ein Problem geben, das Sie gern »bebrüten« möchten, nehmen Sie es zunächst genauer unter die Lupe. Überdenken Sie die bereits vorhandenen Lösungen und gehen Sie in Kontakt mit Ihren Gefühlen und Emotionen bezüglich dieser speziellen Schwierigkeit. Überlegen Sie, was Sie möglicherweise selbst tun müssen, um das Problem loszulassen, wenn es gelöst ist. Konfrontieren Sie sich mit der Frage: *»Will ich dieses Problem wirklich gelöst haben? Bin ich überhaupt bereit, mich von dieser Schwierigkeit zu trennen?«* Bedenken Sie alles, was sich in Ihrem Leben durch den »Wegfall« dieses Problems ändern könnte. Beleuchten Sie das Problem von allen Seiten.

- Legen Sie Ihr Traumtagebuch oder das Aufnahmegerät griffbereit neben Ihr Bett. Machen Sie es sich bequem. Kurz vor dem Einschlafen wiederholen Sie Ihre Bitte an die Träume mehrmals: »Helft mir bitte, die Ursache meiner Angst vor Dunkelheit herauszufinden.« Wiederholen Sie diesen Satz. Als Nächstes stellen Sie sich vor, wie Sie sämtliche Gedanken, Einstellungen und Gefühle diesem Thema gegenüber loslassen. Konzentrieren Sie sich einfach nur auf Ihre Bitte, wiederholen Sie sie noch mal und noch mal und noch mal. Wenn ablenkende Gedanken in Ihnen hochkommen, lassen Sie sie einmal durch Ihr Bewusstsein streifen, und wenden sich dann wieder Ihrer Bitte zu. »Liebe Träume, bitte helft mir, meine Flugangst zu verstehen. Heute Nacht lasse ich meine Flugangst los.« Halten Sie diese Gedanken beim Hinübergleiten in den Schlaf im Geist fest.

- Bebrütete Träume stellen sich normalerweise in genau der Nacht ein, an deren Beginn man sie initiiert hat. (Gelegentlich lassen sie sich auch einmal eine Nacht Zeit.) Vertrauen Sie auf jede Information, die Ihnen übermittelt wird, auch wenn sie erst einmal keinen Sinn zu ergeben scheint. Notieren Sie *alles*, was Sie empfangen haben, unmittelbar nach dem Erwachen aus dem jeweiligen Traum. Fassen Sie sich in Geduld, bis sich in Ihnen ein Verständnis für Ihren Traum entwickelt. Oftmals werden Sie nicht schon am Tag darauf oder in der Folgewoche eine Verbindung zwischen Ihrem Traumgeschehen und dem von Ihnen »bebrüteten« Problem herstellen können. Dennoch ist der Ausweg aus Ihrer Zwickmühle in diesem Traum zu finden. Bei jeder

Trauminkubation sollten Sie Ihre Wahrnehmung unbedingt darauf richten, dass (vermeintliche) Fehlschläge sich häufig als sehr kostbar erweisen. Vertrauen Sie darauf, dass ein höherer Teil Ihres Selbst Ihr Problem bereits erledigt hat!

Das Bebrüten von Träumen ist außerdem oft eine wertvolle Hilfe bei der Beseitigung von Schwierigkeiten in Beziehungen. Ein Beispiel: Alice bekam von ihrem Vater ein Pferd – und dieses Geschenk schien ihr Symbolcharakter zu haben. Also inkubierte sie einen Traum und bat um eine Erklärung, wofür das Pferd stand. Der Traum zeigte ihr eine frühere Inkarnation, die Alice mit dem Mann geteilt hatte, der in diesem Leben ihr Vater war (mehr dazu in Kapitel 12). Im Traum verließ er sie – auf dem Ross davonreitend. Alice wurde klar, dass das Pferd für sie schmerzliches Verlassenwerden verkörperte. Dieser Traum ermöglichte es ihr, den Zorn loszulassen, den sie ihrem Vater gegenüber empfand. Und das bereitete den Boden für die tiefe und von Liebe geprägte Beziehung, die sie heute mit ihrem Vater verbindet.

Durch die Trauminkubation lassen sich viele verschiedenartige Informationen empfangen. Ein Beispiel aus meinem eigenen Leben: Ich war dabei, einen neuen Kurs mit dem Thema »Manifestation« vorzubereiten. Vor dem Beginn des Seminars war ich dermaßen eingespannt, dass ich kaum Zeit fand, den Inhalt des Workshops auszuarbeiten. In den frühen Morgenstunden hatte ich einen Traum, worin mir sämtliche Teilnehmer meines Seminars erschienen. Ich sprang aus dem Bett und notierte mir den Traum in sämtlichen Einzelheiten. Die darin enthaltenen Informationen waren derart umfangreich, dass ich sie längst nicht alle in dem eintägigen Kurs unterbringen konnte.

Die Idee der Trauminkubation entstand vermutlich im antiken Griechenland. Archäologischen Funden zufolge (wie bereits in Kapitel 4 erwähnt) bestanden dort 300 bis 400 Tempel oder Heiligtümer, die zu Ehren von Asklepios, des Gottes der Heilkunde, errichtet worden waren und nahezu 1000 Jahre lang, vom Ende des 6. Jahrhunderts v. Chr. bis weit ins 5. Jahrhundert n. Chr. genutzt wurden.[1] Die Rat- bzw. Träume-Suchenden legten sich nach einem erfolgreich absolvierten Reinigungsritual für Körper und Seele in Schlafhallen im Tempelbereich oder an anderen heiligen Stätten zur Ruhe – in der Hoffnung, der Gott möge ihnen einen sinngebenden Traum senden. Sie glaubten, mithilfe von Gebeten und Opfergaben sowie durch das Schlafen an einem heiligen Ort tiefgründige Antworten auf jene Fragen zu erhalten, die sie in ihrem Inneren bedrängten.

Heute braucht man zwar weder sein Lager an einem heiligen Ort aufzuschlagen noch einer bestimmten Gottheit mit Opfergaben zu huldigen, um die Erfahrung der Trauminkubation machen zu können – doch sollte man seinen Schlafplatz sehr wohl als »inneren Tempel« ehren und sich an *Spirit* wenden, mit der Bitte, die bebrüteten Träume mit Klarheit und inhaltlicher Bedeutung auszustatten. Suchen Sie sich nach Möglichkeit einen schönen Platz in der freien Natur, wie unsere Vorfahren in der Antike, und richten Sie sich dort eine geheiligte Schlafstätte ein. Vielleicht zelebrieren Sie zusätzlich ein Mond-Ritual (siehe Kapitel 24). Nachdem Sie sich für ein bestimmtes Ritual und eine bestimmte Art der Reinigung bzw. Vorbereitung entschieden haben, wenden Sie sich an den Schöpfer oder an Ihren Traumführer mit der Bitte, Sie durch die Nachtstunden zu geleiten und Ihnen den erbetenen Traum zu schenken. Indianer, Chinesen, Japaner, Ägypter, Juden und Muslime praktizierten die Traumbebrütung an ganz besonderen Naturschauplätzen.[2]

Gehen Sie bei der Traumbebrütung davon aus, dass alle Ihre Erwartungen an den Traum erfüllt werden. In den alten Zeiten haben die Ratsuchenden dazu verschiedenste Reinigungsrituale und Opferzeremonien ausgeführt. Sie können dieselbe Wirkung erzielen, indem Sie sich beim Inkubieren des jeweiligen Traums Ihrer Absicht vollkommen bewusst sind. Eine entscheidende Rolle bei der Trauminkubation spielen auch die Worte, in die Sie Ihre jeweilige Aussage oder Bitte kleiden. Anstatt: »Ich hoffe, heute Nacht die Gründe für die Schwierigkeiten in der Beziehung zu meiner Tante zu verstehen«, sagen Sie: »Heute Nacht werde ich meine Beziehung zu meiner Tante verstehen.« Ihre Träume werden Ihnen mit derselben Klarheit antworten, mit der Sie Ihre Absicht formuliert haben.

Kapitel 9
Luzides Träumen

War Ihnen jemals während eines Traums klar, dass Sie träumen? Beim luziden Träumen bekommen Sie den Traumvorgang ganz bewusst mit. Sie haben solche Momente der Klarheit bestimmt schon erfahren. Vielleicht hatten Sie einmal einen beängstigenden Traum und dachten: »*Hallo, du brauchst dich nicht zu fürchten, es ist doch bloß ein Traum!*« Wenn Sie nur für einen Augenblick realisieren, etwa in Form eines plötzlichen Aufflackerns, dass es sich bei Ihrem Erleben um Traumgeschehen handelt, nennt man das präluzides Träumen. Das luzide oder Wachträumen ist sozusagen noch eine Bewusstseinsstufe darüber angesiedelt: Beim luziden Träumen erkennen Sie im Traum definitiv, dass Sie träumen – diese Träume erscheinen (meist) so wirklich und lebendig wie die normale, bewusste Tagesrealität. Zudem können Sie auf alle Sinne Ihres Wachbewusstseins zurückgreifen und nehmen Reize wie Geräusche, Bilder, Geschmäcke und Gerüche sogar in intensiverer Form wahr.

Die Sache an sich ist ganz und gar nichts Neues – obwohl die Anhänger der Metaphysik dem luziden Träumen erst in den letzten Jahren verstärkt Aufmerksamkeit gewidmet haben. Luzides Träumen zählte schon immer zu den Praktiken des Daoismus, Buddhismus und des Hinduismus.

Für die tibetischen Buddhisten ist das luzide Träumen ein Weg, sich tiefer mit der eigenen Seele zu verbinden. Sie glauben, dass man beim Träumen jedes Mal den Zustand seiner Seelenessenz erfährt und dass der Traum weitergeht, falls man währenddessen stirbt. Die aus dem 8. Jahrhundert überlieferte Schrift *Das Tibetische Totenbuch* enthält Informationen darüber, wie man die drei unterschiedlichen Traumdimensionen oder Zwischenzustände durchmisst, die einem nach dem Tod begegnen. Diese Dimensionen werden *Bardo-Zustände* genannt. Falls es einem nicht gelingt, die Bardo-Zustände als Ego-Projektionen zu entlarven und damit den Kreislauf der Wiedergeburten zu durchbrechen, erfolgt der Eintritt in einen der sechs Bereiche der Wiedergeburt, und man geht in seine nächste Inkarnation. Bringt man diese Traumzustände jedoch erfolgreich hinter sich, kehrt man zu Gott und in die vollkommene Einheit zurück. Dementsprechend hoch ist der Stellenwert des luziden Träumens bei den tibetischen Buddhisten. In ihren Augen ist es ein Mittel, sich selbst aus dem »Kreislauf des Leidens« zu befreien.[1]

Das luzide Träumen ist von unschätzbarem Wert. Schon nach ihren ersten Erfahrungen damit erfahren Menschen zunehmend die Wahrheit über ihr wirkliches Sein und eine Ausdehnung ihrer persönlichen Realität. Sie fühlen sich »weiter« und »offener« – so wie sich die Lungen ausdehnen, wenn man einen tiefen Atemzug an frischer Luft getan hat –, und diese Empfindung hat mit der Zeit positive Auswirkungen auf alle Aspekte ihres Lebens. Persönliche Beschränkungen (»Lebenshindernisse«) lösen sich allmählich auf und das Gefühl, sein Schicksal selbst gestalten zu können, verstärkt sich. Intuition und Vorstellungskraft nehmen auch im Wachbewusstsein deutlich spürbar zu.

Eines der Ziele des luziden Träumens besteht darin, unser Wachbewusstsein in unsere Träume mit hinüberzunehmen und unser Traumbewusstsein mit zurück in unseren Wachzustand, ohne dass sich dabei ein Übergang bemerkbar machte. Diese »Bewusstseinsfortsetzung« dient dem Zweck, dem Träumenden die Erkenntnis zu ermöglichen, dass die Welt des wachen Selbst ebenfalls ein Traum ist. Wenn Sie mit luziden Träumen arbeiten wollen, sollten Sie folgende ausgezeichnete Affirmation im Gedächtnis behalten: »*Alles, was ich sehe, kann ich träumen. Alles, was ich träume, kann ich sehen, und ich bin mir aller meiner Träume bewusst.*«

Sie können das luzide Träumen als einen Prozess innerhalb Ihrer eigenen spirituellen Entwicklung betrachten, als einen Schritt näher hin zur Erinnerung, wer Sie wirklich sind und worin Ihre wirkliche Bestimmung liegt. Ibn el-Arabi, ein klassischer Sufi-Meister, hat einmal gesagt: »Ein Mensch muss seine Gedanken im Traum kontrollieren. Die Übung dieser Wachheit wird ihn zur Bewusstheit der Dimension eines Zwischenbereichs führen. Sie wird für den Einzelnen von großem Nutzen sein. Jedermann sollte sich alle Mühe geben, eine derart wertvolle Fähigkeit zu erlangen.«

Trainieren Sie Ihre Fähigkeit zum luziden Träumen wie jede andere Fertigkeit. So wie man Autofahren, Schwimmen oder Malen erlernt und übt, sollte man auch das luzide Träumen stets weiterentwickeln und verfeinern. Zunächst mag es Ihnen einiges an Disziplin und Durchhaltevermögen abverlangen, doch mit der Zeit wird es Ihnen leichter fallen.

1. *Techniken des luziden Träumens*. Sagen Sie vor dem Einschlafen: »Heute Nacht bin ich wach und mir der Tatsache voll bewusst, dass ich träume.« Wenden Sie die in Kapitel 6 beschriebenen Methoden der Traumerinnerung an. Und wenn Sie in der Nacht die Erinnerung an einen Traum überkommt, während Sie gerade wieder in den Schlaf zurückgleiten, sagen Sie: »Während meines nächsten Traums erinnere

ich mich daran, dass ich träume.« Manchmal kann es hilfreich sein, den Satz »*Ich träume gerade*« beim Einschlafen ein paar Mal zu wiederholen. Wenn Sie die Entscheidung für das luzide Träumen bewusst treffen, dann bleiben Sie wachsam. Innerhalb einiger Wochen wird es sich bei Ihnen einstellen.

2. *Anwendungen*. Haben Sie erst einmal ein gewisses Geschick im Wachträumen entwickelt, dann fangen Sie an, die Umstände Ihrer Träume zu verändern. Suchen Sie sich irgendeine Art von Handlung aus – beginnen Sie dabei mit etwas Einfachem. Der alte mexikanische Mystiker Don Juan Matus riet Carlos Castaneda zu dem Versuch, im Traum auf seine Hände zu schauen. Andere leichte Traumaktionen bestünden etwa darin, eine Blume zu pflücken, seine Arme voller Freude dem Himmel zu öffnen oder sogar einen Baum zu umarmen. Stellen Sie sich selbst eine Aufgabe, die Sie in Ihren Träumen ausführen wollen.

Dr. Stephen LaBerge, Psychophysiologe an der Stanford-Universität, gehört zu den Grundlagenforschern im Bereich luzides Träumen. Er hat Sensoren für den Einsatz im Schlaflabor entwickelt, welche die mit lebhaften Träumen einhergehenden Augenbewegungen wahrnehmen. Dann blinkt ein rotes Licht auf – und signalisiert dem Träumenden, dass er oder sie träumt, um ihr oder ihm auf diese Weise zu einem Wachtraum zu verhelfen. Die Liga der herkömmlichen Schlaf- und Traumforscher steht dieser neuen, durchaus umstrittenen Technik zwar skeptisch gegenüber, doch beweist das immerhin das bestehende Interesse an einem tieferen Verständnis unseres träumenden Selbst.[2]

Kapitel 10
Die Traumbeobachtung

Die Traumbeobachtung ähnelt dem Tagträumen, birgt jedoch eine weitere Dimension in sich: Man könnte sie als »kontrolliertes Tagträumen« bezeichnen. Traumbeobachtung erlaubt den Übergang in die geheimnisvolle Welt der Träume von unserem Wachbewusstsein aus. Während Sie immer tiefer in Ihre Innenwelt eintauchen, beginnt die Traumwelt Ihre Alltagswelt zu überlagern. Ebenso wie Sie mithilfe des nächtlichen Traumgeschehens Ihr Leben verändern können, ist dies durch die Technik der Traumbeobachtung auch bei Tag möglich.

Richard Bach, der Autor des Kultbuchs *Die Möwe Jonathan*, gab in einem Interview preis, auf welche Weise sein berühmtes Werk entstanden ist. Er nannte seinen Zustand beim Schreiben eine Art »Traumzustand im Wachbewusstsein«, wobei er plötzlich das lebendige Bild einer im Sonnenlicht dahinfliegenden kleinen Möwe vor Augen hatte. Aus diesem »Genieblitz« seiner Fantasie erwuchsen die zauberhaften Bilder und Texte seines Buchs. Nach Bachs eigenen Worten hatte er einfach aufgezeichnet, was sich ihm in seinem Wachtraum gezeigt hatte.[1]

Damit nahm der Autor Bezug auf die Fähigkeit, im Wachzustand zu träumen, die bei mir *Wachträumen* oder *Traumbeob-*

achtung heißt. Um dorthin zu gelangen, müssen Sie sich zunächst körperlich vollkommen entspannen. Sperren Sie Ihre Alltagsgedanken aus. Sie außen vor zu lassen, befreit Ihren Geist und Körper von jeglichem Druck. Dann stellen Sie sich einfach einen Traum vor: Erschaffen Sie in Ihrer Vorstellung einen angenehmen Traum und erlauben Sie ihm, ebenso unberechenbar zu sein wie jeder Ihrer nächtlichen Träume.

Beginnen Sie dabei mit einem sehr einfachen Ein-Minuten-Traum. Schreiben Sie anschließend sorgsam alles auf, was darin vorkam. Diese Übung ist besonders förderlich, wenn Sie sich nicht auf Ihre Nachtträume besinnen können. Durch die Technik der Traumbeobachtung werden Sie sich die Welt der Träume in zunehmendem Maß vertraut machen.

Die Traumbeobachtung bietet Ihnen noch einen anderen Vorteil: Sie kann Ihnen dabei helfen, mit einem schwierigen Szenario in Ihrem täglichen Leben zurechtzukommen. Sie können sich dazu einen Traum erschaffen, indem Sie sich selbst suggerieren: »Mit Blick auf die bestimmte Situation werde ich nun einen Traum erfinden.« Lassen Sie Ihren Geist während dieses Traumschöpfungsprozesses einfach ganz frei umherschweifen.

Notieren Sie akribisch jedes Symbol und jedes Gefühl, das in Ihnen hochsteigt. Diese Aufzeichnungen werden Ihnen dabei helfen, Antworten auf Ihre Lebensfragen zu finden.

Ein Beispiel: Wenn Ihr Ellbogen aufgrund einer Verletzung heftig schmerzt, könnten Sie sich einen Traum vorstellen, in dem Sie sich durch einen Dschungel kämpfen. Plötzlich ist Ihnen ein riesiger schwarzer Panther auf den Fersen. Sie machen einen Satz in das dichte Unterholz – und als Sie hochschauen, blicken Sie direkt in die bernsteingoldenen Augen der Großkatze! Einen Sekundenbruchteil später springt das Tier ohne jede Vorwarnung auf Sie und packt Ihren Ellbogen mit seinen mächtigen Fangzähnen. Sie hören den Knochen splittern. Der Schmerz ist unerträglich. Sie realisieren, dass Sie vollkommen auf sich allein gestellt sind. Das Gefühl furchtbarer Angst überwältigt Sie. Es gibt niemanden, der Ihnen helfen kann. Niemanden.

Um diesen Wachtraum analysieren zu können, müssen Sie ihn zuerst in sämtlichen Einzelheiten aufzeichnen und dann seine verschiedenen Aspekte näher beleuchten. Erstens: Sie befinden sich im Dschungel – er könnte für Ihre Instinktnatur, Ihr ursprüngliches Selbst stehen. Der Panther verfolgt Sie. Möglicherweise verkörpert das Tier Ihr Unbewusstes, Ihre »dunkle Seite«, Ihren Schatten. Sie haben Angst davor, sich mit Ihrem Schatten, dem Spiegelbild Ihres ursprünglichen Selbst, zu konfrontieren. Als die Großkatze die Fänge in Ihren Ellbogen schlägt, scheint Ihr Ellbogen in seinem Maul verankert zu sein. Auch Sie selbst empfinden sich als bewegungsunfähig. Vielleicht symbolisiert dieser Wachtraum Ihre Angst vor Ihrer Instinktnatur, die Sie daran hindert, im Leben voranzukommen. Vielleicht fühlen Sie sich von dieser Angst in Ihrer Lebensentfaltung eingeschränkt. Als Sie Ihren verletzten Ellbogen vorsichtig festhalten, erfüllt Sie plötzlich ein tiefes Gefühl der Einsamkeit, weil niemand zu Ihrer Rettung herbeieilt. Mit wachsendem Verständnis der diesem Wachtraum zugrundeliegenden Ursachen werden Sie sich wahrscheinlich immer stärker von Ihrem Problem befreit fühlen.

Bei der näheren Untersuchung Ihres Wachtraums und wachsender Klarheit über seine Symbolik, werden Sie möglicherweise dahinterkommen, dass die Angst in dem Traum für Ihre Angst steht, in Ihnen unbekannte (Lebens-)Bereiche vorzudringen. Wenn Sie dann beginnen, Ihren Glauben an sich selbst mit Affirmationen zu stärken – indem Sie sich beispielsweise einen Satz wie diesen immer wieder vorsagen: »*Ich bin imstande, mich mit Leichtigkeit und ohne Anstrengung auf unbekanntes Terrain zu begeben«* –, werden Sie vermutlich bald feststellen, dass die Beweglichkeit Ihres Ellbogens zunimmt, während der starke Schmerz nachlässt.

In meinen Augen ist die Traumbeobachtung eine ebenso wirkungsvolle wie nutzbringende Technik. Sie eröffnet mir die Möglichkeit, jeder Schwierigkeit auf den Grund zu gehen, sie exakt auszuloten und aufzulösen.

Teil IV
Traumarbeiter

Lehrlinge in einer Kunstfertigkeit von hohem Rang,
haben wir viel zusammengetragen auf der
Verlängerung dieses altersschwachen Pfads:
Gesellen der Webstuhlmeister,
weben wir den Gobelin,
Odyssee in Bildern,
formgewordene Visionen,
liebevolle Muster des Herzens.

M. Anne Sweet

Kapitel 11
»Sehende« Träume

Während ich den Strand entlangrannte, bohrten sich kantige Steine in meine Fußsohlen. Salzige Tränen brannten auf meinen Wangen, als der Wind in meine Kleider fuhr. Das Gewitter riss mit seinen Blitzen vor dem Hintergrund dunkler Wolken gezackte Narben in den Himmel. Schließlich stürzte ich. Ich schluchzte, als ich einen Felsen zu fassen bekam und mich so fest daran klammerte, dass seine scharfen Ecken mir in die Handflächen schnitten. Ich wollte sterben. Ich war betrogen worden. Ausgebrannt und leer rappelte ich mich auf und ging nach Hause. Später, in meinem Bett liegend, erstickte mich der Schleier der Einsamkeit. Niemals zuvor hatte ich mich so unendlich allein gefühlt. Allmählich lockerte die Anspannung ihren Würgegriff, und ich fiel in einen ruhelosen Schlaf.

Undeutliche schwarze Schatten gleiten in meine Träume … in Dunst gehüllte Gespenster wandern ziellos durch die Dunkelheit. In der Ferne sehe ich ein strahlend helles Leuchten. Es wirkt beruhigend, und ich fühle mich davon angezogen, doch verhüllte Wesen wollen mich an den Armen festhalten. Ich befreie mich aus ihrem knochigen Griff und schwebe dem Licht entgegen; sein Funkeln spendet meinem gequälten Her-

zen Linderung. Dann höre ich eine Stimme: »Du hast die zweite Schranke passiert, und du wirst nie mehr auf diesen Weg zurückkehren müssen. Ich bin bei dir ... ich bin bei dir ... ich bin bei dir.« Der Klang dieser Stimme scheint in meinem Inneren ein Echo zu finden, bei jedem Widerhall gewinnt er an Kraft und Entschlossenheit, sammelt Energie wie ein aufziehender Sturm.

Langsam verblasste das Bild. Ich fiel in tiefen, süßen Schlaf, aus dem ich erfrischt erwachte. Der nächtliche Sturm hatte den Himmel geklärt, und die Sonne streckte sanft ihre Strahlen durch mein Schlafzimmerfenster. Ich ließ meine Hände von ihrer Wärme liebkosen. Ich fühlte mich neu. Irgendetwas war über Nacht von mir gewichen. Mein Kummer hatte sich aufgelöst und dem Bewusstsein für einen neuen Tag Platz gemacht. Etwas Geheimnisvolles, Mystisches hatte sich während der Nacht ereignet. Jemand war in meine Träume gekommen und hatte mich besänftigt. An diesem Wendepunkt meines Lebens, er liegt viele Jahre zurück, wies mir ein vage vertrauter Geist-Besucher den Weg – und das änderte alles ...

Prophetische Träume

Die meisten Menschen können von mindestens einem Traum erzählen, der ihnen ein neues Verständnis ihres Lebens brachte oder ihnen in einer entscheidenden Lebensphase half. Solche Träume reichen weit über die herkömmlichen, von den meisten Traumdeutern gezogenen Grenzen hinaus. Sie sind Monolithe, die von tieferem altem Wissen und einer höheren, magischen Sphäre sprechen.

Die prophetischen oder visionären Träume der Alten Zeiten, sie entspringen dem tief in unserem Inneren sprudelnden

Quell, dem Schöpfer-Ort. Diese Träume werden nicht notwendigerweise absichtsvoll herbeigeführt oder sonst wie gesteuert, vielmehr versuchen sie, uns in Notzeiten zu erreichen. Sie vermitteln uns Sicherheit und geleiten uns durch die »dunkle Nacht der Seele«. Folgende Grundvoraussetzungen müssen Sie mitbringen, um den Faden zu finden, der zu Visionen und Prophezeiungen in Ihren Träumen führt: ein offenes Herz und die Bereitschaft zu fragen … und zuzuhören.

Visionäre Träume unterscheiden sich von voraussehenden Träumen, die es Ihnen ermöglichen, den Vorhang der Zukunft ein wenig zu lüften. Nach den Erkenntnissen der Traumforschung sind solche Träume weit verbreitet. Sogar Sigmund Freud berichtet von Fällen präkognitiver Träume. Eine ausgezeichnet dokumentierte Fallstudie ist jene von Clinton H. Elliott.

Die Geschichte spielt in den 1950er-Jahren: Mr. Elliott träumte, seine Schwester werde innerhalb der nächsten sechs Wochen sterben – und so geschah es auch. Als er von seinem eigenen nahenden Tod träumte, glaubte er daran, da sich sein Traum auch bei seiner Schwester bewahrheitet hatte. Nachdem er die Traumbotschaft erhalten hatte, setzte er seine Familie und Freunde darüber in Kenntnis und regelte seine Angelegenheiten. Völlig gelassen plante er die Zukunft seiner Familie und ließ seine Frau wissen, wie er sich seine Beerdigung vorstellte. Sein Alter von 66 Jahren rückte einen baldigen Tod durchaus in den Bereich des Möglichen, aber dass er bei bester Gesundheit war, sprach eindeutig dagegen.

Er arbeitete an der Konstruktion eines Tunnels, der unter dem Hafen von Boston verlaufen sollte. Elliotts eigener Glaube an sein bevorstehendes Ableben hätte natürlich zu einem langsamen »Dahinwelken« führen können – doch das war keineswegs der Fall: Mr. Elliott fiel einem Unfall zum Opfer – einem überaus seltsamen Unfall. Er war an seinem Arbeitsplatz und teilte den Arbeitskollegen gerade mit, dass er sterben werde, was sie – verständlicherweise – mit einer gewissen Skepsis aufnahmen. Als Mr. Elliott seine Schicht beendete, brach ein gewaltiger Kran, der noch eine knappe Stunde zuvor eine Sicherheitsinspektion tadellos bestanden hatte, plötzlich zusammen und tötete ihn auf der Stelle. Für alle ein vollständig unvorhersehbares Ereignis ... für alle außer Mr. Elliott, der seinen eigenen Tod geträumt hatte.[1]

Beinahe alle Träume, in denen der Tod eine wichtige Rolle spielt, beziehen sich weit eher auf symbolische Abschiede, auf »seelisches Loslassen« oder die Abkehr von alten (Glaubens-) Vorstellungen, als auf ein definitives physisches Ende. Doch in diesem Fall war es Mr. Elliott tatsächlich möglich gewesen, die Zukunft in seinen Träumen vorherzusehen.

Träume prophetischen Inhalts haben nicht selten bedeutende geschichtliche Konsequenzen nach sich gezogen. Cäsars Gattin Calpurnia soll im Traum den gewaltsamen Tod des großen Diktators vorhergesehen und daraufhin versucht haben, seine Teilnahme an der schicksalsträchtigen Senatssitzung am 15. März zu verhindern. Der Herzog von Wellington erhielt die Anregung zur Restaurierung der Alhambra in einem Traum: Er sah, wie die herrliche Stadtburg auf den Hügeln des andalusischen Granada, eines der schönsten Beispiele für den maurischen Stil der islamischen Kunst, zerstört wurde. Präsident Roosevelt verkündete 1938, Washington D. C. benötige einen neuen Flughafen, denn er habe einen sehr verstörenden Traum gehabt, der ihm ein Unglück auf dem bestehenden Flughafen vorhergesagt habe – und schuld daran sei der schlechte bauliche Zustand der Einrichtung gewesen.

Unsere persönlichen Geistführer übermitteln uns häufig Informationen in unseren Träumen. Außerdem gibt es noch die »Nachrichtenverbreiter«, das sind Seelenführer, die sich nicht auf die Zusammenarbeit mit nur einem Menschen beschränken, sondern vielmehr eine Art Kommunikationsnetz unterhalten, das den Radio- und TV- Sendeanstalten ähnelt. Wenn die Zeit gekommen und eine bestimmte Idee reif ist, um unter die Menschen gebracht zu werden, dann beginnen diese geistigen Wesen, sie »auszusenden«. Menschen, deren spirituelle Antennen auf diese Sendestation ausgerichtet sind, empfangen die Information. Genau das ist der Grund, weshalb Erfindungen und Entdeckungen an mehreren Orten der Welt zeitgleich geschehen können, oft nur mit wenigen Tagen Differenz. Im Schlafzustand sind die mentalen Abwehrmechanismen der Menschen schwächer, das macht sie empfänglicher für die von den Innenwelten ausgestrahlten Nachrichten. Daher haben viele Erfindungen ihre Ursprünge in den Träumen ihrer Erfinder.

Träume von Verstorbenen

Oftmals nutzen Verstorbene Träume als Medium, um mit uns in Kontakt zu treten. Für uns ist es offenbar leichter, ihre Stimmen in unseren Träumen zu vernehmen. Sie wählen diese Ebene wohl mehr unseretwegen als aus eigenen Gründen. Manchmal erscheinen sie lediglich, um uns wissen zu lassen, dass es ihnen gut geht und wir uns ihretwegen keine Sorgen zu machen brauchen. In anderen Fällen geht es um etwas, das wir – im Hinblick auf die betreffende Person – nicht zu Ende gebracht haben. »Traum-Besuch« ist oft dazu angetan, solche Blockaden aufzulösen.

Und dann gibt es noch die Gelegenheiten, bei denen die Verstorbenen eine Botschaft oder Warnung für uns haben, die wir unbedingt anhören sollten. Bedenken Sie jedoch eines: Die Tatsache, dass jemand von uns gegangen ist, bedeutet nicht, dass sie oder er deshalb mehr Weisheit erlangt hat.

Wenn es Menschen in ihrem Leben hier an Klugheit mangelt, wird sich das mit ihrem Tod nicht unbedingt ändern. Halten Sie also den im Traum empfangenen Ratschlägen Ihr eigenes gesundes Urteil entgegen.

Wenn Sie je das Gefühl haben, mit Toten noch etwas klären zu müssen oder wenn sich bei Ihnen das Bedürfnis nach deren Trost und Zuspruch einstellt, dann »rufen« Sie sie unmittelbar vor dem Einschlafen herbei. Dazu müssen Sie spüren, wie Sie an die Essenz des betreffenden Verstorbenen rühren. Fühlen Sie sich hinein in die Verbindung, die Sie mit der/dem Betreffenden zu ihren/seinen Lebzeiten hatten, stellen Sie diese Qualität wieder her. Und wenn Sie dann zu Bett gehen, halten Sie die Essenz der/des Verstorbenen nahe bei sich und bitten Sie um ihr/sein Erscheinen in Ihren Träumen. Das kann Ihr Einsamkeitsgefühl nach dem Tod nahestehender Menschen lindern.

Traumbegegnungen mit Außerirdischen

Manche von uns erleben im Schlaf ganz bemerkenswerte Begegnungen mit *Aliens*. Seit Jahren hat eine stark wachsende Anzahl von Bestsellern und hoch gehandelten Filmen Geschichten von oder über Außerirdische zum Inhalt. Entweder sind wir empfänglicher für ihr zaghaftes Vordringen oder *sie* sind darin entschlossener geworden. Wie auch immer, das UFO-Phänomen wird uns bleiben, sich immer stärker in unserem Leben durchsetzen und auch eine zunehmend bedeutendere Rolle in unseren Träumen spielen. In den meisten Fällen sind die Ratschläge und Hinweise der in unseren Träumen auftauchenden außerirdischen Wesen wertvoll. Doch vergessen Sie dabei nie: Auch wenn die *Aliens* mit liebevollen, hochfliegenden Botschaften aufwarten, die oberste Richtschnur für Sie selbst sollte immer Ihre eigene innere Führung sein!

Visionäre Träume empfangen

Es gibt einige spezielle Methoden, um sich darin zu schulen, seelische oder »Seher«-Träume herbeizuführen. Der erste Schritt besteht in der »Bebrütung« oder Inkubation des jeweiligen Traums (siehe dazu Kapitel 8). Sie können dabei zwischen visionären oder vorauswissenden Träumen wählen oder sich für die Erforschung früherer Inkarnationen, Astralreisen oder den Eintritt ins Reich der Feen und Engel entscheiden.

Dabei kommt es nicht darauf an, ob diese »sehenden« Träume nun wirklich real oder Fantasieprodukte eines kollektiven Bewusstseins sind. Der Wert ergibt sich aus Ihren Erlebnissen und Erfahrungen während der Nacht. Stellen Sie sich folgende Fragen:

- Bringen die Botschaften dieser Träume mich weiter?
- Tragen sie etwas zu meinem Leben bei?
- Erweitern sie meinen inneren Horizont?

Jeder Traum, der Ihnen die Möglichkeit bietet, einen Blick in die Zukunft zu werfen, die Vergangenheit zu betrachten, mit geliebten Verstorbenen Kontakt aufzunehmen, eine Vision zu bekommen oder gar in andere Dimensionen vorzudringen, ist ein *sehender* Traum. Diese besondere Art von Träumen dehnt Ihren Horizont bis in Bereiche weit jenseits der normalen Realitätswahrnehmung aus. Sie ermöglichen Ihnen, unter die Oberfläche des menschlichen Geistes zu gelangen, dorthin, wo die Welt nicht aus Einzelteilen besteht, sondern einem Teppich aus nahtlos ineinander übergehenden Darstellungen ähnelt. Im weitesten Sinn erlauben Ihnen Ihre sehenden Träume die Grenzüberschreitung Ihrer eigenen Lebenserfahrung.

Diese Träume gleichen Hologrammen, wobei ein ganzes Objekt in einem kleinen Teil des Hologramms reproduziert werden kann. Ein visionärer Traum kann die einem größeren Segment des Lebens innewohnende Struktur beinhalten. Es sind sehr spezielle Träume, die es uns ermöglichen, unser Selbst-Gefühl über die Beschränkung auf einen einzigen Punkt in Zeit und Raum hinaus zu erweitern auf ein weit umfassenderes Bewusstseinsuniversum.

Ich werde oft gefragt, woran man erkennen kann, ob ein Traum präkognitiv ist oder die Seele lediglich einen Ausgleich der inneren Angelegenheiten vornimmt.

Folgende Kriterien haben mir selbst bei dieser Unterscheidung immer sehr geholfen.

Daran erkennt man einen präkognitiven Traum:

1) Der Traum ist in Farbe und die Farben sind lebhaft. Ein präkognitiver Traum muss nicht zwingend farbig sein, aber das kann einer von mehreren ausschlaggebenden Faktoren sein.

2) Sie erhalten die Traumbotschaft innerhalb des Traums auf drei verschiedene Weisen. Die Botschaft kann in drei gesonderten, klaren Formen innerhalb eines Traums vorkommen.

3) In diesen Träumen tritt üblicherweise ein runder oder kreisförmiger Gegenstand in Erscheinung. Dabei kann es sich um einen Ball, einen runden Teller, einen runden Spiegel oder etwas Ähnliches handeln.

Erfüllt ein präkognitiv wirkender Traum diese Kriterien, dann stehen die Chancen gut, dass Ihnen Ihr Traum tatsächlich Einblick in die Zukunft gewährt hat. Es kann aber auch geschehen, dass Sie wirklich einen präkognitiven Traum haben, ihn jedoch falsch auslegen, wie der folgende Brief zeigt:

Liebe Denise,

im Folgenden schildere ich Ihnen einen meiner Meinung nach prophetischen Traum. Zu seiner Entschlüsselung habe ich Ihre Methode der Traumdeutung herangezogen, wobei er alle Anforderungen an einen prophetischen Traum erfüllte:

1. Waren es drei Teile, 2. war der Traum in extrem lebhaften Farben gehalten, 3. enthielt er einen wichtigen Gegenstand in runder Form.

Einige Wochen vor meinem Traum hatte ich wegen einer anderen Stelle innerhalb meiner Firma ein persönliches Gespräch, und ich wartete ab, wie sich das Ganze weiterentwickeln würde. Das ist der Traum, er war in drei Teile gegliedert:

Als Erstes träumte ich, dass ich etwas Neues wegen eines Jobs erfuhr. Darüber war ich ganz aus dem Häuschen. Dann vollzog sich ein plötzlicher Wandel. Im zweiten Teil meines Traums befand ich mich in einem Büro. Dort saßen ein paar Männer, meine zukünftigen Chefs, und sprachen miteinander. Als ich an mir heruntersah, musste ich feststellen, dass ich eine absolut grauenhafte Hose anhatte. Es war so eine Tütenhose mit Streifen in Grün, Schwarz und Weiß. Ich geriet in Verlegenheit und versuchte, mich möglichst unauffällig zu verhalten. Ich wollte die Hose wechseln, ohne dass die Männer es mitbekamen. Im dritten Teil meines Traums war ich einer großen Turnhalle. Ein riesiger Bogen Papier bedeckte den gesamten Boden. Mein neuer Job bestand nun darin, aus dem Papier immer neue Figuren zu falten, wie bei Origami, der japanischen Kunst des Papierfaltens. Meine Kollegen und ich falteten den Bogen immer wieder anders und kreierten so neue Formen. Eine davon war ein großer Ring oder Reifen.

Das Telefon weckte mich. Es war meine Mutter, die mich davon unterrichtete, dass man mich in der Firma zu einem zweiten Bewerbungsgespräch sehen wollte. Sie hatte schon mehrmals angerufen, doch war das Klingeln bis dahin nicht in meinen Traum vorgedrungen. Als ich zu dem Gespräch in die Firma fuhr, glaubte ich, das Ganze würde ein Kinderspiel. Ich war mir völlig sicher, die Stelle zu bekommen, denn ich hatte doch einen prophetischen Traum gehabt, in dem ich auch einen neuen Job bekommen hatte. Das Interview erwies sich jedoch als schwierig. Der Typ stellte mir Fragen über technische Dinge, die ich nicht beantworten konnte. Und jedes Mal, wenn ich auf mich selbst zu sprechen kommen wollte, schnitt er mir das Wort ab. Ich war verlegen. Eine Woche darauf wurde mit mitgeteilt, dass ich den Job nicht bekam. Als ich diese Neuigkeit erfuhr, dachte ich bei mir: »Na gut, vielleicht ist es ja trotz allem doch kein prophetischer Traum gewesen.« Später wurde mir klar, dass ich meinen Traum lediglich falsch interpretiert hatte. Im ersten Teil erhielt ich eine Nachricht wegen eines Jobs. Das traf ein: Ich wurde zu dem zweiten Gespräch wegen der Stelle eingeladen. Im zweiten Teil meines Traums hatte ich mich unzulänglich und unsicher gefühlt, und genauso erging es mir auch in dem Bewerbungsgespräch.

Der Teil mit dem Papierbogen war zwar ein bisschen schwerer verständlich, aber genauso prophetisch. Meine Suche nach einer anderen Arbeitsstelle ist eine große, komplizierte Aufgabe. Im Geiste ziehe ich Möglichkeiten in Betracht, verwerfe sie wieder und setze die einzelnen Teile auf verschiedene Weisen erneut zusammen – wofür in meinem Traum das Falten immer neuer Papierformen gestanden hatte. Dieser Traum hat mich gelehrt, dass die offensichtliche Deutung eines Traums keineswegs immer die richtige sein muss – vor allem dann, wenn diese Interpretation mir nur allzu gut in den Kram passt. Ich war so aufgeregt wegen der Einladung zu dem Gespräch, dass ich voreilige Schlüsse zog und mir nicht die Zeit nahm, auf meine Gefühle zu hören oder den Trauminhalt genauer zu beleuchten. Ich dachte, die Geschichte könnte Sie interessieren.

Scheinen Sie weiter so hell.
Karl

Die Lektion, die Karl aus seinem Traum bezogen hatte – auch die Einsicht, dass er seinen Traum seinen Erwartungen hatte anpassen wollen –, war sehr wertvoll. »Sehende« Träume ermöglichen es Ihnen, Ihren inneren Horizont zu erweitern, und wenn das geschieht, werden sich auch Ihre äußeren Grenzen ausdehnen.

Kapitel 12

Träume von vergangenen Inkarnationen

Anmutig durchschnitt die Gondel das ruhige Wasser der Adria vor Venedigs Küste. Der Gondoliere schmetterte seine Arien ebenso lautstark wie falsch, während wir gemächlich an den einzelnen Inseln der Lagune vorbeiglitten. Eine davon schien stärker durch die Dunstschleier zu glitzern als die anderen. Als ich meinen singenden Kapitän darauf aufmerksam machte, steuerte er die Gondel auf das Eiland zu. Ich fühlte mich auf rätselhafte Weise davon angezogen.

Als ich auf den Anlegesteg der Insel trat, eilte ein rundlicher Franziskanermönch mit der ordensüblichen Tonsur zur Begrüßung herbei. Er sprach ein bisschen Englisch und erbot sich, mir die Insel zu zeigen, die aus dem Franszikanerkloster und seinen Besitzungen bestand. (Ihr Name lautete »Insel des heiligen Franziskus«. Während ich seiner kompakten Gestalt folgte, hatte ich ein Déjà-vu-Erlebnis. Ich fühlte mich wohl, alles war mir angenehm vertraut. Mir war, als wüsste ich genau, was sich hinter jeder Ecke verbarg, noch bevor wir sie erreichten. Mein Bewusstsein wurde von Bildern und vergessen geglaubten Erinnerungen förmlich überflutet. Woher kannte ich bloß den Weg so genau? Ich hatte doch noch nie etwas von dieser

Insel gehört … Plötzlich – wir waren gerade um eine weitere Ecke gebogen – sah ich etwas, das mit dem Bild in meiner »Erinnerung« nicht übereinstimmte. »Oh, das ist neu!«, platzte ich gegen meinen Willen heraus. Erstaunt blickte der Mönch mich an und entgegnete: »Im Vergleich zur ursprünglichen Anlage ist das tatsächlich neu … aber mittlerweile auch schon wieder über 600 Jahre alt.« Zu meiner Verwunderung hatte ich Erinnerungen an ein Leben als Mönch auf dieser bezaubernden Insel vor Hunderten vor Jahren in mir zutage gefördert. Damit begann meine Forschungsreise in meine vergangenen Leben.

Haben Sie das auch schon einmal erlebt? Sie waren an einem völlig fremden Ort und fühlten mit einem Mal eine seltsame Vertrautheit, zu unheimlich, um sie in Worte fassen zu können? Haben Sie je eine bestimmte Musik gehört und waren plötzlich in eine andere Zeit und an einen anderen Ort versetzt? Haben Sie je bei der Begegnung mit einem Ihnen bis dahin fremden Menschen eine augenblickliche, Ihnen selbst unerklärliche Verbundenheit gespürt? Oder eine ebenso rasch auftauchende Abneigung gegen sie oder ihn? Haben Sie sich je im Traum an einem völlig fremden Ort oder in gänzlich ungewohnter Kleidung wiedergefunden – und hatten Sie zugleich ein Gefühl von großer Vertrautheit? Zum einen waren das vielleicht längst vergessene Kindheitserinnerungen an einen Menschen oder einen Ort, die da in Ihnen hochgestiegen sind – oder aber Sie haben an diesem fremden Ort schon einmal gelebt … möglicherweise in einem anderen Körper, in einer anderen Zeit. Wäre es denkbar, dass Sie Ihr fremdes Gegenüber in einer anderen Existenz, in einer anderen Inkarnation, gekannt haben? Können Träume der Schlüssel zum Reich der vergangenen Leben sein?

Die Idee der Reinkarnation existierte lange, bevor die geschichtliche Überlieferung einsetzte. Tatsächlich glaubt mehr als die Hälfte der Weltbevölkerung an die Reinkarnation – an die Vorstellung einer unsterblichen Seele, die durch

Wiedergeburt in verschiedenen Körpern immer auf die Erde zurückkehrt, um zu lernen und zu wachsen. Jedes dieser vielen Leben hält Erfahrungen bereit, die uns ermöglichen, stärkere, ausgeglichenere, liebendere Wesen zu werden und uns am Ende mit Gott zu vereinigen.

In einem Leben sind Sie vielleicht arm, um Bescheidenheit zu lernen und Ihren Einfallsreichtum zu vergrößern, während Sie in wieder einem anderen Leben mit einem Vermögen ausgestattet sind, weil Sie lernen sollen, anständig und sinnvoll damit umzugehen. Im nächsten Leben sind Sie möglicherweise »mit Blindheit geschlagen«, um das innere Sehen zu lernen, in einem anderen sind Sie sehr athletisch, um körperliche Stärke zu erfahren und verstehen zu lernen. In einem Leben sind Sie vielleicht eine Frau, im nächsten ein Mann, oder asiatischer Herkunft im einen und kaukasischer im nächsten. Vergangene Inkarnationen sind weniger Bausteine als Puzzlestückchen, wobei jedes Leben weitere Teilchen zu Ihrer Entwicklung beisteuert, damit Sie eines Tages vollständig, vollkommen und in Ihrer Mitte sind.

»Was du säst, wirst du ernten« lautet das Gesetz des Karma – man könnte es auch als das Gesetz von Ursache und Wirkung bezeichnen. Karma ist das Schicksal, das wir uns selbst erschaffen. Es ist das Ergebnis unserer Handlungen in diesem und allen früheren Leben. Die Idee des Karma hilft uns, zu verstehen, weshalb ein Mensch sein ganzes Dasein lang gegen Widrigkeiten anzukämpfen hat, während seinem Nachbarn offenbar alles in den Schoß fällt. Die Vorstellung von Reinkarnation und Karma vermittelt uns – auf dem Weg des Verständnisses unserer früheren Leben – ein klareres Bild von unserem Daseinszweck und unserer Aufgabe, von unserem Auftrag in dieser Existenz. Doch auch unser Schicksal im Gesamtzusammenhang des Universums wird dadurch leichter erkennbar. Das Leben ist weder eine »Eintagsfliege« noch eine Kette bedeutungsloser, willkürlich aneinandergereihter Erfahrungen. Es ist vielmehr eine mystische, fortdauernde Reise, aus der jeder von uns als bewusstes, liebendes Geschöpf hervorgehen soll und kann. *Die Suche nach seiner Seele ist die wohl wichtigste Aufgabe des Menschen überhaupt*. Zu wissen, wer man in der fernen Vergangenheit einmal gewesen ist, kann die gegenwärtige Lebensreise erleichtern.

Seit Jahrtausenden versuchen berühmte Philosophen, die unendlichen Geheimnisse von Leben, Tod und Wiedergeburt zu ergründen. Die erste historische Überlieferung zum Thema Reinkarnation stammt aus Ägypten. Nach Auffassung der damaligen Weisheitslehrer ist die Seele unsterblich und geht nach dem Tod ihres bisherigen menschlichen Körpers in einen anderen über.

Die Hindus früherer Zeiten – und ihre Auffassung ist bis heute gleich – glaubten ebenfalls an die Unsterblichkeit der Seele und daran, dass sie einen Körper nach dem anderen bewohnt, immer auf der Suche nach ihrer wahren göttlichen Natur. In den Jahrhunderten vor Christi Geburt verbreitete Buddha Weisheit, die Idee vom endlosen Kreislauf von Geburt und Wiedergeburt, vom Rad des Werdens und Vergehens. Ähnlich den Hinduisten streben auch die Buddhisten danach, durch ethisches Verhalten aus dem Zyklus des Leidens herauszufinden und in den Zustand des Nirwana, der Erleuchtung und Vereinigung mit Gott, zu gelangen. Auch die frühe jüdische Gemeinschaft der Essener soll an Reinkarnation geglaubt haben.

Der berühmte griechische Philosoph und Mathematiker Pythagoras (um 570 bis cirka 510 v. Chr.) schrieb über das Thema Reinkarnation und schilderte sogar seine persönlichen Erinnerungen an seine vorangegangenen Leben. Platon glaubte ebenfalls an die Wiedergeburt und den damit verbundenen Reifungsprozess der menschlichen Seele, er entwickelte diese Idee in verschiedenen seiner Werke. Nach Napoleon Bonapartes eigenen Worten war er zuvor bereits auf dieser Welt gewesen: als Karl der Große. Der bedeutende französische Denker Voltaire meinte dazu: »Zwei Mal geboren zu werden, ist nicht erstaunlicher als einmal. Auferstehung ist das Ein und Alles der Natur.«

Und nach dem Bekenntnis des spanischen Malers Salvador Dalí war er der bedeutende spanische Mystiker Juan de la Cruz (Johannes vom Kreuz, 1542–1591) gewesen. Auch wichtige Persönlichkeiten der Neuen Welt, darunter Benjamin Franklin, Ralph Waldo Emerson, Henry Ford, Walt Whitman, Henry Longfellow, Henry David Thoreau, Thomas A. Edison und General George Patton waren Anhänger der Reinkarnationslehre.[1]

Benjamin Franklin verfasste seine eigene Grabinschrift, seither als »das berühmteste amerikanische Epitaph« bekannt:

Der Leib von Benjamin Franklin, Drucker;
wie die Decke eines alten Buchs,
der Inhalt herausgerissen,
Beschriftung und Goldschmuck entfernt;
liegt hier, den Würmern zur Nahrung.
Doch das Werk an sich wird nicht ganz verloren sein;
denn es wird, so glaubte er, einmal wiedererscheinen,
in einer neuen, vollkommeneren Ausgabe,
vom Autor korrigiert und ergänzt.

Wer sich für Reinkarnation interessiert, dem bietet sich ein breites Spektrum an Literatur. Zahlreiche Publikationen verfolgen unterschiedliche Wege, um den Beweis für ein neues Leben nach dem Tod anzutreten. Ich habe allerdings nicht die Absicht, hier tiefer in die Diskussion einzusteigen und Zweifel hinsichtlich früherer Leben zu widerlegen, denn ich selbst glaube fest an die Wiedergeburt. Stattdessen möchte ich Ihnen lieber anschaulich vor Augen führen, dass Ihre Träume Ihnen als Zugang zu Ihrer Vergangenheit dienen können. Wenn Sie diesen Zugang nutzen, können Sie Ihre Lebensqualität bis weit über die Grenzen Ihrer Erwartungen hinaus verbessern.

Frühere Leben aufzudecken, ist von unschätzbarem Wert. Die Erforschung vergangener Inkarnationen und anderer Dimensionen auf dem spirituellen Weg bietet die Möglichkeit, sich auf seine innere Führung einzustellen und als Person »vollständig« zu werden, das heißt, alle seine Seelenanteile zusammenzufügen. Es wird Ihnen dabei helfen, in Zukunft öfter zur richtigen Zeit am richtigen Ort zu sein. Es kann Sie auch dabei unterstützen, eine starke Beziehung zu Ihren geistigen Führern aufzubauen und Erlebnisse spontanen spirituellen Erwachens herbeiführen.

Sich von Problemen befreien zu wollen, ohne deren Ursachen hinter den Symptomen zu erforschen, kommt dem Versuch gleich, Unkraut mit dem Rasenmäher auszurotten. Genau wie das Unkraut werden die Schwierigkeiten so lange wiederkehren, bis man zu ihren Wurzeln vordringt und diese beseitigt. Ein zwanghafter Esser wird vielleicht entdecken, dass die Wurzeln seines Problems in ein anderes Leben zurückreichen, wo er oder sie verhungern musste – und die Angst davor ist in seinem/ihrem gegenwärtigen Leben als unersättliche Essgier wieder hochgekommen. Wenn Sie vergangene Inkarnationen in Ihrem Wachbewusstsein oder im Traumzustand noch einmal durchlaufen, können Sie beginnen, all jene in früheren Leben getroffenen Entscheidungen aufzuheben, die Auswirkungen auf Ihr gegenwärtiges Leben haben.

Kinder sind besonders geschickt im Zurückrufen ihrer früheren Leben, während sie träumen. Meine Tochter war gerade acht Jahre alt, als sie mir von einem bemerkenswerten Traum berichtete, in dem sie zu Zeiten der Sklaverei ein farbiger Mann gewesen war. Sie schilderte mir ihre damalige Lebenssituation in allen Einzelheiten: beispielsweise die an den Rändern zerrissene Hose oder die kaputte Hacke, mit der sie den Boden bearbeiten musste. Wie sie mir anvertraute, waren auch einige ihrer Freunde aus diesem Leben zur selben Zeit mit ihr Sklaven gewesen. Einer der vielleicht merkwürdigsten Aspekte an dieser Geschichte war die Erzählung einer ihrer Freundinnen, die ihrerseits einen ähnlichen Traum von einem Leben als schwarzer Sklave in den Südstaaten gehabt hatte.

Wenn Sie im Schlaf Verbindung mit früheren Leben aufnehmen wollen, wenden Sie dazu bitte die verschiedenen, in Teil III ausführlich dargestellten Techniken an. Sprechen Sie jeden Abend vor dem Schlafengehen zu sich selbst: »Heute Nacht träume ich von einem früheren Leben.« Wiederholen Sie diesen Satz immer wieder, bis Sie in den Schlaf hinübergleiten. Zu Beginn kann es Ihnen so vorkommen, als erwischten Sie lediglich einen Erinnerungsfetzen, der aus einer vergangenen Inkarnation stammen könnte. Um mehr Klarheit zu gewinnen, nutzen Sie tagsüber Ihr Vorstellungsvermögen und denken Sie über jede noch so unbedeutend erscheinende Kleinigkeit nach, die Sie im Traum empfangen haben. Nehmen wir einmal an, Sie hätten in einem Ihrer Träume einen reich verzierten Helm gesehen. Nach dem Aufwachen versuchen Sie dann, sich vorzustellen, was der Träger dieses Helms für eine Person gewesen sein könnte. Stellen Sie sich vor, wo und bei welchen Gelegenheiten er diesen Helm getragen haben könnte, und wie seine gesamte Lebenssituation wohl ausgesehen haben mag.

Malen Sie sich ein zu Ihren Traumbildern passendes früheres Leben aus, und Sie werden immer öfter zu sehen bekommen, wer Sie einmal gewesen sind. Gelegentlich suchen Menschen mit sehr klaren, detailgenauen Traumwahrnehmungen eine oder mehrere Stätten aus ihren Träumen auf und stellen dabei fest, wie exakt die heutige Realität mit ihren Träumen übereinstimmt. Vergangene Leben heraufzubeschwören, kann Ihnen in Ihren Träumen großes Vergnügen bereiten und Ihren Alltag bereichern.

Kapitel 13
Träume und Astralreisen

Ich schieße nach oben, springe zur hohen Decke meines Zimmers hinauf, um dann nach meinem herrlich weichen Teddybären zu hechten. In einem begeisterten Ausbruch wirble, taumle und fliege ich voll tollkühner Unbekümmertheit wieder an die Zimmerdecke empor und bleibe dabei einen Moment lang über der Wiege meiner Stoffpuppe schweben. Meine Mutter kommt herein. »Was machst du, Denise?«, will sie wissen.

»Och, nichts, Mami«, antworte ich unschuldig.

»Das ist fein«, murmelt sie und schließt die Tür hinter sich. Nach dieser kurzen Unterbrechung springe ich wieder mit ausgestreckten Armen von meinem Bett hoch, mein Körper saust wie verrückt durch die Luft.

Als kleines Kind liebte ich es, mich vom Bettende abzustoßen und durch die Luft zu fliegen. Wobei ich wirklich glaubte, fliegen zu können. Mir war nicht klar, dass ich in Wahrheit Astralreisen unternahm. Später, beim Heranwachsen, vergaß ich meine Fähigkeit, bewusst fliegen zu können. Doch in meinen Träumen sah ich Überbleibsel der Erinnerung daran. Mitunter träumte ich, wie ich über die Hausdächer hinaus- und auf die Sterne zuschoss. Mit Anfang zwanzig besuchte ich einen einwöchigen Kurs über Astralreisen, dort eroberte ich mir einen Teil meiner Fähigkeit zurück, die mich als Kind so begeistert hatte.

Astralreisen bilden eine eigene, besondere Kategorie von Traumerfahrungen, die ihrer Definition nach nichts mit dem eigentlichen Träumen oder Wachträumen zu tun hat. Man rechnet Astralreisen üblicherweise den AKE, den »außerkörperlichen Erfahrungen«, zu. Diese Zustände, in denen Geist und Körper tatsächlich voneinander getrennt sind, treten normalerweise im Schlaf auf. Sie bilden die Grundlage zahlloser esoterischer Glaubensrichtungen und Philosophien. Zu dem Gefühl des Getrenntseins vom physischen Körper tritt bei Astralreisen eine überaus intensive Selbstwahrnehmung. Darin unterscheiden sie sich von den meisten Träumen. Astralreisen sind nichts Ungewöhnliches. Das Gefühl, im Schlaf einen kurzen Ruck zu verspüren, kann darauf hindeuten, dass der Geist sich nach einer Astralreise mit der Rückkehr in den Körper etwas schwertut. Wir gehen durch viele außerkörperliche Erfahrungen, können uns aber meist nicht daran erinnern.

Oftmals haben die AKE eine Begleiterscheinung: Träume vom Fliegen – mit und ohne Flugzeug. Und »Vielflieger«, wie beispielsweise Piloten, haben häufig die Tendenz zu außerkörperlichen Erfahrungen im Wachzustand. Wie Untersuchungen gezeigt haben, gilt das auch für Menschen, die als Kinder glaubten fliegen zu können oder leidenschaftlich gern aus irgendwelchen luftigen Höhen heruntersprangen, etwa von Bäumen oder Häusern.

Es existieren auch historische Belege zu diesem Thema, die Beschreibungen ähneln einander stark, unabhängig davon, ob die AKE von Menschen in Indien, Ägypten, Südamerika oder im amerikanischen Mittelwesten gemacht wurden. Intensive außerkörperliche Erfahrungen werden auch immer wieder durch Unfall- oder Nahtod-Erlebnisse ausgelöst.

In seltenen Fällen gelingt es sogar, sie gezielt herbeizuführen: mithilfe des bewussten Versuchs, seinen physischen Körper zu verlassen. Die meisten Menschen empfinden bei diesen Erfahrungen ganz besondere Glücksgefühle und ändern daraufhin ihre Auffassungen vom Wesen der persönlichen Realität grundsätzlich. Laut den Ergebnissen spezieller Studien haben mindestens 25 Prozent aller Erwachsenen in ihrem Leben mindestens eine außerkörperliche Erfahrung. Wobei das vielen von ihnen erst wirklich bewusst wird, sobald man sie mit diesem Phänomen näher vertraut macht.

Das bewusste Verlassen seines Körpers fügt einem keinen Schaden zu. Im Gegenteil, es ist ein sehr natürliches Ereignis. Interessanterweise verlässt einen während der außerkörperlichen Erfahrung das Empfinden für Zeit und Raum. Ihnen wird zudem vielleicht noch ein anderes einzigartiges Phänomen begegnen: Wenn Sie Ihren Körper zum ersten Mal verlassen, werden Sie möglicherweise den Eindruck haben, dass sich an Ihrer physischen Gestalt kaum etwas verändert. Je länger Sie jedoch von Ihrem Körper getrennt sind, desto deutlicher schwächt sich dieses Empfinden ab, und Ihr »Sein« scheint in Wolken überzugehen oder in eine andere amorphe Substanz.

Die außerkörperlichen Erfahrungen unterliegen dem Einfluss gewisser Variablen. Alkohol ist offenbar ein echter AKE-Schreck. Einen milden positiven Effekt scheint hingegen die Himmelsrichtung zu haben, in der Sie liegen: Zu Astralreisen legen Sie sich am besten in Nord-Süd-Richtung, mit dem Kopf zum magnetischen Norden. (In dieser Ausrichtung bekommen Sie auch den tiefsten und ruhigsten Schlaf. Wenn Sie dagegen lieber Energie tanken wollen, betten Sie sich mit dem Kopf nach Süden.)

In Carlos Castanedas Buch *Die Lehren des Don Juan* unterweist ihn sein mystischer Lehrer, der Yaqui-Indianer und Heilzauberer Don Juan Matus, in den Künsten des Wachträumens und der Astralreisen. Wobei Don Juan die Auffassung vertrat, für einen in den verschiedenen Traumtechniken erfahrenen Menschen gebe es nicht länger einen Unterschied zwischen Handlungen im Wach- oder Schlafzustand.[1]

Der Autor Oliver Fox unternahm ausgedehnte Astralreisen und berichtete in seinem Buch *Astral Projection* darüber. Nach seinen Worten waren die Erlebnisse, die er dabei hatte, schöner, schillernder und geheimnisvoller als alles, was ihm jemals im Wachzustand vor Augen gekommen war. Seine Empfindungen nennt er »überaus angenehm« und beschreibt seinen mentalen Zustand als von »außerordentlicher Klarheit, Stärke und Freiheit«.[2]

Bei meinen Astralreisen als Erwachsene blieb ich anfangs immer in meinem Zuhause. Ich beobachtete mich selbst dabei, wie ich die einzelnen Zimmer unseres Hauses durchstreifte. Seltsamerweise wechselte bei meinen Reisen oftmals der Zeitrahmen: Eigentlich lag ich ja nachts im Bett, auf meiner Reise war es jedoch heller Tag. Die astrale Dimension befindet sich außerhalb des Raum-Zeit-Kontinuums. Mit wachsendem Vertrauen in diese Sphäre lernte ich Schwebezustände kennen und schließlich konnte ich fliegen. Zu Beginn hielt ich mich – aus Angst vor einem Absturz – noch in relativer Bodennähe, etwa einen Meter darüber. Doch als ich mich sicherer fühlte, erlebte ich die Verzückung des Fliegens.

Meine allererste Astralreise als Erwachsene war allerdings beängstigend: Es war in einer tropisch feuchten Nacht auf Hawaii. Ich hatte den Abend mit einer guten Freundin verbracht, wobei wir zufällig auch auf die Kunst des Astralreisens zu sprechen gekommen waren. Da keine von uns beiden Erfahrung damit besaß, verabredeten wir uns für drei Uhr nachts an einem eigens für diesen Zweck ausgesuchten Ort. Vor dem Schlafengehen sagte ich zu mir: »Heute Nacht um drei Uhr werde ich Jennifer am Wasserfall im oberen Manoa-Tal treffen.«

Gegen drei Uhr nachts weckte mich eine überaus seltsame Empfindung. Obwohl der Raum in Dunkelheit gehüllt war, fühlte ich, wie ich schaukelte und dahintrieb, so als glitte ich auf einem Gummifloß über das Wasser eines Swimmingpools. Ich erschrak. Normalerweise befand sich die Zimmerdecke gut zwei Meter über meinem Bett, jetzt aber war sie nur noch Zentimeter von meinem Körper entfernt. Ich war schwerelos und hatte keine Substanz mehr. Was hatte das denn bloß zu bedeuten? Was geschah mit mir? Ich konnte nicht verstehen, weshalb ich so dicht unter der Zimmerdecke schwebte. Träumte ich? Ich war bei vollem Bewusstsein und alles wirkte sehr real. Ich fühlte mich so leicht, so frei. Und dann, gerade so, als falle mir das überhaupt erst nachträglich ein, drehte ich mich vorsichtig um die eigene Achse und sah unter mir mein Bett – und mich selbst darin liegen! Der Schrecken, den ich beim Anblick meines Körpers empfand, war so groß, dass ich im selben Moment mit einem heftigen Ruck zurück in ihn hineinfuhr. Der Schock über dieses Ereignis saß so tief, dass ich es erst nach längerer Zeit wagte, eine weitere Astralreise zu unternehmen.

Es war, als hätte ich mich in zwei unterschiedliche Menschen gespalten. Jener Teil von mir, den ich als »wer ich bin« identifizierte, fühlte sich frei, leicht und trieb dahin. Der andere Teil, den ich mit meinem physischen Körper verbinde, war irgendwie ich, aber auch wieder nicht, als er da auf dem Bett lag, nur eine physische Hülle. Dies war die erste von vielen Erkundungstouren in die Welt der Astralreisen und außerkörperlichen Erfahrungen.

Die geschichtliche Überlieferung kennt zahlreiche Beispiele für Astralreisen. So berichtet der griechische Schriftsteller Plutarch von Chaironeia im ersten nachchristlichen Jahrhundert von einem Soldaten in Kleinasien, der im bewusstlosen Zustand drei volle Tage lang in einer anderen Dimension umhergestreift war. Für bestimmte Eingeborenenstämme waren außerkörperliche Erfahrungen stets etwas völlig Selbstverständliches. Indianische Schamanen und afrikanische Medizinmänner praktizierten Rituale, die ihnen ein »Entkommen« aus ihrem physischen Körper ermöglichten. Wann immer ihre Gemeinschaften Führung benötigten, versetzten die australischen Aborigines sich in Trance-Zustände und unternahmen Astralreisen. In Philip Kaufmans Film *Der Stoff, aus dem die Helden sind* wurde das gezeigt, als die Aborigines dem Astronauten dabei zur Hand gingen, seine Raumkapsel zu steuern. Mythen aus urgeschichtlicher Zeit enthalten die Geheimnisse von Menschen, die ihre Körper verließen und Kontakt zu den Göttern aufnahmen.[3]

Selbst die christlichen Kirchen besitzen Berichte über außerkörperliche Erfahrungen. Heilige wie Antonius von Padua und Alphonsus Maria Liguori, Gründer der Kongregation des Heiligsten Erlösers (Redemptoristen-Orden), wurden an anderen Orten gesichtet, während ihre physischen Körper sich in einer Kirche oder in einem Kloster befanden. Der schwedische Wissenschaftler und Theologe Emanuel Swedenborg gelangte in viele Dimensionen und verfasste auf Lateinisch detaillierte Beschreibungen über seine Erfahrungen. Der Engländer Thomas de Quincey, Autor des berühmten Romans *Bekenntnisse eines englischen Opiumessers*, soll unter dem Einfluss des starken Narkotikums wiederholt aus seinem Körper »ausgestiegen« sein.[4] Und Napoleon Bonaparte habe, so heißt es jedenfalls, kurz vor seinem Tod eine Astralreise von seinem Verbannungsort St. Helena nach Rom zu seiner Mutter unternommen, um ihr sein bevorstehendes Ableben mitzuteilen.[5]

Auch die Mitglieder der 1882 gegründeten Britischen Gesellschaft für Psychologie befassten sich mit Astralreisen und anderen psychologischen Phänomenen. Richard Hodgson, William James, Sir Oliver Lodge und andere Fachleute untersuchten viele solcher Fälle. Weltweit beschäftigt sich eine ganze Zahl von Universitäten mit der Feldforschung auf diesem Gebiet. Dabei wurden Experimente durchgeführt, worin der Schlafende sich auf astralem Weg in ein anderes Gebäude versetzt und dann seine Wahrnehmungen während des »Ausflugs« schildert.[6]

Viele Soldaten haben außerkörperliche Erfahrungen auf dem Schlachtfeld gemacht, wenn sie aus ihren Körpern sprangen, um dem Grauen des Geschützfeuers oder detonierender Bomben zu entfliehen. Manchmal verlassen Menschen ihre Köper auch einfach nur, um Freunde oder Familienangehörige zu besuchen. Eine Mutter nimmt den astralen Weg, um ihre Tochter zu sehen. Der heilige Augustinus erzählt von einem Mann, der in seinem Zimmer im Bett lag und sich plötzlich einem befreundeten Philosophen gegenübersah. Sie begannen eine Diskussion über Platon. Bei ihrem Treffen am nächsten Tag befragte der »Zuhausegebliebene« den Philosophen über seine Erfahrung und erhielt die schlichte Antwort: »Ich habe das nicht getan, aber geträumt, ich täte es.«[7]

In seiner Schrift *De sera numinis vindicata* (»Von der Langsamkeit der göttlichen Rechtsprechung«) berichtet Plutarch von einem Mann namens Aridaeus aus Kleinasien, der von einem Angreifer bewusstlos geschlagen und daraufhin aus seinem Körper »gezogen« wurde. Während er sich außerhalb seines Körpers befand, begegnete Aridaeus seinem zwei Jahre zuvor verstorbenen Onkel. Der Onkel begrüßte den Neffen und versicherte ihm, er sei nicht tot und seine Seele sei immer noch an seinem Körper befestigt. »Das Ende seiner Seele«, erläuterte der tote Onkel, »ist ein Faden, der sie mit seinem physischen Körper verbindet. Solange dieser Faden nicht abreißt, bleibt Aridaeus am Leben.« Aridaeus selbst entdeckte einen deutlichen Unterschied zwischen seinem Astralkörper und dem Astralkörper seines toten Onkels. Sein eigener Körper besaß eine schwache, verschwommene Silhouette, wohingegen der des Onkels völlig transparent war. Während er noch in die Beobachtung dieses Phänomens vertieft war, zog ihn eine Art heftiger »Inhalation« plötzlich durch eine Röhre. Als er zu sich kam, befand er sich wieder in seinem physischen Körper.[8]

Diese Röhre ähnelt dem Tunnel, den viele Astralreisende auf dem Weg aus ihrem Körper heraus und wieder zurück durchquert haben. In den verschiedenen Kulturen besitzt der Astralleib eine ganze Reihe unterschiedlicher Namen: Die Juden nennen ihn *ruach*, die Ägypter *ka*, die Griechen kannten ihn als *eidolon*, die Römer als *larva*. In Tibet wird er als *Bardo-Körper* bezeichnet, in Deutschland als *bioplasmatischer Körper*, *Double* oder *Doppelgänger*. Die alten Briten sagten *fetch*, *waft*, *tisk* oder *fye* dazu. In China heißt er *thankhi*. Der *thankhi* verließ den schlafenden Körper und der Überlieferung nach konnten andere Menschen diesen Astralkörper sehen. Die alten chinesischen Volksgruppen meditierten, um auf Astralreisen gehen zu können, und glaubten, der »zweite Körper« werde vom *Spirit* in der Solarplexus-Gegend geformt und trete anschließend durch den Kopf aus. Vieles von diesem alten chinesischen Gedankengut hat man auf Holztafeln des 17. Jahrhunderts entdeckt, auf denen das Phänomen außerkörperlicher Erfahrungen beschrieben wird. Die alten Hindus nannten den zweiten Körper, den Astralleib, *pranamayakosha*. Bei den Buddhisten ist die Bezeichnung *rupa* gebräuchlich.[9]

Anthropologen haben bei ihrer Beschäftigung mit verschiedenen Eingeborenen-Stämmen festgestellt, dass Astralreisen dort zu den völlig normalen Ereignissen zählen. Die kulturellen Hintergründe oder Glaubensauffassungen des jeweiligen Astralreisenden bestimmen sein Erfahrungsmuster. Im östlichen Peru beispielsweise haben die Schamanen die Vorstellung, sie würden ihren Körper in Vogelgestalt verlassen. In

Asien wird die »Silberschnur« – so die Bezeichnung der modernen Metaphysiker für den Ätherfaden – als Band, Faden oder Regenbogen gesehen. In Afrika wird die Verbindung zwischen physischem Körper und Astralleib zum Seil, während die Eingeborenen auf Borneo sie sich als Leiter vorstellen. Doch unabhängig von der jeweiligen exakten Definition herrscht offenbar allgemeiner Konsens unter den Astralreisenden der verschiedenen Völker und Kulturen, dass bei ihren Reisen eine Verbindung zwischen dem feinstofflichen Astralleib und dem grobstofflichen physischen Körper bestehen bleibt, die eine Ähnlichkeit mit einer silbernen Schnur aufweist. Aus wissenschaftlicher Sicht handelt es sich bei dieser Art von Träumen um Erinnerungen aus Zeiten, als unsere Vorfahren – gemäß der Darwin'schen Evolutionslehre – Geschöpfe waren, die entweder im Wasser oder in der Luft lebten. Psychologen sehen in Astralträumen eine Form der Entpersönlichung oder ein Mittel, sich um seine Verankerung in der normalen Realität »herumzudrücken«.

Reisebedingungen

Um Ihre Astralreisen seelisch voll auskosten zu können, sollten Sie zwei Grundvoraussetzungen erfüllen: Zum einen müssen Sie an die reale Existenz eines Astralleibs glauben und ihn mit Achtung behandeln, zum anderen sollten Sie wirklich davon überzeugt sein, dass Sie eine solche Reise antreten können. Konzentrieren Sie sich auf den Wunsch, Ihren physischen Körper zu verlassen. Ließe sich das auf einfache Weise (und) bewusst erreichen, wären Astralreisen bei uns an der Tagesordnung. Ich bin sicher, dass jeder Mensch mit entsprechend starkem Vorsatz die Existenz seines Astralkörpers erfahren kann. Denn tatsächlich haben die meisten Menschen diese Erfahrung bereits gemacht, erinnern sich aber nicht mehr daran. Identifiziert man sich allerdings stärker mit seinem physischen als mit seinem Astralkörper, kann einem das Erlebnis ziemliche Angst einjagen. Furcht bildet die größte Hemmschwelle für Astralreisen.

Furcht

Selbst unerschrockene Gemüter werden beim genaueren Hinspüren feststellen, dass sie vor und bei ihren ersten Astralreisen an einen bestimmten Punkt gelangen, wo sie der Furcht, ihren Körper zu verlassen, gegenüberstehen. Zunächst geht es dabei um die Furcht vor dem Tod – die beängstigende Vorstellung, infolge der Trennung von seinem physischen Körper vielleicht doch sterben zu müssen. Die automatische Reaktion wird dann darin bestehen, unverzüglich in seinen Körper zurückzuschlüpfen, denn dort, auf der physischen Ebene, spielt sich das Leben doch ab. Man neigt zu dieser Reaktion – seiner emotionalen Einstellung und seinen positiven Gedankengängen, seiner intellektuellen Einsicht zum Trotz. Erst wenn Sie die Erfahrung der Loslösung vom physischen Körper viele Male gemacht haben, werden Sie – so hoffe ich – auch Ihre Todesangst loslassen können. In gewisser Weise ähnelt das Ganze dem Schwimmenlernen: Es dauert seine Zeit, bis man begreift, dass man seinen Körper an der Wasseroberfläche halten kann und nicht ertrinken wird.

Eine andere weit verbreitete Angst drückt sich in der Frage aus: »Werde ich denn überhaupt in der Lage sein, in meinen Körper zurückzukehren?« Darauf kann ich Ihnen mit absoluter Bestimmtheit antworten: »Ja!« Es gibt eine überwältigende Menge von Beweisen dafür, dass jeder Mensch imstande ist, am Ende seiner Astralreise heil und sicher in seinen Körper zurückzukehren. Auch die Furcht vor dem Unbekannten und

Ungewissen lässt viele Menschen vor Astralreisen zögern. Schließlich gibt es keinen Reiseführer ... Meiner Kenntnis und Erfahrung nach ist der gesündeste Weg zur Überwindung seiner Furcht der, dass man sie annimmt und zugleich seine Bereitschaft erhöht, das Unbekannte zu erforschen.

Kleiner Leitfaden für Astralreisende

Die folgenden Richtlinien werden Ihnen bei Ihren Astralreisen nützlich sein. Als oberstes Gebot gilt: Entspannen Sie sich. Falls Sie Schwierigkeiten damit haben, empfehle ich Ihnen den Besuch eines Kurses oder Seminars für Entspannungstechniken und/oder die Lektüre von Büchern über kreatives Visualisieren, beides wird Ihnen helfen loszulassen. Ein anderer Weg führt über die Selbsthypnose oder posthypnotische Suggestionen (PHS), das sind Suggestionen, die dem Unterbewusstsein während der Hypnose eingegeben und im Anschluss daran ausgeführt werden. Ein guter Hypnosetherapeut kann Sie dabei unterstützen. Auch durch Meditationen gelangt man in den Zustand tiefer Entspannung. Wenn Sie sich mit dem Kopf in Richtung des magnetischen Nordens legen und sich lang ausstrecken, wird das ebenfalls zum Erfolg beitragen.

Als Nächstes versetzen Sie sich in den Bewusstseinszustand zwischen Wachen und Schlafen. Sie sind nicht mehr wach, schlafen aber noch nicht. Vielleicht fällt es Ihnen leichter, diese Balance zu halten, wenn Sie sich innerlich auf etwas konzentrieren: beispielsweise auf ein Bild oder Symbol, das von besonderer Bedeutung für Sie ist. Während Sie sich immer tiefer entspannen, beginnen Sie damit, die vor Ihrem geistigen Auge erscheinenden Bilder oder Lichtmuster zu beobachten. Sie forcieren ihr Erscheinen weder, noch unterdrücken Sie es. Lassen Sie die Bilder einfach vorbeiziehen, begrüßen Sie sie als Boten eines noch tieferen Entspannungszustands, während Sie jedoch im Wachbewusstsein bleiben. Möglicherweise werden Sie feststellen, dass sich auch Ihr Bewusstsein vertieft, denn Ihr Körper wird sich allmählich entweder außergewöhnlich schwer oder außergewöhnlich leicht anfühlen. Ihr Tast-, Geschmacks- und Geruchssinn wird abnehmen, mitunter auch das Hörvermögen. Jetzt liegen Sie mit geschlossenen Augen an Ihrem stillen, ruhigen Platz und sind ganz entspannt – gehen Sie nun mit Ihrem Bewusstsein langsam aus Ihrem Körper heraus, stellen Sie sich vor, Sie seien jetzt an irgendeinem Punkt außerhalb Ihres Körpers, vielleicht in einer Ecke des Zimmers. Stellen Sie sich vor, Sie berührten die Wand. Werden Sie sich des Fußbodens und aller Gegenstände in Ihrer Nähe bewusst. Versetzen Sie sich an ihre Stelle. Wenn Sie beginnen, sich aus Ihrem Körper zu lösen, werden Sie vielleicht ein Kribbeln spüren oder ein vibrierendes Geräusch vernehmen. An diesem Punkt müssen Sie einfach ohne inneren Widerstand zulassen – ganz wichtig! –, dass dieses Vibrieren seine Schwingungszahl erhöht. Das wird so lange gehen, bis die Frequenz Höhen erreicht hat, die am äußersten Rand Ihres Wahrnehmungsbereichs liegen. Ihr Körper fühlt sich nun eventuell etwas wärmer (an).

Als letzten Schritt malen Sie sich nun aus, wie Sie eine Hand bewegen. Stellen Sie sich vor, Sie streckten Ihre Hand nach den Gegenständen in Ihrer Nähe aus und berührten sie. Behalten Sie dabei aber im Bewusstsein, dass dies nicht Ihre physische Hand und nicht Ihr physischer Körper, sondern Ihr Astralleib ist. Eine andere Möglichkeit, Ihre Empfindungen zu intensivieren, besteht darin, dass Sie in Ihrer Vorstellung sanft gegen die Wand drücken. Dann verstärken Sie den Druck. An diesem Punkt wird es Ihnen so vorkommen, als durchdringe Ihre Hand bzw. Ihr Arm die Wand. Ziehen Sie ihn dann vorsichtig zurück.

Eine andere, ganz eigene Technik als Hilfsmittel für Astralreisen haben die Etrusker entwickelt: Sie versetzten sich in den Zustand tiefster Entspannung und stellten sich dann vor, aus ihren Körpern »herauszurollen«. Andere Reisende bevorzugen die Methode des »Sich-Aushebelns«, um auf diese Weise aus ihren Körpern herauszuschweben.

Entscheidend ist, dass Sie selbst herausfinden, welche Methode sich am besten für Sie eignet bzw. Ihnen am meisten liegt. Gehen Sie dabei achtsam und geduldig mit sich selbst um! Manchmal braucht es eine lange, (scheinbar) ergebnislose Phase der Vorbereitung oder Übung, doch dann werden Sie – und das in dem Augenblick, wo Sie es am wenigsten erwarten – Ihre erste bewusste Außerkörperreise erleben.

Die Rückkehr in den Körper

Haben Sie erst einmal gelernt, Ihren Körper zu verlassen, steht es Ihnen frei, diese Fähigkeit zu untersuchen und damit zu experimentieren. Wollen Sie dann wieder in Ihren Körper zurückkehren, stellen Sie sich einfach vor, Sie steckten Ihre Finger oder Zehen in Ihren physischen Leib. Das wird Ihren Geist augenblicklich in Ihren Körper zurückbringen. Denselben Effekt hat es, wenn Sie schlucken oder den Kiefer bewegen. Merken Sie sich einfach folgende Regel: Wenn ich einen meiner fünf Sinne aktiviere, bringt mich das in meinen Körper zurück.

Kapitel 14

Heilende Träume

Mein dünnes Sommerkleid flattert im warmen Wind, während ich hoch oben über der unendlichen blauen See stehe. Ich fühle mich sehr lebendig, als ich meine Arme in den Himmel hinaufrecke. Dann verlasse ich meinen Aussichtspunkt auf den kreidigen, das Meer überragenden Felsklippen und laufe barfuß durch das schimmernde Gras. Über mir dreht eine einsame Möwe ihre Runden. Ihr langsam kreisender Schatten gleitet über das flüsternde Gras, das im Takt mit der Meeresbrise wogt. In der Ferne steht ein schwarzes Haus. Es hat weder Türen noch Fenster. Es ist vollkommen schwarz, ein erratischer Block. Ähnlich der von einer heißen Straße aufsteigenden Hitze scheint sein Bild in der Entfernung zu flirren wie eine Fata Morgana. Als ich bei dem Haus ankomme, merke ich, dass sich jemand darin befindet. Sue. Sue ist dort drinnen! »Sue, komm raus! Es ist so schön hier draußen!« Von drinnen höre ich ängstlich und mit kläglicher Stimme: »Ich kann nicht rauskommen.«

»Sue, bitte«, drängte ich, »da drin ist es so dunkel. Du musst da rauskommen, du musst ans Licht.« Ich erhalte keine weitere Antwort, es ist nur das entfernte Geräusch der unten an die Felsen anbrandenden Wellen zu hören.

Ich erwachte aus meinem Traum. Er war so real gewesen, dass ich mich ganz erschöpft fühlte. Zum zehnten Mal in zehn Tagen hatte ich diesen Traum gehabt!

Sue war eine lebhafte junge Frau Anfang dreißig – und sie lag im Sterben. Als man mich hinzugezogen hatte, um an Sues Heilung mitzuarbeiten, war ich betroffen gewesen: Sue musste früher recht kräftig gewesen sein, eine gute Esserin, doch jetzt brachte sie keine 50 Kilo mehr auf die Waage. Sie wirkte fragil, zerbrechlich wie ein Skelett, ihre Haut spannte über den Knochen, ihre Augen lagen tief in den Höhlen, die Wangen waren eingefallen. Sie hatte Krebs. Jeden Tag eilte ich an ihr Krankenbett, um sie in ihrem Heilungsprozess zu unterstützen, und jede Nacht begegnete ich ihr in meinen Träumen. Vermutlich wollte ich sie während dieser nächtlichen »Traum-Heilungssitzungen« darin bestärken, in ihre eigene Heilung zu gehen. In der elften Nacht hatte ich folgenden Traum:

Ich stehe außerhalb des schwarzen Hauses. Wie sonst auch lassen die hellen Strahlen der Sonne das Gras wie flüssiges Gold erscheinen. Ich lege meine Hände auf das abblätternde Schwarz der Cottagemauer. »Sue. Bitte, Sue, komm raus!« Eine ernste, gequält klingende Stimme von drinnen antwortet mir: »Ich kann nicht rauskommen. Mein Mann ist hier.«

Das brachte mich zu dem Schluss, Sue wolle mich auf diese Weise wissen lassen, dass unterdrückte Gefühle ihrem Ehemann gegenüber sie daran hinderten, gesund zu werden. In der sicheren Annahme, die Ursache ihrer Krebserkrankung entdeckt zu haben, nahm ich gemeinsam mit Sue das Thema »Unausgesprochene Worte an meinen Mann« in Angriff. Ich glaubte ganz fest, den Weg zu ihrer Gesundung gefunden zu haben. Zusammen gingen wir ganz in die Tiefe und bearbeiteten all die Probleme bezüglich ihres Mannes, die für Sue noch nicht gelöst waren.

Und dennoch wurde die junge Frau immer schwächer. Das zu akzeptieren, fiel mir unendlich schwer, denn alle Menschen, mit denen ich bis dahin gearbeitet hatte, waren gesund geworden. Oft schon hatte ich an den Heilungsprozessen von Menschen mitgewirkt, die von der Schulmedizin bereits aufgegeben worden waren – und häufig hatte das Ergebnis geradezu an ein Wunder gegrenzt. Was also machte ich falsch?

Ich stehe wieder auf den Klippen und atme den salzigen Lufthauch der ruhigen See unter mir tief ein. Als ich durch das hohe Gras laufe, fühle ich die Wärme der Erde direkt durch meine nackten Fußsohlen. Das Cottage wirkt im Schimmer des hellen Sonnenlichts wie eine Oase in der Wüste. Und wieder dränge ich Sue, sich hinaus ins Licht zu wagen. Sue antwortet: »Ich kann noch nicht. Mein Mann hält mich hier.«

Nach diesem Traum glaubte ich, Sues Heilung könnte beginnen, sobald sie und ihr Ehemann die gemeinsamen Probleme gelöst hätten. Sues Mann war immerzu an ihrer Seite. Mir schien, als ließe er sie nicht den winzigsten Moment allein. Sue begann, die Tage bis Weihnachten zu zählen. Sie hatte zwei reizende Kinder im frühen Teenageralter und wünschte sich nichts sehnlicher, als Heiligabend mit ihnen zu feiern. Das gelang. Am ersten Weihnachtstag bat die Krankenschwester Sues Mann, für einen Moment aus dem Zimmer zu gehen, weil sie Sues Bettwäsche wechseln wollte. Normalerweise wäre Sues Mann um nichts in der Welt von der Seite seiner Frau gewichen.

Doch in diesem Moment verließ er den Raum tatsächlich. Sues Geist tat einen tiefen Seufzer ... und ihr Körper starb. Weil Weihnachten war und ich das Fest bei meiner eigenen

Familie verbrachte, erfuhr ich nicht gleich von ihrem Tod. Ich hatte jedoch in jener Nacht einen ganz besonderen Traum:

Ich stehe barfuß auf den hochragenden, majestätischen Felsklippen. Nie hat das Meer leuchtender vor meinen Augen gelegen, nie ist eine größere Magie von ihm ausgegangen. Mir scheint, als berge das Meer die Uressenz des Lebens in sich, als sei es der Mutterschoß allen Seins. Glitzernde und funkelnde Lichtdiamanten tanzen auf der Wasseroberfläche. Der berauschende Salzduft des Meeres und seiner Vegetation erfüllt die Luft. Mit einem Mal spüre ich neben mir eine Gegenwart – voll heiterer Gelassenheit. Als ich mich umdrehe, begrüßt mich ein sanft wirbelndes Lichtwesen. »Sue?«, frage ich. Unwillkürlich wandert mein Blick in die Richtung des Cottage – doch es ist verschwunden, kein schwarzer Block zeichnet sich mehr vor dem endlosen Horizont ab. Als ich Sue kennengelernt habe, war sie bereits sehr krank und abgezehrt, die Frau neben mir jedoch wirkt blühend und gesund, eine strahlende Schönheit. Diese bezaubernde Erscheinung sagt: »Sie halten mich für tot. Dabei bin ich so lebendig. Wenn sie das bloß wüssten. Wie du siehst, Denise, kann der Tod auch Heilung bringen. Ich bin geheilt, mir geht es gut. Bitte lass meine Familie wissen, dass ich lebe.«

Beim Aufwachen wusste ich, dass Sue gestorben sein musste. Ich rief bei ihrer Familie an. Nachdem ihre Angehörigen mir ihren Tod bestätigt hatten, übermittelte ich ihnen Sues Botschaft. Diese Erfahrung hat mich gelehrt, dass es ebenso Heilung bedeuten kann, einem Menschen bei seinem Sterben zu helfen, wie ihn auf seinem Lebensweg zu unterstützen. Ich hatte gedacht, Sue in meinen Träumen zum Gesundwerden gedrängt zu haben – wie mir rückblickend jedoch bewusst wurde, hatte ich ihr vermittelt, sie könne ihren Körper gefahrlos aufgeben. Damit hatte ich es ihr erleichtert, ihre physische

Hülle zu verlassen. Ihre Seele hatte diese Inkarnation vollendet und war bereit, ihren Weg fortzusetzen. Lediglich die Anhänglichkeit ihres Mannes hatte sie noch festgehalten – und daher rührten auch ihre Äußerungen über ihren Mann, die ich falsch interpretiert hatte. In dem Augenblick, als er das Zimmer verließ, ging Sues Seele ins Licht und ließ nur ihren Körper zurück. Sue verdanke ich die Einsicht in eine tiefere Ebene des Traumheilens, sie brachte mir einen wesentlichen Aspekt zu Bewusstsein, der mir auch in meiner alltäglichen Tätigkeit als Heilerin hilft.

Traumheiler

Viele Menschen praktizieren Nacht für Nacht Traumheilung, wobei die meisten sich darüber jedoch gar nicht im Klaren sind. Seelen, die wiedergeboren wurden, um bei der Traumheilung mitzuwirken, reinkarnieren in der Nähe von Kriegs- oder anderen Katastrophenschauplätzen, wo die Not besonders groß ist und damit auch der Heilungsbedarf. Diese Wesen unterstützen die Sterbenden, wenn sie vom Leben in die geistige Welt hinübergehen. In den vom Ersten und Zweiten Weltkrieg heimgesuchten Gebieten Europas hat eine große Zahl von Traumarbeitern den Verwundeten und Sterbenden auf ihrem Weg ins Licht Beistand geleistet. Sie haben ihnen den Übertritt erleichtert.

Traumheiler können jedoch nicht nur Sterbenden, sondern auch Lebenden zur Seite stehen. Häufig liegt das Wissen über die zur Heilung erforderliche Therapie im Innersten der Seele eines Menschen verborgen, zu tief innen, als dass man mit dem normalen Tagesbewusstsein dorthin gelangen könnte. Ein Traumheiler kann zur Heilung eines anderen oftmals schon allein dadurch beitragen, dass er dessen Seele im Schlaf im

Innersten berührt. Und ganz allgemein gelten die Regeln für das Heilen am Tag auch für das Heilen bei Nacht. Ihr wachsendes Verständnis für diese Grundprinzipien des Heilens wird Ihnen sehr zugutekommen auf Ihrem Weg als Nachtheiler.

Traumheilen ist eine sehr wirksame Methode, um sich selbst und nahestehende Menschen zu heilen. Doch bevor Sie darangehen, die verschiedenen Traumheilungstechniken zu erlernen, machen Sie sich folgende Grundsätze zu eigen:

Wir alle sind Heiler

Jeder von uns trägt die Fähigkeit zu heilen in sich. Wenn er alle seine Bedenken und Zweifel beiseiteschiebt, kann jeder von uns diese innere Gabe »anzapfen«. Viele Menschen, die sich zum ersten Mal mit Traumheilung beschäftigen, fragen sich, ob sie denn überhaupt genug Ahnung oder Erfahrung besitzen, um andere heilen zu können. Mein alter chinesischer Lehrer pflegte zu sagen, eine Heilerin (oder ein Heiler) ziehe genau diejenigen Menschen an, die das suchten oder brauchten, was sie (bzw. er) zu bieten habe. Daher gilt: Unabhängig vom aktuellen Stand Ihrer Fähigkeiten und Ihrer Erfahrung – wer zu Ihnen kommt, dessen Höheres Selbst weiß, was sie oder er von Ihnen bekommen kann. Und was Sie geben können, wird genau das sein, was der betreffende Mensch zu diesem Zeitpunkt benötigt. Ziehen Sie das nicht in Zweifel. Sie haben *schon jetzt* alles in sich, was Sie brauchen, um eine Heilerin oder ein Heiler zu werden. Ihr Wissen reicht bereits aus.

Wir sind nicht unsere Körper

Während dies vielen Menschen vollkommen klar erscheint, begreifen viele andere noch nicht, dass diese Einsicht die Grundvoraussetzung für Heilung bildet. Der Körper ist – wie jegliche Materie – eine Illusion. Denken Sie immer daran, dass Sie nicht mit dem physischen oder dem Emotionalkörper arbeiten. Beginnen Sie stattdessen, Ihre Wahrnehmung der spirituellen Essenz anderer Menschen zu schulen.

Natürlich kann man einen Menschen heilen, indem man darüber entscheidet, was ihm fehlt und es dann »repariert«. Der sehr viel sinn- und wirkungsvollere Weg führt allerdings über die Erkenntnis, dass wir *keine Körper* sind: Wir sind grenzenlose, unsterbliche, ewige, gesamtheitliche, vollkommene Wesen. Spüren Sie die Einzigartigkeit auf – in jeder Person, mit der Sie arbeiten. Erkennen Sie, dass jeder Mensch Selbstheilungskräfte besitzt, vorausgesetzt, er fühlt sich gut aufgehoben. Stellen Sie ihm diesen geschützten Raum zur Verfügung. Geschützter Raum ist geheiligter Raum. Gehen Sie über die Vorstellung des Getrenntseins hinaus, jenseits davon finden Sie die Einheit – verbinden Sie sich damit. Besinnen Sie sich darauf, wer Sie beide in dem Augenblick wirklich sind. Wenn Sie in den (Innen-)Raum des »Hier ist alles komplett (und) in Ordnung« hineingehen, wird Heilung möglich und geschieht. Der Kern, die Essenz echter, authentischer Heilung besteht im Einssein.

Was die Heilung beeinflusst

Es muss nicht unbedingt die Methode oder Technik selbst sein, die zur Heilung führt. Ihr Vertrauen in diese Methode hingegen kann in sehr viel höherem Maß »heilsam sein«. So ist es in westlichen Kulturen üblich, auf die Ausübung der westlichen Medizin durch den medizinischen Berufsstand zu bauen. Viele Menschen setzen ihr Vertrauen in ihre Ärzte und haben auf diese Weise den Ort gefunden, wo sie sich am besten selbst heilen können. In anderen Kulturen hingegen, beispielsweise solchen mit einer althergebrachten Verbindung zur Natur, wo Schamanen oder Medizinmänner traditionell für die Heilung zuständig sind, werden Schamanen oder Medizinmänner auch die besseren Heilungsergebnisse erzielen, weil sie zum vorhandenen Bezugssystem gehören. Der Glaube, die innere Einstellung und das Vertrauen wirken sich sehr stark auf die Heilung aus.

Packen Sie Probleme an ihren Wurzeln

Beim Symptomkurieren (oder besser: bei der Symptomkorrektur) konzentriert sich der Heiler ganz auf die äußeren Zeichen einer Krankheit oder Störung. Trifft er dann allerdings mit seiner Therapie nicht die wahre Ursache der Krankheit, wird der Heilerfolg nur von begrenzter Dauer sein, und der Patient wird bald wieder vor denselben Problemen stehen oder andere Schwierigkeiten entwickeln.

Stellen Sie sich Folgendes vor: Ein junger Mann hat Arthritis in der rechten Hand – die wahre Ursache dafür könnte sich beispielsweise auf (früh)kindliche Erlebnisse mit seinem Vater zurückführen lassen. Einmal angenommen, er wurde als Junge für Fehlverhalten von seinem Vater immer mit Schlägen auf die Handrücken bestraft. Denken Sie an die ganze Skala der Empfindungen, die das Kind damals durchlebt haben mag. Es könnte sich ängstlich, verletzt, gedemütigt und wütend gefühlt haben. Vielleicht hat der Junge angefangen, diese Emotionen zu verleugnen und sich stattdessen ohnmächtig und hilflos zu fühlen. Gerät er nun als erwachsener Mann in eine Situation, in der er sich überfordert oder schwach fühlt, reagiert sein Unterbewusstsein über seine Hände – mit Gelenkentzündungen und Schmerzen.

Ein Symptomheiler wird nun den Traumzustand nutzen und unterschiedliche Traumtechniken anwenden, um dem Mann zur vollen Beweglichkeit seiner Hände und Schmerzfreiheit zu verhelfen. Solange unser junger Mann jedoch das darunter liegende, auf seine Kindheit zurückgehende Gefühl der Hilflosigkeit nicht loslassen kann, wird entweder die Arthritis immer wieder aufflackern, oder es wird sich ein neues Problem in einer anderen Körperregion manifestieren. Um wirkliche Heilung zu erzielen, muss man die Ursache des jeweiligen Problems herausfinden und dort ansetzen.

Der Körper: Spiegel des Bewusstseins

Sämtliche Gedanken und Gefühle, die Sie in Ihrem Leben je gehabt haben, bleiben in Ihrem Körper gespeichert, genau wie alle Emotionen, die Sie in Ihrem Leben verleugnet oder unterdrückt haben – und das beeinflusst Ihre Gesundheit und Ihr Wohlbefinden.

Es ist völlig normal, dass ein Mensch auf seinem Lebensweg Situationen erlebt, die in ihr oder ihm Gefühle wie Wut, Trauer, Freude usw. wecken. Hält ein Mensch eine bestimmte Emotion jedoch für unangebracht, kann er in eine »Gefühlsstarre« verfallen oder schlicht leugnen, was in/mit seinem Körper geschieht. Er kann einen Weg finden, seine Empfindungen so zu unterdrücken, *dass er fühllos wird* – was auch immer ihm widerfährt. Und jede einzelne dieser ungelebten oder unterdrückten Emotionen ist imstande, körperliche Probleme hervorzurufen.

Was die gesundheitlichen Schwierigkeiten angeht, so sind im Allgemeinen nicht jene Gefühle und Ereignisse dafür verantwortlich, die in der Realität tatsächlich ausgelebt oder empfunden wurden. Die Schwierigkeiten erwachsen vielmehr aus den *nicht gelebten* Situationen: solchen, in denen ein Mensch in eine Gefühlsstarre (oder -taubheit) geflüchtet ist oder sich selbst verwehrt hat, Schmerz, Trauer oder Wut zu empfinden. Nur dann, wenn ein Mensch sich erlaubt, diese unterdrückten Emotionen genauer zu untersuchen und sie zu durchleben, kann wirkliche Heilung geschehen.

Heilung ist immer Selbstheilung

Der Körper will sich stets selbst heilen. Keine Methode oder Praktik als solche hat jemals aus sich selbst heraus irgendjemanden geheilt. Was tatsächlich heilt, ist die Antwort des Körpers auf die betreffende Technik. Man kann nun zwei Menschen mit denselben Problemen auch mit den identischen Verfahren behandeln – der eine wird geheilt und der andere nicht. Das geschieht, weil jede Heilung grundsätzlich Selbstheilung ist. Der Mensch, mit dem Sie arbeiten, heilt sich selbst – Sie sind der Vermittler, die »Brücke«.

Sie werden immer nur eine Person heilen: sich selbst

Die größten Heiler wissen, dass sie bei der Heilung anderer Menschen immer auch sich selbst heilen. Jeder Mensch, mit dem Sie auf der spirituellen Ebene arbeiten, ist ein Teil Ihrer selbst. Er ist »Sie« in einem anderen Körper. Das ist ein allgemeingültiges Gesetz. Erkennen Sie: Jeder Mensch, den Sie an sich gezogen haben, um ihn zu heilen, ist ein anderer Aspekt Ihres eigenen Seins, denn in Wahrheit sind wir nicht voneinander getrennt.

Ein Beispiel: Leidet einer Ihrer Patienten an Krebs, dann haben Sie etwa die Möglichkeit, den Heilungsprozess dadurch in Gang zu bringen, dass Sie erst einmal *in Ihr eigenes Inneres* hineinschauen und sich fragen: *»Ist da irgendetwas, das mich zerfrisst?«* Wenn Sie damit beginnen, die Emotionen zu klären und zu heilen, die Sie selbst zerfressen, kann auch der Heilungsprozess in dem Menschen, dem Sie helfen wollen, einsetzen.

Meine *Kahuna*-Lehrerin auf Hawaii sagte mir, es sei eine heilige Ehre, an der Heilung eines anderen Menschen mitwirken zu dürfen. Wenn Sie zur Heilung einer anderen Person beitragen wollen, blicken Sie in sich selbst hinein. Lassen Sie als allererstes das Wissen, die Erkenntnis, zu, dass *Sie* der Liebe wert sind. Öffnen Sie sich diesem Bewusstsein in seiner ganzen Tiefe. Während Sie der Heilung eines anderen Menschen den Boden bereiten, heilen Sie sich selbst.

Als Heilerin oder Heiler – und vor allem als Traumheiler – dürfen Sie *auf keinen Fall* das Gefühl haben, sich für Ihre Patienten aufzuopfern. Und vergessen Sie eines nie: Sie selbst werden dadurch geheilt, dass Sie anderen helfen, heil und gesund zu werden. Bei jeder Art von Heilung müssen Sie unbedingt über das Gefühl des Getrenntseins hinausgehen, es überwinden. Erreichen Sie die alles überragende Ebene des Einsseins. Reißen Sie alle Mauern ein, die zwischen Ihnen und dem anderen Menschen stehen, und fühlen Sie Ihrer beider Einheit.

Krankheiten als Geschenk betrachten

Körperliche Probleme können einen »Lehrauftrag« haben. Beseitigt ein Heiler Blockaden verfrüht, das heißt, bevor das Höhere Selbst des leidenden Patienten im vollen Umfang verstanden hat, was es aus dem Ungleichgewicht seines Körpers lernen sollte, wird die Krankheit neu entstehen. Deshalb ist es so wichtig, Menschen einen geschützten Raum zu bieten, damit sie ihren Weg selbst wählen können. Es ist nicht an Ihnen als Heiler, Ihrem Patienten die Entscheidung abzunehmen und seinen Weg nach Ihrem Willen festzulegen. Letztendlich können Sie ja doch nicht wissen, was für sie oder ihn am besten ist. Es ist auch nicht angebracht zu bestimmen, was jemandem fehlt, und das dann wieder »in Ordnung zu bringen«. Ein solches Vorgehen entspringt dem Glauben an die

Illusion, ein Mensch ließe sich einfach mit seinem (oder ihrem) Körper gleichsetzen. Wenn Sie zum Nutzen anderer Menschen mit Heilträumen arbeiten, denken Sie immer daran, dass die jeweilige Person unterhalb ihrer Krankheit oder Verletzung vollständig und vollkommen ist. *Wir sind nicht unsere Krankheiten.*

Der wirkliche Heiler ist die Liebe

Einen Aspekt der Definition von Liebe bildet das bedingungslose Annehmen der Realität eines anderen Menschen. Diese Akzeptanz führt weit tiefer, als die Persönlichkeit des Gegenübers reicht. Nehmen Sie die Haltung der absoluten Akzeptanz ein, und treten Sie in Verbindung zum wahren Selbst der oder des anderen – mehr brauchen (und können) Sie für seine Heilung nicht tun. Ihre Gegenwart reicht aus, um den Heilungsprozess in Gang zu bringen ... in Übereinstimmung mit dem höchsten Gott.

Heilung ist eine »Dienstleistung«

Der wirkliche Dienst an einem anderen Menschen besteht nicht darin, den Entschluss zu fassen, ihm beizustehen, weil es ihm schlecht geht. Das zeugt lediglich wieder von der Vorstellung des »Nichtfunktionierens« und der »Reparaturnotwendigkeit«, lässt dabei jedoch die göttliche Natur des anderen außer Acht und die Tatsache, dass er dabei ist, sich seine eigene Realität zu erschaffen. Zudem erheben Sie sich auf diese Weise über Ihren Nächsten, Sie glauben, besser zu sein als er, was impliziert, dass Sie ihm zwar »aufhelfen« werden, aber nicht ganz auf Augenhöhe mit sich selbst. Erlauben Sie anderen Menschen, Sie zu überflügeln, und *Sie* werden wachsen. Das ist wahrhaftige spirituelle Unterstützung.

Mein chinesischer Lehrer hat oft betont: »Nur ein armseliger Student bleibt hinter seinem Lehrer zurück.« Der hinduistische Affengott Hanuman sagte: »Wenn ich nicht weiß, wer ich bin, diene ich dir. Wenn ich weiß, wer ich bin, bin ich du.«

Tragen Sie nach besten Kräften dazu bei, dass aus dieser Welt ein schönerer Ort wird – nicht der Welt wegen, denn sie ist auf ihre Weise vollkommen. Nein, tun Sie das um Ihrer selbst willen. Und auf dieselbe Weise unternehmen Sie auch alles Ihnen Mögliche für andere um Ihrer selbst willen, immer im Gedanken daran, dass jeder Mensch in seiner Essenz vollkommen ist, so wie er ist.

Opfern Sie sich nie (auf) – wahrer Dienst am Nächsten ist kein Opfer! Träumen Sie die Welt in die Ganzheit, ins Einssein. Machen Sie aus Ihren Heilträumen ein Geschenk für unseren Planeten.

Ein Heiler fühlt mit

Als Heiler müssen Sie immer das Gleichgewicht halten. Das kann ein gewaltiger Spagat sein, denn ein Fuß steckt in der physisch erfahrbaren Realität und der andere in der geistigen Welt. Aus der geistigen Welt wissen Sie, dass unsere Welt sich vollkommen richtig entwickelt. Sie wissen, dass es keine Unbzw. Zufälle gibt, dass jeder seine Krankheiten selbst erzeugt und für sein Leben verantwortlich ist. Doch wenn Sie Ihren Fokus zu intensiv auf die spirituelle Ebene legen, kann es geschehen, dass Sie zu abgeklärt werden und Ihnen das Mitgefühl für die Nöte anderer abhandenkommt. Richten Sie hingegen Ihre Aufmerksamkeit ausschließlich auf das physische Diesseits, werden Sie zum Mitspieler in einem größeren Drama: In dieser Realität verstricken sich die meisten Menschen im Elend der Welt und vergessen dabei, dass wir alle nicht unsere Körper oder unsere Probleme sind. Man gerät leicht in diese Seelenverfassung und schafft es dann nicht mehr, über das Leiden hinauszusehen. Doch wenn wir uns so verhalten, haben wir vergessen, wer wir wirklich sind.

Es ist wichtig, Mitgefühl zu empfinden und Verständnis für den Schmerz eines Mitmenschen an den Tag zu legen – doch besinnen Sie sich stets auf sein wahres Selbst! Das Individuum als solches ist nicht krank, nur sein Körper. Finden und halten Sie diese Balance – dann werden Sie als Heiler großartige Arbeit leisten.

Die Intention bei der Traumheilung

Wenn Sie die bisher beschriebenen Grundregeln verstanden haben, dann sind Sie gut darauf vorbereitet, den Weg in das Reich der Traumheilung zu beschreiten. Vergessen Sie jedoch eines nie: Der allerwichtigste Aspekt des Nachtheilens ist Ihre Intention zu heilen. Wenn Sie sich auf den Schlaf vorbereiten, entspannen Sie sich und, machen Sie es sich ganz bequem. Wenden Sie die Traumführer- oder die Traumschild-Technik an, die Beschreibungen finden Sie in Kapitel 17 und 18. Konzentrieren Sie Ihre gesamte Intention auf die Heilung der Person, um die es Ihnen geht.

Dazu müssen Sie sich als Erstes die Betreffende oder den Betreffenden ganz klar vor Ihr geistiges Auge holen. Sollten Sie kein optischer Mensch sein, dann stellen Sie sich gefühlsmäßig auf sie oder ihn ein. (Jeder von uns besitzt seine eigene, einzigartige Energie oder Aura.) Gehen Sie in Kontakt mit seiner Essenz und sagen Sie sich seinen Namen vor. Sie können den Menschen auch in einer sehr glücklichen Verfassung visualisieren, vielleicht lachend, hüpfend und einfach sehr fröhlich. Dann lassen Sie den Schlaf kommen. Wo eine Intention besteht, wird Energie freigesetzt. (»*Where intention goes, energy flows.*« – »Wo Absicht sprießt, fließt Energie.«) Selbst wenn Sie sich nicht daran erinnern, was Sie während der Nacht Gutes beigesteuert haben könnten – es hat Sie dennoch auf den Weg ins Reich der Nachtheiler gebracht.

Oftmals berichten meine Klienten, sie seien sich in ihren Träumen meiner Traumarbeit mit ihnen bewusst gewesen und hätten beim Aufwachen eine eindeutige Linderung ihrer Symptome festgestellt. Selbst jedoch habe ich normalerweise gar keine Erinnerung an meine nächtlichen Besuche bei ihnen oder bestenfalls einen schwachen Abglanz davon. Es ist auch schon vorgekommen, dass ich bestimmten Klienten angekündigt habe, ich würde nachts mit ihnen arbeiten, und dann vergaß, meine Träume vor dem Einschlafen darauf zu programmieren – um am nächsten Tag von einer überaus erfolgreichen Nachtheilung zu erfahren... Verlieren Sie also nicht den Mut, wenn Sie sich am Morgen nicht auf Ihr nächtliches Wirken besinnen können – es kann gut sein, dass Sie bereits als Nachtheiler/-in tätig sind.

Wenn Sie etwas zu Ihrem eigenen Heilungsprozess beitragen möchten, dann sprechen Sie vor dem Einschlafen zu sich selbst: »*Heute Nacht bin ich geheilt. Heute Nacht bin ich geheilt.*« Ihr Körper kann sich über Ihre Träume selbst heilen. Doch bedenken Sie dabei eines: Möglicherweise versucht Ihre Seele, Ihnen durch eine körperliche Krankheit oder Funktionsstörung eine wichtige Botschaft zu übermitteln. Nutzen Sie deshalb Ihren Zustand im Traum als eine Art »Radarstation«, um diese Seelensignale zu empfangen – das kann hilfreich für Ihre eigene Gesundung sein.

Kapitel 15
Träume von Liebe und Sex

Mit selbstbewusster Grazie und pantherhafter Geschmeidigkeit schlendert er den Strand entlang. Das Spiel seiner Rückenmuskeln zeichnet sich unter der Haut ab, als er über den Sand spaziert. Er hält inne ... und wendet sich nach mir um. Wir sind nicht länger zwei Fremde, die an einem einsamen Strand zufällig in dieselbe Richtung gehen, sondern zwei Verschwörer, einander durch die Magie der gegenseitigen Anziehung verbunden. Der Blick ist kurz. Eigentlich nur angedeutet. Dennoch fühle ich einen schweigenden Moment lang den Strom seiner Seele in mir. Ich gehe weiter ... und lächle dabei.

Beim Aufwachen spüre ich eine seltsame innere Glut. So kurz die Begegnung mit meinem Traumliebhaber auch gewesen ist – ich war völlig erfüllt davon und sang den ganzen Tag lang.

Träume können der Weg zur Ekstase sein. Über den Traumpfad kann man seine Liebe zu anderen Menschen wie auch zu sich selbst zur vollen Entfaltung bringen. Im Traumzustand lassen sich belastende Probleme mit der Sexualität bearbeiten. Zudem eröffnen Träume reizvolle nächtliche Möglichkeiten ...

Das Thema »Sexualität« taucht regelmäßig im Traumgeschehen auf. Männer bekommen häufig Erektionen während der REM-Schlafphasen, während bei Frauen die Vagina feucht wird. Das sind ganz normale, natürliche Vorgänge. Die alten Kulturen besaßen ein inneres, gewachsenes Verständnis der Sexualität. Tatsächlich betrachteten sie im Traum erscheinende Sexualität und Sinnlichkeit als unmittelbare Lebensäußerungen. Im asiatischen Raum drückte man seine Vereinigung mit dem *Spirit* durch die Sexualität aus, sie eröffnete den Zugang zu mystischen Erlebnissen und Erfahrungen. Ein altindischer Text besagt: »Die sexuelle Vereinigung ist das Yoga der Verheißung, es erfreut und beglückt alle Sinne – und befreit. Es ist ein Weg in die Freiheit.«

Nach asiatischer Auffassung liegen der Realität allen Lebens zwei dynamische Energien zugrunde: *Yin* und *Yang*. Yin steht für das empfangende, passive weibliche Prinzip, Yang für die zeugende, schöpferische aktive männliche Energie. Das Yin wird durch die empfangende Energie des Mondes verkörpert, Yang durch die strahlende Wärme der Sonne. Alles wurde entweder Yin oder Yang zugeordnet, sie bilden jedoch keine Gegensätze. Sie ergänzen und bedingen einander. Und sie sind beide notwendig, um die Welt im Gleichgewicht zu halten. Das Leben besteht aus dem Wechselspiel und Zusammenwirken dieser beiden Aspektgruppen und ihrer verschiedenen Verbindungen.

Der Mensch gilt als höchster Ausdruck dieser beiden starken komplementären Energien. Eine natürliche sexuelle Vereinigung galt als Möglichkeit, die Illusion der Dualität zu durchbrechen – ein Weg, sich zu befreien, wie auch seine Gesundheit zu unterstützen und sein Wohlbefinden zu steigern. Einer im Traum erschienenen sexuellen Vereinigung wurde sogar eine besonders machtvolle Wirkung zugeschrieben. Durch die sexuelle Vereinigung erreichten die Menschen eine größere Gottesnähe. Träume boten sozusagen einen »Kraftplatz«, an dem man seine Sexualität erfahren und ausdrücken konnte. Erotische Träume können Ihnen spirituelle Erfahrungen und tiefe Einsichten zugänglich machen und unbeschwertes Vergnügen bereiten – doch zuerst müssen Sie womöglich vorhandene Schuldgefühle bezüglich Ihrer lustvollen Träume ablegen.

Schuld

Viele Menschen empfinden am Morgen nach einem Sextraum Scham oder Schuld. Dazu besteht überhaupt kein Grund. (Das gilt übrigens auch für alle möglichen anderen Traumbeziehungen.) In den alten Hochkulturen hatte die Sexualität ihre Wurzeln in der metaphysischen Ebene und konnte daher nie mit Spiritualität oder Religion in Konflikt geraten. Erotik war beides: eine Kunstform und zugleich Bestandteil von jedermanns Alltagsleben – aber nie mit Schuld besetzt.

In Träumen gibt es keine Promiskuität. Ihre Traumliebhaber können ganz einfach unterschiedliche Aspekte Ihres Selbst sein, die in erotischer Form zum Ausdruck kommen. Traumsex bietet Ihnen eine Möglichkeit, sich mit abgetrennten Teilen Ihres Selbst zu vereinigen. Arbeiten Sie daran, sich von allen Schuldgefühlen zu befreien. Sie sind völlig unnötig und blockieren Sie nur. Überwinden Sie auch jegliche Scham für vergangene sexuelle Aktivitäten. So unangenehm und lästig diese Erinnerungen sein mögen, es ist lebenswichtig, sie erst genauer unter die Lupe zu nehmen und dann loszulassen. Alle Schuld, an die Sie sich klammern, errichtet Barrieren in Ihrem Inneren. Doch all das können Sie in Ihren Träumen behandeln und erlösen.

Wenn schmerzhafte Schuldgefühle Sie quälen, dann denken Sie immer daran: Solange Sie diesen negativen Empfindungen das Feld überlassen, werden Sie in Ihrem Inneren keinen Frieden finden. Sprechen Sie deshalb vor dem Zubettgehen zu sich selbst: »*Ich akzeptiere, wer ich bin und was ich getan habe und das, was andere mir getan haben. Ich akzeptiere mich wie auch die anderen und vergebe mir selbst wie auch den anderen.*« Möglicherweise reicht das noch nicht ganz aus, um alle Schuld zu tilgen, insbesondere die tief verwurzelte, doch ist es auf jeden Fall ein guter Anfang. Ihre Träume können Sie dabei unterstützen, Scham- und Schuldgefühle loszulassen.

Öffnen Sie Ihren Traum-Sex-Kanal

Ein weiterer wichtiger Aspekt der Sexualität ist das Verständnis dafür, wie die Energie im bzw. durch den Körper fließt. Im Körper reihen sich entlang der Wirbelsäule Hauptenergiezentren, die sogenannten *Chakren* (*chakra:* wörtlich »Rad«). Damit Sie in jeder Hinsicht gesund bleiben, müssen Ihre Lebenskräfte harmonisch in den Chakren zirkulieren. Werden diese Energien blockiert, sinkt die Selbstachtung, Krankheiten treten auf, und die Vitalkräfte nehmen ab.

Eine der Grundlagen des Energieflusses bildet die Sexualenergie mit Sitz im zweiten Chakra, dem Sakral- oder Sexualchakra, sie steht mit unserer schöpferischen Energie in Verbindung. Angehörige spiritueller Bewegungen leugnen oder blockieren häufig gerade diese Energie und werden daraufhin dermaßen »heilig«, dass sie ihren irdischen Aufgaben nicht länger gewachsen sind.

Um unseren Alltag bewältigen zu können, müssen alle unsere Chakren im Einklang sein. Das erste oder Wurzelchakra dient allen anderen als Stütze, es ist der Sitz unseres Urvertrauens, des Selbsterhaltungstriebs und zuständig für die Erdung. Dort wohnt die Kundalini-Energie, jene geheimnisvolle Kraft in Form einer Schlange, die sich am unteren Ende der Wirbelsäule zusammengerollt hat und durch Yogapraktiken erweckt werden kann. In Asien nennt man sie den »Kampfgeist« – diese Bezeichnung impliziert jedoch nicht etwa, dass Sie kämpferisch aktiv werden sollen, sie dient lediglich dem Ausdruck von Lebensfreude und -kraft. Etwas oberhalb davon liegt das zweite oder Sakralchakra. Wenn dieses Energiezentrum sich öffnet, führt das bei Frauen zu einer Besserung von Menstrualproblemen, die Hormonproduktion nimmt zu, die Haut wird weicher und reiner, wie bei einer Verjüngungskur.

Sie sind doch bestimmt auch schon einmal einer Frau begegnet, die von innen heraus zu leuchten schien. Das ist ein Zeichen für ein vollständig geöffnetes, sich schnell drehendes, in klaren Farben leuchtendes erstes und zweites Chakra. Öffnen sich diese Chakren bei einem Mann, fühlt er einen Zuwachs an Lebenskraft und wird mit größerer Klarheit und Sicherheit agieren. (Man muss keinen Sex haben, um seine Sexualenergie in Fluss zu bringen!)

Da jedes Ihrer Chakren für eine Facette Ihres Selbst steht, sollte auch jedes entwickelt und geöffnet werden. Doch Menschen auf einem sehr abgehobenen, geistigen Weg klammern gerade das erste und zweite Chakra gern aus, Schuld und Verleugnung sind die Ursachen. Ihre Sexualenergie ist Teil Ihres gottgegebenen Erbes. Nutzen Sie sie. Erlauben Sie ihr, zu strömen – und Sie werden dasselbe auch bei Ihrer Sinnlichkeit und Ihrer Lebensfreude feststellen.

Eine Methode, sich auf Traumsex vorzubereiten, besteht darin, die Sexualenergie von unten durch alle Chakren bis zum Scheitelpunkt zu leiten. Das können Sie durch Atemübungen vor dem Einschlafen erreichen. In den östlichen mystischen Techniken wird die Bedeutung des Atems betont, mit dessen Hilfe man die schöpferische Sexualenergie ausrichten und lenken kann. Sie sollten dazu langsam, ruhig und tief atmen, beim Einatmen Luft tief in Ihren Unterbauch strömen lassen und ihn beim Ausatmen wieder zusammenziehen. Das ist die natürlichste Art des Atmens und auch die Weise, wie die Atmung im Schlaf funktioniert. Dennoch machen es die meisten Menschen genau verkehrt herum: Sie weiten beim Einatmen nicht den Unterbauch, sondern (lediglich) ihren Brustkorb. Wenn Sie die richtige Tiefenatmung gelernt haben, stellen Sie sich eine leuchtende Energiewelle vor, die unten an Ihren Füßen eindringt, durch den ganzen Körper aufsteigt und oben am Scheitel wieder austritt. Mithilfe dieser Übung werden Ihre Chakren sich zu öffnen beginnen – das führt häufig zu Erleuchtungs- und Transformationserfahrungen im Schlaf. Träume mit sexuellem Inhalt deuten oftmals auf das Erwachen der Kundalini-Energie hin – als Ergebnis ereignen sich zahlreiche Erleuchtungserlebnisse.

Wenn Sie erst einmal gespürt haben, wie diese Energie Ihr ganzes Sein durchströmt, bringt Sie das vielleicht auf den Gedanken, die Meditation für Traumliebhaber in Kapitel 19 auszuprobieren. Sagen Sie sich Sätze wie *»Zeigt mir heute Nacht das höchste Potenzial der Sexualität. Lasst mich heute Nacht von der Intimität mit dem Göttlichen träumen«* immer wieder vor, so lange, bis Sie einschlafen.

Traumsex und Kreativität

Ein aktives, erfülltes Sexualleben im Traum trägt nicht nur zu einem sinnlichen Tagerleben bei, es deutet auch auf Selbstverwirklichung und Selbstvertrauen hin. Nach Aussage des bedeutenden amerikanischen Psychologen Abraham Maslow – er gilt als wichtigster Mitbegründer der humanistischen Psychologie mit dem Hauptgedanken der Selbstverwirklichung – sind Menschen mit intensivem Traum-Sexualleben selbstsicher, unabhängig, gelassen und kompetent. Die (Sex-)Träume eines weniger selbstsicheren Menschen haben mit größerer Wahrscheinlichkeit symbolischen Charakter, im Gegensatz zu der offen erlebten Traum-Sexualität einer Person mit großer Selbstachtung.[1]

Ein Forscher entdeckte eine starke Verbindung zwischen Sexträumen und Kreativität. Der Leiter eines Kurses für kreatives Schreiben teilte die Teilnehmer anhand ihrer schriftlichen Arbeiten in zwei Gruppen ein: in sehr kreative und weniger kreative Studenten. Dann wurden von beiden Gruppen Daten erhoben: Die weniger kreativen Studenten erlebten Sexualität in ihren Träumen passiv (oder überhaupt nicht), während die kreativeren Studenten in ihren Träumen einen großen Anteil unverhüllter Sexualität genossen. Daraus folgerte der Wissenschaftler, dass eine freie Sexualität in den Träumen eines Menschen mit seiner geistigen Freiheit, der Freiheit des kreativen Denkens auf allen Gebieten verbunden ist.[2]

Traumsex deuten

Frauen träumen gelegentlich davon, einen Penis zu haben. Freudianer interpretieren dies gern als »Penisneid« und halten solche Träume für den Ausdruck des uneingestandenen weiblichen Verlangens nach einem eigenen Penis. Man kann diese Träume jedoch mit demselben Recht als den Wunsch der Frau nach dem Erlangen traditioneller männlicher Charakteristika (wie z. B. Stärke und Durchsetzungskraft) interpretieren, die der Penis für sie möglicherweise verkörpert.

Bestimmte Sexträume stellen sicher eine Form der Wunscherfüllung dar, insbesondere solche von lustvollen sexuellen Begegnungen, wenn der Träumende schon über lange Zeit keinen realen Sex mehr hatte. Mitunter sind solche Träume tatsächlich imstande, das Sexualleben ihrer »Produzenten« regelrecht zu revolutionieren oder auf den Kopf zu stellen: beispielsweise dann, wenn ein heterosexueller Mensch in einigen seiner Träume gleichgeschlechtlichen Sex praktiziert, oder andersherum, wenn ein Schwuler oder eine Lesbierin sich plötzlich im Traum in den Armen eines gegengeschlechlichen Partners oder einer Partnerin wiederfindet. Das muss natürlich nichts mit latenter Homo- bzw. Heterosexualität zu tun haben. Meiner Ansicht nach spiegeln solche Träume die Sehnsucht wider, genau die Eigenschaften, für die der Traum-Sexpartner bzw. die Traum-Sexpartnerin steht, selbst auch zu gewinnen. Träumt eine Frau beispielsweise von Sex mit einer anderen Frau, einer sehr starken Person, könnte das darauf hindeuten, dass sie selbst auch gern Elemente der Stärke in ihrem Wesen hätte.

Achten Sie bei der Analyse Ihrer Träume darauf, wo Ihre sexuellen Begegnungen stattfinden. Ein Sextraum in einem Haus aus der Zeit des Biedermeier könnte auf eigene biedere Auffassungen oder innere Einstellungen verweisen. Sex im Souterrain oder Parterre eines Hauses: Vielleicht haben Sie insgeheim unterdrückte oder unterbewusste Empfindungen oder aber Ihr Traum spricht einen Bereich Ihrer Sexualität an, den Sie selbst als primitiv und »nieder« empfinden. Sollten Sie Ihr Traumliebeslager ausgerechnet im Auge eines tosenden Orkans aufgeschlagen haben, dürfte Sexualität für Sie aller Wahrscheinlichkeit nach ein emotionales Feuerwerk sein.

Träume teilen

Ein ganz besonderer Aspekt beim Traum-Sex ist das Teilen von Träumen, das gemeinsame Erleben eines Traumgeschehens. Ob Sie es glauben oder nicht: Sie können tatsächlich in den Traum eines geliebten Menschen »einsteigen«. Im Wortsinn. Buchstäblich. Je näher der Partner oder die Partnerin, desto einfacher: Wenn Sie im selben Bett schlafen, mischt sich Ihre Aura mit jener Ihres Gegenübers und dann ist das Hinüberwechseln in den Traum des Partners oder der Partnerin am leichtesten. Doch die Technik funktioniert auch über Entfernungen hinweg. In Zeiten, wo Sie von Ihrer oder Ihrem Liebsten getrennt sind, können Sie mithilfe dieser Praktik Ihre intime Beziehung miteinander aufrechterhalten. Um die Wirkung des gemeinsamen Träumens zu verstärken, sprechen Sie sich vorher ab, und einigen Sie sich darauf, in die Träume des jeweils anderen einzusteigen. Verstärken Sie Ihre Intention gezielt vor dem Einschlafen mit einem affirmativen Satz, etwa: *»Heute Nacht werden mein Partner und ich in unseren Träumen zusammensein.«*

Oftmals ereignet sich gemeinsames Träumen auch ohne vorherige Programmierung. Vielleicht haben Sie in der vergangenen Nacht einen Traum mit Ihrer oder Ihrem Liebsten geteilt – und finden in der Unterhaltung am Frühstückstisch heraus, dass Sie beide denselben oder einen ähnlichen Traum hatten. Das gemeinsame Träumen bietet eine sehr schöne Möglichkeit, die Intimität in Beziehungen zu vergrößern und ein tieferes gegenseitiges Verständnis zu entwickeln. Bevor Sie jedoch mit dem Träumeteilen beginnen, empfehle ich Ihnen eine einfache Meditation – die folgende basiert auf einer buddhistisch-tantrischen Technik:

Setzen Sie beide sich einander gegenüber, in bequemer Haltung, aber auf jeden Fall mit geradem Rücken, das ist bei dieser Meditation entscheidend. Beginnen Sie nun mit der weiter oben (im Kapitel »Öffnen Sie Ihren Traum-Sex-Kanal«) beschriebenen Tiefenatmung. Denken Sie daran: Beim Einatmen wird der Bauch weit, beim Ausatmen zieht er sich zusam-

men. Wenn Sie feststellen, dass Ihr Brustkorb statt des Bauchs die Bewegungen ausführt, visualisieren Sie einen Ballon in Ihrer Bauchmitte. Mit jedem Einatmen bläst sich dieser Ballon auf, um beim Ausatmen wieder in sich zusammenzusacken. Es kann gut sein, dass Sie ein Weilchen brauchen, um sich an diese Atemweise zu gewöhnen. Nehmen Sie sich die Zeit dafür, das Ergebnis ist es wert. Es ist eine sehr natürliche Atemweise, im Schlaf atmen wir auch so.

Entspannen Sie sich nun ganz bewusst. Stellen Sie sich dann einen Energiestrom vor, der aus der Erdmitte aufsteigt, durch Ihre Wirbelsäule fließt und Ihr ganzes Sein erfüllt. Das ist Ihre »Erdungsschnur«. Visualisieren Sie diese Energie als Geysir, dessen »Wasser« aus Ihrer Scheitelöffnung heraussprudelt und dann in Kaskaden rings um Sie herabfällt wie bei einem Brunnen. Sehen Sie Ihrem Partner ins linke Auge, und stellen Sie sich einen Energiestrahl vor, der aus Ihrem Herzchakra (dem Hauptenergiezentrum in der Mitte des Brustbeins) ins Herzchakra Ihres Partners dringt. Dann lassen Sie vor Ihrem geistigen Auge dieselbe Energie an der Wirbelsäule Ihres Partners (oder Ihrer Partnerin) entlang hinunterfließen und in sein Sexualchakra und in sein Wurzelchakra münden. Anschließend wandert diese extrem machtvolle Energie aus dem Bereich um das erste Chakra Ihres Partners hinüber in Ihr eigenes Wurzelchakra, um dann über Ihr Sexualchakra den Weg wieder zurück in Ihr Herzchakra zu nehmen. Sie können die Energie auch in umgekehrter Richtung fließen lassen. Dieser Pfad mit seinen auf- und absteigenden Energien heißt im Tantra »Goldkreis«. Tauchen Sie während dieser Übung in die Erfahrung der tiefen und grundlegenden Verbindung mit Ihrem Partner ein. Schweigen Sie beide am Ende der Meditation, und gehen Sie sofort im Anschluss ins Bett, programmieren Sie sich vor dem Einschlafen nur mehr auf eine noch tiefere Verbindung zwischen Ihnen beiden in Ihrem nächtlichen Traum.

Kapitel 16
Kinder und ihre Träume

Heiße, goldgelbe Butter fließt in einem kleinen Strahl auf meine Hafergrütze und bildet einen winzigen See. Geistesabwesend fahre ich mit meinem Finger am Rand der Schüssel entlang, ertaste blind einen kleinen Abschlag. Meine zehnjährige Tochter schildert mir gerade ihre Traumheldentaten der vergangenen Nacht. Ich genieße das gemeinsame Familienfrühstück immer sehr, vor allem, wenn wir uns gegenseitig unsere Träume erzählen. Wenn Meadow an der Reihe ist, sieht man ihrem Gesicht an, dass sie gerade in einer ganz anderen Welt ist und sich lebhaft an sämtliche Einzelheiten erinnert. Für gewöhnlich sind ihre Erzählungen langatmig und voller komplizierter Ausschmückungen. Mitunter scheinen ihre Träume ganze Generationen zu umspannen. Im täglichen Leben hält sie es genauso – sie liebt Details und widmet ihnen große Aufmerksamkeit. Ganz anders ihr Vater: Davids Träume zeichnen sich im Allgemeinen durch ihre Knappheit und Prägnanz aus – so wie er selbst. Meine eigenen Träume sind meist von der praktischen, witzigen und kuriosen Sorte.

Wenn wir unsere Träume miteinander teilen und uns gegenseitig bei der Entschlüsselung ihrer Botschaften beraten, erhält der ganze Tag eine besondere Qualität. Wir sind dann viel mehr im Einklang mit uns selbst. Uns allen dreien bedeuten die »Traumsitzungen« sehr viel. Sie sind außerordentlich wichtig für uns, zur Festigung unserer Familien-Energie. Meadow bezieht daraus ein tieferes Verständnis ihres eigenen Selbst. Nach ihrer eigenen Aussage kann sie sich besser an ihre Träume erinnern und deren Botschaften für sich nutzen, wenn wir uns in aller Ruhe am Frühstückstisch über unsere Träume austauschen.

Wenn Kinder von ihren Träumen berichten, bringen Erwachsene häufig mit nonverbalen Mitteln zum Ausdruck, dass man das alles nicht wirklich ernst zu nehmen braucht. Und hat eines unserer Kinder einen Albtraum gehabt, beeilen wir uns, ihm zu versichern: »Ach, das war doch bloß ein Traum. Das ist völlig bedeutungslos.« Doch wenn Sie dem Bericht Ihrer Kleinen von ihren Träumen achtsam zuhören – und sei es mitten in der Nacht, selbst wenn es Sie noch so sehr drängt, in Ihr warmes Bett zurückzuschlüpfen – kann das große Auswirkungen auf das Leben Ihres Kindes haben. Es kann sein Leben inspirieren und verwandeln.

Kinderträume sind wichtig

Klären Sie Ihre Kinder unbedingt darüber auf, wie bedeutsam und wertvoll ihre Träume sind! Bestärken Sie das Interesse Ihrer Kinder an ihren Träumen. Und verbessern oder kritisieren Sie nie, nie, nie etwas am Verhalten des jeweiligen Kindes in seinen Träumen! Und setzen Sie niemals die Gefühle Ihrer Tochter oder Ihres Sohnes seinen oder ihren Träumen gegenüber herab! Sagen Sie Ihren Kindern, dass Sie ihre Träume sehr gern *genau so* erzählt bekommen möchten, wie sie sich abgespielt haben. Zugleich ermutigen Sie jedes Ihrer Kinder, sich den Ungeheuern oder anderen schaurigen Dingen in ihren Träumen entgegenzustellen, ihnen standzuhalten. Bringen Sie den Kindern bei, wie sie einen Traumführer oder ihren Schutzengel herbeirufen können, der ihnen dann aus ihrer brenzligen Lage heraushilft.

Eine von Meadows Freundinnen, Savanna, schüttete mir ihr Herz aus und sagte, sie habe immer Angst vor dem Schlafengehen, denn sie glaube, dass in der Dunkelheit überall gruselige Monster lauerten. Ich schenkte ihr eine Quarzspitze, die ich als Traumkristall programmiert hatte, und sagte ihr, sie solle beim Zubettgehen den Kristall immer in ihrer Hand halten und laut die Worte sprechen: »Ich befehle allen Traummonstern, augenblicklich zu verschwinden!« Wie Savanna mir später berichtete, hatte sie dank des Traumkristalls keinen einzigen Albbtraum mehr gehabt und stattdessen jede Nacht friedlich durchgeschlafen.

Das Gefühl, aus ihren Träumen Kraft ziehen zu können, ist wichtig für Kinder. Erklären Sie Ihren Kindern, dass und wie sich Träume beeinflussen bzw. bewusst steuern lassen. Falls das den Kindern Schwierigkeiten bereitet – und auch wenn sie schon einige erfolglose Versuche hinter sich haben, den Verlauf ihrer Träume zu verändern –, bestärken Sie Ihre Kinder unbedingt darin, nicht aufzugeben, sondern es immer wieder zu versuchen. Und falls eines Ihrer Kinder sich schlecht fühlt, weil es ihm nicht gelungen ist, auf seine Träume einzuwirken, dann lassen Sie das betreffende Kind einen bestimmten Traum nachspielen oder aufmalen und dazu einen neues, starkes und glückliches Ende dafür (er)finden. Sie sollten Ihre Kinder ganz klar auf die »Flexibilität« und Veränderbarkeit von Träumen hinweisen. Hören Sie Ihren Kindern genau zu, und stellen Sie sich jeweils auf die augenblicklichen Bedürfnisse Ihres Kindes ein. Erklären Sie ihnen auch, dass sie Träume dazu nutzen können, eine Begabung oder Fertigkeit zu entwickeln, die ihnen dann im Alltag hilft. Ihr Kind könnte vor dem Einschlafen eine Bitte um entsprechende Träume äußern, etwa in dieser Form: »Ich würde gern besser schwimmen können. Bitte gib mir einen Traum, der mir hilft, dieses Ziel zu erreichen.«

Traumbücher

Um Ihre Kinder im Umgang mit dem Träumen zu unterstützen, schenken Sie jedem ein »Traumbuch«, in das es seine Träume schreiben oder malen kann. Dafür eignet sich ein Notizbuch, ein Album oder ein richtiges Tagebuch – es reichen auch lose Blätter, die dann gesammelt und abgeheftet werden. Überlassen Sie Ihrem Kind die Entscheidung, es soll die Form wählen, die ihm selbst am geeignetsten erscheint. Betonen Sie, dass dieses Buch ausschließlich für die Träume gedacht ist. Die Kinder können ihre Traumerinnerungen eigenhändig zu Papier bringen. Sollten sie dazu jedoch noch zu klein sein, übernehmen Sie diesen Part. Ist der jeweilige Traum aufgeschrieben, dann ermuntern Sie Ihr Kind, darunter oder daneben noch eine Zeichnung zu dem Traum zu setzen. Vielleicht möchte es in dem Bild seine Gefühle während des Traums ausdrücken oder diesen mit einem anderen Schluss versehen – einem Schluss nach seinen eigenen Vorstellungen.

In dem Traumbuch haben auch ergänzende Geschichten zu den jeweiligen Träumen Ihres Kindes Platz. Stellen Sie sich vor, Ihren Sohn hat das Geschehen in seinem Traum verstört – dann kann er wieder in diesen Traum hineingehen, ihn »neu erfinden« und aufschreiben, wobei er diesmal die Rolle des Helden übernimmt. Helfen Sie ihm dabei, zu begreifen, dass es völlig in Ordnung ist, seinen Traum noch einmal aufzurollen und ihm ein Ende nach seinem Wunsch zu geben. Machen Sie ihm deutlich, dass man selbst die furchterregenden Dinge in einem Traum verändern kann und darf.

Kinderträume deuten

Es ist sehr wichtig, dass Eltern ihren Kindern ausreichend Zeit und Raum für die Interpretation ihrer Träume geben. Anfänglich mag es Kindern noch Schwierigkeiten bereiten, sich die Bedeutung ihrer Träume selbst zu erschließen. Doch schon allein aus der Option, ihre Träume (mit)teilen zu können, beziehen die Kinder Kraft für ihren Alltag.

Wenn Sie mit Ihren Kindern auch über die potenzielle Bedeutung Ihrer eigenen Träume sprechen, gewinnen sie an Sicherheit und werden freier darüber diskutieren können, wie wohl die Botschaft hinter ihren Träumen lauten könnte. Traumführung muss sehr behutsam erfolgen. Kinder dürfen dabei niemals das Gefühl bekommen, in eine bestimmte Richtung gedrängt zu werden.

Albträume

Sollte eines Ihrer Kinder unter wiederkehrenden Albträumen leiden, können Sie ihm helfen, indem Sie ihm Block und Buntstifte geben und es auffordern, das betreffende Ungeheuer aufzumalen. Ist das Monster erst einmal auf Papier gebannt, kann es mithilfe der Stifte ins Gefängnis gesteckt oder ins Lächerliche gezogen werden. Eine andere gute Idee ist auch, einen wesentlich größeren und stärkeren Traumführer neben das Monster zu malen. Durch diese simple Übung fühlt das Kind sich gestärkt und findet aus seiner Opferrolle heraus – oftmals reicht das schon, um die schreckenerregenden nächtlichen Besucher loszuwerden.

Traummeister

Haben Ihre Kinder Schwierigkeiten damit, die Ungeheuer aus ihren Träumen zu verscheuchen oder zweifeln sie an ihrer Fähigkeit, ihre Träume verändern zu können, können Sie sich zur Traummeisterin oder zum Traummeister erklärten. Dazu stellen Sie gemeinsam mit Ihrem Kind einen Traum nach oder improvisieren eine Handlung, wobei Sie jedoch die Rolle Ihrer Tochter oder Ihres Sohnes spielen und an ihrer/seiner Stelle kämpfen, bis sie/er genug Mut geschöpft und Sicherheit gewonnen hat, um ihren/seinen Part zu übernehmen und die Geschichte siegreich abzuschließen.

Ein Beispiel: Nachdem Ihr Kind seinen Albtraum erzählt hat, greifen Sie zu einem imaginären Schwert und sagen laut: »Jetzt halte ich das starke Schwert in meiner Hand, und das Scheusal weicht zurück. Sieh nur, welchen Schrecken ihm mein glänzendes Schwert einjagt! Mit meiner versammelten Macht könnte ich das Ungeheuer in die Flucht schlagen! Aber nein, ich lasse es nicht entrinnen und das magische Silber meines Schwerts wird es völlig vernichten, sodass es nie mehr wiederkehren und dir Angst einjagen kann!« Falls Sie die Chance sehen, Ihrem Kind an einem bestimmten Punkt des Geschehens das imaginäre Schwert zu übergeben, so tun Sie das. Meiner Erfahrung nach fühlen Kinder sich irgendwann sicher und haben das Gefühl, *der Situation gewachsen zu sein* – und dann verspüren sie oft den Wunsch, das Schauspiel selbst zu Ende zu bringen.

Kinderträume teilen

Eine besonders reizvolle Möglichkeit, Kinder mehr über ihre Träume erfahren zu lassen, bietet eine »Nacht der Traumbesuche«. Als meine Tochter Meadow noch ein kleines Mädchen war, lud sie ihre Freundinnen Savanna und Roslyn zu uns ein, die beiden sollten auch über Nacht bleiben. Die zwei Achtjährigen waren noch nie zuvor mit etwas wie »Traumarbeit« in Berührung gekommen. Bevor die Mädchen schlafen gingen, fragte ich sie: »Was haltet ihr drei davon, heute Nacht eure Träume miteinander zu teilen? Besucht euch doch alle gegenseitig in euren Träumen!« Im Folgenden gebe ich wieder, was jedes der Mädchen in jener Nacht geträumt hat:

Roslyns Traum

Savanna, Meadow und ich gehen zu einem Steine-Laden. Savanna hat ihren schönsten Kristall dabei, ich einen orangefarbenen, den ich unterwegs aufgesammelt habe, und Meadow einen, den sie in der Nähe ihres Hauses gefunden hat. Als wir in die Laden-Werkstatt kommen, sind alle Leute dort damit beschäftigt, Kristalle in vier Teile zu teilen. Savanna wird echt sauer, weil sie ihren besten Stein mitgebracht hat, sägt ihn aber trotzdem in Viertel. Nachdem wir alle unsere Kristalle geviertelt haben, sollen wir sie wieder zusammenkleben. Die Stückchen und Splitterchen, die beim Teilen herausgefallen sind, kleben wir auch wieder mit an. Als wir damit fertig sind, wickeln wir unsere Steine in Papier und nehmen sie wieder mit heim. Savanna hat ihren schönsten Kristall zwar noch, aber er ist nicht mehr derselbe. Ihm fehlen immer noch kleine Stückchen, die sie übersehen und nicht wieder angeklebt hat.

Savannas Traum

Meadow und ich sind Schwestern. Da gibt es einen Mann, der ein Mädchen entführt hat. Ich erzähle Meadow davon, und sie wird so stinkig, dass sie ihn in den Swimmingpool stößt.

Roslyn schaut zu. Meadow ist deshalb so stinkig, weil sie diesen Mann gern hat und er so getan hat, als würde er sie auch mögen.

Meadows Traum

(Das ist wohlgemerkt nur die Kurzfassung – Meadows Träume sind normalerweise die reinsten Heldenepen.) Vor ein paar Tagen blieben zwei meiner Freundinnen über Nacht bei uns und meine Mutter schlug uns vor: »Wenn ihr Mädchen Lust habt, könntet ihr doch heute Nacht einen Traum miteinander teilen.« Offenbar hatten wir nicht alle drei denselben Traum, aber immerhin träumten wir alle drei voneinander, und ich erzähle hier einen meiner Träume aus dieser Nacht:

Ich bin mit meiner Freundin Savanna in der Cafeteria ihrer Schule beim Essen und sie fängt an, irgendwelches Zeug in den Computer des Rektors reinzuhämmern. Ich ertappe mich selbst und sie dabei, wie wir im Büro des Rektors all diese Sachen in seinen großen Computer reinhacken. Savanna erinnert sich daran, dass der Rektor einen Haufen Regeln aufgestellt hat, so was wie: »Wer Unordnung im Computer des Rektors anrichtet, wird sterben.« Dann fällt ihr ein, dass wir unsere Hände in so ein Fenster stecken müssen. Wir stecken unsere Hände in dieses Fenster, doch als Savanna ihre wieder herausziehen will, packt irgendetwas Knochiges ihre Hand und zieht sie hinein. Ich erwische noch eben ihre Füße und reiße Savanna heraus. Der Rektor fängt an, Jagd auf uns zu machen. Wir rennen wie verrückt durch alle Räume und Gänge, quer durch die ganze Schule. Wir müssen das tun – oder sterben. Endlich finden wir den Ausgang. Roslyn ist da und zu dritt rennen wir auf den Hauptplatz der Stadt. Ich frage die beiden anderen: »Hat jemand von euch einen Vierteldollar?« Beide schütteln den Kopf.

Savanna sagt: »Ein Quarter ist ein Haufen Geld!« Ich renne den Stadthügel hinauf und rufe nach Sandra, ihrer Mutter, ich will sie fragen, ob sie uns nicht holen könnte. Irgendwie habe ich während des ganzen Durcheinanders meinen Vierteldollar verloren. Schließlich kommt meine Mutter und ich erzähle ihr die Geschichte von dem Rektor, dass er hinter uns her ist. Sie holt ihre Videokamera heraus und filmt ihn. Daraufhin werden die beiden Freunde. Sie ist so etwas wie die Heldin meines Traums, weil sie den Rektor dermaßen glücklich macht, dass er vergisst, uns weiter zu jagen. Und dann nimmt meine Mutter mich bei der Hand und fragt, wie mein Tag denn war, und ich antworte: »Och, nichts Aufregendes passiert.« Und dann kommt Sandra und sammelt Savanna und Roslyn ein. Am Ende meines Traums sind wir alle in Sicherheit und glücklich.

(Kommentar von Meadow: »Ich glaube, der Traum bedeutet, dass man vorwärtsgehen und die Chancen ergreifen sollte, die sich einem bieten. Dann wird am Ende alles gut. Nutze deine Möglichkeiten im Leben.«)

Interessanterweise konnten sich nicht nur alle drei Mädchen an ihre Träume erinnern, sondern sie kamen auch alle drei in allen drei Träumen vor. Ohne jetzt mit meiner Interpretation allzu sehr in die Tiefe gehen zu wollen: Ich finde es faszinierend, dass in zweien der Träume (in Roslyns und Meadows) der Gedanke von »Vierteln«, vom »Vierteilen« erscheint und in zweien der Träume (Meadows und Savannas) ein männlicher Gegenspieler auftaucht, der schließlich bezwungen wird.

Eines Morgens wollte Meadow, sie war damals acht Jahre alt, mir von einem Traum erzählen, den sie in der Nacht zuvor gehabt hatte und dem sie große Bedeutung für sich selbst beimaß. Ich füge die Schilderung deshalb hier an, weil sie eine Möglichkeit aufzeigt, wie man auf die Albträume eines Kindes positiv einwirken kann.

Meadows Bericht von ihrem Albtraum

Vor einem oder zwei Monaten, da träumte ich von Räubern und einer von ihnen war ein Mann, der eigentlich immer ein Freund von Mami gewesen ist. Das hat mir einen ganz entsetzlichen Schrecken eingejagt. Denn davor fürchte ich mich am meisten: Räuber, die zu uns ins Haus kommen, Sachen wegnehmen und sich bei uns einnisten. Das war vielleicht der schlimmste und schauerlichste Traum in meinem ganzen Leben, und ich hab echt eine irre Angst gehabt. Und später, als ich meiner Mutter von dem Traum erzählte, machte es mir plötzlich Angst, überhaupt nur darüber zu reden. Da holte meine Mutter ein großes Kissen und sagte: »Stell dir vor, das ist jetzt der Räuber.« Da fing ich an, auf ihn draufzuhauen, ihn mit meinen Fäusten zu bearbeiten und richtig zu schlagen. In der Nacht darauf träumte ich wieder von Räubern bei uns zuhause. Doch dieses Mal hatte ich einen Plan: Wenn wir die Räuber an die Türe klopfen hörten, würden wir bis drei zählen und bei drei auf einen Schlag alle beiden Türen öffnen: die Vorder- und die Hintertür. Wir hatten uns das alles ganz genau ausgedacht. Als ich aufwachte, war ich noch ein bisschen ängstlich, und dann dachte ich daran, dass wir die Räuber töten würden, und damit war die Angst weg. Das war doch wirklich schon viel besser, oder nicht?

Direkt nach diesem letzten Traum hatte ich noch einen, darin waren Mami und ich dort, wo dieser Mann wohnt, der in meinem ersten Traum einer von den Räubern war. Wir standen vor seinem wunderschönen Haus. Dort lebte er also. Meine Mum sagte: »Ach, es ist so schön, wieder hier zu sein.« Und so war ich nicht länger wütend auf den Mann und hielt ihn auch nicht mehr für einen Schwachkopf. Also, ich glaube, ich habe mich durch meine Träume wirklich verändert.

Durch die Erfahrung, dass sie ihre Traumzustände bzw. ihr Traumerleben selbst beeinflussen konnte (indem sie das »Räuber-Kissen« attackierte), konnte Meadow sich ihrem Traumgegner überlegen fühlen und diese Empfindung in ihren Alltag transportieren, sie sozusagen »mitnehmen«. Und: Meadow fürchtet sich nicht länger vor Räubern.

Der Mann im Mond blickte vom Mond hinunter
blickte vom Mond hinunter und sprach,
Jetzt ist es Zeit für alle Erdenkinder,
Ans Zubettgehen zu denken.

Kinderreim aus der Sammlung »Mother Goose«

Teil V
Traum-Meditationen

Meister am Traumwebstuhl zu werden, bedeutet,
mit den Fäden des Universums,
dem Faden eines Gedankens,
eines Atemzugs im Wind,
Fäden, aus der Erde gezogen,
aus Mond und Sternen,
einen Stoff zu weben, so hauchzart und fein,
spinnwebdünnes Gewand unserer Seelen.

M. Anne Sweet

Kapitel 17
Traumführer

Die drei Meditationen in diesem Teil meines Buchs sind Reisen ins eigene Innere. Sie können sie entweder einem geliebten Menschen laut vorlesen – oder sich selbst. Nehmen Sie sich dabei auf, und spielen Sie die Meditation vor dem Einschlafen ab. (Falls Sie die Texte für sich selbst sprechen, ersetzen Sie einfach das Wort »du« durch »ich«.)

Die erste Meditation wird Ihnen den Zugang zur Unterstützung eines Traumführers eröffnen. Traumführer sind geistige Wesen, die uns Menschen durch unsere Träume geleiten und uns dabei helfen, die Geschenke der Weisheit von der »anderen Seite« herüberzutransportieren. Ein Traumführer steht Ihnen während der Nacht zur Seite und hilft Ihnen, ein größeres Verständnis für Ihre »Innenwelt« zu entwickeln. Ihr Traumführer kann jemand sein, den Sie in einer vergangenen Inkarnation gekannt haben, oder eine Person aus diesem Leben, die bereits hinübergegangen ist. Doch auch Engel oder andere Himmelswesen nehmen sich unser an, um uns sicher durch die Nacht zu bringen.

Die Traumführer-Meditation

Du stehst am Beginn einer Reise in die Innenwelt, an einen heiligen Ort in deinem eigenen Inneren, um deinen Traumführer zu finden. Hast du diesen Ort erst einmal erreicht, erhältst du Zugang zu einer verborgenen Quelle der Kraft und des Friedens.

Um diese Reise anzutreten, nimm eine für dich bequeme Körperhaltung ein, entweder im Liegen oder im Sitzen. Streck deine Beine lang aus, überschlage sie nicht, kreuze weder sie noch deine Arme, lass deine Arme neben dem Körper ruhen. Entspann dich, so gut du kannst. In diesem Augenblick. Gut so.

Schließe sanft deine Augen, lockere dabei auch deine Augenlider. Atme nun ein. Fülle deine Lungen ganz mit Luft … halte den Atem drei Sekunden lang dort … und beim Ausatmen fühl dich frei werden, lass dich ganz los.

Atme wieder ein … tiefer als gerade eben … halte den Atem … atme ganz tief aus … und entspanne deinen ganzen Körper. Hol nun noch einmal tief Atem, halte ihn drei Sekunden lang und atme aus.

Sehr gut. Jetzt konzentriere deine ganze Aufmerksamkeit auf deinen linken Fuß. Fühle, wie er sich entspannt. Nun ist er vollkommen locker. Jetzt lenk deine Aufmerksamkeit auf deinen rechten Fuß und fühle, wie er sich ebenfalls entspannt. Nun ist auch er vollkommen locker. Fühl dich bei jedem Atemzug einfach herrlich wohl.

Richte dein Bewusstsein auf dein linkes Bein und spüre, wie es sich entspannt. Fühle, wie es vollkommen locker wird. Wende deine Aufmerksamkeit deinem rechten Bein zu und spüre ganz tief, wie es ebenfalls ganz leicht und locker wird. Jetzt stell dir vor, wie eine warme Woge von Gelassenheit von deinen Füßen aufwärts, durch deine Beine, deinen Unterleib und deinen Bauch, durch deine Brust hinauf zu deinen Schultern rollt, dann die Arme hinuntergleitet und durch deine Fingerspitzen wieder austritt. Visualisiere eine solche warme Welle nach der anderen. Ja, sehr gut so.

Stell dir nun vor, dein Bauch wäre ein Ballon. Wenn du einatmest, bläst der Ballon sich auf. Visualisiere beim Ausatmen, wie du die Luft aus dem Ballon lässt. Während der Ballon gaaanz laaaaangsam leer wird, entspannst du dich immer tiefer. Beginne jetzt damit. Sehr schön. Dein ganzer Körper, vom Nacken bis zu den Zehen, ist nun warm, weich und gelöst.

Richte deine Aufmerksamkeit jetzt auf deine Nackenmuskeln, lass deinen Nacken vollkommen locker. Fühle, wie sich auch deine Kiefermuskulatur und das ganze Gesicht entspannen … wie sie sich vollkommen entspannen.

Stell dir nun vor, du bist in einer sternklaren Nacht draußen in der Natur. Das kann am Meeresstrand sein oder inmitten von Bäumen in einem dichten Wald; auf einem Berggipfel, während der Mondschein den Schnee glitzern lässt; oder auf einer verwunschenen Wiese mit Faunen, Feen und Einhörnern. Es kann ein Platz sein, den du kennst, wo du schon einmal gewesen bist, oder ein Ort, der ausschließlich in deiner Fantasie existiert. Wähle eine Szene ganz nach deinem Geschmack, etwas, das dir wunderschön erscheint … dich glücklich macht.

Verwende nun einige Zeit darauf, dich selbst in dieser Umgebung zu beobachten, dir zuzusehen, lass dazu alle deine Sinne spielen. Höre auf die Geräusche der Nacht. Stell dir vor, wie du diese bestimmte Umgebung ganz genau erkundest. Setze alle deine Sinne ein und gestalte die Szenerie so realistisch wie möglich. Berühre einzelne Dinge, nimm die einzelnen Gerüche und Düfte intensiv wahr, schau um dich herum, was es dort alles zu sehen gibt. Ja, sehr schön so.

Und jetzt visualisiere in dieser Naturlandschaft einen stillen Teich – still … tief … ruhig … klar. Dieses Gewässer birgt in seinen Tiefen die Geheimnisse des Mondlichts. Seine glasklare Oberfläche glänzt und funkelt. Du erkennst dein Spiegelbild darin, doch es ist verwandelt, wie in einem Traum.

Lass dir einen Moment Zeit, um das Wasser in all seiner Intensität wahrzunehmen. Und während du noch auf das Wasser blickst, kommt über seiner Oberfläche Nebel auf. Die Schwaden werden immer mehr und jagen dabei herum, als führten sie ein Eigenleben. Wabernd und wirbelnd dehnen sich die Nebel aus, bis das gesamte Umfeld in mystischen Dunst gehüllt ist. Du fühlst dich ruhig und sicher.

Während du so dastehst, in mondbeschienenen Nebel getaucht, teilt dir deine Intuition leise mit, dass jemand sich dir nähert. Die Präsenz kommt langsam auf dich zu, und während sie dichter und … dichter herankommt, wirst du des großen Mitgefühls und der Stärke gewahr, die von dieser Wesenheit ausgeht. Du siehst ihrer Ankunft erwartungsvoll entgegen. Durch den Nebel hindurch spürst du die alles umfassende Liebe, die dir von deinem Traumführer entgegenfließt.

Dein Traumführer naht, um dir Einsichten zu vermitteln und dich durch die Nacht zu geleiten. Jetzt ist er schon sehr dicht bei dir. Dieses Wesen kennt dich bestens und hat deinen Ruf erwartet. Strecke deine Hände nun in den Dunst hinein nach deinem Traumführer aus. Gib darauf Acht, wann die Hand deines Traumführers ganz sacht in die deine schlüpft – in diesem Augenblick wird dich ein Gefühl von

Entspannung erfüllen, das bis in die tiefsten Tiefen deines Seins reicht.

Stell dir jeden Abend beim Schlafengehen die Hand deines Traumführers in der deinen vor. Du sollst wissen, dass dieses Wesen bei dir ist, jetzt und alle Zeit, um dich durch die Geheimnisse der Nacht zu geleiten und zu führen.

Als die Nebel sich zu lichten beginnen, kannst du allmählich Gestalt und Züge deines Traumführers klar erkennen. Sollte es dir nicht gelingen, deinen Traumführer zu visualisieren, erschaff dir einen sinnlichen oder gefühlsmäßigen Eindruck von diesem Wesen. (Ein Beispiel: Du kannst dir vielleicht keinen Wasserfall vor dein geistiges Auge holen, aber durchaus ein Gefühl für seine frische, sprühende Atmosphäre entwickeln.)

Lass dir Zeit, bleib gemeinsam mit deinem Traumführer stehen, in die sanfte Stille der hellen Mondnacht gehüllt. Wenn du den Wunsch hast, wird dein Traumführer Nacht für Nacht zu dir kommen und dich dabei unterstützen, mit den Schwierigkeiten deines Alltags fertig zu werden. Ebenso kann dir dein Traumführer zu enormem Wissen verhelfen – die Vergangenheit wie auch die Zukunft betreffend – und bei der Erforschung anderer Dimensionen an deiner Seite sein. Sag nun »Auf Wiedersehen« zu deinem Traumführer.

An dieser Stelle wirst du vielleicht in den Schlaf hinübergleiten wollen. Falls du jedoch lieber in dein Wachbewusstsein zurückkehren möchtest, hol einfach ganz tief Luft und lass dir beliebig viel Zeit, um deine Augen wieder zu öffnen …

Kapitel 18
Der Traumschild

Unter einem Traumschild versteht man einen persönlichen Gegenstand, der dem eigenen Inneren Schutz bietet. Man kann ihn dazu verwenden, ein tieferes Verständnis der alten Mysterien zu erlangen. Darüber hinaus bringt er einem selbst und den Liebsten Sicherheit. Die Symbole, mit denen Sie Ihren Schild schmücken, sind Überreste Ihrer eigenen, individuellen Mythologie, sie ermöglichen Ihnen, sich besser auf Ihre Lebensaufgabe auszurichten. Der folgende Brief stammt von einer Frau, die Zugang zur Macht eines Traumschilds gefunden hat.

Liebe Denise,

ich wollte Dich gern wissen lassen, wie es mir erging, nachdem ich an Deinem Seminar teilgenommen hatte. Es war das Seminar über frühere Leben, wo Du uns in die »Traumschild-Technik« eingeführt hast. Nach dem Seminar bei Dir, es war ein Sonntag, erhielt ich nachts einen Anruf, dass mein Bruder gestorben sei – an den Folgen eines Herzinfarkts. Ich habe nicht direkt mit seiner Witwe gesprochen, weil zwischen uns ein Haufen »alter Müll« stand, der sich in über 20 Jahren angesammelt hatte.

Nach dem Anruf sprach ich mit meiner Freundin Gina. Ich sagte ihr, dass ich aus Furcht vor einer unschönen familiären Auseinandersetzung wahrscheinlich gar nicht zur Beerdigung meines Bruders gehen würde. Denn ich war einige Jahre zuvor, bei der Beerdigung unseres Vaters, schon einmal heftig mit meinem Bruder und seiner Frau zusammengestoßen. Meine Freundin wies mich jedoch darauf hin, dass die Beerdigung mir die Möglichkeit bieten könnte, meine Verletzungen in der Tiefe zu heilen, und dass eine solche Gelegenheit bestimmt nicht so rasch wiederkäme. Daraufhin sagte ich ihr, ich würde um Traumführung bitten und dem Rat folgen. Dann tauschten wir uns noch über andere Dinge aus, anschließend ging ich zu Bett.

Ich habe meinen Traumschild gar nicht bewusst kreiert, nachdem ich das Licht gelöscht hatte. Heute ist mir allerdings klar, dass mein Unterbewusstes bereits programmiert war – durch den Traumschild-Prozess, den wir früher am Tag in deinem Seminar durchlaufen hatten. Ich legte mich also hin und schlief ein. Zu meiner großen Überraschung erwachte ich um halb fünf Uhr morgens. Ich musste wohl sehr viel geweint haben, denn mein Kopfkissen war klatschnass. Ich hatte einen lebhaften Traum gehabt: Ich stand auf dem Friedhof unter einem Baldachin und las laut einen Abschiedsbrief vor. Dabei war ich ungewöhnlich ruhig und trug Frieden in meinem Herzen. Ich wusste, es war alles in Ordnung. Ich hatte auch nicht die geringste Sorge, mich nachher nicht mehr auf den Inhalt des Briefs besinnen zu können, irgendwie »wusste« ich, dass es mir später gelingen würde. Ich erlebte alles in vollkommener Ruhe und Gelassenheit.

Am Abend erfuhr ich die näheren Einzelheiten des Trauergottesdienstes und fragte Carol, meine Schwägerin, ob ich wohl die Zeit zum Verlesen meines Briefs bekommen könnte. Meiner Bitte wurde anstandslos entsprochen, obgleich ich *einen Versuch, mich zu manipulieren, durchaus mitbekam. Es war, als trüge ich eine Art »Schutzschild«.*

Am Donnerstag darauf fand die Beerdigung statt: Ich verlas meinen Brief und empfand augenblicklich ein tiefes Gefühl des Friedens zwischen meinen Brüdern und mir. Mit dem verstorbenen Fred wie auch mit meinen anderen Brüdern. Ich legte einen Strauß Nelken in den Farben des Regenbogens auf dem Sarg nieder. Als der Gottesdienst zu Ende war, sprachen wir uns alle gegenseitig unser Beileid aus, und ein tiefes Mitgefühl und die Empfindung wirklicher Zusammengehörigkeit erfüllten uns. Freds Witwe dankte mir und bat mich um eine Abschrift meines Briefs. Die Atmosphäre beim anschließenden Leichenschmaus mit unserer Familie und den Freunden war von Wärme und Freundlichkeit geprägt.

Das war ein außerordentlich heilsamer Prozess, und ich empfand tief in mir das Gefühl von einem »guten Ende«– im Sinn einer »Vervollständigung«. Das war weit mehr, als ich je für möglich gehalten hätte.

Liebe Grüße
Vi Randall

PS: Die Grabrede für meinen Bruder habe ich Dir beigefügt, sie war von meinem Traum inspiriert.

Grabrede für Frederic

Am 8. November kehrte der Geist von Frederic heim. Der Herbst ist die Jahreszeit der Erde, die Zeit des Vergehens, die Zeit, alles zu sammeln, was nährt und am Leben erhält während des Winterschlafs, der Jahreszeit des Feuers. Das war Freds Lebenszeit, und er hat alles Wichtige sehr gut vollbracht: Er ernährte seine Familie, er arbeitete mit seinen Händen, und er genoss sein Leben im Kreis seiner Lieben in vollen Zügen.

Heute, am 12. November, ehre ich den Geist meines Bruders, spreche Worte der Liebe und sende ihm viele Regenbogen, mit deren Hilfe er zurückfinden möge zum Großen Geist, dem alles Leben entspringt. Vater Himmel und Mutter Erde schwingen am heutigen Tag zusammen, um Frederic eine sichere Reise zu gewähren. Im letzten Jahr haben seine Mutter und seine ältere Schwester ihre Reisen vollendet, und nun gesellt er sich zu ihnen. Wir werden ihn genauso vermissen wie Elsia und Rondalyn – doch alle Dinge haben ihre Zeit. Eine Zeit zu trauern. Eine Zeit zu weinen. Eine Zeit geboren zu werden. Eine Zeit zu sterben. Und das ist nun der Zeitpunkt, unseren Bruder, unseren Freund, unseren Seelenpartner auf unsere Weise zu würdigen. Das ist nun der Zeitpunkt unserer Besinnung, die Zeit, unsere Ängste, Eifersüchte, unseren Zorn, unseren Hass und unser Misstrauen loszulassen. Die Zeit, zu begreifen, dass wir alle auf diesem Planeten Erde eine einzige große Familie sind. Die Zeit, um im Geist von Frieden und Harmonie zusammenzukommen, uns gegenseitig dieselbe Liebe, denselben Frieden zu wünschen und zu schenken, wie wir alle Frederic.

Seiner Witwe sende ich Verständnis und Liebe, die sie bei seinem Übergang aufrecht halten mögen. Seinen Kindern übermittle ich die Erkenntnis, dass ihr Vater Weisheit und Glauben gelehrt hat. Seinen Brüdern Stärke und Klarheit; allen seinen Freunden und der ganzen Familie bedingungslose Liebe.

Lasst uns alle auf unsere Weise Frederic ehren, wenn er jetzt neben seinem Vater zur letzten Ruhe gebettet wird. Seine physische Reise ist nun zu Ende, doch seine geistige Reise geht weiter. Vater Himmel, ich bitte dich um den Wind, der Frederics Geist sanft heimwärts pusten soll. Mutter Erde, dich bitte ich, ihn zu Hause zu empfangen und aufzunehmen. Mögen die Geister des Feuers alle Gedanken klären, möge der Geist des

Wassers alle seine Verletzungen, seinen Zorn, seine Enttäuschungen abwaschen und ihn davon reinigen. Zum Abschluss bitte ich dich, Frederic, mir meine Fehler zu verzeihen. Ich liebe Dich, mein älterer Bruder und Mentor, ich danke Dir für alles, was Du mich gelehrt hast. Du wirst mir fehlen.

Die Traumschild-Meditation basiert auf uralten Traumtechniken. Sie ist einfach auszuführen und hat sich seit Jahrtausenden bewährt. Man wendet sie am besten direkt vor dem Einschlafen an. Sie können diese Meditation auf Band aufnehmen und sie sich dann selbst vorspielen, wenn Sie schon im Bett liegen. Sprechen Sie bei der Aufnahme bewusst langsam und unverkrampft. Sie können auch Hintergrundmusik dazu einspielen, die Meditation Ihren Freunden vorlesen oder sie bei der Arbeit mit Klienten einsetzen.

Die Traumschild-Meditation

Nimm zu Beginn eine möglichst entspannte Körperhaltung ein und achte darauf, dass dein Rücken gerade ist. So ist es gut.

Atme ganz ruhig und tief. Atme ein und aus. Ja, beinahe so, *als würdest du »geatmet«*. Es ist, als existierte nur noch dein Atem. Ein … und … aus. Alle deine Gedanken und Sorgen treiben davon, während du ruhig weiteratmest. Mit jedem Atemzug entspannst du dich tiefer. Du spürst, wie du dich immer tiefer in dein eigenes Inneres hineinbegibst. Stell dir vor, du fließt in deinen Körper hinein, zusammen mit dem Sauerstoff, der beim Einatmen in deine Lungen dringt. Und beim Ausatmen fließt du dann wieder mit hinaus. Ein … und … aus, jeder Atemzug trägt dich tiefer hinunter. Es ist wie bei Ebbe und Flut: Mit jedem Atemzug, den du ruhig einholst und ausstößt, treibst du vor und fließt zurück. Das Universum schwingt in einem bestimmten Rhythmus, hat einen »Einklang« – und dein Atem verbindet dich damit.

Atme ruhig und gleichmäßig weiter, während du deine Reise in einen sehr entspannten, aber wach-bewussten Zustand fortsetzt. Lass deine Wahrnehmung sanft in deinen Körper hineingleiten und werde dir jeglicher Starre oder Enge bewusst. Nimm es nur zur Kenntnis. Ja, gut so.

Sollte noch irgendeine Starre oder Enge in deinem Körper sein, lass sie dahinschmelzen wie Eiswürfel im Glas an einem warmen Sommernachmittag. Ja, so ist es gut. Nun lass deiner Fantasie freien Lauf und stell dir vor, wie du an einem warmen Abend im Mondschein an einem Meeresstrand spazieren gehst. Du bist körperlich vollkommen entspannt, deine Bewegungen sind leicht und anmutig. Das sanfte Meeresrauschen lullt dich ein, an einem ruhigen Ort in dir selbst. An der Küste erkennst du auf Entfernung ein großes schimmerndes Licht. Im Näherkommen siehst du Tausende von Kristallen im Sand liegen, ihre leuchtende Schönheit wird vom Mondlicht gespiegelt. Und jeder Kristall scheint von innen heraus zu glühen … magisch … mystisch. Ein Stück weiter erblickst du einen einzelnen Kristall … einen ganz besonderen, der dich stark anzuziehen scheint. Streck die Hand danach aus und hebe ihn auf. In dem Moment, da du ihn mit der Hand berührst, fließen gleichmäßige elektrische Ströme durch deinen Körper. Hole tief Luft und fühle die Kraft, die dich einhüllt.

Als du den Traumkristall einsteckst, beginnt ein tiefer Ton zu schwingen. Mit der Berührung des Steins hast du eine Art Resonanz in dir selbst aktiviert. Im Mondlicht vor dir erscheint ein Schild. Zunächst wirkt er durchsichtig, wie ein Schleier aus Licht und Klang, doch während du stehen bleibst und ihn beobachtest, nimmt er feste Gestalt an. Dabei erkennst du auf seiner Oberfläche ein graviertes Symbol – eines, das nur du sehen kannst. Niemand außer dir soll es je zu Gesicht bekommen. Es gehört ganz dir.

Streck nun die Hände nach dem Schild aus und ergreife ihn. Schon allein dadurch, dass du ihn hältst, gewährt der Traumschild dir Schutz und Sicherheit. Und während du ihn hältst, achte darauf, wie deine Umgebung sich zu verändern beginnt.

Der Boden unter deinen Füßen fängt an zu schwanken und du spürst heftige Erdbewegungen. Während du weitergehst, den Schild am Arm, wirst du Zeuge einzigartiger grandioser Szenen der Erderschaffung: Hügel wölben sich nach oben und dazwischen reißen Täler ein. Gebirge werden aufgetürmt, ihre imposanten Gipfel strecken die gezackten Felsenfinger nach dem Himmel aus. Achte darauf, wie die Substanz der Erde sich während ihres eigenen Schöpfungsprozesses bewegt. Erde steht für die physikalische Kraft; sie ist ein Teil der physikalischen Dimension. Berühre mit deinem Schild den Boden und lade ihn auf mit der Kraft des Elements Erde.

Als du weitergehst, kommt Wind auf und fängt an, mächtig vor dir herumzuwirbeln. Halte ihm den Schild entgegen und lass das Element Luft deinen Schild stärken und aktivieren, lass es den Zugang zu deinen hohen Idealen freilegen. Damit wird der göttliche Prozess des Denkens initiiert.

Und nun kehrt Windstille ein … nichts bewegt sich mehr. Dann fühlst du plötzlich etwas Feuchtes: Ein Tropfen fällt, dann noch einer und noch einer. Das ist der Beginn der großen Regenzeit. Halte den Schild über deinen Kopf, während das Wasser sich in Sturzbächen kaskadenförmig von deinem Schild und um dich herum ergießt.

Nun aktiviert das Element Wasser deinen Schild, fühle seine Kraft! Wasser symbolisiert die Intuition und ist sehr spirituell. Die Macht des Wassers aktiviert deinen Schild.

Als der Regen nachlässt, zerreißen gewaltige Blitze den Himmel. Immer aufs Neue durchzucken Lichtstrahlen die Atmosphäre über dir, und das Donnergrollen hallt um dich herum wider. Hebe den Schild über deinen Kopf und stemm beide Füße ganz fest in Mutter Erde. Ein Blitzstrahl schlägt in deinen Schild. Energieströme schießen hinein und hindurch, in deine Arme und in deine Blutbahn, um an den Füßen wieder auszutreten – nun ist dein Schild von der Kraft des Elements Feuer aktiviert.

Jetzt ist dein Traumschild vollkommen. Er ist von den Elementen Erde, Luft, Wasser und Feuer aktiviert worden.

Und du bist nun bereit, zu deinen Traum-Reisen aufzubrechen: zu Erforschung und Abenteuer.

Jetzt stehst du plötzlich neben einem Tor. Lass dir aber einen Moment Zeit, um es genau zu betrachten. Ist es hoch oder niedrig? Alt oder neu? Trägt es irgendwelche Verzierungen, oder ist es glatt? Es ist das mystische Tor zu deinen Träumen. Schau es dir wirklich in aller Ruhe und aufmerksam an. Dein Traumkristall und der Traumschild sind die »Schlüssel« zu diesem Tor. Entscheide dich für ein Gebiet oder ein Thema, das du in deinen Träumen näher erkunden willst. Möchtest du dich mit der Lösung eines Problems aus deinem Alltag befassen? Oder steht dir der Sinn mehr nach Abenteuer und/oder Romantik? Wie wäre es damit, das »Reich der Seele« zu ergründen? Was ist mit dem Thema »Heilung für sich selbst und andere«? Entscheide dich, was du in deinem Traumreich erforschen willst. Triff diese Entscheidung jetzt. Gut.

Stell dir vor, dass du deinen Traumkristall auf dein Drittes Auge hältst (zwischen den Augenbrauen, aber ein wenig höher). Widme deinen Traumkristall nun deinem Traum-Anliegen. Nimm dann den Traumkristall in die eine und den Traumschild in die andere Hand und berühre mit dem Kristall sachte das Traumtor. Es öffnet sich langsam. Während es aufschwingt, werden Kristall und Traumschild unsichtbar, bleiben jedoch Teile deines Energiefeldes. Nun bist du willkommen, in die Welt der Träume einzutreten.

Behalte dabei im Gedächtnis, alles bedingungslos anzunehmen, was dir in diesem Traumzustand begegnet oder widerfährt. Wenn du deinen Verstand dabei ertappst, wie er Urteile abgibt, danke ihm für seine Fürsorge und geh einfach weiter.

Und nun tust du den ersten Schritt ins Traumreich. Setze deine Fantasie ein, um deine Träume auszuschmücken. Tu das jetzt.

Bereite dich jetzt darauf vor, das Traumreich wieder zu verlassen. Du kannst Nacht für Nacht hierher zurückkehren. Setze an den Anfang deiner Abreise einen tiefen Atemzug. Ich zähle nun von eins bis zehn, und du kommst währenddessen allmählich zurück in dein Wachbewusstsein. Falls du lieber in tiefen, erholsamen Schlaf sinken möchtest, steht dir das natürlich auch frei.

Eins: Jede gehörte Zahl erhöht deine Fähigkeit, sich an deine Träume zu erinnern.

Zwei: Deine Träume sind wertvoll, und du wirst ihre Bedeutung verstehen.

Drei: Jeder deiner Träume, gleich, ob du sich daran erinnerst oder nicht, wird dein »waches« Alltagsleben bereichern.

Vier: Du fühlst dich ausgeruht und verjüngt.

Fünf: Du bist sehr erholt und erfrischt, dein Körper strotzt förmlich vor Gesundheit.

Sechs: Deine Fähigkeit, zur rechten Zeit am rechten Ort zu sein, wird durch deine Träume beträchtlich gesteigert.

Sieben: Du bist einer der Lichtarbeiter der Nacht und trägst damit in deinem Schlaf zum Wohlergehen der anderen Menschen bei, auch wenn du dir dessen gar nicht bewusst bist.

Acht: Wenn du schlafen möchtest, wird dein Schlaf tief und fest sein.

Neun: Du wirst wacher und wacher.

Zehn: Wenn du willst, kannst du jetzt in dein Wachbewusstsein zurückkehren.

Süße Träume!

Kapitel 19
Traum-Liebhaber

Die Traum-Liebhaber-Meditation soll Ihnen dabei helfen, Ihr Bewusstsein für Ihre Sinnlichkeit und Sexualität zu schärfen. Strömt Ihre sexuelle Energie frei und klar, werden Sie das Leben auf ganz natürliche Art erfahren und genießen können. Sie können diese Meditation tagsüber oder direkt vor dem Einschlafen ausführen und damit Ihre Träume auf sexuelle Begegnungen programmieren.

Meine ersten Versuche, mir einen Traum-Liebhaber zu erschaffen, blieben weit unterhalb meiner Erwartungen von erotisch knisternder Atmosphäre. Mein erster Traum-Mann war ein blässlicher, verschlossener, langweiliger Knabe von etwa 21 Jahren, der mich in quengelndem Ton davon zu überzeugen versuchte, er sei wesentlich älter. Er entsprach nun wahrhaftig nicht meinen Vorstellungen – also stieg ich aus dem Traum aus. In der folgenden Nacht brachten mir meine Bemühungen einen unerschütterlich wirkenden, stämmigen Mann ein (auch nicht gerade mein Typ, aber eine deutliche Verbesserung gegenüber dem Jüngling aus der Nacht davor), dessen Hose sich vorn sehr eindrucksvoll ausbeulte.

Glücklicherweise konnte ich mit meinen »Traum-Röntgenaugen« erkennen, dass die Ausbuchtung einer Riesenkartoffel zu verdanken war, die er sich in die Hose gesteckt hatte, in der Hoffnung mich dadurch rumzukriegen. Und wieder ging ich hastig auf Rückzug. Mein nächster Traum-Mann war der dunkle, unheilverkündende Schatten einer Präsenz, die versuchte, mich zu vergewaltigen. Wieder daneben!

Mein vierter Traum-Liebhaber war endlich ein Erfolg. Der Traum spielte im Italien des 18. Jahrhunderts und mein Lover war weder zu jung noch zu alt. Auch körperlich besaß er alle möglichen echten (!) Vorzüge. Er war stark, liebenswürdig und romantisch. Einfach perfekt! Ich lernte sogar seine gesamte leidenschaftlich katholische Familie kennen. Doch dann ließ er mich wissen, dass wir die Freuden der körperlichen Liebe keinesfalls vor der Hochzeit genießen dürften und mit der Eheschließung warten müssten, bis sein älterer Bruder geheiratet habe.

Wenigstens lieferte dieser letzte Traum mir einen Anhaltspunkt, weshalb ich derartige Schwierigkeiten hatte, an einen attraktiven Traum-Liebhaber zu kommen. Meine Erziehung machte es mir auf einer unterbewussten Ebene unmöglich, mir einen Liebhaber zu nehmen (gleich, ob im wirklichen Leben oder im Traum), weil ich ja bereits verheiratet war! Als ich das Thema meinem Mann David gegenüber ansprach, erzählte er mir, er habe immer Traum-Geliebte gehabt und sie seien sehr wichtig für sein eigenes Wohlgefühl. Er bestärkte mich in meinen nächtlichen Bemühungen. Also intensivierte ich meine Anstrengungen! Nach ein paar weiteren halbherzigen Rendezvous klappte es dann endlich – und das Ergebnis war *definitiv* aller Mühen wert! Ich kann es nur wärmstens empfehlen … Eine Konsequenz meiner Traumeskapaden war jedenfalls die deutliche Verbesserung der sexuellen Beziehung mit meinem Ehemann.

Oft sehnen Männer und Frauen sich insgeheim nach einer Affäre. Das muss nicht bedeuten, dass sie in ihrer gegenwärtigen Beziehung etwas entbehren (müssen), sondern vielmehr, dass sie das Bedürfnis nach Veränderung oder Abwechslung haben. Sich einen Traum-Liebhaber (oder eine Traum-Geliebte) zu erschaffen, ist eine konstruktive Art, seine Sehnsüchte zu stillen und dabei zugleich seine Beziehung nicht aufs Spiel zu setzen. Auch Singles profitieren von Traum-Verhältnissen, denn sie können das Bedürfnis nach einem Partner/einer Partnerin lindern oder sogar stillen. Und dann kann man im wirklichen Leben seinen Gefährten/seine Gefährtin wählen: ohne Druck und aus einer Position der inneren Stärke heraus.

Vorbereitung auf die Meditation

Wenn Sie diese Meditation für sich selbst aufnehmen oder jemandem vorlesen wollen, schaffen Sie erst ein passendes ruhiges Ambiente. Ziehen Sie den Telefonstecker und dämpfen Sie das Licht. Stellen Sie sicher, dass Sie absolute Ruhe haben und nicht gestört werden. Lesen Sie die Meditation langsam, mit weicher, Sinnlichkeit verheißender Stimme vor. Wenn Sie eine Aufnahme davon machen, können Sie im Hintergrund Musik mitlaufen lassen: Suchen Sie etwas aus, das Ihrer Vorstellung von Erotik am meisten entspricht.

Die Traum-Liebhaber-Meditation

Nimm eine rundherum bequeme und vollkommen entspannte Körperhaltung ein. Gut so. Nun achte darauf, dass dein Rücken gerade ist und deine Beine sich nicht kreuzen, sondern gerade liegen, die Arme liegen neben dem Körper … ja, so ist es gut. Sobald dein Körper sich zu lockern beginnt, denk daran, dass jeder Atemzug dich immer tiefer in dein eigenes Inneres führen kann. Achte einfach einen Moment lang auf deinen Atem. Forciere deine Atmung nicht, ignoriere sie aber auch nicht bewusst. Beobachte sie einfach nur. Ein und aus … Tag und Nacht … Licht und Dunkel … Schwarz und Weiß … männlich und weiblich … Yin und Yang. Im Universum existieren zwei einander gegenüberstehende, komplementäre dynamische Energien. In diesem Augenblick richtest du dich darauf aus und wirst eins mit diesen Kräften … ein und aus … achte weiter auf deinen Atem. Ja, gut so. Nun lass jeden Atemzug tiefer und voller werden … tiefer und voller. Schöne, tiefe, volle Atemzüge. Ja, so ist es gut.

Lass deiner Fantasie Flügel wachsen, und versetze dich auf eine verzauberte Wiese. Der Mond sendet schimmernde Lichtkaskaden vom Himmel. Ein Hauch von Jasminduft streichelt das zur Nacht eingerollte Farnkraut. Eine Traum-Eule schwebt lautlos über die Szenerie, in der lauen Nachtluft spiegelt sich das Silber ihrer Schwingen – doch dieser Anblick bleibt den Sternen vorbehalten. Ein stiller Zauber liegt in der Luft.

Bleib einige Zeit lang in diesem geheimen Garten der Nacht. Gestalte ihn in deiner Fantasie so real wie möglich, stell dir vor, wie du mit all deinen Sinnen diesen wundervollen, ruhigen Ort erforschst und barfuß über die Wiese läufst. Falls du das Szenario nicht visualisieren kannst, stimm dich einfach gefühlsmäßig darauf ein. Du fühlst dich körperlich ganz leicht, vollkommen entspannt, geschmeidig und sinnlich.

Dann fällt dein Blick auf das Bett in der Mitte der Wiese. Mit seiner luxuriösen Üppigkeit, den vielen weichen Rundkissen ist es für die Liebe geschaffen. Widme der Vorstellung und Ausschmückung deines Liebesnests genug Zeit, lass es möglichst real erscheinen. Und passe es perfekt deinen Träumen an: Vielleicht ist es ja ein richtiges massives hölzernes Himmelbett mit vier Pfosten und Plumeau wie das deiner Großmutter oder es besitzt nur eine dünne, elegante Stütze für einen Baldachin aus hauchdünnem Musseline, der sich in der warmen Sommerluft bauscht … Wenn du dir das Bett in jeder Hinsicht genau ausgemalt hast, steige langsam und mit lustvollen Bewegungen hinein. Nimm die sinnlich-prallen runden Kissen wahr. Spüre die seidige Glätte der Laken, wenn du sanft dazwischengleitest. Es ist ein unbeschreibliches Gefühl, in diesem Bett zu liegen. Du genießt den zarten Duft der Nacht und treibst fort in einen tiefen, tiefen, endlos tiefen Schlaf. Tiefer … tiefer … tiefer … Schlaf.

Irgendwann in dieser Zaubernacht drehst du dich sachte auf die andere Seite und streckst dich aus – deine Hand streift einen warmen Körper. Du hältst die Augen geschlossen, doch deine Intuition lässt dich wissen, dass der Körper deinem Traum-Liebhaber gehört. Während du mit den Fingerspitzen zärtlich seine geschwungenen Konturen erkundest, spürst du seinen weichen Atem in deinem Haar. Und nun stellst du dir in aller Ruhe und Ausführlichkeit einen wahrhaft herrlichen … den aufregendsten Liebesakt deines Lebens vor. Lass deinen Geist, dein ganzes Sein in den Himmel fliegen.

Die Morgendämmerung bricht an, und noch in der Umarmung deines Geliebten geborgen, gleitest du in einen ruhigen, zufriedenen Schlaf hinüber.

Als du die Augen öffnest, fällt goldenes Morgenlicht durch die Bäume. Dein Traum-Liebhaber ist im leisen Rauschen der Nacht verschwunden – eine Rose von vollendeter Schönheit schmückt dein Kissen.

Jetzt steht es dir frei, wieder ganz tief in den Schlaf zu sinken oder in dein Wachbewusstsein zurückzukehren. Wenn du wieder richtig wach werden möchtest, zähle bis zehn und suggeriere dir selbst, dass du mit jeder Zahl wacher und wacher wirst.

Teil VI
Träume und ihre Bedeutungen

Am Beginn unserer Nachtreise
stehe ich zögerlich, bin überwältigt
von der Unermesslichkeit dieses Übergangs;
die angeborene Klugheit meines inneren Wesens
spricht Beruhigendes zu meiner kindlichen Seele –
ich hole tief Luft und wage den ersten Schritt, die Reise
kann beginnen, wenn der Geist dazu bereit ist.

M. Anne Sweet

Kapitel 20

(Traum-)Symbole im Alltag

Die goldenen Strahlen der Morgensonne drangen durch die frostbeschlagenen Fensterscheiben. Ich saß da und beobachtete den von meinem Pfefferminztee aufsteigenden Dampf – ich liebe seine ineinander verschlungenen Wölkchen, sie kommen mir vor wie der Tanz ätherischer Geistwesen. Amber, meine bernsteinfarbene Katze, dehnte sich träge, um anschließend wieder zur Fellkugel zu werden, wobei sie – ganz nach Katzensitte – ihre kleine Nase auf die Pfötchen drückte. Ich fuhr ihr mit den Fingern durch das warme, gelbbraune Fell und schaltete mit der anderen Hand den Fernseher ein. Während ich an meinem heißen Tee nippte, verfolgte ich das Ende einer Sendung über einen blinden Jungen und seine damit verbundenen Schwierigkeiten im Leben. Am Abend zuvor hatte ich ganz bewusst das Nachtjournal anschauen wollen und *zufällig* den Schluss einer Dokumentation über ein blindes Mädchen und seinen alltäglichen Umgang mit seinem Handicap mitbekommen.

Am nächsten Tag brachte ich Meadow zur Schule und fuhr auf dem Heimweg an einer Bushaltestelle vorbei. Seltsamerweise sah ich dort zwei blinde Männer, die sich auf ihre weißen Gehstöcke stützten. Später, ich war gerade auf dem Weg zum

Supermarkt, lief mir plötzlich ein Blinder vor den Wagen. Ich stieg auf die Bremse, riss das Lenkrad herum und kam unmittelbar vor dem gebrechlichen Herrn zum Stehen. Ich lenkte das Auto an die Bordsteinkante, um mich nach dem Schrecken wieder zu sammeln: Tagelang hatte ich eine Botschaft nach der anderen bekommen und sie alle nicht beachtet.

Jeden Tag versucht das Universum auf alle möglichen Arten, uns etwas mitzuteilen, genau wie unsere Träume während der Nacht. Wenn in einem (oder mehreren) Ihrer Träume eine blinde Person erscheint, könnte sie symbolisch dafür stehen, dass Sie in Ihrem Leben etwas *nicht sehen wollen*. Und die Symbole, denen wir in unseren wachen Stunden begegnen, sind nicht weniger aussagekräftig und nützlich. Damals, als ich immer wieder mit dem Thema Blindheit konfrontiert wurde, gab es etwas in meinem Leben, das ich nicht sehen wollte. Mein Höheres Selbst wählte diesen Weg, um mich darauf hinzuweisen. Leider gehöre ich zu den Menschen, denen man unter Umständen erst eins überziehen muss, bevor sie »den Fuß vom Gas nehmen« und ihre Aufmerksamkeit darauf richten, worum es eigentlich geht! Als ich die mir zugesandten Symbole gründlicher betrachtete, konnte ich mich damit auseinandersetzen und alles loslassen, was ich nicht hatte sehen wollen oder wofür ich *blind* gewesen war.

Unser Alltagsleben ist genauso eine Illusion wie unser Traumgeschehen. In dem Zen-Kloster, in dem ich das Meditieren erlernte, galt beides als Illusion: die Bilder des Tages wie die der Nacht. Wir wurden angehalten, mit einer tieferen Realität in Kontakt zu treten. Gehen Sie also mit den Symbolen, die tagsüber Ihre Aufmerksamkeit erregen, genauso um wie mit den Symbolen aus Ihren Träumen. So wie ein Traum-Auto beispielsweise symbolisch für Sie selbst und Ihren Körper stehen mag, können Erfahrungen oder Erlebnisse im Zusammenhang mit Autos eine Bedeutung für Ihren Alltag besitzen.

An einem frischen Septembermorgen waren Meadow und ich gerade auf der Heimfahrt von unserem Landhäuschen. David fuhr in seinem Wagen voraus. Majestätisch aufragende Kiefern liebkosten mit ihren Nadelarmen tief hängende Wolken, als wir über den Gebirgspass rollten und über gewundene Bergstraßen an verwaisten Skipisten vorbeizogen. Plötzlich geriet der Motor meines Wagens außer Kontrolle. Ich trat mit aller Wucht auf die Bremse, doch anstatt Geschwindigkeit zu verlieren, wurde der Wagen immer schneller und raste die steile Bergstraße hinunter. Ich griff nach der Handbremse und riss verzweifelt daran, während ich den Motor abstellte. Endlich kam der Wagen schlitternd zum Stehen.

Nachdem ich den ersten Schock überwunden hatte, verständigte ich den Abschleppdienst. Der Mechaniker kam an, sprang aus seinem Fahrzeug, besah sich meinen Wagen und ließ ihn problemlos an: »Ihrem Auto scheint nichts zu fehlen.« Aber als ich den Wagen startete, klang der Motor, als hätte ihn jemand k. o. geschlagen. Ich legte die 100 Kilometer zur Stadt in Davids Schlepptau zurück.

Auch der nächste Mechaniker behauptete: »Ihr Auto ist völlig in Ordnung.« Doch als ich das Auto zu Hause startete, wäre der Wagen beinahe durch die Garagenrückwand gebrochen. *(Wenn Sie das Flüstern wahrnehmen, müssen Sie sich kein Geschrei anhören.)* Zu guter Letzt geriet ich dann doch an einen Fachmann – er stellte fest, dass der Drehzahlbegrenzer des Fahrzeugs defekt war.

Wofür stand mein unkontrollierbarer Wagen, was sollte er symbolisch ausdrücken? Was wollte ich mir selbst sagen? Für mich ist ein Auto ein Symbol für meinen Körper oder mein physisches Sein (mehr dazu in Kapitel 28 unter »Auto«). Mein Auto war außer Kontrolle geraten, es ließ sich nicht mehr »zügeln«. Es konnte nur noch auf eine einzige Art funktionieren: indem es überdrehte. Zu dieser Zeit erging es mir auch nicht besser: Ich war selbst komplett überdreht. Mein Terminkalender war randvoll mit Seminaren und den Rest meiner Zeit verbrachte ich überwiegend damit, mir den Kopf über die Zukunft zu zerbrechen (oder mir deshalb Sorgen zu machen), anstatt bewusst in der Gegenwart zu leben. Mein Kfz-Problem wollte mir sagen: »Fuß vom Gas, schalte deinen Drehzahlbegrenzer ein und genieß das Leben!«

Wie gesagt: *Das Universum versucht jeden Tag auf alle möglichen Arten, uns etwas mitzuteilen.* Ein weiteres Beispiel aus meiner eigenen Erfahrung ist die Geschichte mit der Toilette bei uns zu Hause. Symbolisch repräsentiert das Klo für mich meine Emotionen. Wenn das Klo verstopft ist oder die Leitung einfriert, kann das bedeuten, dass meine Gefühle aufgestaut oder eingefroren sind. Wenn ich mir die Zeit nehme, herauszufinden, was ich denn da emotional abblocke und dann meinen Gefühlen wieder freien Lauf lasse, wird auch die Leitung leichter auftauen. Ich weiß, das klingt ausgesprochen unlogisch oder abgedreht – aber ich habe genau diese Erfahrung schon öfter gemacht.

Es kann auch wertvoll sein, den kleinen Gesprächsfetzen, die man im Vorbeigehen von anderen zufällig mitbekommt, nähere Beachtung zu schenken. Eines Tages, ich war in einem China-Restaurant gerade auf dem Weg zu meinem Tisch, als ich vom Nachbartisch den Satz aufschnappte: »... mach mit dem Projekt nicht weiter.« Auf der Heimfahrt drehte ich das Radio auf und hörte den Song: »Mach nicht weiter, Baby, lass es sein.« In den darauf folgenden Nachrichten hieß es: »... die Ingenieure erhielten den Auftrag, das Projekt nicht weiterzuführen.« Wollte das Universum mir auf diese Weise eine Warnung zukommen lassen, irgendetwas nicht weiter zu betreiben? In meinem Terminkalender stand die Teilnahme an einem Projekt in Washington D. C. – doch nachdem ich den unaufdringlichen Stimmen des Universums gelauscht hatte, entschloss ich mich dazu, es abzusagen. Es war eine gute Entscheidung: Das Flugzeug, für das ich ursprünglich gebucht war, geriet in einen Blizzard, musste in Chicago notlanden, und der Flughafen von Washington D. C. wurde für An- und Abflüge gesperrt. Wäre ich also in der Maschine gewesen, hätte ich keine meiner Verabredungen wahrnehmen können und mir nur einen Haufen unnötiger Ausgaben aufgehalst.

Auch die Menschen in unserem Leben können symbolisch für unser eigenes inneres Wachstum stehen: Wir zogen in eine fremde Stadt und ich eröffnete meine Heilpraxis. Meine erste Klientin war eine Frau mit Agoraphobie, wie sie mir erklärte. Ich kannte die Bezeichnung nicht und fand heraus, dass die wörtliche Übersetzung »Angst vor dem Marktplatz« bedeutete. In der Psychologie diagnostiziert man sie bei Menschen, die zunächst Angst haben vor weiten Räumen, Plätzen oder Reisen. Wenn sich die Störung verschlimmert, kann sie dazu führen, dass die betroffenen Menschen sich gar nicht mehr aus dem Haus wagen. Seltsamerweise hatte meine nächste Klientin dasselbe Problem! Und zu meiner großen Verblüffung war das auch bei meinem dritten Klienten der Fall. Alle drei litten sie unter Agoraphobie, kannten einander jedoch nicht!

Taucht ein Symbol drei Mal hintereinander in meinem Alltag oder in meinen Träumen auf, werde ich hellhörig. Ich wusste wohl, dass die klassische Form der Agoraphobie nicht auf mich zutraf – ich fühlte mich in Menschenmengen auf großen Plätzen durchaus wohl und konnte unsere Wohnung immer ohne das geringste Angstgefühl verlassen. Als ich in meinem Inneren jedoch etwas tiefer zu schürfen begann, stieß ich auf ein paar wunde Stellen. Durch unseren Umzug hatte ich viele liebe Freunde zurücklassen müssen, meine neue Umgebung erschien mir kalt und feindselig – und ich verspürte keineswegs das Bedürfnis, mich emotional irgendwie hervorzuwagen. Die drei Menschen mit Agoraphobie repräsentierten meinen Unwillen, meine neue Umgebung näher kennenzulernen, sie anzunehmen. Als mir diese Zusammenhänge bewusst wurden, fing ich an, aus mir herauszugehen. Bald zeigten sich erste Erfolge: Ich fühlte mich nicht nur in der neuen Stadt wohl, ich zog auch kontaktfreudigere Klienten an. *Gleichzeitig* begannen meine Klienten mit der Agoraphobie sich besser zu fühlen.

Es gab auch eine Zeit, in der fast nur Frauen zu mir kamen, die vergeblich versucht hatten, ein Kind zu empfangen. Im Bewusstsein der Tatsache, dass ich nach Meadow keine weiteren Kinder mehr bekommen wollte, erstaunte mich diese Symbolik. Doch als ich einem neuen Selbstverständnis »das Leben schenkte«, wurden die Frauen, mit denen ich arbeitete, der Reihe nach schwanger.

Alles in Ihrem Leben, genau wie in Ihren Träumen, will Ihnen etwas sagen. Angefangen bei den Plakatwänden, auf die Ihr Blick fällt, bis hin zu den Formen der Wolken am Himmel, von einfachen Dingen wie verlorenen Schlüsseln bis hin zu den Geschenken, die Sie erhalten. Folglich können Ihnen die in diesem Buch aufgelisteten Symbole nicht nur zur Interpretation Ihrer Träume dienen, sondern auch zu einem besseren Verständnis Ihres Alltags beitragen.

KAPITEL 21
Der Umgang mit Träumen

Morgens beim Aufwachen haben wir im Allgemeinen noch eine schwache Erinnerung an unser nächtliches Traumerleben. Diese Bruchstücke sind jedoch häufig schwer greifbar und verblassen rasch. Die dunklen Bilder klaren auf, und plötzlich wird einem bewusst, dass man sozusagen »wieder hier ist« – und wach. Zwischendurch haben wir jedoch immer mal wieder einen Traum von solcher Lebendigkeit, dass wir das Gefühl haben, direkt dort hinein zurückspazieren zu können. Manchmal zerren diese Träume regelrecht an unserem Bewusstsein und dann geraten wir ins Grübeln, welche Bedeutung sie für unser Leben haben könnten – gestern, heute oder morgen.

Es existieren zahlreiche Methoden der Traumdeutung, und jede kann Sie auf einen besonderen Pfad zu Ihrem Selbstverständnis bringen. Anhand welcher Methode Sie einen Traum interpretieren, spielt eine weit geringere Rolle als die Bedeutung, die Sie selbst ihm geben oder die Sie daraus ableiten. Beispielsweise liegt es ganz bei Ihnen, jeden Traum für sich zu nehmen, als einzelne, neue Offenbarung – oder Ihre Träume über einen längeren Zeitraum als kollektives Ganzes, als »Gesamtkunstwerk«, zu betrachten.

Im Folgenden habe ich für Sie einige herkömmliche Methoden der Traumdeutung zusammengestellt. Dabei können Sie mit mehreren gleichzeitig arbeiten oder sich jedes Mal auf eine einzige beziehen – nichts ist »falsch« oder »richtig«. Probieren Sie einfach aus, welche Methode bei Ihnen am besten funktioniert – und haben Sie Spaß dabei!

Führen Sie ein Traumtagebuch

Notieren Sie jeden Traum aus den letzten drei Monaten, an den Sie sich erinnern können. Achten Sie dabei auf wiederkehrende Themen, Menschen, Orte, Gefühle oder Situationen. Mithilfe dieser Technik lassen sich wichtige Botschaften aus Ihrem Unterbewusstsein aufdecken. Wenn Sie den Traum aufgeschrieben haben, notieren Sie darunter alle Gefühle und intuitiven Empfindungen, die Sie in diesem Zusammenhang haben. Ihre instinktive Reaktion auf einen Traum kann Ihnen Anhaltspunkte für seine Deutung liefern.

Legen Sie ein Traumwörterbuch an

Sammeln Sie alle Symbole aus Ihren Träumen in einem Traumwörterbuch. Machen Sie Ihre Aufzeichnungen in Form einer alphabetisch geordneten Liste, die Sie nach jedem Traum um die Symbole ergänzen, die darin erschienen sind. Schreiben Sie neben jedes Symbol, was es für Sie bedeutet bzw. was Sie damit verbinden. Beziehen Sie sich bei der Interpretation Ihrer Träume immer wieder auf Ihre Liste. Je öfter Sie mit dieser Liste arbeiten, desto mehr Erkenntnisse werden Sie daraus gewinnen. Dies ist eine sehr wirksame Methode zur Vertiefung seiner Selbstbewusstheit.

Achten Sie auf Ihre Gefühle im Traum

Besinnen Sie sich auf das Gefühl, das Sie in Ihrem Traum bewegt hat. Schauen Sie dann zurück auf Ihr Leben und denken Sie nach, wann Sie das letzte Mal genauso empfunden haben, rufen Sie sich die jeweilige Situation ins Gedächtnis zurück, die dieses Gefühl in Ihnen geweckt hat. Meistens war entweder das Ereignis von früher oder das darunterliegende Thema Auslöser für Ihren Traum. Das kann Ihnen sehr nützliche Hinweise zur Interpretation des Traums liefern.

Sprechen Sie mit Ihrem Traumführer

Bitten Sie Ihren Traumführer um Unterstützung im Hinblick auf die Deutung Ihres Traums. Das ist meine bevorzugte Vorgehensweise (mehr zum Traumführer in Kapitel 17).

Binden Sie Elemente der Gestalttherapie ein

Gehen Sie zurück in Ihren Traum und untersuchen Sie die Rolle jedes Gegenstands und jeder auftretenden Person. Haben Sie beispielsweise von einem Mann, einem Kind und einem Holzofen geträumt, gehen Sie so vor: Sagen Sie: »Ich bin der Holzofen, und ich stehe für ....« (Hier tragen Sie ein, was Holzöfen für Sie symbolisieren – etwa die Wärme oder Familie und Freunde.) Als Nächstes sagen Sie: »Ich bin das Kind und repräsentiere ....« Verfahren Sie auf diese Weise mit jedem Aspekt in Ihrem Traum, bis Sie alle klar definiert haben.

Anschließend bringen Sie die einzelnen Teile miteinander ins »Gespräch«. Um bei unserem Beispiel zu bleiben: Nehmen Sie drei Stühle, einer steht für den Holzofen, der zweite für das Kind und der dritte für den Mann. Setzen Sie sich auf den

»Ofen-Stuhl« und wenden Sie sich den beiden anderen zu, sagen Sie etwa »Ich repräsentiere die Familie, Freunde und innere Wärme. Meiner Meinung nach sollten Familien immer so zusammen sein, wie sie es in ihrer Runde um solche Holzöfen sind.« Dann rücken Sie eins weiter vor auf den Stuhl des Kindes und sagen vielleicht Folgendes: »Ich bin das Kind und ich mag nicht mit der Familie um den Ofen herumsitzen. Ich möchte lieber nach draußen, wo ich herumrennen und spielen kann. Ich will nicht hier drin sein. Ich fühle mich eingesperrt und ersticke fast, wenn ich mit der Familie hiersitzen muss.« Fahren Sie in dieser Weise so lange fort, bis die Bedeutung Ihres Traums sich Ihnen genauer erschließt.

Zeichnen Sie Ihren Traum

Zeichnen oder malen Sie Bilder, die Ihre Gefühle während des Traums zum Ausdruck bringen oder die Traumbilder wiedergeben. Benutzen Sie dazu Farben, die zur Stimmung/Atmosphäre Ihres Traums passen. Sie brauchen sich jedoch nicht mit Details aufzuhalten. So muss das schwarze Pferd aus Ihrem Traum auf Ihrer Zeichnung nicht unbedingt wirklich wie ein Pferd aussehen. Sie können auch einfach Ihre Gefühle bei »schwarz«, »Bewegung« oder »Kraft« in Farbe und Form umsetzen. Diese Übung eignet sich gut dazu, sich selbst innerlich zu befreien, sodass einige Ihrer unbewussten Empfindungen an die Oberfläche steigen können.

Nutzen Sie die freie Assoziation

Diese Technik basiert auf Sigmund Freuds renommiertester Theorie. Schreiben Sie dazu jede Assoziation oder Idee auf, die Ihnen zu jedem Teil Ihres Traums in den Sinn kommt. Das kann Sie auf den Pfad zu den eigentlichen, bedeutenden Themen Ihres Traumgeschehens führen. Stellen Sie sich beispielsweise vor, Sie träumen von einem Wolf. Die freie Assoziation könnte so ablaufen: »Wolf ... Peter und der Wolf ... mein Bruder Peter, der mich bei jeder Gelegenheit misshandelt hat – ach, ich fühle mich in der letzten Zeit wirklich vom Leben misshandelt!«

Stellen Sie sich ein Wesen vom Mars als Zuhörer vor

Tun Sie so, als erzählten Sie Ihren Traum jemandem von einem anderen Planeten. Der Außerirdische hat keine Ahnung, wie es auf der Erde zugeht. Angenommen, in Ihrem Traum kommt ein Besen vor, wie würden Sie ihn Ihrem Freund vom Mars beschreiben? Sie könnten sagen: »Ein Besen ist ein langer Gegenstand, den man erst nahe bei sich hält und dann von sich wegschiebt. Er hilft einem dabei, unerwünschte Dinge loszuwerden.« Nachdem Sie den Besen beschrieben haben, schauen Sie mal genau bei sich nach, ob es da irgendetwas gibt, wovon Sie sich befreien möchten. Das könnte etwas sein, das Sie erst zu sich herziehen und dann wieder wegstoßen. Wenn Sie damit beginnen, dem Marsmännchen die einzelnen Teile Ihres Traums zu schildern, beschränken Sie sich dabei auf einen möglichst schlichten Wortschatz, das lässt die Bedeutung eines Traums oftmals klarer werden.

Vervollständigen Sie die Handlung

Kehren Sie bei Tag in Ihren Traum zurück, rollen Sie die Handlung noch einmal auf, und lassen Sie das Geschehen so enden, dass *Sie* siegreich daraus hervorgehen. Sie können jeden unangenehmen Part jedes Ihrer Träume verändern – *Sie* können die Siegerin oder der Sieger sein. Bezwingen Sie Ihre »Traum-Gegner« und geben Sie Ihrem Traum ein Happy End!

Wenn Sie ein Ende für Ihren Traum kreieren bzw. visualisieren, kann Ihnen auch das helfen, die Bedeutung des Traums zu entschlüsseln.

Agieren Sie Ihren Traum aus

Die Irokesen spielen ihre Träume immer in der Form eines Dramas nach. Sie können sich das zum Vorbild nehmen und genauso vorgehen, sei es in einer Gruppe oder auch allein für sich. Dahinter steht die Idee, verschiedene Aspekte des jeweiligen Traums körperlich nachzustellen und ihre Bedeutung dadurch besser in die Alltagsrealität einzubringen.

Durchforsten Sie ein Traumwörterbuch

In Kapitel 28 sind Traumsymbole aufgelistet. Gehen Sie die Liste durch und schreiben Sie alle Begriffe heraus, die sich für Sie stimmig anfühlen. Kein Traumwörterbuch wird jemals eine 100-prozentige Trefferquote aufweisen, dazu sind Traumsymbole etwas viel zu Persönliches. Für den Anfang, sozusagen als »geistiges Sprungbrett«, ist ein Traumwörterbuch aber allemal nützlich.

Arbeiten Sie mit der alten chinesischen Organuhr

Einzelheiten zu dieser Methode der Traumdeutung finden Sie in Kapitel 23.

Nutzen Sie beide Gehirnhälften

Platzieren Sie das Bewusstsein Ihres Traums in Ihrer rechten Gehirnhälfte. Spielen Sie Ihren Traum durch und bleiben Sie dabei in dieser geistigen Verfassung (die rechte Hemisphäre ist der Sitz der Intuition). Dann verlagern Sie Ihr Bewusstsein in die linke Gehirnhälfte, dort sind Vernunft, Analyse und Logik zu Hause. Spielen Sie Ihren Traum noch einmal durch und achten Sie darauf, ob Sie Unterschiede im Körpergefühl feststellen können, je nachdem, ob das Traumgeschehen in der linken oder in der rechten Gehirnhälfte abläuft. Richten Sie Ihre Aufmerksamkeit mit darauf, ob durch das Abspielen des Traums in den verschiedenen Gehirnhälften auch unterschiedliche Emotionen hervorgerufen werden. Es könnte auch sein, dass Ihre Interpretation des Traums sich verändert – abhängig von der jeweils tätigen Gehirnhälfte.

Kapitel 22

Die Jahreszeiten

Alles auf diesem Planeten steht mit den Jahreszeiten in Verbindung. In alten Zeiten war es unerlässlich für das Verständnis der Mysterien des Lebens, die Bedeutung der Jahreszyklen zu kennen. Um 250 v. Chr. wurde in China eine »Mysterienschule« gegründet, in deren Lehren das esoterische Verständnis der Jahreszeiten im Mittelpunkt stand. Diese Lehren wurden in den Geheimgesellschaften des Mittelalters bewahrt und reiften zu ihrer vollen Blüte. Jede Jahreszeit nimmt grundlegenden Einfluss auf unsere Seelen und jede Jahreszeit verkörpert einen wesentlichen Bestandteil unseres Selbst. So wie wir beim Lernen und Ausruhen unsere kurzen Zyklen haben, durchlaufen wir auch Monats- und Jahreszyklen. Und das Träumen folgt ebenfalls den Zyklen von Mutter Natur.

Winter

Unter dem Wintermond
Vom Fluss her der Wind
Spitzt die Felsen
Chora

Die Träume in den Wintermonaten sind oftmals die aussagekräftigsten und klarsten. Sie richten sich unmittelbar an unser spirituelles Bewusstsein. Das ist die Zeit unseres inneren Wachstums, des nach innen gerichteten Blicks. Diese Träume bilden das Saatgut für das kommende Jahr. In diese Zeit fallen die meisten visionären Träume von Krieg, Religion und Politik. Im Winter erinnert man sich leichter an seine Träume und macht sich bereit für seine eigene Frühlingsblüte. Ein winterliches Szenario in einem Traum verweist häufig auf einen Rückzug Ihrer Energien nach innen.

Frühling

Ja, Frühling ist da
Diesen Morgen ein namenloser Hügel
Hüllt sich in Nebel
Basho

Frühjahrsträume haben oft mit »neuen Ufern« zu tun. Sie befassen sich mit unserem emotionalen Selbst, unseren Gefühlen uns selbst und anderen gegenüber. Visionäre Träume während dieser Wochen haben meist die Themen »Mutterschaft«, »Lehren« und »Krankheit« zum Inhalt. Ein Frühlingsschauplatz in einem Traum steht im Allgemeinen für frisches Wachstum und Neubeginn.

Sommer

Den Sommermond
Berührt die Schnur
Einer Angelrute
Chiyo-ni

Träume im Sommer haben häufig unser intellektuelles Selbst zum Gegenstand: unsere gedanklichen Prozesse und sozialen Bedürfnisse. In den visionären Träumen der Sommermonate geht es sehr häufig um Entdeckungen, Erfindungen und ganz allgemein um Wissenschaft. Ein Sommertraum kann sorgloses Vergnügen oder eine Zeit der inneren Erweiterung, der Offenheit in Ihrem Leben verheißen.

Herbst

Die herbstlichen Berge;
Hier und da
Steigt Dunst auf
Gyodai

Unsere Träume im Herbst haben oftmals etwas mit Vollendung zu tun, was auch den physischen Körper betreffen kann. Sie handeln von Sexualität, Erfüllung und Kreativität. In dieser Zeit haben Sie die besten Chancen auf schöpferische Inspiration durch Ihre Träume. Träume vom Herbst sind häufig mit dem Gedanken an eine gute Ernte, an Überfluss von Ideen, Vorstellungen und materiellen Gütern verbunden.

Kapitel 23
Traumdeutung mit der Organuhr

In den letzten Jahren hat er sich allmählich gelüftet, der Schleier des Geheimnisvollen und Unergründlichen, der so lange über der chinesischen Medizin lag. Auch westliche Schulmediziner schenken dieser alten Heilkunst inzwischen immer mehr Glauben. Die Chinesen besaßen ein ausgeklügeltes und erprobtes medizinisches System – Tausende Jahre, bevor unsere Ärzte und Heilkundigen im Westen sich überhaupt nur auf den Aderlass mit Blutegeln verstanden. Grandiose Erkenntnisse, wie beispielsweise über die Funktion des Blutkreislaufs und die Meridiane, werden bereits in dem Werk *Der Klassiker des Gelben Kaisers zur Inneren Medizin* erwähnt, das vor rund 2500 Jahren aus möglicherweise wesentlich älteren Einzelabhandlungen zusammengetragen worden sein soll.

In der chinesischen Kosmologie gilt das Dao als Quelle aller Dinge, allen Seins. Wörtlich übersetzt heißt es »Weg« oder »Pfad« und ist als ewiges, umfassendes Wirk- oder Schöpfungsprinzip für den Ursprung der Welt verantwortlich. Mit diesem Gesetz des Universums soll der Mensch in Harmonie leben. Aus dem Dao fließt eine Energie, die von zwei einander gegenüberstehenden, komplementären Energien gespeist wird: *Yin* und *Yang*. Yin steht für das empfangende, passive, weibliche Prinzip, es ist dunkel, weich, feucht, kühl und zu Boden drückend. Yang repräsentiert die zeugende, schöpferische, aktive, männliche Energie, es ist hell, trocken, heiß, aktiv und aufstrebend. Alles wurde entweder Yin oder Yang zugeordnet. Sie bilden keine Gegensätze, sie ergänzen und bedingen einander und sind beide notwendig, um die Welt im Gleichgewicht zu halten. Ihr Tanz, das dynamische Wechselspiel und Zusammenwirken dieser beiden Kräfte, schafft das *Qi*, die allem innewohnende Lebenskraft. Sie steckt in hochfrequenter Materie wie Licht ebenso wie in dichtester Materie wie Granit.

Alles ist von Qi durchdrungen und in verschiedene Aspektgruppen geteilt, die sich im Kosmos manifestieren. Diese verschiedenen Aspekte oder Elemente korrespondieren mit den Jahreszeiten, den einzelnen Organen und den einzelnen Stunden des Tages bzw. der Nacht. Zugleich sind sie alle in der Gattung Mensch enthalten, sie verbinden uns mit dem Rest unserer Umwelt. Jede Stunde des Tages bezieht sich auf ein bestimmtes Organ bzw. auf einen bestimmten Funktionskreis und die jeweils zugeordneten Emotionen.

Die alte chinesische Organuhr

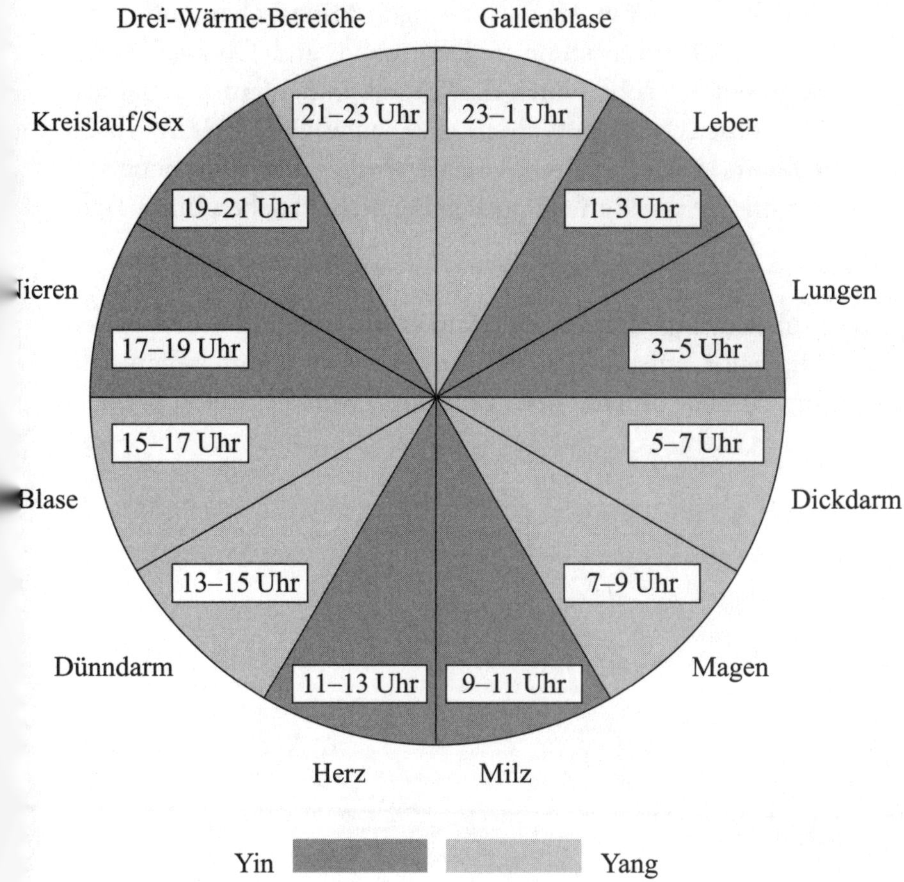

Dieses auf der chinesischen Philosophie basierende System teilt den Tag in unterschiedliche Perioden ein, von denen jede einem bestimmten Organ, Funktionskreis oder körperlichen Aspekt zugeordnet ist. So wie – nach chinesischer Auffassung – jedes Organ bestimmte Emotionen und Charakteristika repräsentiert, sollen auch die Träume in den entsprechenden Zeitphasen bestimmte Merkmale aufweisen, die in diesen Zusammenhang gehören. Um die Vorzüge dieser Methode voll ausschöpfen zu können, müssen Sie deshalb neben Ihren Träumen die betreffenden Uhrzeiten notieren.

Auf den folgenden Seiten finden Sie eine der chinesischen Organuhr entsprechende Übersicht, die Ihnen helfen soll, Ihre Träume anhand ihrer Entstehungszeit zu interpretieren.

23–7 Uhr

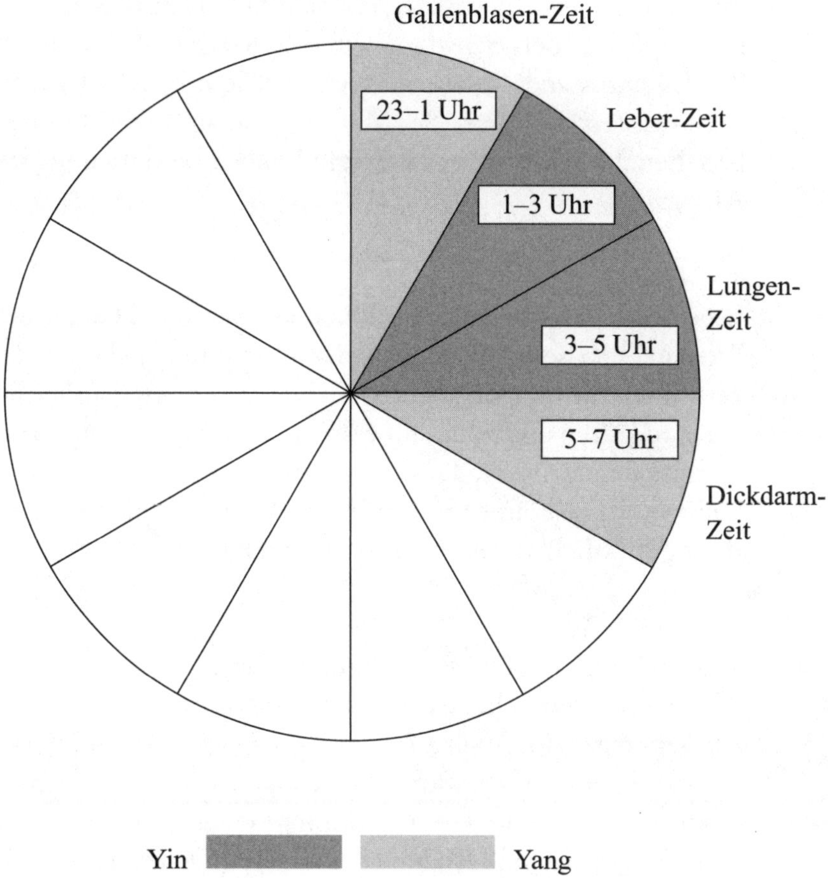
Gallenblasen-Zeit
23–1 Uhr
Leber-Zeit
1–3 Uhr
Lungen-Zeit
3–5 Uhr
5–7 Uhr
Dickdarm-Zeit
Yin
Yang

23–1 Uhr

Wenn Ihr Traum in diese Phase, in die Gallenblasen-Zeit, fällt, kann das auf Zorn oder Ärger hindeuten, speziell in Hinblick auf äußere Umstände. Mit sämtlichen in diesem Zeitraum auftretenden Schwierigkeiten sollten Sie sich während des Traumzustands auseinandersetzen. Diese Phase ist jedoch auch die Zeit des Muts. Der Mut, den Sie aus Ihren Träumen beziehen, lässt sich »übersetzen«: in Mut zur Bewältigung Ihres Alltags.

1–3 Uhr

Leber-Zeit: Träume in dieser Phase können auf Themen wie Wut auf sich selbst, Reinigung/Läuterung und Lebenswillen verweisen. Sie können auch Bereiche Ihres Inneren aufzeigen, die es zu klären und/oder zu (be-)reinigen gilt. Die Leber ist als einziges Organ imstande, sich selbst zu regenerieren. Träume in dieser Phase können zudem Ihre Zukunft betreffen oder mit Ihrer persönlichen Regeneration zu tun haben.

3–5 Uhr

Träume in dieser Phase, der Lungen-Zeit, beziehen sich im Allgemeinen auf Themen wie spirituelle Entwicklung, inneren Kummer oder Trauer, Liebe, Annehmen, Loslassen, Vervollständigung, Integration, Freiheit und (Selbst-)Ausdruck. Träume für die Seele oder Transformation fallen meist in diese Zeit, das gilt auch für Träume aus anderen Dimensionen oder von geliebten Verstorbenen. Diese Zeit eignet sich besonders gut für Astralreisen. Nach Auffassung der alten Chinesen beginnt in dieser Zeit der »spirituelle Tag«. In dieser Phase werden Sie auch Träume haben, die Neuland in Ihrer spirituellen Entwicklung betreffen.

5–7 Uhr

Dickdarm-Zeit: In dieser Phase zielen Ihre Träume auf Durcheinander und Hemmnisse in Ihrem Leben ab. Doch auch Kummer, Ihre Urteilsfähigkeit, Ihre Fürsorge für andere und Selbstbefähigung können thematisiert werden. Oftmals betreffen Ihre Träume in dieser Zeit andere Menschen – dazu kommen Träume von der Vergangenheit, unter Umständen steigen Erinnerungen an frühere Leben in Ihnen auf. Diese Phase bietet sich dazu an, die während des Tages gesammelten Informationen und Erfahrungen zu verarbeiten und weiterzuleiten.

7–15 Uhr

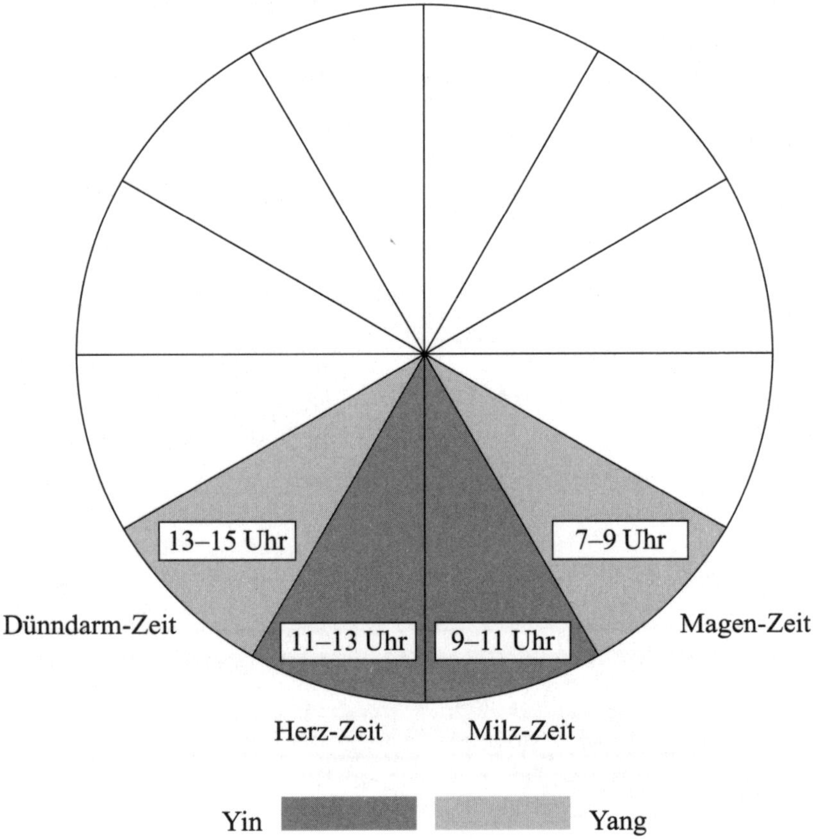
13–15 Uhr
7–9 Uhr
Dünndarm-Zeit
11–13 Uhr
9–11 Uhr
Magen-Zeit
Herz-Zeit
Milz-Zeit
Yin
Yang

7–9 Uhr

Träume in der Magen-Zeit haben häufig die geistige Verarbeitung neuer Ideen zum Inhalt. Sie können aber auch Themen behandeln, die Sie entweder nicht »herunterbringen« oder nicht »bei sich behalten« können. In dieser Phase träumt man auch oft von Sympathie und Empathie für andere. Diese Zeit eignet sich zudem besonders gut für Traumheilungen anderer Menschen (siehe Kapitel 14). Falls ungelöste Probleme Sie beschäftigen, die nach kreativen Ideen und Lösungen verlangen, ist die Wahrscheinlichkeit sehr groß, in Träumen der Magen-Zeit eine Antwort zu erhalten.

9–11 Uhr

Träume während der Milz-Zeit lenken Ihre Aufmerksamkeit in der Regel auf das Thema »Akzeptanz«: Es geht dabei um Selbstakzeptanz wie auch darum, die Schönheit des Lebens zu erkennen und anzunehmen. Dies ist auch eine gute Phase für Heilträume: die Zeit des geheimnisvollen Kriegers. Es ist die Zeit, alles, was in Ihrem Leben nicht gut läuft, auf humane Weise zu »töten«, zu »beseitigen« und sich selbst zu heilen.

11–13 Uhr

Träume während der Herz-Zeit drehen sich häufig um Freude und Feste. Sie sind aber auch imstande, Ihnen Ihre Beziehungsblockaden vor Augen zu führen. Diese Träume können Ihr spirituelles Selbst mit Ihrem irdischen Selbst verbinden. Auch diese Zeitspanne eignet sich ganz hervorragend für Astralreisen.

13–15 Uhr

Die Träume in der Dünndarm-Zeit zielen darauf ab, alles, was Sie tagsüber »aufgenommen« haben, anzupassen und zu integrieren.

15–23 Uhr

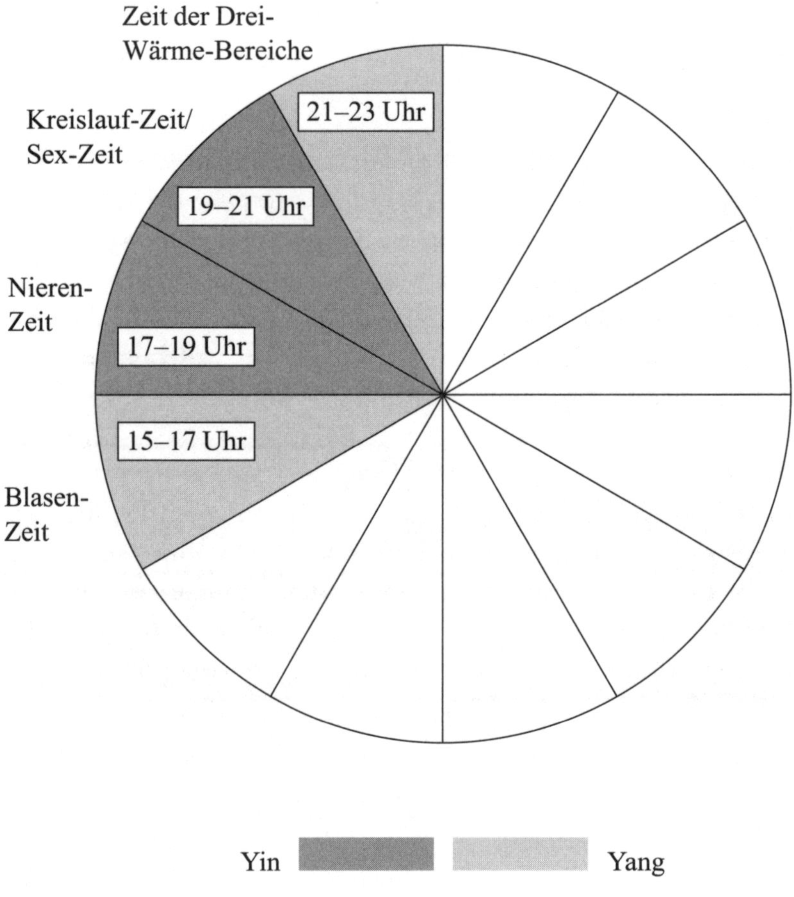

15–17 Uhr

Träume in der Blasen-Zeit enthüllen Ihnen Ihre Angst, insbesondere Angst »im Außen«. Diese Träume unterstützen Sie dabei, sich von alten Ideen, Einstellungen und Beziehungen zu lösen, die Ihnen nicht guttun. Sie helfen Ihnen beim Loslassen und schaffen Raum in Ihnen für die Kraft des Schöpfers, die in Sie hineinströmt.

17–19 Uhr

Nieren-Zeit: Träume in dieser Phase helfen Ihnen dabei, sich von inneren Ängsten zu verabschieden und sie gehen zu lassen. Das gilt auch für die Angst davor, zu sein, wer Sie wirklich sind. Das geschieht zum Beispiel, indem Ihr Traumerleben Sie bis an die Wurzeln Ihrer Kindheitsängste zurückbringt. Träume in der Nieren-Zeit können auch nützlich sein, um Bereiche, die mit Enttäuschungen und Kritik belastet sind, »leerzuräumen«. Unsere Nieren sind dem Element Wasser zugeordnet, das für Transformation steht. Diese Zeit kann der Transformation dienen, wenn Sie sich von Ängsten »erlösen«. Sie bildet jedoch auch die Phase des Übergangs zwischen dem »Tod« und der »Wiedergeburt« von Ideen, Glaubensvorstellungen und inneren Haltungen.

19–21 Uhr

Hier befinden wir uns in der Kreislauf- bzw. Sex-Phase. Bei Träumen in dieser Zeitspanne geht es häufig um das Thema »zur richtigen Zeit am richtigen Ort sein«. Sie nehmen häufig Bezug auf Mechanismen innerer Kontrolle. In dieser Zeit können Sie auch Träume mit bedeutenden Erfahrungen innerer Erleuchtung erleben. Interessanterweise nutzen die Angehörigen vieler spiritueller Gemeinschaften gerade diese Stunden zum Schlaf.

21–23 Uhr

Wenn Sie in der Zeit des Funktionskreises »Drei-Wärme-Bereiche« Träume haben, behandeln diese sicher häufig verschiedene Formen von Kontrolle. Dabei geht es jedoch meist weniger um Ihre eigenen Kontrollmechanismen oder Ihre Selbstkontrolle als vielmehr um die Kontrolle Ihrer Umwelt. Dies ist die Zeit, die Kontrolle in Ihrem Leben ins Gleichgewicht zu bringen: die Balance zu halten zwischen zu wenig und zu viel. Andere Träume in dieser Phase nehmen möglicherweise Bezug auf die äußeren Ereignisse und »Bewegungen« in Ihrem Leben, Sie können dazu dienen, alte Muster aufzubrechen und bessere neue zu etablieren.

Kapitel 24
Der Mond

Lautlos in die Nacht hinausreisend – eine Abgesandte aus dem Land der Träume –, schenkt sie uns Visionen. Diese silberne Gottheit erleuchtet das Unbewusste, offenbart geheimnisvolle Kräfte. Sie kontrolliert die Zyklen der gesamten Zeit: Ebbe und Flut der Weltmeere, die Gezeiten des Himmels und der Nacht-Innenwelten, die verborgenen Rhythmen von Geburt und Tod ... und sogar die Monatszyklen der Frauen. Sie ist eine Himmelsgöttin der Träume. Sie trägt die Mondphasen sanft mitten in die Seele ... Lichtströme, die an- und abschwellen. All diese Geheimnisse gehören ihr, denn sie regiert in der Tiefe, dort, wo alles Leben seinen Anfang nahm. Sie ist die Meisterin der ewigen inneren Gezeiten, Herrscherin über Fantasie und Intuition. Sie ist die Königin des ungestirnten Himmels, sendet Kreativität und Visionen über die Traumfluten der Nacht. Schlaf und Dunkelheit sind ihre freundlichen Gefährten. Monat für Monat kehrt sie wieder – neu gestärkt. Sie vereinigt gegensätzliche Elemente und transformiert Dunkelheit zu Licht. Sie ist die Quelle körperlicher und spiritueller Wiedergeburt und Erleuchtung. Sie ist der Mond – eine mächtige spirituelle Kraft für unseren Planeten und Dirigentin der allnächtlichen Traumtiden.

Das Mond-Bewusstsein und die Mond-Bewusstheit entspringen dem Kern unseres Seins, beide gehören zu unseren inneren Instinkten. Die Urvölker verehrten den Mond als sichtbares Zeichen unserer inneren Traumzustände. Heute berührt der Mond die Erinnerung an die vergessenen Künste, dazu zählt auch die Besinnung auf unsere Träume und ihr Verständnis. Alte Kulturen achteten den Mond, weil er in ihrem Alltag wie auch in ihren Träumen eine wichtige Rolle spielte. Ihren Beobachtungen zufolge wuchs das Getreide in Übereinstimmung mit den Mondphasen. Der weibliche Monatszyklus verläuft synchron mit den Mondphasen. Der Mond war *das* Fruchtbarkeitssymbol im ganzen Kosmos, sein mildes Licht tat den taufeuchten Pflanzen nach der Hitze des Tages gut: Das Mondlicht lud das keimende Leben dazu ein, während der Nacht aus seinen Samen zu sprießen. Mit derselben mystischen Kraft, die Pflanzen aus der Erde »zieht«, bei Frauen die Monatsblutungen auslöst sowie Ebbe und Flut bewirkt, half der Mond auch bei der Aktivierung von Träumen. Man sah in ihm den nächtlichen Bewahrer der Weisheit.

In der Vergangenheit war die Beziehung zwischen den Träumen eines Menschen und seinem Alltagsleben wichtig. Da die Nacht, der Herrschaftsbereich des Mondes, dem Menschen Schlaf und Visionen schenkte, betrachtete man die Träume ehrfurchtsvoll als Botschaften des Mondes und hielt sich bei Tag gewissenhaft daran. Auch sah man im Mond den Urheber der Kreativität.

Wie die Angehörigen früherer Zivilisationen entdeckten, hatte es Folgen für ihre Gesundheit und ihr inneres Gleichgewicht, ob sie sich in Übereinstimmung mit den Zyklen des Mondes befanden oder nicht. Damals galten die Mondphasen als das Maß aller Dinge. Sämtliche Aktivitäten, angefangen von der Getreideaussaat über das Haareschneiden bis hin zur Teilnahme an kämpferischen Auseinandersetzungen, versprachen mehr Erfolg, wenn sie im Einklang mit den Mondzyklen standen.

Die verschiedenen Kreisläufe in unserem Körper ergeben zusammen einen der Hauptaspekte unserer Existenz. Diese inneren Flüsse bestimmen darüber, wie wir uns selbst und unsere Umwelt erfahren. So wie der magnetische Sog des Mondes die Gezeiten beherrscht und gar die Erde ein wenig »aus der Bahn bringt«, hat seine Anziehungskraft dramatische Auswirkungen auf unsere Körpersäfte. Das wiederum beeinflusst unsere Traumzustände. Der menschliche Körper besteht zu 67 Prozent aus Wasser und die Zusammensetzung unseres Bluts weist starke Ähnlichkeiten mit der von Meerwasser auf. Vor diesem Hintergrund erscheinen die Wechselwirkungen und das Zusammenspiel zwischen unserem Traumgeschehen und körperlichen Veränderungen mit den Meeresgezeiten und den Mondphasen logisch.

Wer sich mit dem Mond vertraut macht und sein Leben daran anpasst, gewinnt mehr Kontrolle über seine Träume. Wenn Sie ein Bewusstsein für die Mondphasen und Ihre eigenen Lebenszyklen entwickeln und beides in Einklang bringen, wird Ihnen das zu tieferen Einsichten in Ihre Träume verhelfen. Die Anpassung an den Mond und sein Auf und Ab spielt eine wesentliche Rolle – sowohl für Ihr eigenes Verständnis Ihrer Träume wie auch für die Fähigkeit, sie sinnvoll zu interpretieren.

Eines der universalen Prinzipien, die unsere Urahnen aus den Mondzyklen herleiteten, ist das Grundmuster der steten Erneuerung. Daher waren ihnen Erholungsphasen, Meditation und Schwangerschaft (oder bei den Tieren Trächtigkeit) nicht weniger wichtig als Produktivität. Das Verständnis wie auch der Respekt vor der Gleichwertigkeit *aller* Teile eines Kreislaufs hat in der asiatischen Weltbetrachtung mit dem Konzept von Yin und Yang seinen klarsten Ausdruck gefunden. Hinter Yin und Yang steht das kosmische Gesetz des Ausgleichs und der Jahreszeiten.

Jeder Mondzyklus zerfällt in vier kleinere Phasen: Neumond, zunehmender Mond, Vollmond, abnehmender Mond. Jede davon dauert etwa sieben Tage, ohne dass sich exakte Anfangs- und Endpunkte setzen lassen. Die Übergänge sind fließend, wie auch unsere körperliche Energie.

Der Neumond (oder »unsichtbare Mond«) markiert die Zeit der Wiedergeburt. Während dieser Phase sind Ruhe, Erholung und Meditation wichtig. Die Träume in dieser Mondphase reflektieren die tiefsten und innerlichsten Bewegungen Ihres Selbst. Während dieser Zyklen pflegten sich die Frauen der amerikanischen Ureinwohner in alter Zeit in die Natur zurückzuziehen, um in aller Stille Zwiesprache mit dem Schöpfer zu halten. In dieser Stille bereiten unsere Träume unserer tiefsten Seele den Boden für die Aussaat in den folgenden Wochen.

Wenn die Mondsichel am Himmel erscheint und wächst, spüren Sie bewusst mit, wie auch Ihre eigene Energie sich auszudehnen beginnt. Während der Mond zunimmt bzw. für uns mehr davon sichtbar wird, fangen Sie an, im Einklang mit den in Ihren Träumen erhaltenen Botschaften zu handeln.

Bei Vollmond gedeihen die in der Neumondphase ausgesäten Pflanzen. Während dieses Zyklus setzen Sie all Ihre kreativen Kräfte frei – gehen Sie ganz hinein. Fühlen Sie sich lebendig und im Wortsinn »beseelt«. Nehmen Sie mit Ihrer ganzen Person am Leben teil und feiern Sie es. Wie Untersuchungen ergeben haben, ist dies die Phase der intensivsten, lebendigsten Traumaktivität. Dazu kommt, dass man sich in der Regel in der Vollmondzeit am besten auf seine Träume besinnen kann.

Bei abnehmendem Mond ist die Zeit gekommen, das in den vergangenen Wochen Gelernte aufzunehmen und umzusetzen. Die Träume in dieser Phase dienen der (Selbst-)Reflexion und dem tiefen Blick ins eigene Innere. Wenn Sie beginnen, Ihre

Lebensführung an den Mondzyklen auszurichten, werden Sie in Einklang mit den mächtigsten, den Ursprungskräften der Natur kommen. Ihr Traumerleben wird an Lebendigkeit gewinnen und seine Botschaften werden sich leichter befolgen lassen.

Ein Mondritual bietet Ihnen eine Möglichkeit, Ihre Lebenszyklen mit denen des Mondes zu koordinieren. Unsere Ururahnen versetzten sich mit ihren Mondritualen in visionäre Zustände. Diese galten als unabdingbar für das Gleichgewicht des Lebens – wer diese Erfahrungen nicht teilte, dessen Verständnis für das Universum schwand. Für unsere persönliche wie auch die kollektive Balance müssen wir unbedingt das vergessene Be-Greifen dieser Seinszustände in unser Bewusstsein zurückholen. Für sich selbst können Sie das mithilfe eines Mondrituals bewirken.

Unter einem Mondritual verstehe ich das Kanalisieren von Energien, wobei der Mond als Brennpunkt dient, um das eigene Bewusstsein zu erweitern und in andere Bewusstseinsebenen vorzudringen. Eine Zeremonie kann dazu beitragen, Ihre Realitätswahrnehmung zu verändern. Sie stellt zugleich eine symbolische Handlung dar, die ihrem Wesen nach einfach oder komplex sein kann. Mondrituale repräsentieren alle Geheimnisse, Rätsel und Kräfte des Unterbewussten. Mit diesen flüchtigen Energien zu verschmelzen, war die Sehnsucht der Mondpriesterinnen uralter Zeiten. Ein derartiges Ritual soll ein Ereignis fühlbar machen, das auf einer inneren Ebene stattfindet, wie auch die Transformation der Persönlichkeit Bestandteil eines jeden Rituals ist. Auf diese Art kann man seine Verbundenheit mit dem gesamten Kosmos erfahren.

Im Folgenden habe ich Ihnen ein paar einfache Mondriten zusammengestellt, die Sie zur Intensivierung Ihrer Träume anwenden können.

- ⋆ Stellen Sie sich ans Fenster oder gehen Sie ins Freie, wenn der Mond in seinen verschiedenen Phasen sichtbar ist.

- ⋆ Recken Sie die Arme hinauf zum Mond, wie es schon unsere Vorväter und Urmütter taten. Fühlen Sie, wie seine Energie in Sie hineinströmt und Ihr Sein erfüllt.

- ⋆ Stellen Sie sich mitten in den Mondschein, er soll Sie überspülen wie Meereswellen. Baden Sie in den Mondstrahlen und lassen Sie sich davon reinigen.

- ⋆ Tanzen Sie im Mondlicht. Lassen Sie sich vollkommen los dabei, bewegen Sie sich ganz ungezwungen und unverkrampft.

- ⋆ Stellen Sie einen Krug oder ein Glas mit Wasser direkt ins Mondlicht. Der Mondschein soll dabei unmittelbar ins Wasser fallen und nicht nur durch das Glas hineindringen. Trinken Sie vor dem Schlafengehen davon.

Ein Ritual besteht aus einer Reihe stilisierter Handlungen und dient dazu, Veränderungen in Gang zu setzen, die bereits tief in der Seele jedes Menschen angelegt sind. Sie selbst tragen schon alle Voraussetzungen in sich, um die ersehnten Erfahrungen einzuleiten. Kreieren Sie also ein Mondritual, das Ihr Leben und Ihre Bedürfnisse anspricht, verwenden Sie Symbole und Objekte, die in Ihren Augen die innere Qualität Ihrer Träume verkörpern.

Mein eigenes Mondritual ist ganz schlicht. Ich lege mit Holzstöckchen oder Steinen einen Kreis aus – als Symbol der Ganzheit und meiner Traumwelt. Der Kreis besitzt weder Anfang noch Ende, er repräsentiert Einheit und die Quelle des Lebens selbst wie auch die abschließende Rückkehr dazu. In diesen Kreis lege ich Gegenstände, die eine besondere Bedeutung für mich haben und die zugleich für die mystische Welt der Träume stehen. Darunter ist auch ein Selenit, der seinen Namen der griechischen Mondgöttin Selene verdankt. Dieser kraftvolle Heilstein ist hervorragend dazu geeignet, die Traum-Erinnerung wie auch das Traumverständnis zu fördern (siehe dazu auch Kapitel 7 »Traumhelfer«).

Um den feierlichen Aspekt meines Mond-Kreis-Rituals zu verstärken, beginne ich damit, meine Energie dem allen Dingen innewohnenden lebendigen Geist und meinen Träumen zu widmen. Dann singe ich eine einfache Traum-Melodie und vollführe Traum-Tanzschritte, um die Lebenskraft und meine eigene innere Natur zu aktivieren. Wenn ich mein Mondritual vollendet habe, sammle ich meine »Schätze« sorgsam wieder ein und bewahre sie an einem bestimmten Platz auf.

Wenn Sie Ihr Mondritual entwerfen und es dann zum ersten Mal durchführen, kann es durchaus sein, dass Sie sich dabei albern vorkommen. Lassen Sie sich dadurch nicht davon abbringen: Wenn Sie dieses Moment erst mal überwunden haben, werden Sie bald in Ihre heilige Mitte kommen. Zu Beginn des Rituals liegen Ihre wahren Gefühle noch unter etlichen Schichten rationalen Denkens begraben. Doch wenn Sie nicht aufgeben, wird Ihre rechte Gehirnhälfte die Leitung übernehmen und die innere Wirklichkeit des Rituals an die Oberfläche durchdringen. Und als Resultat werden Sie sich im Einklang fühlen mit den Naturzyklen, mit Ihren Träumen und mit der inneren Weisheit der Nacht.

Kapitel 25
Farben

Farben spielen zweifellos eine wesentliche Rolle im Leben von uns Menschen. In unseren Träumen verschaffen Farben uns wertvolle Einsichten in die Schattierungen unserer Erfahrungen. Die Frage, ob wir in Farbe träumen oder nicht, ist seit vielen Jahren ein Streitpunkt in der Wissenschaft. Der Traumforscher Calvin Hall hat die Aufzeichnungen von rund 10000 Träumen ausgewertet und ist in seinem 1953 erschienenen Buch *The Meaning of Dreams* (»Die Bedeutung der Träume«) zu dem Schluss gekommen, dass rund zwei Drittel aller Träume in Schwarz-Weiß ablaufen. Demnach hätte nur ein Traum von drei wenigstens farbige Aspekte. Wie Hall weiter ausführte, ist das Verhältnis von bunten gegenüber schwarz-weißen Träumen jedoch keineswegs statistisch zu interpretieren, vielmehr ist es so, dass einige wenige Menschen ausschließlich in Farbe träumen, andere ganz in Schwarz-Weiß.[1]

Allerdings wird seine Sicht nicht allgemein geteilt. Gladys Mayer, eine andere Traumforscherin, ist davon überzeugt, dass Träume grundsätzlich in Farbe gehalten sind. Sie vertritt die Auffassung: So wie wir alle träumen, ohne uns immer darauf besinnen zu können, träumen wir auch alle in Farbe, ohne uns an die Farben zu erinnern.[2]

In seinem Werk *Himmel und Hölle* schreibt Aldous Huxley, dass Traumsymbole keineswegs farbig sein müssten, um eine Wirkung entfalten zu können. »Bemerkenswerterweise teilen die meisten Menschen die Erfahrung, dass die Träume in den hellsten, schönsten Farben solche von Landschaften sind, wo weder ein Drama stattfindet noch irgendein symbolischer Bezug zu einem Konflikt ersichtlich ist, sondern dem Bewusstsein einfach nur eine gegebene, nicht-menschliche Tatsache dargeboten wird.« Seiner Ansicht nach bedürfen Symbole zum Ausdruck seelischer Konflikte keiner Farbe – und deshalb sei Buntheit den konfliktfreien Szenarien vorbehalten. Einige Traumforscher widersprechen dieser Meinung und stellen ihrerseits die These auf, dass offenbar alle Träume Konflikte in irgendeiner Form beinhalten bzw. als Ausdruck dafür dienen. Ein anderes Gegenargument besteht darin, dass eben manche Menschen grundsätzlich farbig träumen, unabhängig vom Inhalt ihres Traumgeschehens.[3]

Einer anderen Theorie zufolge kann das Erscheinen einer bestimmten Farbe auf eine Erkrankung des Träumenden hindeuten. So besagt eine Hypothese, Träume mit »hohem Grünanteil« verwiesen auf Leberstörungen, während das Vorherrschen von Rottönen auf mögliche innere Blutungen oder Herz-Kreislauf-Probleme schließen ließe. Ich halte diese Theorie durchaus für haltbar, möchte jedoch noch anfügen, dass es meiner Ansicht nach auch auf die *Reinheit* bzw. den Farb*ton* des Grün oder Rot ankommt und man diesen Differenzierungen mehr Beachtung schenken sollte. So kann eine fortschreitende Erkrankung durchaus an unklaren oder verwischten Farbtönen in Träumen ablesbar sein, während ein klares, leuchtendes Frühlingsgrün für große Heilkräfte und ein klares, strahlendes Rot für körperliche Stärke und sexuelle Potenz stehen kann.[4]

Eine weitere Theorie macht in Menschen, die vorwiegend farbig träumen, überdurchschnittlich farbbewusste Personen mit künstlerischer Begabung aus. Will man den Verfechtern dieser Theorie Glauben schenken, dann sollen Malkurse bei ihren Teilnehmern Träume in Farbe hervorrufen.[5]

Zu wissen, was die einzelnen Farben bedeuten, wenn sie uns in unseren Träumen begegnen, ist eines der einfachsten und zugleich nützlichsten Instrumente für das Traumverständnis. Wenn wir uns umsehen, stellen wir fest, dass alles in unserem Blickfeld Farbe widerspiegelt. Wo die Farben sich verändern und wo die Schatten sich treffen, werden Formen und Konturen aller sichtbaren Erscheinungen festgelegt. Schon seit Tausenden von Jahren ziehen die meisten Kulturen Farben zur Deutung ihrer Träume heran. Farben zu verstehen, heißt das Wesen von Energie verstehen.

Wir leben in einem sich ausbreitenden Meer von Energie, die aus lebendig-kraftvollen Wellen und Schwingungen unterschiedlicher Frequenzen und variierender Intensität besteht. Dieses Energiemeer gleicht einem wirbelnden Tanz aus sich ständig verändernden Materieteilchen. Diese Energie ist beständig im Wandel begriffen, in den drei klassischen Aggregatzuständen fest, flüssig und gasförmig – wobei jeder davon seinen temporären Platz im Kosmos findet. In diesem ewigen Spiel der Energie sind Licht und Farbe elektromagnetische Wellen bzw. das Ergebnis von deren Wahrnehmung durch uns. Die warmen Töne wie Rot, Orange und Gelb verzeichnen niedrige Schwingungen auf der elektromagnetischen Skala, demgegenüber sind die kälteren Farben wie Grün, die Blautöne und Rosa hochfrequent.

Sir Isaac Newton war der Erste, dem die Zerlegung des Sonnenlichts in die sieben Farben (des sichtbaren Spektrums!) Rot, Orange, Gelb, Grün, Hellblau, Indigo und Violett gelang. Er benutzte dazu ein Prisma und wies nach, dass das natürliche »weiße« Sonnenlicht aus Farben unterschiedlicher Wellenlängen zusammengesetzt ist und durch das Glas wieder in seine

Farben zerlegt wird. Diese kann man beispielsweise auf einem weißen Untergrund erkennen. (Auf diese Weise erklärte Newton auch die Entstehung des Regenbogens, der nichts anderes ist als durch die Regentropfen in seine Spektralfarben zerlegtes weißes Licht. Dafür hat ihn der Dichter John Keats viele Jahre nach seinem Tod mit den Worten getadelt, er habe »den Regenbogen entzaubert«.) Licht ist demnach schwingende, ausstrahlende Energie, die in Form von Wellen oder Strahlen etwa 300000 Kilometer pro Sekunde zurücklegt. Die Länge der Wellen wird in Frequenzen gemessen: Je kürzer die Wellenlänge, desto höher die Frequenz.

Auch Sie bestehen aus einer Reihe von Energiefeldern! Ihr gesamter Körper schwingt konstant in Energiefeldern, manche davon fein-, andere grobstofflich. Sie befinden sich in permanenter (innerer) Bewegung. Die Energiefelder Ihres Körpers werden von den sich ständig verändernden Energien Ihrer Umgebung beeinflusst – beispielsweise von Sonne und Wind, anderen Menschen und der Nahrung, die Sie zu sich nehmen. Ihr Körper – oder besser: Ihr ganzes Sein – steht unter dem weit reichenden Einfluss der Farbenergien.

Selbst wenn wir uns dessen nicht wirklich bewusst sind – wir wissen sehr wohl um die Macht der Farben in unserem Leben. Unsere Sprache spiegelt das in den verschiedensten Ausdrücken wider: *Das war ein schwarzer Tag. Ich mach heut blau. Sie betrachtet das Leben durch eine rosarote Brille. Er lief vor Zorn violett an, weil er sich schwarz geärgert hatte. Sie schwebte auf einer rosa Wolke. Er sah rot, sie schwarz für ihn. Er war rot vor Wut, grün oder gelb vor Neid, sie dagegen noch grün hinter den Ohren* … Und diese Liste ließe sich beliebig fortführen. Farben sind in allen unseren Lebensbereichen präsent.

Es gab eine Zeit, in der die Menschheit über die Bedeutung der Farben weitaus mehr wusste, als das heute der Fall ist. Tatsächlich hat man erst in jüngerer Zeit begriffen, dass man dem

Wesen der Farbe nicht ansatzweise gerecht wird, wenn man sie zu einem bloßen Mittel der Dekoration und Unterhaltung herabwürdigt. In der ganzen Menschheitsgeschichte galt Farbe als eines der wichtigsten, vitalsten Symbole der Welt. Die genaue Kenntnis der Farbbedeutungen war Bestandteil aller alten Kulturen, die sich mit Traumdeutung befassten. Die Bewohner von Mesopotamien, Ägypten, Griechenland, China, Tibet und natürlich auch die amerikanischen Ureinwohner mit ihren alten Traditionen sowie die Europäer des Mittelalters setzten die Macht der Farben bewusst ein. Inzwischen haben immer mehr Psychologen, Wissenschafter und Heiler den Wert der Farben für therapeutische und medizinische Zwecke erkannt und nutzen sie entsprechend. Wie Forscher herausgefunden haben, rufen bestimmte Farben in Menschen – unabhängig von ihrem kulturellen Hintergrund – ähnliche Reaktionen hervor. Orange beispielsweise wird als anregend empfunden, während Dunkelblau eher entspannt. Allem Anschein nach gelingt es den Farben und ihrer psychologischen Wirkung, alle Grenzen wie Nationalität, Rasse und Kultur zu überwinden – wie die Musik.

Die sieben Hauptfarben tauchen in allen möglichen Tönen und Schattierungen in Ihren Träumen auf. Dabei gilt oftmals: je klarer die Farbe, desto klarer die Bedeutung des Symbols. Je trüber und verschwommener die Farbe, desto weniger Zugang haben Sie zu dem betreffenden Bereich.

Rot

Rot in einem Traum korrespondiert mit dem ersten Chakra, dem Wurzelchakra, am unteren Ende der Wirbelsäule. Rot steht für unseren Lebens- und Überlebenstrieb, es verleiht dem physischen Körper die Kraft, energisch zu handeln und zu reagieren. Rot stimuliert das Herz. Es ist kein Zufall, dass kenntnisreiche Innenarchitekten Restaurants gern in Rottönen einrichten, denn diese Farbe steigert auch den Appetit. Darüber hinaus steht sie in Beziehung zu unserer Sexualenergie, sie regt auch den »sexuellen Appetit« an, die Aktivität und körperliche Erregung. Rot ist mit dem Gefühl von Freude und Vergnügen verbunden.

Sozusagen als »Kehrseite der Medaille« wird die Farbe Rot auch Wut und Ärger zugeordnet. Ein kräftiges Rot in einem Traum kann für klare, also bekannte Wut stehen. Ein verschwommenes, trübes Rot weist auf unterdrückten Zorn hin. Das kann sich in Form von Kampflust, Aggressivität, Sensationsgier, Angespanntheit oder körperlicher Stärke und Überlegenheit ausdrücken. In einer von Rot dominierten Atmosphäre scheint die Zeit langsamer zu vergehen – Rot ist also keine gute Wahl für Wartezimmer …

Rot ist die Farbe des unmittelbaren Handelns, der aktiven Teilnahme, des Willens, der Macht und der Kraft. Auch Stärke, Mut, Standhaftigkeit, Gesundheit, Vitalität, Sexualität und Gefahr assoziiert man mit dieser Farbe. Das Erscheinen von Rot in Ihren Träumen kann vitalisierend und anregend wirken und Ihnen dabei helfen, Trägheit und Melancholie, Furcht und sogar Depressionen zu überwinden. Menschen mit Lebensangst, die am liebsten davonlaufen möchten, kann Rot ebenfalls Unterstützung bieten. Ein Strahl von Rot hilft uns dabei, die Füße fest auf den Boden zu stemmen und uns zu erden. Falls Sie nicht gut geerdet sind, weil Sie ständig über die Zukunft nachdenken, wird ein »roter Traum« Sie wieder auf die Erde zurückbringen und Ihnen helfen, sich im Jetzt zu verankern. Rot vermittelt die Energie und Motivation, die man braucht, um seine Ziele zu erreichen. Rot ist die Farbe des Handelns, der Durchhaltekraft, Rot bedeutet »Ich will die Sache zu Ende bringen!«.

Orange

Orange korrespondiert mit dem zweiten Chakra, dem Sakral- oder Sexualchakra, das bei den meisten Menschen etwa zwei Fingerbreit unterhalb des Nabels sitzt. Diese Farbe steht für unser Bedürfnis nach sozialer Anerkennung. Orange ist warm, energetisierend, es schwingt höher und schneller als Rot, weshalb seine Energie weitläufigere Körperregionen erreicht. Es regt uns an, uns eher mit anderen Menschen zu beschäftigen als mit unserem eigenen Überleben, in Gruppen mitzuwirken und soziale Aufgaben zu übernehmen. Orange ist eine fröhliche Farbe, Clowns auf der ganzen Welt wissen sie zu schätzen. Orange fördert den Optimismus, das emotionale Gleichgewicht und das Bedürfnis, aus sich herauszugehen. Diese Farbe wird auch mit dem Herdentrieb, Ehrgeiz, Agitation, Ruhelosigkeit, Forscherdrang und Geschäftstüchtigkeit in Zusammenhang gebracht. Orange lässt sich zudem mit Stolz und dem Fluss der sexuellen Energien verbinden. Orange kann auch Gedankenprozesse in Gang setzen, die das Interesse an Politik wachrufen. Menschen, deren Lieblingsfarbe Orange ist, sind nicht selten ehrgeizig, wettbewerbsorientiert, offen, optimistisch, warmherzig und gastfreundlich und haben ausgeprägte humanitäre Instinkte. Sie sind stets auf der Suche nach sozialen Kontakten und Akzeptanz. Sie sind ambitioniert, nehmen aber Rücksicht auf ihre Gemeinschaft, ihr Land und ihre Firma bzw. ihr berufliches Umfeld. Sie lieben internationale Projekte, weil sie gern ihren Horizont erweitern.

Orange in einem Traum symbolisiert Optimismus, Vertrauen, Veränderung, Streben, Eigenmotivation, Enthusiasmus und Mut. Diese Farbe zielt auf das Soziale ab. Sie kann auch heilsam sein, wenn man zu Leichtgläubigkeit tendiert – wenn man einfach zustimmt, ohne ein gewisses Maß an Skepsis aufzubringen oder sein gesundes Urteilsvermögen zu bemühen.

Andererseits kann Orange in einem Traum Menschen mit dem Hang zu Misstrauen, Selbstsucht oder gar Machthunger zu innerer Ausgeglichenheit und vernünftigem Urteilsvermögen verhelfen.

Die Heilungsenergien der Farbe Orange in einem Traum vermitteln das innere Wissen, dass wir alle eins sind. Orange drängt das Bewusstsein über die Grenzen des Selbst hinaus. Kurz gefasst: Orange in einem Traum steht für Ausdehnung, Wissens- und Forscherdrang und Sozialgefühl. Rot ist sinnlich, Orange ist sozial. Diese Farbe treibt die Menschen dazu an, die Realität durch andere Menschen zu erfahren und Gemeinschaften zu bilden. Die rote Energie repräsentiert die Leidenschaft zur Selbsterhaltung und Selbsterfüllung. Durch das Orange richten wir unseren Fokus mehr auf den Erhalt des sozialen Umfelds, auf die Familie, die Gesellschaft und die Zusammenkünfte mit anderen. Orange Energie verweist darauf, dass jemand keine Angst hat, (öffentlich) zu tanzen und zu singen und sich selbst als echten Menschenfreund zu bezeichnen.

Gelb

Gelb ist die Farbe des Intellekts. Es wird mit dem dritten Chakra oder Nabelchakra mit Sitz in der Gegend des Solarplexus verbunden. Gelb ist die letzte warme, extrovertierte Farbe in diesem aufsteigenden System. In einem Traum kann es unsere Denkprozesse symbolisieren. Die Energie von Gelb stimuliert Ihr logisches, lineares Denken und wirkt auf die Aktivitäten der linken Gehirnhälfte. Gelb stärkt Ihr Urteil, Ihr Organisationstalent, Ihre Fähigkeit, Einzelheiten wahrzunehmen, Menschen und Situationen richtig einzuschätzen, Lob zu spenden. Diese Farbe unterstützt zudem Ihre aktive Intelligenz, Disziplin, Ihr Geschick in Verwaltungsaufgaben, Ihre Aufrichtigkeit und innere Ausgeglichenheit. Darüber hinaus erhöht Gelb das Gefühl für Selbstausdruck und Freiheit, was Freude im Traum entspricht.

Gelb-Fans verspüren oftmals den Zwang, alles zu analysieren, bei allem das Was, Wo und Warum wissen zu wollen. Um Dinge verstehen zu können, müssen sie sie in einen logischen Bezugsrahmen setzen. Sie sehnen sich nach Originalität und Veränderung und sind hochgradig kreativ, suchen ihren (Selbst-)Ausdruck in Kunst, Literatur und Musik. Sie reden und diskutieren für ihr Leben gern ... Menschen, die Gelb mögen, sind flexible, eloquente, ausdrucksvolle Persönlichkeiten und sich ihrer selbst stark bewusst. Häufig liegen ihre Stärken auch in der Planung und Organisation. Der gelbe Energiestrahl erzeugt nicht dieselben spontanen Reaktionen wie der rote und der orangefarbene, das ist diesen beiden Energien vorbehalten. Dafür entwickeln die Gelb-Liebhaber ein tieferes, unvoreingenommenes Verständnis für den Ursprung und die Entwicklung von Ereignissen. Gelb steht für die größere Bandbreite, die weitere Entfaltung im Leben. Es erhöht das Bedürfnis, in einer friedlichen, wohlgeordneten Welt zu leben, die eigene Individualität zum Ausdruck zu bringen und möglichst viel von allem zu begreifen.

Die Heilkraft des gelben Strahls im Traum zielt auf unsere Ängste ab. Oftmals verursacht Angst ein mulmiges Gefühl im Magen oder gar Übelkeit. Durch viele vergangene Inkarnationen hindurch hat sich in Ihrem Inneren, in der Solarplexusregion, möglicherweise ein ganzer Berg von Ängsten angesammelt, er ist dort eingeschlossen, und Ihnen sind deshalb die Gründe für Ihre Angst oder Ängste nicht zugänglich. Gelb in Ihren Träumen wird diese Anspannung im Solarplexus allmählich lösen und Ihnen helfen, Mut an ihre Stelle zu setzen.

Gelb zeigt unglaublich positive Wirkungen bei Menschen mit einem übersteigerten Verurteilungs- und Kritikbedürfnis, wie auch bei Personen mit der Neigung zu verbaler Aggression. Gelb erhöht die Flexibilität und die Anpassungsfähigkeit an veränderte Umstände. Wenn wir uns selbst mit der gelben Schwingung in Einklang bringen, wird unter dem prüfenden Auge unseres Intellekts kein Problem ungelöst bleiben. Auch werden wir begreifen, dass es besser ist, an sich selbst und der Veränderung der eigenen Persönlichkeit zu arbeiten, als an unseren Mitmenschen. Das Erfordernis, unsere Köpfe und Herzen ins Gleichgewicht zu bringen, tritt klar und deutlich zutage.

Grün

Grün in einem Traum kann für Sicherheit und Ausgeglichenheit stehen. Die Farbe ist mit dem vierten Hauptenergiezentrum des Körpers, dem Herzchakra, verbunden. Grün schafft die Balance und den Übergang zwischen dem warmen, extrovertierten Farbspektrum von Rot, Orange und Gelb zu den kalten Farben Hellblau, Indigo und Violett. Grün spricht auch die Gefühlswelt an: Liebe, Harmonie, Frieden, Mitmenschlichkeit, Hoffnung, Wachstum und Heilung. Wie mir schon häufig aufgefallen ist, tendieren meine Klienten während ihrer Heilungsphasen zu sehr viel Grün in ihren Träumen. Menschen, deren Lieblingsfarbe Grün ist, sind in der Regel großzügig, lebensbejahend, offenherzig und »nährend« für andere. Grün sorgt für Stabilität in unserem Inneren. Es stimuliert bestimmte Bedürfnisse in uns, wie etwa das nach Sicherheit, nach Gewissheit, nach Durchsetzungsvermögen, nach Kraft, wie auch danach, zu lieben und geliebt zu werden.

Grün in einem Traum wirkt sich sehr vorteilhaft auf Empfindungen von Reue aus, die tief in unserem Inneren schlummern. Es hilft Ihnen auch bei der Überwindung von Bindungen oder Abhängigkeiten, die Sie in irgendeiner Form einschränken, denn nicht wenige Ängste in unseren Herzen entstehen durch solche Verstrickungen. Natürlich sollen Sie genießen, was Ihnen gehört, was Sie bisher erreicht haben, doch ist es für den Seelenfrieden unendlich wichtig, sich aus jeder Abhängigkeit von Besitz zu befreien.

Grün ist die Farbe der Natur, sie steht für Üppigkeit, Überfluss und die sich ständig erneuernden Kräfte des Kosmos. Es wird immer genug da sein. Die amerikanischen Dollarnoten sind ebenfalls grün und der Dollar war viele Jahre lang eine starke Währung – als man verschiedene Details und Schattierungen in Rosé- bis Lilatönen mit auf die Scheine druckte, ging das einher mit dem Einbruch des Dollars auf den Weltmärkten. Auch Neuseelands Banknoten waren einmal grün, und als man ihnen eine andere Farbe gab, verfiel der neuseeländische Dollar. Das mögen Zufälle oder zufällige Zusammentreffen sein – aber doch sehr interessante!

Die grüne Energie ist außerordentlich hilfreich gegen Zweifel und Unsicherheit. Wenn wir über reinem Grün meditieren, dringen wir vor zu unserem wahren, offenen, zugänglichen, mitfühlenden und warmherzigen inneren Wesen. Ist das Herz offen und spüren wir, wie die Liebe des Kosmos unser ganzes Sein durchströmt, erfahren wir größte Sicherheit und größtes Selbstvertrauen. Wir lernen, unabhängig zu werden, vor allem von Besitz. Grün in Träumen entfaltet große Heilwirkung.

Blau

Blau ist die erste kalte Farbe des Spektrums und wird mit dem fünften Chakra, dem Hals- oder Kehlkopfchakra, assoziiert. Blau bringt uns auf den Weg der Suche nach innerer Wahrheit. Blau in einem Traum verhilft uns zu innerem Frieden und emotionaler Ausgeglichenheit. Es unterstützt uns dabei, nach unseren Idealen zu leben. Blau erhöht auch die spirituelle Sicherheit und den Wunsch nach innerem Verständnis.

Menschen mit der Lieblingsfarbe Blau sind im Allgemeinen idealistische, geduldige und beständige Seelen. Sie neigen zur Nostalgie, sind engagiert, gläubig, friedfertig und loyal. Als hochsensible Individuen fühlen sie sich ihren idealistischen Gedanken und Gefühlen sehr stark verpflichtet. Sie sehnen sich nach seelischem und geistigem Frieden, und davon lassen sie sich auch nicht abbringen.

Blau in einem Traum steht für Inspiration, Kreativität, spirituelles Verständnis, Glauben und Hingabe(-fähigkeit). In einem blauen Ambiente scheint die Zeit schneller zu vergehen, außerdem regt Blau das Gedächtnis an, deshalb eignet diese Farbe sich großartig für Wartebereiche und Lehr- bzw. Lernräume. Viel Blau in Ihren Träumen spiegelt Sanftmut und Milde, Zufriedenheit, Geduld und Gleichmut. Ein schmutzigtrübes Blau kann jedoch auf eine Depression hindeuten.

Blau wirkt lindernd auf Menschen mit Neigung zu zwanghaftem Handeln und Denken. Auf Menschen, die erstarrt sind und sich gegen jede Veränderung sperren, wirkt Blau befreiend. Der blaue Energiestrahl besitzt die Kraft zur Synthese und fügt Einzelelemente zu einem Ganzen zusammen. Die »echt blaue« Aufrichtigkeit manifestiert sich in allen Lebensbeziehungen. Sind wir aufrichtig zu uns selbst, können wir auch aufrichtig mit unseren Mitmenschen umgehen.

Magenta

Magenta gehört zum sechsten Chakra, dem Stirnchakra oder Dritten Auge, dem Sitz der Intuition. Magenta ist die »Traum-Farbe« schlechthin. Hören Sie besonders genau auf die Botschaften von Träumen mit viel Magentarot, Indigoblau und Violett – denn diese Farben stimulieren Ihr Verlangen nach

Verbindung mit dem Kosmos und nach konfliktfreien Partnerschaften sowie das Bedürfnis, bei der Entwicklung der Menschheit dabei zu sein. Gemeinsam mit der Farbe Blau wirken die verschiedenen Violett- und Magentatöne beruhigend, lindernd und tröstlich. Wenn Ihnen Magenta in einem Traum begegnet, ist das häufig ein Hinweis auf seelische Bewusstheit und Intuition. Schenken Sie solchen Träumen unbedingt Beachtung!

Dominiert das Magenta in einem Traum, gewährt uns das nicht selten eine Zukunftsvision, vergleichbar einem Adler, der aus der Ebene steil in die Lüfte steigt. Aus dieser Perspektive erkennen wir alles: das »Naheliegende« wie auch das »Jenseitige«. Das bedeutet, dass Magenta in einem Traum uns in die Zukunft blicken lässt. Derartige Träume haben häufig prophetischen Charakter. Jemand, der Magenta mag, ist in der Regel (mehr oder weniger) entrückt, inspiriert, voller Vertrauen in die Zukunft und fähig, sich auf die innere Dimension eines Mitmenschen einzuschwingen. Magenta aktiviert unsere spirituelle Seite und die Intuition.

Weiß

Weiß in einem Traum verweist auf die Vorstellungskraft und gehört traditionell zum siebten Chakra, dem Kronen- oder Scheitelchakra. Weiß besteht aus den Spektralfarben und schwingt am schnellsten, es besitzt die höchste Frequenz. Weiß lässt uns göttliche Einsicht und Erkenntnisse zuteilwerden, Demut und kreative Vorstellungskraft. Wie der frisch gefallene Schnee im Winter steht Weiß für Reinheit und wirkt reinigend. Da Weiß alle anderen Farben einschließt, sollten Sie Träumen mit viel Weiß besondere Beachtung schenken.

Weiß ist sehr segensreich für Menschen, die zu Tagträumen neigen und/oder Probleme haben, auf den Boden der Tatsachen zu kommen. Der weiße und der violette Energiestrahl stehen für die kreative Vorstellungskraft. Durch unsere Träume verhelfen sie uns zu einem spirituellen »Feintuning« und leiten uns in Richtung einer höheren Ebene, der Erfahrung der göttlichen Liebe. Wer sich zu Weiß besonders hingezogen fühlt, besitzt im Allgemeinen einen ausgeprägten Sinn für Wunder, Glücklichsein und Selbsthingabe. Als Heilfarbe kommt Weiß hauptsächlich all jenen zugute, die ein negatives Selbstbild haben, denn die Energie von Weiß besitzt die Kraft zur Transformation. (In einigen Kulturen verkörpert Weiß den Tod, für ihre Angehörigen kann Weiß im Traum auch das Ende einer Beziehung, eines Projekts oder eines bestimmten Abschnitts bedeuten.)

Rot

<u>Gut für:</u> Freiheit, Entschlossenheit, Ehre, Willenskraft, Stärke, Handlungsbereitschaft, Wachsamkeit, Unabhängigkeit, Motivation, Initiative, Führungskraft

<u>Löst:</u> Ärger, Frustration, Verwirrung, Gewalttätigkeit, Zerstörung, Rache, Rebellion, Impulsivität, Ungeduld

Orange

<u>Gut für:</u> Optimismus, Mut, Siegeswillen, Vertrauen, Enthusiasmus, Ermutigung, Anziehungskraft, Überfluss, Liebenswürdigkeit, Ausdehnung

<u>Löst:</u> Überlegenheit, Misstrauen, Stolz, Oberflächlichkeit

Gelb

Gut für: Freude, Ausdruck, Klarheit, geistige Urteilsfähigkeit, Organisationstalent, Detailkenntnis, Einschätzung, aktive Intelligenz, Disziplin, (Selbst-)Verwaltung, Mut

Löst: Einschränkungen, Fokussierungsschwäche, Verwirrung, Frustration, Angst

Grün

Gut für: Ermutigung, Großzügigkeit, Liebe, Vitalität, Kraft, Sicherheit, Offenherzigkeit, liebevolle Fürsorge, Durchsetzungsvermögen, Mitgefühl, Ausdehnung, Abgeben und Teilen, Harmonie, Ausgeglichenheit

Löst: Selbstzweifel, Besitzgier, Eifersucht, Eigennutz, Neid, Unsicherheit, Misstrauen

Blau

Gut für: Weisheit, Sanftmut, Akzeptanz, Vertrauen, Verständnis, Ablösung/Distanz, Liebenswürdigkeit, Mitgefühl, Geduld, Verzeihung, Empfindsamkeit, Kontemplation (nachdenkliche Betrachtung)

Löst: Selbstmitleid, Selbsthass, Getrenntheitsgefühle, Isolation, Sorgen, Depression(en), Passivität, Ängstlichkeit, (Gefühls-)Kälte, Abhängigkeit

Magenta

Gut für: Erleuchtung, Visionen, Weitblick, Vertrauen in die Zukunft, Intuition, außersinnliche Wahrnehmung, Feinfühligkeit

Löst: die Unfähigkeit, im Jetzt zu leben; Vergesslichkeit, Disziplinmangel, Groll, Getrenntheitsgefühle, Arroganz, Stolz, Verachtung

Weiß

Gut für: den mystischen Instinkt, Kreativität, spirituelle Erleuchtung, Meditation, Reflexion, tiefe innere Weisheit, Gnade, Freude, spirituelles Einssein

Löst: Besessenheit, Opfermuster, restriktives Verhalten, Intoleranz, den Hang zum Tagträumen, Kritiksucht, Negativität allgemein

Kapitel 26
Zahlen

Zahlen spielen in Träumen eine bedeutende Rolle, denn jede Zahl verkörpert spirituelle Kraft und besitzt eine spezifische Bedeutung. Indem Sie sich mit der Zahlensymbolik auseinandersetzen, können Sie neue Einsichten in Ihr inneres Wesen gewinnen. Zahlen besitzen tatsächlich nur Symbolcharakter, für sich allein genommen führen sie keine Veränderungen herbei. Zahlen können allerdings als Schlüssel zu Ihrem inneren Potenzial und der Sie umgebenden Energie dienen. Erscheint Ihnen im Traum eine Zahl oder eine Ziffernreihe in aller Klarheit, dann hat sie auf jeden Fall eine Bedeutung. Ein Beispiel: eine Hausnummer, vielleicht 723. Achten Sie darauf, ob Ihnen in Ihren Träumen an ähnlichen Objekten weitere Ziffern und Zahlen begegnen.

Der griechische Philosoph, Metaphysiker und Mathematiker Pythagoras brachte die Kunst der Weissagung auf Zahlenbasis zu einer neuen Blüte. Er war der Erste, der sich ausgiebig mit der Symbolik von Zahlen befasste und um 540 eine neue Wissenschaft begründete, die Numerologie. Glücklicherweise fielen seine Abhandlungen zu diesem Thema nicht dem Brand zum Opfer, der die meisten seiner Schriften vernichtet hat. Seine Geheimlehren wurden über die Jahrhunderte hinweg von den eingeweihten Meistern direkt an ihre Schüler weitergegeben. Und wenn ein Schüler zum Meister aufstieg, weihte er selbst seine Schüler in diese Mysterien ein. Dieser Prozess dauert bis zum heutigen Tag an.

Im Folgenden habe ich für Sie einige der metaphysischen Erkenntnisse auf dem Gebiet der Zahlenmystik und ihre (mögliche) Bedeutung als Traumsymbole zusammengefasst:

1 Unabhängigkeit ⋆ Neuanfänge ⋆ Einssein mit dem Leben ⋆ Selbstentwicklung, Individualität ⋆ Fortschritt ⋆ Kreativität

2 Ausgleich von männlichen und weiblichen Energien ⋆ Harmonie von Yin und Yang ⋆ Selbsthingabe ⋆ ein Paar sein ⋆ andere Menschen brauchen ⋆ andere vor sich selbst stellen ⋆ gegenseitige dynamische Anziehungskräfte ⋆ Wissen und Erkenntnis entspringt dem Gleichgewicht und der Verbindung der beiden Gegensätze

3 Die Dreiheit: Geist, Körper und Seele ⋆ die Dreieinigkeit ⋆ die Dreifaltigkeitsnatur des Göttlichen, ⋆ Ausdehnung ⋆ Ausdruck ⋆ Kommunikation ⋆ Spaß ⋆ Selbstausdruck ⋆ Die Zahl 3 ist zudem mit Geben, Offenheit, Ausgewogenheit und Optimismus verbunden. ⋆ »Aller guten Dinge sind drei«.

4 Sicherheit und Grundlagen/Fundamente ⋆ die vier Elemente und die vier Himmelsrichtungen ⋆ Selbstdisziplin bei der Arbeit ⋆ Die Zahl 4 steht für Produktivität, Organisation, Ganzheit, Einheit. ⋆ Viele Mandalas, vor allem tibetische, gehen von der Vier aus.

5 Gefühl der Freiheit * Die Fünf ist selbstbefreiend, aktiv, physisch, impulsiv, energetisch, abenteuerlustig und einfallsreich. * korrespondiert mit Reisen und Neugier * die Zahl der freien Seele, der Begeisterung und Veränderung

6 Eigene innere Ausgeglichenheit, vor allem durch eigenverantwortliches Handeln * familiäre Harmonie * Mitgefühl und Liebe * soziale Verantwortung * Schönheit * die Künste * Großzügigkeit * soziales Interesse und Fürsorge * Die Zahl 6 ist mit Kindern verbunden, mit Balance und Dienst an der Gemeinschaft.

7 Die innere Dimension * inneres Wissen * die sieben Chakren * Geburt und Wiedergeburt * Glaubensstärke * heilige Schwüre * Hang zu Ritualen, hauptsächlich auf spirituellem Gebiet * der Pfad der Einsamkeit * Analyse und Kontemplation

8 Symbol der Unendlichkeit * materieller Wohlstand * Eigenantrieb * Überfluss * kosmisches Bewusstsein * Belohnung/Anerkennung * Autorität * Führungsstärke

9 Humanität * Selbstlosigkeit * sein Leben anderen widmen * Die 9 ist die Zahl der Vervollständigung und der Beendigung. * Die 9 symbolisiert universelles Mitgefühl, Toleranz und Weisheit.

10 Ganzheit * Vollkommenheit

11 Selbsterleuchtung * Intuition * Hellsehen * spirituelles Heilen und andere metaphysische Begabungen * höhere Energieform der Zahl 2

12 Kraft innerhalb der Ganzheit ⋆ 12 Apostel ⋆ 12 Planeten ⋆ 12 Monate ⋆ 12 Geschworene

22 Unbegrenzte Meisterschaft auf einem bestimmten Gebiet – nicht nur spirituell, sondern auch physisch, emotional und mental

33 Das innere Heiligtum ⋆ der spirituelle Lehrer ⋆ kosmisches Bewusstsein ⋆ »Alles ist möglich.«

Für den Fall, dass in Ihren Träumen Zahlen erscheinen, die hier nicht aufgelistet sind: Achten Sie auf die einzelnen Ziffern – falls Ihnen beispielsweise die Zahl 43 im Traum unterkommt, schauen Sie nach der Bedeutung der einzelnen Ziffern, erst der 4 und dann der 3. Oder folgen Sie den Gedanken der Numerologie und zählen Sie die beiden Zahlen zusammen und lesen Sie nach, was sich hinter der Zahl 7 verbirgt.

Eine andere Form der Deutung in unseren Träumen auftauchender Zahlen besteht darin, zu überlegen, ob diese Ziffern und Zahlen sich auf ein bestimmtes Lebensalter oder ein Datum beziehen. So eine Traumzahl kann auch für ein bestimmtes Vorhaben oder Ziel stehen: Die Anzahl Ihrer (geplanten) Kinder, die Jahre, die Sie benötigen werden, um ein bestimmtes Projekt zu realisieren. Sie kann auch in die Vergangenheit weisen, vielleicht auf die Nummer des Hauses, in dem Sie als Kind gewohnt haben.

Kapitel 27
Tiere

Tieren, die in unseren Träumen erscheinen, kommt immer eine Bedeutung zu! Im Lauf der Zeit hat man mit Tieren immer wieder andere Eigenschaften verbunden oder ihnen neue Bedeutungen zugeschrieben, die auch stets den spirituellen Bereich miteinbezogen. In den Augen der Angehörigen von Eingeborenenvölkern besaßen die Geister von Tieren eine Wächterfunktion. In den meisten Stämmen war es praktisch unmöglich, als Schamanin oder Medizinmann aktiv zu sein, ohne für seine (Heilungs-)Rituale Unterstützung aus dem Tierreich zu erbitten. Dabei repräsentierte jeder Tiergeist eine bestimmte menschliche Fähigkeit. Wenn nun ein Tier in einem Traum auftauchte, gingen die Eigenschaften dieses Tiergeists als Geschenk auf den Träumenden über.

In der indianischen Überlieferung symbolisiert der Kojote traditionell den »weisen Narren« und steht für Ausgelassenheit, aber auch für Bosheit und Schadenfreude. Die Eule verkörpert Transformation und altes Wissen, der Bär Heilung und Kraft. Von einem dieser Tiere zu träumen, verhilft Ihnen möglicherweise dazu, seine Qualitäten zu erwerben und in Ihr Leben zu integrieren. Kinder und besonders naturverbundene Menschen träumen öfter von Tieren als die meisten durchschnittlichen Erwachsenen. Wer dazu übergeht, sein Leben den Zyklen der Natur anzupassen, in dessen Träumen werden Tiere eine zunehmend wichtigere Rolle spielen, und er wird beginnen, die mit ihnen assoziierten Eigenschaften in sich aufzunehmen.

Einige schamanische Praktiken kennen folgende Regel: Hat jemand drei Mal hintereinander vom selben Tier geträumt, so gilt es als sein Krafttier. Schamanen können mit vielen Krafttieren oder Totems in Verbindung stehen, doch in den meisten Fällen haben sie ein Haupttotem.

Ein Tier, das Sie in Ihren Träumen besucht, kann Ihr Totem sein und zugleich die mit ihm in Verbindung gebrachten *Eigenschaften* vertreten. In Träumen auftauchende Tiere können symbolhaft zum Ausdruck bringen, dass jemand »sich wie ein Tier verhalten hat«. Darüber hinaus repräsentieren Ihre Traumtiere möglicherweise jene lebenden Artgenossen, die Sie in Ihrem Leben einmal begleitet haben – und Ihre Liebe zu ihnen. Natürlich können sie zusätzlich auch für die ihnen zugeschriebenen Qualitäten stehen.

Kontakt mit Tieren aufnehmen

Wenn Sie in Ihren Träumen das Königreich der Tiere betreten, werden Sie bemerken, dass (und wie) sich auch Ihre Beziehung zur Natur mit ihren Geschöpfen in Ihrem Wachbewusstsein vertieft – vielleicht nimmt sie gar ähnliche Formen an wie bei den Eingeborenenstämmen. Die amerikanischen Ureinwohner waren (und sind) eng mit dem Tierreich verbunden. Die Angehörigen der Ursprungsvölker entwickelten ein – überlebensnotwendiges – großes Geschick im Herbeirufen von Tieren. Sie lernten, mit den Geistern von Elch, Hirsch, Reh und Büffel zu sprechen, und baten sie um Führung bei der Jagd. Und immer, wenn sie ein Tier töteten, taten sie es voll Achtsamkeit – denn sie glaubten, dass der Geist des betroffenen Tieres sich selbst als Opfer zur Verfügung gestellt hatte, um den Stamm mit Nahrung zu versorgen.

Die Fähigkeit, mit Tieren Kontakt aufzunehmen, wird auch Ihre Verbundenheit mit den Erdzyklen vertiefen. Wenn sie das Tierreich erst einmal in ihren Träumen betreten haben, sind sogar solche Menschen zu diesem inneren Kontakt imstande, die davor sicher zu sein glaubten, diese Fähigkeit nicht zu besitzen oder ausbilden zu können. Mir selbst war diese Praktik bei der Bekräftigung meiner Verbindung mit Mutter Erde ausgesprochen hilfreich.

Ich erinnere mich an ein Ereignis in Mexiko. Es war vier Uhr morgens und ich genoss die Ruhe eines dunklen Strands in einem kleinen Fischerdorf nördlich von Puerto Vallarta. Ich zog die Knie an meine Brust, schlang die Arme darum und stellte mich innerlich auf den tiefen Rhythmus des Ozeans ein. Während ich eine einsame Seemöwe beobachtete, deren Silhouette sich am morgendämmrigen Himmel abzeichnete, fand ich mich in Gedanken über den Sinn und Zweck meines Lebens wieder. Im Allgemeinen pflege ich mich nicht mit derartigen Themen zu befassen – meiner Ansicht nach kennt das Universum keine Zufälle –, doch in der Einsamkeit dieser frühen Morgenstunde rang ich mit der Frage nach Gott und dem Sinn meines Daseins.

Als die Nacht der goldenen Wärme eines neuen Tages gewichen war, schlenderte ich langsam zurück zu unserem Ferienbungalow. Unterwegs tauschte ich einen Gutenmorgengruß mit David, der mit einem ortsansässigen Fischer zum Hochseeangeln ging. Ich hatte zwar keinerlei Erfahrung mit diesem Sport, dachte mir aber, es könnte zur Beruhigung meines aufgewühlten Gemüts beitragen, wenn ich mit den beiden aufs

Meer hinausführe. Also schloss ich mich David und dem Fischer an.

Schnell glitten wir in unserem kleinen Boot dahin. In der Hoffnung, mit dem Geist des Meeres Kontakt aufnehmen zu können, richtete ich mein Bewusstsein ganz auf das ruhige Wasser. Die Fähigkeit, Tiere herbeizurufen, besitze ich schon seit vielen Jahren – vielleicht ist sie Teil meines indianischen Erbes. Grundsätzlich kommuniziere ich jedes Mal nur mit dem Geist *einer* bestimmten Tiergattung. An diesem Morgen jedoch wollte ich einfach mit dem Geist des Meeres als Ganzem in Verbindung treten. Obwohl meine grüblerische Stimmung am frühen Morgen mich auch an meinem Geschick hatte zweifeln lassen, überhaupt mit irgendeinem Geist Kontakt aufnehmen zu können, bat ich den Geist des Meeres um das eine oder andere Wunder. Etwas Bestimmtes schwebte mir dabei nicht vor.

Mit einem Mal schoss unmittelbar rechts neben unserem Boot raketengleich ein Wal aus den Tiefen des Meeres in die Höhe – zehn Meter lange, geballte Energie. Er hinterließ eine glitzernde und funkelnde Sprühnebelwolke. Immer wieder drängten Wale aus dem Wasser empor, mit der Wucht und Masse anfahrender Lokomotiven, Gischt und Schaum in ihrem Kielwasser. Und dann, ebenso plötzlich, kehrte Ruhe ein, nur das leise Glucksgeräusch unseres sanft auf dem Meer schaukelnden 3,60-Meter-Boots war noch zu vernehmen. Die Erhabenheit dieser von Kraft und Anmut geprägten Augenblicke hielt uns in ihrem Bann.

Plötzlich durchstieß ein Jungwal in Reichweite unseres kleinen Boots die Stille, stieg aus der Meerestiefe auf und schien sekundenlang in der Luft zu stehen. Das Wasser floss in funkelnden und schäumenden Bächen von seinem Körper und zurück in den Ozean. Ebenso lässig, wie er erschienen war, tauchte der Wal wieder ab.

Den alten Mexikaner, Fischer und Eigentümer des Boots, hatte das Schauspiel überwältigt. Obwohl er während der letzten sechs Fangsaisons beinahe jeden Tag in diesem Gebiet auf dem Wasser gewesen war, hatte er so etwas noch nie zu Gesicht bekommen. Alle drei saßen wir ganz still da und dachten an das Wunder, dessen Zeugen wir gerade geworden waren. Dann hefteten Davids Augen sich an den Horizont. »Haie!« stieß er in eindringlichem Tonfall hervor und zerstörte damit die schöne Stimmung.

Unsere Augen folgten den seinen und wir sahen unheilverkündende schwarze Flossen drohend auf uns zuhalten. Sämtliche Szenen aus dem Film *Der Weiße Hai* explodierten in meinem Kopf.

Doch dann verwandelte sich das Meer vor unseren Augen in eine Bühne und wir wurden von einem munteren Wasserballett überrascht: Delphine umkreisten unser Boot, tauchten spielerisch ins Wasser ein und schnellten wieder hoch. Die dunklen Flossen gehörten ihnen – nicht Haien!

Mindestens 50 Delphine tanzten um unser Boot herum, einige nur wenige Zentimeter von meinen ausgestreckten Händen entfernt. Doch die Nähe so vieler Delphine beunruhigte den Mexikaner, er nahm Fahrt auf und gab ordentlich Gas beim Versuch, den munteren Meeressäugern zu entkommen … aber ganz gleich, wie schnell das kleine Boot auch flitzte, die Delphine ließen sich nicht abschütteln! Schließlich blieb die Delphinschule doch allmählich hinter uns zurück, nur zwei der Tiere schwammen weiter mit. Als der Fischer die Geschwindigkeit des Boots drosselte, behielt die Delphinschule ihre Distanz zu uns bei. Wir beobachteten, wie die Sonnenstrahlen auf ihren Rücken tanzten und sich darin spiegelten, bis sie in der Entfernung mit dem Meeresblau verschmolzen. Der Fischer konnte in seiner Verwirrung nur etwas von »Paarungszeit« nuscheln.

Dieser unvergessliche Kontakt mit dem Tierreich bestärkte meinen Glauben daran, wie sehr wir alle Teile von allem und damit eins sind, und demonstrierte zugleich die Wirkung des Kontakts mit dem Tierreich.

Tiere herbeirufen

Indem Sie lernen, Tiere herbeizurufen, verbinden Sie sich mit den unsichtbaren Welten und finden den Mut, die unsichtbaren Traumreiche voller Zuversicht zu betreten.

Erster Schritt: Lösen Sie alle Zweifel auf und machen Sie sich bewusst, dass Sie sich tatsächlich mit den Geistern von Tieren und Pflanzen verbinden können.

Zweiter Schritt: Fangen Sie damit an, Ihre Träume auf den Kontakt mit dem Tierreich zu programmieren.

Dritter Schritt: Versuchen Sie vor dem Zubettgehen, in Ihrer Fantasie den Geist eines bestimmten Tieres oder einer bestimmten Pflanze zu erreichen. Diesen Schritt können Sie auch schon mitten am Tag im Wachbewusstsein unternehmen. Ein Beispiel: Falls Sie Forellen angeln, könnten Sie sich zunächst einmal vorstellen, wie der Forellengeist wohl beschaffen sein mag. (Nach dieser Methode verfahren die amerikanischen Ureinwohner.) Dann sprechen Sie den Geist an – mit Achtung und Bescheidenheit:

»Ich sende dir meinen Gruß, Forellengeist! Ich komme in Dankbarkeit und Liebe zum Forellenreich. Ich bitte dich, sende mir eines deiner Mitglieder in Zuneigung. Wie wir wissen, gibt es keinen Tod … nur Transformation … und wenn eine Angehörige deiner Gattung zu uns herauskommt, nehmen wir dieses Geschenk als großen Gefallen an und werden dich dafür ehren.« Etwa in diesem Moment können Sie mit einem Ruck an Ihrer Angelschnur rechnen.

Vierter Schritt: Jedes Tier und jede Pflanze hat ihren eigenen, spezifischen Ton oder ihre Schwingung. Versuchen Sie, sich diesen Ton vorzustellen und anschließend mit stimmlichen Mitteln nachzuahmen. Sollte Ihnen das Schwierigkeiten bereiten, stellen Sie sich vor, den Laut in Ihrem geistigen Ohr zu vernehmen, oder machen Sie ihn einfach nur im Geist nach. Das ist der Ruf. Vergessen Sie nicht, dass Sie Ihre Fähigkeit dazu nicht in Zweifel ziehen dürfen. Bei dieser Technik bildet Zweifel die größte Hemmschwelle. Sie können diesen Ruf auch direkt vor dem Einschlafen aussenden. Fordern Sie ein bestimmtes Tier auf, Sie in Ihren Träumen zu besuchen, und hören Sie genau hin, welche Botschaften das Tier Ihnen im Traum übermittelt.

Meine Rufe sind mitunter auch schon buchstäblich nach hinten losgegangen: Einmal bemerkte ich in der Nachbarschaft einen Bienenschwarm und dachte, wie schön es doch wäre, wenn sie in den Garten hinter unserem Haus herüberkämen, damit meine Tochter sie vom Fenster aus beobachten könnte. Niemals zuvor hatte ich versucht, Angehörige des Insektenreichs herbeizurufen, doch ich dachte bei mir, es könne ja nicht so viel anders sein, als mit einem anderen Tier oder einer Pflanze Kontakt aufzunehmen.

Zuerst versuchte ich, die richtige Schwingung, den richtigen Summton oder die Resonanzqualität des Bienenkönigreichs zu treffen. Als ich das Gefühl hatte, den richtigen Ton gefunden zu haben, wiederholte ich ihn mehrmals im Geist. Ich sandte den Ruf aus und wartete ... nichts geschah.

Etwa eine Stunde danach hörte ich meine Tochter schreien. Ich rannte hinaus und wurde von einem Riesenschwarm *Wes-*

pen begrüßt! Sie waren gerade dabei, sich in unserem Garten häuslich niederzulassen, weil sie ihn als ihre neue Heimat betrachteten …

Die Bedeutung der einzelnen Tiere

Landtiere

Affe: Schutz ⋆ Familie ⋆ Findigkeit ⋆ Geschicklichkeit
Amerikanischer Elch: Ausgeglichenheit ⋆ Sanftmut gepaart mit Stärke ⋆ majestätisch und zugleich unbeholfen
Antilope: Schnelligkeit ⋆ Reaktionsgeschwindigkeit ⋆ Agilität
Bär: Heiler ⋆ Stärke ⋆ Stehvermögen ⋆ Selbstbeobachtung
Biber: Ausdauer ⋆ Gruppenharmonie ⋆ Produktivität
Bison/Büffel: Überfluss ⋆ Mut ⋆ Entschlossenheit
Bulle: Stärke ⋆ Sturheit ⋆ Entschlossenheit ⋆ Kraft ⋆ Fruchtbarkeit
Dachs: Grimmigkeit ⋆ Mut ⋆ Beharrlichkeit ⋆ Kühnheit
Eichhörnchen: Energie ⋆ Intelligenz ⋆ Entdeckerfreude
Elch: Stehvermögen ⋆ Adel ⋆ Kriegsgeist
Elefant: Geduld ⋆ Majestät ⋆ Kraft
Esel/Maultier: Trittsicherheit ⋆ Entschlossenheit
Flusspferd: Geburt ⋆ Verkörperung der Großen Mutter
Fuchs: Tarnung ⋆ Gerissenheit ⋆ Schnelligkeit
Giraffe: Weitblick ⋆ Zielstrebigkeit
Hund: Loyalität ⋆ Schutz ⋆ Treue
Kaninchen/Hase: Fruchtbarkeit ⋆ Intuition ⋆ Gedankenschnelle
Katze: Unabhängigkeit ⋆ Klugheit ⋆ Rätselhaftigkeit
Kojote: Klugheit ⋆ Verspieltheit ⋆ Familiensinn
Kuh: Fruchtbarkeit ⋆ Zufriedenheit

Leopard/Panther: Tapferkeit * Flüchtigkeit * Undurchschaubarkeit * verborgenes Wissen
Löwe: Selbstvertrauen * Ausstrahlung von Stärke
Maus: Entdeckerfreude * Blick fürs Detail * Unsichtbarkeit * prüfender Blick
Opossum: Strategie * Bewegungslosigkeit
Panther/Leopard: Intuition * innere Kraft
Pferd: Kraft * Freiheit * Anmut/Eleganz
Puma/Berglöwe: Stärke * Selbstvertrauen
Ratte: Gerissenheit * Bestimmtheit * Intelligenz
Rhinozeros: altes Wissen * große Stärke
Rotwild/Hirsch: Anmut * Fruchtbarkeit * Regeneration * Stärke
Schwein/Eber/Sau: Mut * Schläue
Stinktier: Selbstachtung * Selbstvertrauen * Courage
Waschbär: Anpassung * Kreativität * Gewandtheit
Widder/Schaf: (auch) in brenzligen Situationen in seiner Mitte bleiben
Wiesel: Heimlichkeit * Gerissenheit * Schläue
Wolf: Familie * Loyalität * Stärke
Ziege: Trittsicherheit * neue Höhen erreichen

Wassertiere und Fische

Aal: Gnade * Kraft
Delphin: Freude * Frieden * heiliger Bote * Weisheit
Fisch allgemein: Fruchtbarkeit * Christus-Licht * Überfluss
Lachs: spirituelles Wissen * Entschlossenheit
Oktopus: altes Wissen * Beharrlichkeit * Hartnäckigkeit
Otter: Freude * Verspieltheit * Paarungsbereitschaft
Robbe/Seehund: Anmut * Freude * Verspieltheit
Thunfisch: alte Kraft * Stärke * Mobilität
Wal: Vertrauen * Gleichgewicht * Harmonie

Vögel und Flügeltiere

Adler: Erleuchtung * Geist * Kraft * Schöpferkraft
Amsel: altes Wissen * inneres Wissen * Mystizismus * verborgene Einblicke
Blauhäher/Eichelhäher: Mut * die Wahrheit sagen * Anpassungsfähigkeit
Eisvogel: Friede * Wohlstand * Liebe * glückhaftes Schicksal
Elfenblauvogel: Freude * Vertrauen * Sanftmut * Bescheidenheit * Zufriedenheit
Ente: emotionale Ausgeglichenheit * häusliche Harmonie
Eule: weise * visionär * magisch * weibliche Energien * Trägerin uralter Geheimnisse
Fledermaus: Transformation * Urdunkel * Wiedergeburt * Initiation * heilige Mysterien * die Große Mutter
Gans: heiliges Streben * Transformation * mystische Reisen * Gemeinschaft(-sinn)
Geier: Tod und Wiedergeburt * Prophetie * die Große Mutter
Hahn/Gockelhahn: Sexualität * Wachsamkeit * Fruchtbarkeit * Enthusiasmus
Huhn: Pflichterfüllung * Opfer * Fruchtbarkeit
Kanarienvogel: heilige Töne/Klänge * Empfindsamkeit * Öffnung des Kehlkopfchakras
Kardinal: Vertrauen * Vitalität
Kolibri: Vergnügen * unermüdliche Energie * Freude * Hoffnung
Krähe: Magie * Mysterium * große Intelligenz * Botin aus dem Reich des Spirit
Kranich: Langlebigkeit * Konzentration * Disziplin * Wachsamkeit
Meise: Fröhlichkeit * Freude * Beständigkeit * Furchtlosigkeit
Möwe: emotionales Gleichgewicht * Kommunikation * Botin der Spiritualität
Papagei: Optimismus * Freude/Vergnügen * Vertrauen

Pelikan: Großzügigkeit * Selbstaufopferung * Schwung * Elan * Wohlstand
Pfau: Großartigkeit * heiliger Schutz * Würde * Selbstvertrauen
Rabe: Bote des Großen Geistes * alte Mysterien * Gestaltveränderung * »Gestaltwandler«
Reiher: Würde * Selbstsicherheit * Individualität * Geduld
Rotkehlchen: Neuanfänge * Freude * Aktivierung innerer Kreativkraft * Glück
Schwalbe: Wagemut * Kühnheit * Freiheit * Anmut
Schwan: Transformation * Intuition * Gnade * höhere Weisheit * innere Schönheit
Specht: Fleiß * Konzentration * heilige Rhythmen
Sperling/Zaunkönig: Fröhlichkeit * Heimatliebe * Fruchtbarkeit * Kühnheit * Ausdruckskraft
Storch: Fruchtbarkeit * Ausgeglichenheit * Neuanfänge
Strauß: geerdet * in der Balance zwischen altem Wissen und praktischer Lebensführung
Taube: Friede * weibliche Energien * Mutterinstinkt * Sanftmut * Liebe
Truthahn/Pute: Segnungen * Großzügigkeit * Pflichterfüllung
Turmfalke: Geschwindigkeit * Anmut * Kraft * absolute Entschlossenheit, (s)ein Ziel zu erreichen
Wanderfalke: Visionär * Stärke * Bote des Großen Geistes * Entschiedenheit

Amphibien und Reptilien

Chamäleon: Anpassungsfähigkeit * Veränderungsbereitschaft * Kunst der Unsichtbarkeit * Empfindsamkeit
Eidechse: Hüterin der Traumzeit * Weissagung
Frosch: Transformation * Reinigung * Neubeginn
Kobra: Majestät * Kraft * Weisheit (siehe auch *Schlange*)

Kröte: Wohlstand * Überfluss * Erdgeist
Krokodil/Alligator: alte Kraft * Initiation
Schildkröte: Langlebigkeit * Stabilität * Heimat * Mutter Erde
Schlange: Weisheit * Initiation * Transformation * Kreativität * Heilung

Spinnen und Insekten

Ameise: Fleiß * Ausdauer * Gemeinschaft(-ssinn)
Biene: Fruchtbarkeit * Überfluss * Konzentration * Liebe
Käfer/Skarabäus: Metamorphose * Schöpferkraft * Auferstehung
Libelle: Traumbote * Freude * Licht
Schmetterling: Transformation * Transmutation * Freude * Schönheit
Spinne: Kreativität * Schicksal

Mythische Wesen und Geschöpfe aus der Mythologie

Drache: enorme spirituelle Kraft * Schutz
Einhorn: Liebe * Sanftmut * Stärke * Reinheit
Greif (halb Löwe/halb Adler): Verbindung zwischen Himmel und Erde
Kentaur (Oberkörper Mensch/Unterkörper Pferd): mystische männliche Kraft
Pegasus (Flügelpferd): spirituelle Inspiration * Gnade * Heiligkeit
Phönix (Vogel, oft reiherähnlich): Transformation * Unsterblichkeit * Wiedergeburt * Neubeginn
Satyr (männliches Wesen mit Bocksfüßen, Schwanz und Flöte): Naturgeist * Musik * Tanz * Vergnügen
Sphinx (geflügelter Löwe mit Frauenkopf): Initiation * Dunkle Mutter

Kapitel 28

Verzeichnis der Traumsymbole

Ein Lexikon der Träume und Traumsymbole vermittelt seinem Benutzer unter Umständen eine trügerische Sicherheit, die ihn daran hindert, die Suche nach der Bedeutung seiner Träume weiter voranzutreiben. Freud beispielsweise interpretierte längere zylindrische Gegenstände nahezu ausschließlich als Phalli. So eine einseitige Auslegung könnte den Träumenden auf einen bestimmten Seelenpfad bringen. In diesem Kontext hat man übrigens die interessante Beobachtung gemacht, dass Menschen, die bei einem Freudianer in Behandlung sind, tatsächlich zu Träumen Freud'scher Prägung tendieren, während die Klientel eines Jungianers in ihren Träumen bevorzugt humanistisch-freigeistig unterwegs ist. Genauso neigen Menschen, die mit psychischen Phänomenen zu tun haben, zu Träumen mit entsprechenden Seeleninhalten.

Die Autoritäten auf dem Gebiet der Träume sind bei ihrer Deutung von Symbolen selten einer Meinung. Deshalb kann der Gebrauch eines Traumsymbol-Lexikons im besten Fall eines leisten: Sie dabei unterstützen, *Ihre eigene* Deutung zu finden. Dass sich schon die Fachleute hinsichtlich der Definitionen nicht einigen können, zeigt, dass *ausschließlich der Träumende die wahre Bedeutung seiner Träume (er)kennen kann.*

Dazu gebe ich Ihnen ein anschauliches Beispiel: einen Traum, in dem grüne Äpfel vorkommen. Laut dem ersten Traumlexikon weisen grüne Äpfel auf einen Verlust durch eigene Dummheit hin. Ein anderes stellt den Zusammenhang mit einem nervösen Magen her, während das dritte die Äpfel mit dem Paradies und dem Sündenfall in Verbindung bringt und zu dem Schluss kommt, sie verkörperten die Versuchung. In Ihnen jedoch könnten die grünen Äpfel mit der Erinnerung an viele Stunden im großväterlichen Obstgarten verknüpft sein. Vielleicht hat Opa Sie an der Hand genommen und Ihnen die Ernte gezeigt, sodass Sie Stolz und Freude über die guten Ergebnisse seiner harten Arbeit mit ihm teilen konnten. Ihre Erinnerungen umfassen dabei möglicherweise eine ganze Skala verschiedener Empfindungen, von der Liebe zu Ihrem Großvater bis zu der Angst vor der harten Arbeit, die erforderlich war, um eine reiche Ernte hervorzubringen. Vielleicht nimmt Ihr Traum mit den grünen Äpfeln Bezug auf eines dieser Gefühle.

Mitunter werden Sie auch Symbolen mit metaphorischem Charakter oder sogar (gelegentlich recht ulkigen) Wortspielen begegnen. So könnten etwa die in Ihren Träumen immer wieder an den unpassendsten Orten auftauchenden Wollfäden und -knäuel etwas damit zu tun haben, dass Sie etwas dringend »wollen«. Der hechelnde Hund, dem offensichtlich sehr »heiß« ist, könnte das Relikt einer Erinnerung an ein gemeinsam mit Ihrem Vater besuchtes Fußballspiel sein, in dessen Pause Sie beide einen »Hot Dog« verdrückt haben.

Doch vergessen Sie bei alldem eines nie: Ausschließlich der Träumende – nicht der Traumdeuter und genauso wenig ein Verzeichnis von Symbolen mit Interpretationen – kann die wahre Bedeutung seines Traums (er)kennen. Betrachten Sie daher die Deutungsvorschläge in meinem Buch nur als »Gedankensprungbretter«. Einige dieser Traumbedeutungen sind wörtlich genommen, bei anderen handelt es sich um allgemein bekannte symbolische Interpretationen. Manches sind Metaphern oder Wortspiele (wie die beiden oben genannten Beispiele), wieder andere basieren auf reiner Intuition. (Falls Sie das Thema interessiert und Sie Ihre Kenntnisse vertiefen möchten, empfehle ich Ihnen mein Buch *The Secret Language of Signs*.) Wenn Sie einen Traum näher untersuchen wollen, orientieren Sie sich am folgenden Verzeichnis, die Stichwörter sind alphabetisch geordnet, sie umfassen Gegenstände, Gefühle und körperliche Empfindungen. Lesen Sie dann in Ruhe die verschiedenen Deutungen durch und prüfen Sie, ob eine davon Ihnen stimmig erscheint. Finden Sie heraus, welche Bedeutungen Sie selbst dem betreffenden Symbol zuordnen würden. Diese Liste ist weniger als maßgeblicher Leitfaden für Sie gedacht als vielmehr dazu, *Ihr eigenes inneres Wissen* aus Ihnen »herauszulocken«.

Alphabetisches Verzeichnis der Traumsymbole

A

Abfall siehe *Müll*

Abgrund/Tiefe
Sich eine alte und tief vergrabene Angst zu Bewusstsein bringen * eine unüberwindbare Kluft in Ihrem Leben * drohende Gefahr, entweder innerlich oder von außen * der Tod des Egos

Abschluss/Abschließen
Möglicherweise senden Sie zu viel Energie aus und behalten dadurch nicht genug für sich selbst übrig, daher ist es an der Zeit, Ihre Energie »einzuschließen« * Etwas in sich einzu-

schließen oder für sich zu behalten, verweist auf das Bedürfnis nach höherer Selbstakzeptanz. * etwas in sich »verschließen«, das einem selbst unerwünscht ist * Sich im Traum in einem Haus oder einem anderen Gebäude aufzuhalten und andere auszusperren, kann stellvertretend für einen Abschluss der eigenen Person vor der Realität stehen. * andere Menschen ausschließen

Abszess/Geschwulst
Eine Situation kurz vor der Eskalation * unterdrückter Ärger * eine akute Infektion * Kochendes Wasser kann auf reinigende, sich in Bewegung und Wandel befindliche Gefühle hindeuten.

Abtei (siehe auch *Kirche*, *Heim*, *Haus*, *Kloster*, *Tempel)*
Üblicherweise eine alte heilige Stätte, möglicherweise ein machtvolles Symbol des heiligen und göttlichen Ortes in einem selbst * kann die spirituelle Essenz eines Menschen verkörpern

Abtreibung/Fehlgeburt
Angst vor dem Verlust der eigenen inneren Neu-/Wiedergeburt oder vor dem Verlust neuen Potenzials im eigenen Leben * Justizirrtum * plötzliche Veränderungen im Leben

Achillesferse
Eine verwundbare Stelle

Acht (siehe auch *einzelne Zahlen* sowie *Kapitel 26*)
Aufgrund ihrer Form wird diese Zahl mit dem Heroldsstab, dem Zeichen des Götterboten Hermes/Merkur und den beiden verflochtenen Schlangen in Verbindung gebracht, später wurde er zum Symbol für Fruchtbarkeit. Ebenfalls ihrer Form wegen steht die Acht für die Doppelhelix der DNA und das

sich hoch aufspannende Himmelszelt. In der Pythagoreischen Zahlenmystik gehört die Zahl Acht in den Bereich des Materiellen, sie kann Unendlichkeit, Ich-Stärke, Überfluss, kosmisches Bewusstsein, Dank und Lohn, Autorität und Führungsstärke repräsentieren. In China wird die Acht mit Reichtum assoziiert, weil das Wort sich lautlich auf das chinesische Wort für Geld reimt. Die Acht kann auch bedeuten, dass man durch Organisation, Disziplin und Arbeit in der materiellen Welt großen Erfolg erzielt.

Adler
Eines der Hauptsymbole der amerikanischen Ureinwohner * tief greifende persönliche Kraft und Stärke * nationale Macht * Ihr spirituelles, aufsteigendes Selbst * die Fähigkeit zum oder das Bedürfnis nach Weitblick

Affe/Menschenaffe
Primitive Kraft * Clown * Spaßmacher * Sie parodieren, imitieren oder kopieren andere, anstatt Ihre eigene Wahrheit zu finden.

Aggression
Die verborgene Aggression in Ihnen selbst, die Sie leugnen * Jemand, der sich Ihnen gegenüber aggressiv verhält, auch wenn Ihnen das vielleicht gar nicht wirklich bewusst ist.

Aladin
Das Leben kann zauberhaft sein. * Ihre Wünsche können in Erfüllung gehen.

Alarm(anlage)/Warnsignal
Mögliche Warnung * Lassen Sie Vorsicht walten, es könnte Gefahr im Verzug sein!

Albtraum
Albträume sollten Sie grundsätzlich als positive Erfahrungen betrachten: Ihre Albträume ermöglichen Ihnen, sich mit den ungelösten Problemen Ihres Alltags zu befassen, die Sie von Ihrem Bewusstsein fernhalten. Diese ungelösten Probleme betreffen jeden Aspekt Ihres Lebens, einschließlich Ihrer Gesundheit und Ihrer Beziehungen. Der Albtraum ist eine Therapiemethode Ihres Unterbewusstseins, um diese ungelösten Probleme in Heilung zu bringen. Feiern Sie Ihre Albträume! ⋆ Stellen Sie sich vor, in Ihren Albtraum zurückzugehen und ihn ein paar Mal nachzuspielen. Verändern Sie die Umstände des Traums zu einem Happy End. Das wird Sie bei der Heilung der unerlösten Bereiche Ihres Lebens unterstützen, denn genau daher rührten Ihre Albträume ja.

Alkohol
Sich betäuben ⋆ seine Sinne trüben ⋆ Selbstverleugnung und Flucht aus der Lebensrealität ⋆ kann auch für Kameraderie stehen: »Wein, Weib und Gesang« ⋆ kann auf Transformation hindeuten (Jesus beim Letzten Abendmahl: »Und er nahm den Kelch und dankte, gab ihnen den und sprach: ›Trinket alle daraus; das ist mein Blut des neuen Testaments, welches vergossen wird für viele zur Vergebung der Sünden‹.« Matt. 26, 27)

Allee
Die »Kehrseite der Medaille«: die Rückseite der Fassade, die wir der Welt präsentieren

Allergie
Sensibilität ⋆ Empfindlichkeit dem äußeren Umfeld gegenüber ⋆ Unfähigkeit, sich Außenreizen zu entziehen/zu widersetzen oder andererseits sie aufzunehmen

Alligator
Verborgene, furchteinflößende Kraft und Stärke * Schwierigkeiten unter der Oberfläche

Altar
Seinen Fokus auf den »inneren Gottesdienst« und die Verehrung der spirituellen Aspekte des Lebens richten. * Ein für Sie heiliger Ort, an dem Sie sich auf all das besinnen, was im Leben wirklich zählt. * Opfer

Ameise
Fleißig, produktiv und immer in Aktion * stark * Ameisen bewegen Nahrung und Baumaterial, das größer und schwerer ist als sie selbst. * Gemeinschaftssinn oder soziales Engagement, mitunter zum Nachteil der eigenen Persönlichkeit

Amputation
Den Teil von sich selbst aufgeben, der mit dem im Traum amputierten Körperglied assoziiert wird. (Ein amputiertes Bein kann darauf hindeuten, dass Sie Ihrer eigenen Meinung nach »kein Bein zum Draufstehen«, also keine Standfestigkeit, besitzen; eine fehlende Hand auf das Unvermögen, eine Situation »in die Hand zu nehmen«.) * Teile Ihres Selbst aufgeben, die Sie als integrale Bestandteile Ihrer Identität betrachtet hatten, die jedoch nicht wirklich zu Ihrem wahren Sein gehörten. * Mangel an Mobilität in Ihrem Leben * Menschen, Situationen oder Teile von sich selbst »abschneiden«, die Sie lieber in Ihr Leben einfügen sollten, anstatt sich davon zu trennen.

Anästhesie
Taub sein für Ihre Sinne * die Unfähigkeit, die Außenwelt wahrzunehmen * »Lebensvermeidung«

Angst
Fehlendes Vertrauen in den »großen Plan« Ihres Lebens * Überprüfen Sie Ihr Leben, um die Quelle des Misstrauens oder des fehlenden Vertrauens aufzuspüren.

Ängste
Wenn Sie sich vor irgendetwas in Ihren Träumen fürchten, konfrontieren Sie sich damit: Aller Wahrscheinlichkeit nach handelt es sich dabei um einen von Ihnen nicht akzeptierten, verdrängten Wesensanteil. (Stellen Sie sich vor, Sie gehen in Ihren Traum zurück und bieten Ihrer Angst die Stirn.) * Irgendetwas in Ihrem Leben flößt Ihnen Furcht ein, wobei Sie sich dessen vielleicht gar nicht bewusst sind.

Anker
Stärke * Erdung * Anhänglichkeit einer Person oder einem Ort gegenüber

Ankh (ägyptisches Henkelkreuz, Lebensschleife)
Uraltes ägyptisches Symbol für spirituelle Weisheit, Lebenskraft und Unsterblichkeit * möglicherweise ein Zeichen aus einem früheren Leben

Anorexie
Fehlende Selbstakzeptanz * das Bedürfnis nach totaler Kontrolle

Antenne
Übermitteln und Empfangen von Ideen und Energie * bewusste Wahrnehmung der Welt um Sie herum * sich auf Menschen und Situationen einstellen

Antike

Verbindung mit der Vergangenheit * ein altes Muster oder Glaubenssystem, das keinen Sinn mehr ergibt

Apfel

Weisheit * Heilungspotenzial * Ganzheit * Gesundheit und Lebenskraft * »Ein Apfel am Morgen vertreibt Kummer und Sorgen.« oder »Ein Apfel pro Tag, mit dem Doktor kein' Plag'.« * Versuchung, wie Eva sie im Paradies erlebte

Arche

Sicherheit und Schutz inmitten eines Ozeans der Gefühle

Architekt

Das Bedürfnis, Pläne für Ihr Leben zu machen oder einen Entwurf, eine Blaupause für die Zukunft zu schaffen

Arktis

Eingefrorene Gefühle und Emotionen

Arme

Aus sich herausgehen * Offene Arme symbolisieren innere Öffnung und Offenheit dem Leben gegenüber. * Vor der Brust verschränkte Arme signalisieren Lebensabwehr. * Waffen * Defensivverhalten

Armee

Größere Hindernisse müssen überwunden werden. * Widerstand

Arzt

Möglicherweise ein Hinweis darauf, dass eine Kontrolluntersuchung fällig ist. * Ihr eigener innerer Heiler, Ihre Selbstheilungskräfte

Asche
Spirituelle Reinigung * die Übergangsnatur des Lebens * Kummer und Demütigung * In einigen Kulturen wird Asche eine reinigende Wirkung zugeschrieben. * Asche kann auch ein Zeichen des Todes oder der Abwesenheit von Lebenskraft sein. * die Uressenz von etwas

Ass (Spielkarte)
Verborgene Talente * ein Ass in Ihrem Ärmel * in irgendeiner Hinsicht herausragend sein

Asthma
Die Unfähigkeit, genug Luft oder Sauerstoff zu bekommen * kann auf unterdrückten Kummer hindeuten * zu schnell unterwegs sein im Leben * nicht mehr ruhig atmen können * keine Luft zum Atmen mehr bekommen * Stress * sich nicht mit dem Leben verbunden fühlen

Astronom
Nach-vorn-Schauen * höchster Ehrgeiz

Atomenergie
Unglaubliches Energiepotenzial * das Bedürfnis, diese Macht (aus-)zu nutzen * das Einstimmen in die kollektiv-bewusste Angst um die globale wie auch die eigene Sicherheit * das Erwachen der Kundalini-Energie * großes Potenzial für eine spirituelle Ausdehnung

Aufgabe/Verpflichtung/Pflicht
Sie vergessen Ihre Aufgaben sich selbst oder anderen gegenüber. * Schuldgefühle, weil Sie den herkömmlichen äußerlichen Konventionen von »falsch« und »richtig« nicht entsprechen.

Aufstieg (siehe auch *Klettern*, *Leiter*, *Berg*)
Aufstieg im Leben * Ihr Energieniveau hebt sich und Ihr Leben ist »auf dem aufsteigenden Ast«. * das Bedürfnis, »auf den Teppich« zurückzukommen * Sie sind zu hochfliegend oder idealistisch. * Das Leben ist ein harter Kampf. * Sie müssen eines wissen: Das Leben ist nicht als »harter Kampf und Mühsal« gedacht, und Sie dürfen sich entspannt zurücklehnen und es genießen!

Aufzug siehe *Klettern*

Augen
Die Bereitschaft hinzuschauen * Klarheit * Ich * Ihr Selbst

Aura
Das eine Person oder einen Gegenstand umgebende Energiefeld: für die meisten Menschen unsichtbar, doch sehr real * hell, klar und leuchtend: Klarheit und gute Gesundheit * dunkel, trüb und nahe am Körper »eingerollt«: Mangel an Klarheit, Gesundheitsstörungen

Auseinandersetzung/Streit
Teile Ihrer selbst stehen im Konflikt miteinander. * Vielleicht gibt es jemanden in Ihrem Leben, mit dem Sie gern streiten würden, fühlen sich dazu aber nicht sicher genug.

Außerirdische(r)
Sie erkennen einen Teil Ihrer selbst nicht an. * Fremdheit * Unvertrautheit * Der »Feind« (im eigenen Inneren) * heimgehen * kann auch für höheres Wissen stehen * Angst, etwa davor, »von Außerirdischen entführt zu werden«

Auster

Geschützte Energie * verborgene Schönheit * Schönheit, die sich im Verborgenen entwickelt * häufig ein Synonym für Verschlossenheit: »verschlossen oder zugeklappt wie eine Auster«

Auto

Ihr physischer Körper oder Sie selbst * Achten Sie auf den Weg, die Richtung, die das Auto nimmt, auf seinen Zustand und wer darin sitzt, ein Versagen der Bremse deutet möglicherweise darauf hin, dass Sie in Ihrem Leben die Bremsen anziehen müssen. * Läuft der Motor immer wieder heiß, fragen Sie sich, ob Sie nicht mal eine Pause einlegen, sich »abkühlen« und etwas ausspannen sollten. * Abgefahrene Reifen können bedeuten, dass Ihnen die lebensnotwendige »Bodenhaftung« fehlt. * Dauerhaft beschlagene Fensterscheiben stehen vielleicht für etwas, das Sie nicht sehen wollen.

Axt

Verlustangst * die Axt schwingen: Macht mit Bestimmtheit ausüben * »abhacken« all dessen, was man als überflüssig erkannt hat * die Axt des Scharfrichters: ein starkes Symbol für Urteil, Verurteilung und Strafe

B

Baby

Eine Neugeburt innerhalb Ihrer selbst * positive Tendenzen und Ergebnisse für die Zukunft * die Geburt einer neuen Idee * Wachstumspotenzial * Kinderwunsch * Viele Frauen nehmen unmittelbar, bevor sie selbst schwanger werden, überall Babys wahr – sowohl Menschen- wie auch Tierkinder (ungeplante Schwangerschaften mit eingeschlossen). * die Sehnsucht, wie ein Baby versorgt und verwöhnt zu werden und im Mittelpunkt der Aufmerksamkeit zu stehen

Backpflaume
Verschrumpelt * vertrocknet * alt * ein alter Mensch

Baden
Reinigung * »seine Hände in Unschuld waschen« * Taufe oder Wiedergeburt

Ball
Vervollständigung * Ganzheit * Einheit * ein soziales Ereignis * Vergnügen versprechend * kann auch eine Anspielung auf Sexualität sein * »Der Ball ist in Ihrer Spielfeldhälfte« – also ist es jetzt an Ihnen, etwas zu unternehmen.

Ballon
Freude ohne Einschränkungen * zu neuen persönlichen Höhen aufsteigen * Platzt der Ballon, wird eine Illusion zerstört. * Ein schnell dahintreibender Ballon kann besagen, dass Sie den »Winden der Veränderung« ausgeliefert sind.

Bank
Eine Bank speichert Finanzressourcen. * Investieren Sie in sich selbst. * Wenden Sie Ihre Aufmerksamkeit Ihren inneren Ressourcen zu. * Sie sollten Ihre Gepflogenheiten im Bankverkehr überprüfen.

Bär
Mutter Erde * der beschützende, mütterliche, weibliche Aspekt * Kraft und Macht * eine Zeit der Selbstbeobachtung und der nachfolgenden Erneuerung * In den Augen vieler amerikanischer Ureinwohner ist der Bär ein Totem des Heilers. * Ist

es ein Teddybär, knuddelig und zum Liebhaben, dann nehmen Sie sich Zeit, um weich und knuddelig zu sein. * Kehren Sie zu den einfachen Freuden des Lebens zurück!

Bauch

Steht häufig für das zweite Chakra: Dieses etwa zwei Fingerbreit unterhalb des Bauchnabels sitzende Energiezentrum ist für die Emotionen zuständig. * Verletzbarkeit * ein gesundheitliches Thema mit Bezug zum Bauch, das angegangen werden muss * alles, was mit Verdauung zu tun hat * Lebenslektionen verarbeiten * das aufnehmen, was man braucht, den Rest loslassen

Bauchnabel

Die Silberschnur (oder der Ätherfaden), die den Astralkörper mit dem physischen Körper verbindet * im Osten, dem Zentrum des Kosmos * Die Sprache kennt das Bild von der eigenen »Nabelschau«, für Menschen, die sich ausschließlich mit sich selbst beschäftigen.

Bauchredner

Was Sie zu hören bekommen, könnte falsch oder ungenau sein. * die Ansichten anderer äußern anstatt der eigenen

Baum/Bäume

Leben und Kenntnisse * Familienangelegenheiten * der Stammbaum * die Entwicklung des Lebens * das Gefühl tief verwurzelt und erd-verbunden zu sein, aber zugleich in geistig-spirituelle Höhen aufzusteigen * alter, knorriger Baum: Weisheit und Stärke * schlanker Weidenbaum: die Fähigkeit, sich mit seinen Lebensumständen zu arrangieren * Zitterpappel: Angst, zittern vor Angst * Eiche: Kraft, Stärke * Kiefer: geistige Klarheit, Reinigung * Zeder: Klarheit, Spiritualität * Apfelbaum: siehe *Apfel* ⋆ andere Obstbäume: Früchte tragen im Leben ⋆ Palme: Wärme, Freiheit ⋆ Die Bedeutung kann davon abhängen, ob der Baum gerade Blätter anzusetzen beginnt, in vollem Laub steht, seine Blätter verliert oder gar keine Blätter mehr hat (siehe *Kapitel 22*). ⋆ Ist der Baum gerade gewachsen oder krumm? So wie ein Baum sich biegt oder krümmt, so wächst er weiter.

Bauwerk/Gebäude/Bauen

In seinem Leben neue Fundamente schaffen (siehe auch *Haus*) ⋆ Bestimmte Gebäudetypen haben auch ihre individuellen Bedeutungen: Beispielsweise mag eine Kirche auf Religion, Spiritualität oder auch auf einen strengen Glauben Bezug nehmen, ein Regierungsgebäude könnte Autorität und Obrigkeit, Organisation oder Politik verkörpern, eine Festung hingegen darauf hinweisen, dass Sie sich gegen Einflüsse von außen abschotten.

Begräbnis

Der »Tod« alter Denk- und Verhaltensmuster ⋆ das Leugnen einer Situation

Beifall

Eigenlob ⋆ Bedürfnis nach der Anerkennung von anderen

Beine

Das Gefühl, kein »Standbein«, keine »Standfestigkeit« zu besitzen ⋆ Stabilität

Benzin

Der »Lebensbrennstoff« wird knapp. ⋆ Ihnen geht die Lebensenergie aus. ⋆ Sie fühlen sich ausgelaugt und müde. ⋆ Es könnte wichtig sein, dass Sie Ihre Ernährungsgewohnheiten ändern.

Beobachten
Der Lauf, das Verrinnen der Zeit * Ein Hinweis darauf, dass Sie auf die Zeichen in Ihrer Umgebung (und Ihren Träumen) achten sollen. * Passen Sie auf, sehen Sie sich vor!

Berg
Ein erreichbares Ziel oder eine gute Gelegenheit * Im Traum den Berg hinaufklettern: Sie bewegen sich auf Ihr Ziel zu. * Im Traum vom Berg absteigen: Sie entfernen sich von Ihrem Ziel. * eine »Aufstiegserfahrung« auf der geistig-spirituellen Ebene * Klöster liegen in den Bergen, weil Berge Zufluchtsorte der Spiritualität sind. * Machen Sie aus einem Maulwurfshügel keinen Berg – und aus einer Mücke keinen Elefanten! * Ein Berg kann als Hindernis oder Chance betrachtet werden.

Bestattungsunternehmer
Die Erfahrung einer unangenehmen oder traurigen Situation

Bett
Sexualität und Intimität * Bequemlichkeit * Sicherheit * ewiger Mutterschoß * Verjüngung * Genährtwerden * die Brücke zwischen dem Bewussten und dem Unterbewussten und Ihren Träumen * drohende Krankheit und das Bedürfnis nach mehr Ruhe * verdrängte Erinnerungen an Dinge, die in Ihrer Vergangenheit im Bett geschehen sind

Bettwanze (siehe auch *Wanze*)
Etwas Unangenehmes wird »zugedeckt«. * kleines Ärgernis

Biber
Geschäftig * fleißig * Wohlstand, der aus Ihren eigenen Anstrengungen erwächst

Bibliothek
Kenntnisse * das innere Wissen * die innere Weisheit * ein machtvolles Symbol

Biene
Geschäftig * fleißig * soziale Kooperation * die Möglichkeit einer verborgenen Süße * sich von einem Umstand oder einer Bemerkung »gestochen« fühlen * In den ägyptischen Hieroglyphen war die Biene das Symbol der Pharaonen. * Im alten Griechenland stand die Biene für Arbeit und Produktivität. * In der europäischen Romanik galten Bienen als Verkörperung des Fleißes – und man sagt ja noch heute »bienenfleißig«. * *Seien* Sie einfach!

Bildteppich
Der Bildteppich des/Ihres Lebens * Jeder Teil der Tapisserie steht für einen anderen Teil Ihrer selbst.

Blase
Die Angst davor loszulassen * das Festhalten an alten Glaubensvorstellungen und inneren Haltungen * »Angepisst« sein heißt, »sehr genervt« oder »wütend« zu sein.

Blätter
Grüne Blätter symbolisieren Überfluss, Wachstum, Leben. * Sich gelb färbende oder auf der Erde liegende Blätter deuten auf Vervollständigung, loslassen, freigeben hin. * jemanden oder etwas verlassen

Blau
Blau als Farbe beruhigt, wirkt emotional heilend, bringt inneren Frieden und Entspannung, es kann auch für mystische Wahrnehmungen im Leben stehen. * Eine Depression wird

häufig als »Blues« bezeichnet. * Wenn jemand im Gesicht und an den Extremitäten »blau« wird, heißt das, ihm ist kalt, er friert. * das Bedürfnis, etwas »abkühlen« zu lassen oder sich zu entspannen und etwas langsamer zu tun * Wenn ein Mensch »blau anläuft«, kann das auch ein symbolisches Zeichen für Sauerstoffmangel sein, für den Drang, in seinem Leben freier zu atmen. * »Blaue Flecken« (Hämatome): Vielleicht fühlen Sie sich in die »Enge getrieben«, »eingequetscht« oder »geprellt«, denn Prellungen und Quetschungen rufen blaue (und grüne) Hautverfärbungen hervor. * Das blaue Meer verkörpert oft das Unterbewusste, das weibliche Prinzip, die Große Mutter und Ihre innersten Geheimnisse. * Der blaue Himmel steht häufig für den Verstand, das männliche Prinzip, den Großen Vater und die Öffnung, den sich ausdehnenden Teil eines Menschen.

Bleistift
Die Fähigkeit, sich selbst mit sprachlichen Mitteln flüssig auszudrücken, leichter zu handhaben als ein Kugelschreiber * Kommunikation

Blind
Sie sind jemandem oder etwas gegenüber »blind« oder »drücken ein Auge zu«, d. h. Sie ignorieren bewusst.

Blitz
Ein machtvolles Symbol, es kann einen Durchbruch ankündigen * Geschwindigkeit, Stärke * das Erwachen der Lebenskraft

Blockhütte siehe *Jagdhaus*

Blumen
Ein glückliches Vorzeichen – es bedeutet Schönheit und Entfaltung.

Blut

Lebenskraft * Nahrung * Macht * Energie * psychische Energie * wenn Sie selbst geblutet haben: Ausleitung von Energie(n) * die Entjungferung eines jungen Mädchens * ein Mädchen, das in sein Frausein hineinwächst * Erinnerungen an eine frühkindliche sexuelle Erfahrung, die im Unterbewussten begraben liegt * die Erneuerung des Lebens * Manchmal symbolisieren die Monatsblutungen einer Frau ihre inneren Zyklen. * Schmerz * Leid * Verletzung * »Blutsaugen« kann bedeuten, dass jemand Sie aussaugt, d. h. an Ihren Kräften zehrt, Sie ausnutzt. * »Blutsbrüder« verkörpern Eintracht und Gemeinschaft. * Christi Blut als heiliges Opfer

Blutegel

Etwas oder jemand »saugt Sie aus«: Er nimmt Ihnen Kraft, Energie oder Ihr Eigentum. * Sie nutzen jemanden anderen aus.

Blütenblatt

Blütenblätter, die von einer Blume abfallen: Schwermut * Das alte Spiel, einer Blume nacheinander alle Blütenblätter auszurupfen: »Er liebt mich, er liebt mich nicht«.

Blutschande siehe *Inzest*

Bogenschießen/Bogenschütze

Klare Orientierung * Zielstrebigkeit * auf einen bestimmten Punkt weisen

Bombe

Eine explosive Situation in Ihrem Leben * emotionale, potenzielle Macht * ein emotionaler Fehlschlag, zum Beispiel: »Das Konzert war ein kompletter Reinfall!«

Boot
Eine emotionale (Zeit-)Reise * Das Wasser symbolisiert Ihre Gefühle, das Boot Sie selbst und die Art, wie Sie mit Ihren Gefühlen umgehen. * der Aufbruch zu entfernten Küsten * Sie verlassen das sichere feste Land und versuchen sich »auf unbekannten neuen Gewässern« in Ihrem Leben. * freie Durchfahrt.

Braun
Die Erde und der Boden * das Bedürfnis, sich stärker zu erden * Im Herbst färben sich die Blätter braun: ein Hinweis auf das Bedürfnis, seine Ressourcen in sich hineinzuziehen.

Braut/Bräutigam
Kulmination der weiblichen Kraft in Ihnen * Neubeginn * die Vereinigung der männlichen und weiblichen Kräfte in Ihrem Inneren

Brechreiz
Etwas macht Ihren Magen krank, etwas »schlägt« Ihnen auf den Magen, Sie können etwas nicht »verdauen«. * Sehen Sie zu, dass Sie Unerwünschtes loswerden.

Brief
Information, Nachrichten * indirekte Kommunikation

Brieftasche
Ihre persönlichen Glaubensvorstellungen und Gedanken, die Sie »in sich verschließen« * Die Brieftasche steht möglicherweise für Ihre Identität, folglich kann der Verlust Ihrer Brieftasche im Traum ein Hinweis auf einen Identitätsverlust im wirklichen Leben sein.

Briefträger
Botschaften * Nachrichten * Informationen von einer außerhalb gelegenen Quelle * Führung

Brot
Gemeinschaft mit anderen * häufig ein machtvolles Symbol des Lebens, daher das »Brot des Lebens« * Geld oder Überfluss

Brücke
Verbindung zwischen zwei Bereichen * ein machtvolles Symbol für Veränderung und Übergang * Wandel in Ihrer persönlichen Realitätserfahrung * Führt die Brücke über ein Gewässer, kann das auf einen emotionalen Übergang im Leben hindeuten.

Bruder
Der religiöse männliche Aspekt des Selbst * allgemein Band/Bindung * Brüderlichkeit * etwas über Sie und Ihren realen Bruder bzw. Ihre realen Brüder * mit dem Wort *Bruder* verknüpfte Empfindungen als ein »Übertrag« aus der Kindheit

Brunnen
Spirituelle Neubelebung * herausragendes Symbol für Intuition * Quelle der Spiritualität * Hören Sie auf das, was Ihnen gesagt wird.

Brunnen/Quelle
Innere Reichtümer * altes Wissen aus den Erfahrungen früherer Inkarnationen, vergangener Leben * an seine eigene innere Quelle herankommen, an die eigene innere Kraft

Brust (siehe auch *Busen/Brüste*)
Innere Reichtümer * Ihr eigenes inneres Potenzial * könnte auf Ihr Herzchakra (das emotionale Zentrum der Liebe) Bezug nehmen

Bücher
Weisheit * Wissen * Kenntnisse * Lektionen im Leben * etwas »buchen«: eine Veranstaltung, eine Reise oder Ähnliches

Büchse/Dose/Kasten
Selbst auferlegte Einschränkungen * Die »Büchse der Pandora« aus der griechischen Mythologie kann für alles stehen, wovor Sie sich fürchten: Diese Büchse war ein Geschenk des Göttervaters Zeus an Pandora, die Gattin des Titanen Epimetheus. Zeus befahl Pandora, die Büchse unter gar keinen Umständen zu öffnen – doch die neugierige Frau tat es trotzdem. Daraufhin stoben alle Laster und Untugenden aus der Büchse. Von diesem Zeitpunkt an eroberte das Schlechte die Welt. Zuvor hatten die Menschen keine Übel, Mühen oder Krankheiten gekannt und waren außerdem – gleich den Göttern – unsterblich gewesen. Bevor jedoch auch die Hoffnung aus der Büchse entweichen konnte, klappte Pandora den Deckel wieder zu. So wurde unsere Welt zu einem traurigen Ort, bis Pandora die Büchse wieder öffnete und so auch die Hoffnung endlich in die Welt kommen konnte. Auf diese Weise wurde Pandora mit ihrer Büchse zum Symbol für Böswilligkeit und Angst. * Freudianer würden sagen, eine Büchse symbolisiere die Vagina oder die Gebärmutter, es kann aber auch ganz einfach der innere weibliche Aspekt eines Mannes oder einer Frau gemeint sein.

Büffel
Fülle ⋆ Ernte ⋆ Überfluss ⋆ heiliges Tier der amerikanischen Ureinwohner

Bühne
Die Bühne des Lebens ⋆ Ihre Rolle im Leben ⋆ Die Rolle Ihres Lebens ⋆ wie Sie Ihrer Ansicht nach in den Augen der anderen dastehen

Bulldogge
Hartnäckigkeit ⋆ hält an der Macht fest ⋆ Aufsässigkeit ⋆ Missachtung ⋆ Ergreifen Sie Ihre Chance und lassen Sie sie nicht vorübergehen!

Bulldozer/ Planierraupe
Ein Bulldozer macht den Weg frei, indem er Hindernisse einfach »über den Haufen« fährt. ⋆ Packen Sie Ihre Angelegenheiten an! ⋆ der Versuch, jemanden zu »planieren« ⋆ jemand, der Sie »plattmachen« bzw. zwingen will, etwas gegen Ihren Willen zu tun

Bulle/Stier
Große Stärke ⋆ Kraft ⋆ Macht ⋆ positives Zeichen ⋆ Grund zum Optimismus ⋆ steht für Fruchtbarkeit ⋆ Das männliche Prinzip durchdringt das weibliche Prinzip. ⋆ In der Astrologie wird der Bulle mit dem Tierkreiszeichen des Stieres gleichgesetzt, der zugleich hartnäckig, sinnlich, erdverbunden und praktisch veranlagt ist.

Bündel siehe *Pack*

Büro

Produktion * Herstellung * lineares Denken, lineare Gedankenprozesse * Organisation * Verwaltung

Bürste

Das Wort *Bürste* kann in Verbindungen wie »vom Schicksal gebürstet sein« oder »von jemandem abgebürstet werden« wie auch »eine Abreibung bekommen« negativ konnotiert sein. * Zahn-, Haar- und Scheuerbürsten sowie Schrubber könnten ein Hinweis sein, dass Sie mehr Sorgfalt auf die Reinigung der Sie betreffenden Räume verwenden sollten – wobei sich das sowohl auf die tatsächlichen und die physischen wie auch auf Ihre inneren Räume bezieht. * Andererseits könnten Sie aber auch ein »Putzteufel« sein.

Busen/Brüste

Bedingungsloses Lieben und Nähren * die Universale Mutter * Sind Ihre Brüste nicht frei beweglich, dann sollten Sie zum Arzt gehen und eine Mammografie machen lassen.

Bussard

Das Gefühl, bestohlen zu werden * selbst jemanden zu bestehlen * verächtlich * räuberisch * habgierig

Butter

Der Reichtum im Leben * kann die Konnotation von »Schmeicheln« haben, wie bei: »jemandem Honig ums Maul schmieren«

C

Campingplatz/Zeltlager

Eine Art »Heimat auf Zeit«: Ein Zelt kann ein Zufluchtsort sein, den Sie aufsuchen, um alles hinter sich zu lassen und eins mit der Natur zu werden. * Vielleicht befinden Sie sich gerade in einer »nomadischen« Lebensphase und haben das Gefühl, nirgendwo wirklich zuhause zu sein. * sich mittels Überspitzung oder Überzeichnung über etwas lustig machen

Chamäleon

Anpassungsfähigkeit * Flexibilität * launisch * kapriziös * in stetem Wandel begriffen * nie seine »wirklichen Farben« zeigen (d. h. nie seine »Karten auf den Tisch legen«)

Chaos

Wenn alles um Sie herum (im) Chaos ist, stecken Sie unter Umständen mitten in einem Prozess der Lebenserneuerung. * Einigen alten Überlieferungen zufolge entstand der Kosmos aus dem Chaos. * Ein stehendes Gewässer (Teich) kann man durch den Zufluss von frischem, sauberem Quellwasser wieder klären, allerdings wird es zunächst eine Zeit lang noch trüber und nach großem »Chaos« aussehen, doch schließlich wird das alte faulige Wasser völlig ausgespült sein und ein kristallklarer Teich übrig bleiben.

Chef

In Ihrem Leben die Führung übernehmen oder eine Situation meistern * das Gefühl, »herumkommandiert« zu werden * sich dem Willen anderer unterwerfen

Christus
Die Christus- oder Gotteskraft in Ihnen * Liebe * Opfer * Martyrium * Christusbewusstsein

Clown
Das Bedürfnis, über sich selbst zu lachen * Seien Sie glücklich und unbesorgt, genießen Sie Ihr Leben! * »den Clown spielen« oder »Possen reißen«, wenn Sie Ihr Leben ernst nehmen sollten

D

Dach (siehe auch *Haus*)
Ihr Schutz; das Dach repräsentiert Ihr Scheitel- oder Kronenchakra. * Die Verfassung des Daches verweist auf den Zustand des Chakras, ob es geöffnet ist, ob seine Energie klar ist und »wirbelt«.

Dachs
Sich necken oder aufziehen

Damm
»Eingedämmte« Gefühle heraus- oder loslassen

Daumen siehe *Finger*

Delphin
Uneingeschränktes Vergnügen * Verspieltheit * Spontaneität * Intelligenz * spirituelle Erleuchtung * ein bedeutsames, wichtiges Traumsymbol

Diamant

Die zahlreichen Facetten Ihres wahren Selbst * Wird Kohlenstoff immensem Druck ausgesetzt, bilden sich Diamanten: Jene Bereiche Ihres Lebens, die Ihnen sehr druckvoll und belastend erscheinen, können Ihnen in Wahrheit dazu verhelfen, die kristallene Klarheit eines Diamanten zu erlangen.

Diarrhoe/Durchfall

Bereiche unerlöster Angst in Ihrem Leben * Tiere (und Menschen) können vor lauter Angst Durchfall bekommen. * Sie nehmen nicht in sich auf, was Sie in diesem Leben aufnehmen müssen.

Dickdarm

Loslassen von toxischen Stoffen * alles freigeben, was Sie nicht mehr verwenden oder benötigen * Bewegungsfreiheit * Assimilation * Mut

Donner

Unterdrückte Gefühle und Emotionen loslassen * die warnende Stimme der Götter * Zorn * Feindseligkeit * Wut * die Nachwirkungen eines starken emotionalen, psychischen »Befreiungsschlags« * Zusammen mit seinem Begleiter, dem Blitz, verkörpert der Donner das himmlische Feuer. Es besitzt die Macht der Erleuchtung und umfasst die kreativen Kräfte des Kosmos. Verbunden mit dem Widder, dem ersten Zeichen des Tierkreises, wird der Blitz mit dem Frühjahr, der Initiation und den Anfangsstadien eines jeden Projekts assoziiert. Es ist ein Hinweis darauf, das Feuer der kreativen Energie in jede Unternehmung einzubringen. * Zeus, der ranghöchste Griechengott wie auch sein römisches Pendant Jupiter, wird meist mit einem Blitzbündel dargestellt, denn er pflegte Blitze zu schleudern, sobald etwas seinen Zorn erregte. Um zukünftige

Schicksale zu gestalten, verwendete er drei Blitzstrahlen: Sie enthielten die Energie des Zufalls, der Vorsehung und des Schicksals. * Donner und Blitz zerreißen die Finsternis wie eine jähe Erleuchtung, sie enthüllen die Wahrheit und schenken Klarheit. Der *Vajra* oder *Dorje* des (tibetischen) Buddhismus steht symbolisch sowohl für die unzerstörbare Kraft des Donnerkeils wie auch für den »König der Steine«, den Diamanten mit seiner unzerstörbaren Härte und hellstrahlenden Klarheit.

Doppelpunkt
Beseitigung von Dingen aus der Vergangenheit

Dose siehe *Büchse*, *Kasten*

Drache
Ein machtvolles Symbol * Lebenskraft * großes Potenzial * Flammen aus dem Schlund des Drachen wirken stark läuternd. * »Seinen inneren Drachen töten« steht für die Konfrontation mit der eigenen Angst und deren Überwindung.

Drahtseil
Gefühl der Anspannung * das Gefühl, auf einem gespannten Drahtseil balancieren zu müssen * »Drahtseilakt« * großer Druck und Stress

Drehtür
Gelegenheiten verstreichen ungenützt, Möglichkeiten werden versäumt. * das Empfinden, sich mit seinen alten Ideen und Vorstellungen im Kreis zu drehen und nicht weiterzukommen

Dreieck
Dreieinigkeit * Schutz * Körper, Geist und Seele * Integration * die Macht der Pyramiden

Druckerei/Copy-Shop
Kommunikation * eine Lösung für das gegenwärtige Problem * Eine Situation wiederholt sich ständig oder oftmals.

Dschungel
Ihr wilder, ursprünglicher, instinktiver Anteil * Verwirrung * die Unfähigkeit, klar zu sehen

Duft siehe *Parfum*

Dunkel
Das Unbekannte * Ihr Unterbewusstes * Ihre Ängste * die dem »Mutterschoß« ähnliche Macht Ihrer am tiefsten liegenden Wesensanteile * die Dunkle Mutter oder Dunkle Göttin, Ihr altes inneres Wissen * Tod oder die dunkle Nacht der Seele * Depression oder Düsternis

Durchfall siehe *Diarrhoe*

Dusche
Emotionale Reinigung * zur Vernunft kommen

Dynamit
Anzeichen einer brisanten Situation, die kurz vor der Explosion steht

E

Eber
Eine »schweinische« Person * grausame, primitive, aggressive Kraft

Echo
Was Sie aussenden, wird zu Ihnen zurückkommen.

Ecke
Das Gefühl, im Leben in die »Ecke gedrängt« oder »in die Ecke getrieben« zu sein oder auch »mit dem Rücken zur Wand stehen«

Efeu
Stabilität * Reichtum * sich anklammern * Abhängigkeit * Anhaftung

Ehe
Die Vereinigung der männlichen und der weiblichen Seiten Ihrer selbst * verschiedene Aspekte des Selbst oder Wesensanteile zusammenfügen * eine Vereinigung oder Zusammenkunft von Menschen oder Ideen

Ehebruch
Konflikt zwischen Pflicht und Verlangen * eine Qualität erlangen/in eine Qualität hineingezogen werden, die Ihnen Ihrem Gefühl nach fehlt

Ei
Ganzheit * neues Leben * neues Potenzial * ein machtvolles Symbol

Eiche
Enorme Kraft ⋆ Solidarität ⋆ stetiger Fortschritt

Eichel
Großes Eigenpotenzial

Eichhörnchen
Genügsamkeit ⋆ Trost erwächst auch aus Geduld. ⋆ Munterkeit ⋆ Flinkheit ⋆ »Sammelleidenschaft«

Eidechse
Sie werden in Ihren Träumen wichtige Botschaften erhalten. Die Eidechse bleibt während der Tageshitze im Schatten und gilt deshalb als die »Hüterin des Schattenreichs« und Bewahrerin der Träume. ⋆ Ihr Unterbewusstsein und Ihr »inneres Schattenreich« ⋆ erdverbunden, ursprünglich, beständig ⋆ Die australischen Aborigines sehen in der Eidechse die Wächterin der inneren Welten, der inneren Dimension.

Eifersucht siehe *Neid*

Einbrecher/Räuber
Jemand, der Sie Ihrer Energie beraubt oder Ihnen Ihren Besitz stiehlt ⋆ Ein Hinweis darauf, dass Sie Ihre Kostbarkeiten gegen zukünftige Diebe und Räuber schützen sollen.

Einhorn
Ein machtvolles Symbol ⋆ das edelste der Fabeltiere, traditionell das Symbol des Guten ⋆ Es steht für Christus und spirituelle Entfaltung. ⋆ Reinheit ⋆ Jungfräulichkeit ⋆ Der Sage nach kann das Einhorn mit seinen Tränen Versteinerungen auflösen.

Einkaufen
Entscheidungen * Wahlmöglichkeiten

Eins (siehe auch Kapitel 26, *Zahlen*)
Die Nummer eins sein, steht für Erfolg haben. * der/die Erste sein, an der Spitze stehen * aber auch eins sein, im Sinne von Einheit

Einweihung siehe *Initiation*

Eis
Eingefrorene Gefühle * Sich »auf dünnem Eis bewegen« steht für zweifelhafte Umstände, einen unsicheren Boden. Das gilt auch für das »Schlittern« auf Eis und kann ein Hinweis auf innere Unsicherheit sein.

Eisberg
Die Spitze des Eisbergs verweist darauf, dass blockierte Gefühle an die Oberfläche kommen und sichtbar werden. * ohne emotionale Ausrichtung dahintreiben

Eisen
Probleme »herauspressen« * »zu viele Eisen im Feuer«

Eisenbahn siehe *Zug*

Eiszapfen
Welche Gefühle auch immer blockiert waren, sie werden allmählich frei. Ihr Leben wird viel stärker in Fluss kommen.

Elastisch/Elastizität
Ein Hinweis, flexibel zu sein bzw. sich flexibel zu verhalten * Dehnen Sie sich in neue Lebensbereiche aus!

Elch

Ein Symbol, das beruhigt, es steht für Kraft, Schönheit und Würde. * die Fähigkeit, Hindernisse zu überwinden

Elefant

Etwas, an das Sie sich erinnern müssen * dickhäutig * schwerfällig * stark * klug * Dem »grauen Riesen« verdanken wir den sprichwörtlich gewordenen Ausdruck »Gedächtnis wie ein Elefant«.

Elektrizität

Unsere körpereigenen bioelektrischen Systeme, die elektrischen Ströme, die durch Nerven und Muskeln fließen * die Lebenskraft

Elfe (siehe auch *Fee*)

Eine Anregung, das Leben mehr von der heiteren Seite zu sehen * Leben Sie Ihre kindlichen und verrückten Seiten aus! * Haben Sie Spaß, genießen Sie das Leben und Ihren eigenen inneren Zauber!

Elfenbein

Reinheit * Stärke

Eltern

Obwohl die Rollen der einzelnen Familienmitglieder sich inhaltlich längst dramatisch gewandelt haben, hält Ihr Seelengedächtnis am althergebrachten stereotypen Elternbild fest. Väter stehen für Autorität und lineares Vernunftdenken, aktive Kraft und Stärke, für die Yang-Energie. Mütter repräsentieren das Yin, das passive, empfangende und zugleich nährende Prinzip sowie die inneren Dimensionen der Intuition und Magie. * Die Traum-Eltern können jedoch auch darauf

Bezug nehmen, wie Sie Ihre eigenen Eltern erfahren haben oder auf die Qualität Ihres eigenen Elternverhaltens. Ebenso gut können sie für die Ihnen innewohnende Mutter- bzw. Vater-Energie stehen.

Engel

Bote aus dem Reich der Spiritualität * unsere höchsten, göttlichen Ideale (Die Visionen vieler Propheten haben geträumte Engelserscheinungen zur Grundlage.) * Lauschen Sie aufmerksam allem, was gesagt wird. * Eine Engelserscheinung im Traum bedeutet besonderen Segen.

Ente

Gehen Sie einer Sache aus dem Weg.

Entführung

Das Gefühl, ganz außer Kontrolle zu sein oder situativ keine Kontrolle zu besitzen

Erbrechen

All das loswerden, was Sie nicht (mehr) brauchen: alte Ideen, Auffassungen und Glaubensvorstellungen * das Bedürfnis, etwas auszudrücken und mitzuteilen, das Sie zurückhalten oder das Sie krank macht * Dinge »herauslassen«, »freisetzen«

Erdbeben

Anstehende große Veränderungen * Sie empfinden Angst davor.

Erde

Mutter Erde * das weibliche Prinzip des Kosmos: empfangend, neu belebend; Gebärmutter/Mutterschoß * Sinnlichkeit

Erstarrt/Gefühllos/Taub
Meistenteils gibt es für dafür eine äußere, physische Ursache wie etwa das Sitzen, Liegen oder Schlafen in einer ungünstigen Position. * Es kann aber auch bedeuten, dass Sie von Ihren Gefühlen abgeschnitten sind oder etwas verdrängen, wovor Sie Angst empfinden.

Ertrinken
Sich von (seinen) Emotionen überwältigt fühlen

Eruption
Ein Mensch oder eine Situation steht im Begriff, auszubrechen oder zu explodieren.

Esel
Alltagstrott * Plackerei * Geduld und Langmut * ein »Esel« sein im Leben * jemand, der für Sie ein »Esel« ist oder Ihnen eine Last abnimmt

Esel
Geduld * Eigensinn * Sturheit

Essen
Nahrung, die spirituell, emotional oder physisch gemeint sein kann * Verschiedene Nahrungsmittel haben verschiedene Bedeutungen: Zum Beispiel repräsentiert ein blutiges rotes Steak etwas anderes als ein glänzender roter Apfel. * Mit verschiedenen Nahrungsmitteln werden auch verschiedene Erinnerungen verbunden: Wenn Ihre Mutter Sie als Kind zwang, Leber zu essen, kann Leber für Sie Abneigung verkörpern. Wenn Sie in Ihrer Schulzeit jedoch Fußballspieler werden wollten und Leber aßen, um »groß und stark« zu werden, dann werden Sie Leber symbolisch mit Kraft gleichsetzen.

Etikett

Ein Symbol dafür, Dinge zu unterscheiden, einzuordnen und (sich) zu organisieren * Menschen oder Gegenstände mit einem Etikett zu versehen, bedeutet Stereotype auszubilden, »Schubladendenken«. * Erweitern Sie Ihren Horizont, bewegen Sie sich in Richtung der Wahrnehmung von Einheit und Totalität. * das Gefühl, von jemandem ein Etikett aufgeklebt zu bekommen

Eule

Ein machtvolles Symbol der Transformation * Verkörperung der Weisheit: »eine weise alte Eule« * In den meisten Kulturen mit esoterischem Hintergrund wird die Eule ihrer Weisheit wegen verehrt, als Symbol der Dunkelheit und des Unbekannten aber auch gefürchtet. Zudem werden Eulen häufig mit Tod und Wiedergeburt in Zusammenhang gebracht. In der Vorstellung mancher Indianerstämme holten Eulen die Geister der Toten ab. In der ägyptischen Bilderschrift der Hieroglyphen erscheint die Eule als Verkörperung von Tod, Nacht, Kälte und Passivität. * Eulen sind extrem scharfsichtig – auch in stockfinsterer Nacht: Also könnte eine geträumte Eule auch ein Hinweis darauf sein, dass man die Dinge klar sieht, wo sie sonst dunkel erscheinen können. * Die Eule gilt auch als Symbol des alten inneren Wissens. Athena, die griechische Göttin der Weisheit, wurde häufig mit einer Eule auf der Schulter dargestellt, die ihr innere Wahrheiten offenbarte. Daher leitet sich auch die Redensart »Eulen nach Athen tragen« ab mit der Bedeutung, etwas völlig Unsinniges zu tun. * Der alte keltische Zauberer Merlin verdankte seiner Eule den Zugang in die ungesehenen Dimensionen.

Exil
Ein Zeichen dafür, dass Sie sich abgeschnitten fühlen – von Menschen, Situationen oder sogar von sich selbst

Exkremente
Die Notwendigkeit, »Lebensmüll« wie Schuld, Groll und Scham loszulassen oder auszustoßen ⋆ Etwas vergiftet Sie von innen. ⋆ Behandelt jemand Sie schlecht? ⋆ ein Hinweis auf etwas – innerhalb Ihrer selbst oder von anderen gespiegelt –, das Sie ablehnen oder verachten

Explosion
Persönliche Krise, speziell hinsichtlich einer Beziehung

F

Faden/Schnur
Karma ⋆ Schicksal ⋆ der rote Faden ⋆ Nachdem Theseus den Minotauros getötet hatte, fand er mithilfe des Fadens der Prinzessin Ariadne, der Tochter des Königs Minos, den Rückweg aus dem Labyrinth.

Fahrbahn
Eine neue Fahrbahn verkörpert eine neue (Lebens-)Richtung. ⋆ Ist/wird Ihr Gehsteig oder Ihre Fahrbahn gepflastert, bedeutet das, Ihnen soll der Weg angenehmer und leichter gemacht werden.

Fahrstuhl siehe *Klettern*

Falke (siehe auch Kapitel 27, *Turmfalke/Wanderfalke*)
Betrachten Sie Ihr Leben von einer höheren Warte aus. * Verfolgen Sie Ihre Ziele mit Geschwindigkeit und Stärke. * Bei den alten Ägyptern galt der Falke als Symbol der Seele. * In vielen alten Kulturen und Traditionen steht der Falke für den Sieg, weil er pfeilschnell und kraftvoll aus der Luft auf seine Beute herabstößt.

Fallen
Verlust der Kontrolle * das Gefühl, außer Kontrolle geraten zu sein * Beim Laufenlernen fällt jeder einmal hin. * Wenn Sie sich in einer Situation auf unsicherem Terrain oder schwankendem Boden bewegen oder einen persönlichen Wachstumsschub erfahren und sich Ihrer selbst unsicher fühlen, werden Sie wahrscheinlich vom Fallen träumen.

Fallschirm
Sie werden beschützt.

Farbe
Achten Sie auf die Farbe, und schlagen Sie dann in Kapitel 25 nach. * etwas überarbeiten, neu machen * den Künstler in sich erwecken

Farben (siehe auch *Kapitel 25* oder *die einzelnen Farben* hier)
Jede Farbe besitzt ihre spezifische Bedeutung: Im Allgemeinen wird Rot mit Dynamik, Energie und Sexualität assoziiert, Orange steht für soziales Verhalten und Spaß, Gelb ist stimmungsfördernd und kommunikativ, Grün verkörpert Heilung und Überfluss, Blau ist mit Frieden und Spiritualität verbunden, Purpurrot mit spirituellem Wissen und seelischer Wahrnehmung, Rosa symbolisiert Liebe, Schwarz verkörpert das Unbekannte und die Dunkelheit, Weiß repräsentiert Reinheit

und Licht, Gold Erleuchtung und Reichtum, während Silber mit dem Mondlicht sowie der magischen und mystischen Sphäre in Verbindung gebracht wird.

Feder
Ein wundervolles Traumsymbol ⋆ Verbindung zum Himmel und dem Schöpfer

Fee
Ein Naturgeist ⋆ Ihre inneren Wünsche und Sehnsüchte Realität werden lassen

Fehlgeburt (siehe auch *Abtreibung*)
Ein Justizirrtum ⋆ aufgegebene oder gescheiterte Pläne

Fehlschlag siehe *Misserfolg*

Feigling
Die Furcht vor jeglicher Konfrontation ⋆ die Notwendigkeit, sich mit seinen Ängsten auseinanderzusetzen

Feind
Hinweis auf einen in Ihrem Inneren tobenden Krieg ⋆ Söhnen Sie sich aus mit den Wesensanteilen, die Sie verleugnet oder abgespalten (»verstoßen«) haben. ⋆ Vielleicht gibt es jemanden in Ihrem Leben, der Sie bekämpft.

Felsen
Erdung ⋆ Stärke ⋆ persönliche Kraft ⋆ der Felsen von Gibraltar, eine der »Säulen des Herakles«, auf denen die Welt ruht

Felsschlucht
Eine riesige Öffnung des Unbewussten * eine allem Anschein nach unpassierbare Kluft

Fenster
Zwischendimensionales Sehen * die Fähigkeit, in verschiedene Bewusstseinsebenen hineinzuschauen * Einblicke in die Zukunft oder die Vergangenheit

Fernrohr/Teleskop
Sie können weit blicken, aber nicht alles offenbart sich Ihnen.

Fett
Unterdrückte Gefühle und Emotionen * Überfluss

Feuer
Die Lebenskraft der Kundalini-Energie in Ihnen * Potenz * seelische Energie * sich der Kommunikation mit der geistigen Welt und ihrer Energie öffnen * Initiation bzw. Einweihung * sexuelle Leidenschaft * Reinigung durch Feuer * Wut

Finger
Die Einzelheiten des Lebens * mit dem Finger auf jemanden oder etwas zeigen * kleiner Finger: Manipulation, um den Finger gewickelt werden oder jemanden um den Finger wickeln * Ringfinger: Verbindung, Hochzeit * Mittelfinger: Sexualität * Daumen: Wille * Daumen aufwärts: Super, machen Sie weiter! * Daumen nach unten: Das war nichts, vergessen Sie es!

Fisch
Geistige Nahrung * Uraltes christliches Symbol, das unter den frühen Christen als Erkennungsmerkmal gedient haben soll. * kann das Verlangen nach Anerkennung oder Komplimenten

ausdrücken * Fehldarstellung * Verdrehung * Im Englischen erscheint etwas *fishy*, d. h. »fragwürdig« oder »verdächtig«, im Deutschen: »weder Fisch noch Fleisch« für: inkonsequent; uneindeutig; langweilig.

Flamme (siehe auch *Feuer*)
Ihre ewige helle Flamme * das Licht des *Spirit*

Flasche
Das Gefühl des »Eingeschlossenseins« * Achten Sie auf Größe und Farbe der jeweiligen Flasche und ob sie verschlossen war oder nicht. Eine saubere Flasche deutet eher auf Klarheit in Ihrem Leben hin als eine schmutzig-trübe, eine Flasche ohne Verschluss spricht von größerer Offenheit als eine mit Verschluss. * Eine Flaschenpost kann eine Antwort aus einer unerwarteten Richtung darstellen.

Fledermaus
Angst vor dem Unbekannten * das Ringen um eine Idee * durch die Finsternis steuern * eine zänkische alte Frau * Bei den Chinesen gilt die Fledermaus als Symbol für ein langes Leben und Glück. * Bei den amerikanischen Ureinwohnern steht die Fledermaus sinnbildlich für schamanische Initiation und Wiedergeburt: Die Fledermaus begibt sich in die Dunkelheit der Höhle (sie repräsentiert hier die Gebärmutter, den »Mutterschoß«), nur um daraus wieder ans Licht zu tauchen.

Fleisch
Die Essenz einer Sache * einer Geschichte »Fleisch auf die Knochen« zaubern (im Sinne von »ausschmücken«)

Fliegen
Durch die Luft fliegen: Astralreisen (mehr dazu in *Kapitel 13*) ⋆ sich außerhalb der Grenzen der physischen Möglichkeiten bewegen ⋆ ein sehr bedeutsames Symbol

Flucht/Ausbruch
Versuchen Sie nicht länger, der Situation zu entkommen: Schauen Sie ihr ins Gesicht und konfrontieren Sie sich mit dem Problem. ⋆ das Bedürfnis, zu entfliehen oder eine Zuflucht zu finden

Flugdrachen/Raubvogel (siehe auch Kapitel 27 »*Tiere*«)
In unglaublichem spirituellem Aufwind, aber durchaus geerdet und verankert ⋆ kindliche Freiheit

Flügel
Freiheit ⋆ Aufsteigen ⋆ durch die Lüfte segeln

Flughafen
Zeit, eine Reise zu unternehmen oder ein neues Wagnis einzugehen ⋆ der Wunsch nach Abenteuer

Flugzeug
Hohe Ideale ⋆ Streben nach einem höheren Bewusstsein oder Verlangen nach (mehr) Spiritualität ⋆ zu neuen Höhen aufsteigen ⋆ Befreiung ⋆ Abgeben ⋆ Loslassen ⋆ Freiheit und Ausdehnung ⋆ ein verzehrendes Verlangen nach Erfolg ⋆ der Drang nach Aufstieg – mit der größtmöglichen Geschwindigkeit ⋆ Flugzeugabstürze können für den Fall aus großen Höhen stehen oder eine Warnung sein, sich eine Zeit lang von Flugzeugen fernzuhalten. ⋆ gilt als Symbol für Astralreisen

Fluss/Strom
Der Strom des Lebens, das Wasser des Lebens ⋆ der Versuch, gegen den Strom zu schwimmen ⋆ Lassen Sie sich vom Wasser tragen und kämpfen Sie nicht gegen die Strömung an. ⋆ Sie versuchen, den Fluss zu durchqueren, auf die andere Seite zu gelangen, finden aber weder eine Furt noch eine Brücke. Im Allgemeinen verkörpert ein Fluss eine emotionale Barriere, deren Überwindung Ihnen Schwierigkeiten bereitet. Visualisieren Sie nach dem Aufwachen eine Brücke, die über den Fluss führt, und stellen Sie sich vor, wie Sie dort hinüber auf die andere Seite gehen. Schaffen Sie sich selbst einen neuen Weg, um die alte Situation aufzulösen.

Flüstern
Zurückgehaltene Gefühle ⋆ Sie sind nicht bereit oder unfähig, mitzuteilen, was in Ihrem Herzen und in Ihrem Kopf vor sich geht.

Flut siehe *Überschwemmung*

Flutwelle
Ein gewaltiger emotionaler Aufruhr

Fotografie
Die objektive Beobachtung einer Situation ⋆ Erinnerungen

Frau
Die weibliche Energie ⋆ die Frau in Ihnen ⋆ die empfangende Energie: Yin

Friedhof
Ruhe ⋆ Frieden ⋆ Angst vor dem Tod

Frosch
Schönheit unter einer wenig attraktiven Oberfläche, hinter einer hässlichen Fassade * Widersprüchlichkeit * von einem Gegenstand zum anderen hüpfen

Frost siehe *Gefrieren*

Frucht/Früchte
Ernten Sie die Früchte Ihrer Mühen * eine fruchtbare Ernte * Früchte tragen

Frühling (siehe auch *Kapitel 22*)
Neues Wachstum * neue Möglichkeiten * neues Leben

Fuchs
Gerissenheit * Schläue * Verstohlenheit * Heimlichtuerei * Manipulation * kann auch auf physische Anziehungskraft hindeuten

Fußboden
Ihr Fundament oder Ihre Stütze bzw. Unterstützung

Füße/Fuß
Sein Bestes versuchen * Verständnis * Verbindung zur Erde * Erdung * Grundlage * Angst empfinden oder nur widerwillig vorwärtsgehen * den Mut haben, voranzugehen * Bewegung

G

Gabel
Eine Straßengabelung kann darauf hindeuten, dass Sie eine Entscheidung werden treffen müssen.

Gähnen
Langeweile * das Bedürfnis, seiner Kreativität einen anderen Ausdruck zu geben

Gallenblase
Wut * »Ihm ging die Galle über!« * vielleicht ein Hinweis darauf, weniger Öle und Fette zu sich zu nehmen

Gans
Ein Stoß in die Kehrseite * Sie wollen jemanden oder etwas vorantreiben. * unüberlegtes Handeln

Garten
Kreative Tätigkeit * Frieden * Ist der Garten gut in Schuss, können Sie die Ergebnisse Ihrer Arbeit und Anstrengungen ernten. * Ist der Garten voller Unkraut, gibt es Dinge in Ihrem Leben, die Sie »jäten« müssen.

Gebärmutter
Nahrung * Sicherheit * Schutz * seine Energien in sich hineinziehen und vor der nächsten Anstrengung neu formieren

Gebäude siehe *Bauwerk*

Geburt
Ein machtvolles Zeichen für Erneuerung, Wiedergeburt oder Neubeginn * eine neue Phase in Ihrem Leben, entweder innerlich oder im Außen * das spirituelle Erwachen oder Freiwerden starker kreativer Kräfte in Ihnen selbst * das daraus resultierende und notwendige Aufgeben von etwas Altem – vielleicht einer negativen Einstellung oder eines hinderlichen, selbstbeschränkenden Denk- oder Verhaltensmusters * Gefühle von Verwundbarkeit oder Abhängigkeit

Geburtstag
Neubeginn ⋆ Feier des Lebens ⋆ ein Jahrestag der Verwirklichung, der Vollendung

Gefahr
Sehr tief sitzender innerer Konflikt, der Ihre Aufmerksamkeit erfordert ⋆ eine gefährliche Situation in Ihrem Leben

Gefangener
Die selbst vorgenommene Begrenzung Ihres eigenen Potenzials ⋆ Selbstbeschränkung ⋆ Angst ⋆ das Gefühl, im Leben eingesperrt zu sein

Gefängnis
Das Gefühl des Eingesperrtseins ⋆ die Empfindung, dass die Ereignisse Ihnen geschehen, statt dass Sie in der Lage wären, den Ereignissen Ihre Richtung zu geben ⋆ Mangel an Freiheit ⋆ selbst auferlegte Schranken, selbst auferlegte Grenzen (Sie besitzen immer den Schlüssel, um sich wieder herauszulassen, denn der einzige Mensch, der Sie einsperren kann, sind *Sie selbst!*)

Gefrieren/Frost
Emotionale Abschottung

Gefühle
Welche Gefühle auch immer Sie in (oder an) den Menschen in Ihrer Umgebung wahrnehmen, im Allgemeinen sind das alles Spiegelungen Ihres eigenen emotionalen Zustands. Begegnen Sie in Ihren Träumen einer Reihe trauriger Menschen, ist das ein Indiz dafür, dass Sie Ihre innere Schwermut unterdrücken oder verdrängen (selbst wenn Sie sich gar nicht bewusst traurig fühlen). Wirkt jeder um Sie herum ärgerlich

oder wütend, schauen Sie tief in Ihr Inneres, ob da nicht doch irgendwo unerlöster Groll sitzt (selbst wenn Sie eigentlich das Gefühl haben, ganz ruhig zu sein). Das Ganze gilt natürlich auch umgekehrt: Erscheint Ihnen jeder in Ihrem Umfeld glücklich und ausgeglichen, ist in Ihrem Inneren höchstwahrscheinlich alles im Lot, und Sie sind glücklich (selbst wenn Ihre emotionale Grundhaltung nach außen ein bisschen »wackelig« sein sollte).

Gehsteig siehe *Fahrbahn*

Geier
Das Gefühl, als warte jemand nur darauf, dass Sie einen Fehler begehen oder Ihnen ein Irrtum unterläuft * das Bedürfnis, etwas »wegzuputzen«, das in Ihren Augen abgeschlossen oder »tot« ist

Geist
Ein Geist aus der Vergangenheit * eine quälende Erinnerung * Die Geisterwelt versucht, Kontakt mit Ihnen aufzunehmen. * die Geister, die man rief – und nun nicht mehr los wird * Ein Teil Ihrer Gefühle bezüglich einer bestimmten Person besitzt keine Festigkeit. * kann ein Hinweis auf nicht überbrachte Botschaften eines Verstorbenen sein

Geländer (siehe auch *Zaun*)
Die Empfindung der eigenen Grenzen oder Beschränkungen, sich der eigenen Grenzen bewusst werden * sich auf ein Geländer stützen oder daran festhalten

Geld
Münzen kündigen eine Veränderung in Ihrem Leben an. * Erfahrungsreichtum * Finanzen usw.

Geldbeutel/Portemonnaie
Auf das Geld von jemand anderem angewiesen und damit abhängig zu sein

Gelee (siehe auch *Marmelade*)
Gefühle von Angst und mangelnder Stabilität

Genitalien/Geschlechtsorgane
Potenz * Macht * Sexualität * Impotenz * Ohnmacht

Gepäck
Der Wunsch oder das Bedürfnis, zu verreisen * ein Hinweis auf alte Gewohnheiten, Muster und Konditionierungen, die Sie unbedingt loswerden müssen * unnötige Dinge oder Gedanken, die Sie mit sich herumschleppen * der Wunsch, »Ihre Sachen zu packen« und einer gegenwärtigen Situation zu entfliehen

Gericht (siehe auch *Richter*)
Selbstkritik * Achten Sie auf die Urteile, die das Gericht Ihrer Meinung nach fällt. * das Gefühl, von anderen kritisiert zu werden * ein Teil Ihrer selbst oder eine Situation, in der Sie sich selbst oder andere verurteilen * Ihre innere Königlichkeit, Ihre Innere Majestät

Geschenk
Die Anerkennung Ihres Persönlichkeitswachstums * Gute Nachrichten stehen ins Haus.

Geschlechtsorgane siehe *Genitalien*

Gesicht(er)
Ein unbekanntes Gesicht oder Gesichter verkörpern möglicherweise diejenigen Anteile Ihres Selbst, die Sie derzeit nicht erfahren bzw. nicht leben.

Gestalten
Erscheinen undefinierbare Formen in einem Traum, dann fragen Sie sich nach dem Aufwachen: »Woran erinnert mich dieses Gebilde? Was für ein Gefühl verbinde ich damit?« Erlauben Sie der Form, Gestalt anzunehmen. Es kann etwas Ungeformtes, Form-loses sein, etwas, das sich in Ihrem Leben noch nicht ganz »herausgebildet« oder gezeigt hat. Wenn Sie dem Gebilde erlauben, sich in Ihrer Vorstellungskraft zu manifestieren, wird dasjenige Projekt, die Idee oder das Gefühl auch bald in Ihrem Leben Gestalt annehmen.

Gewehr siehe *Pistole*

Geweih/Hörner (siehe auch *Horn*)
Schutz des göttlichen männlichen Teils in Ihnen

Geysir (siehe auch *Wasser*)
Sich emotional (schwer) verausgaben

Gezeiten
Das Auf und Ab Ihrer Gefühle * Ebbe und Flut des Lebens

Gift
Etwas Zerstörerisches oder Schädliches – meist eine negative Einstellung sich selbst gegenüber * eine Angst oder ein Urteil, eine Verurteilung

Giraffe

Sich danach strecken, was man haben möchte ⋆ Jemand steht über der Menge. ⋆ halsstarrig oder unbeugsam

Glas/Brille

Von einem Bereich in einen anderen hineinsehen ⋆ Ist das Glas zerbrochen oder zerbricht es im Traum, ist das ein Hinweis auf eine zerschmetterte Illusion. ⋆ Gehen Sie zum Augenarzt: Vielleicht benötigen Sie eine Brille.

Gleiten

Das Gefühl, außer Kontrolle zu sein

Gletscher

Eingefrorene Gefühle

Glocke

Klingt der Ton klar: Resonanz mit der Quelle des Lebens ⋆ eine Warnung ⋆ freudvolle Entwicklungen

Glühbirne

Eine Glühbirne bringt Licht, wo Finsternis herrschte oder zeigt die »Ankunft« einer großen Idee an.

Gold

Großer innerer Reichtum/Schatz ⋆ das goldene Licht inneren Friedens ⋆ Herz aus Gold ⋆ goldenes Herz

Gott/Göttin

Unglaubliche Einheit und Einssein ⋆ universale Liebe ⋆ augenblickliche vollkommene Selbstannahme ⋆ die Macht, zu erschaffen und zu manifestieren ⋆ eines der stärksten Symbole überhaupt

Gotteslästerung
Ungekannte Gefühle innerhalb des normalen Alltagslebens

Grab
Ernsthafte, selbst auferlegte Einschränkungen * »sich sein eigenes Grab schaufeln«

Grabstätte
Transformation * Tod * Auferstehung * Begrenzung

Grashüpfer/Heuschrecke
Den Augenblick leben, ohne Gedanken an die Zukunft

Grau
Gewöhnlich ein Hinweis darauf, dass Sie sich leblos und müde fühlen. * Ihre Gemütsverfassung ist unklar. * die »neutrale« Farbe oder Farbe der Neutralität

Großmutter
Die weise alte Frau * der reife Aspekt Ihrer selbst * kann auch auf Ihre Großmutter Bezug nehmen

Großvater
Der weise alte Mann * der reife Aspekt Ihrer selbst * der wissende Teil in Ihnen * kann sich auch auf Ihren Großvater beziehen

Grube siehe *Abgrund*

Grün (siehe auch *Kapitel 25 »Farben«*)
Steht allgemein für Fruchtbarkeit und Überfluss (in) der Natur * neues Wachstum Ihrer Persönlichkeit * die Farbe der Heilung

Guru

Führung * der Guru in einem selbst * Achten Sie sorgsam auf die Botschaft dieses Traums!

H

Haar/Haare

Wenn Sie im Traum Ihr Haar bürsten, heißt das, Sie »entwirren« eine Situation. * Ein neuer Haarschnitt könnte auf einen Neuanfang hindeuten. * Wenn Sie Ihr Haar flechten, gehen Sie in der Realität vielleicht neue Verbindungen ein. * Glätten Sie Ihr Haar mit Gel, kann das heißen, dass Sie eine unangenehme Situation »glätten«. * Haarausfall mag ein Hinweis auf Sorgen und Kümmernisse sein. * Dichtes, volles Haar spricht von guter Gesundheit. * Energieströme aus dem Kronenchakra auf dem Scheitelpunkt des Kopfs * Dickes Haar kann ein Symbol für geballte spirituelle Energie sein, die aus diesem Zentrum fließt, um Sie mit dem *Spirit* zu verbinden.

Hafen

Sicherheit * Je nach den Wasserverhältnissen kann dieses Symbol sich auf verschiedene Gefühle beziehen. * guter Wein, fröhliche Freundesrunde

Hahn/Gockel

Stolzierend * hochmütig * egoistisch * männliche Energie * kurz davor, auszubrechen oder hochzugehen, wie ein gespannter Hahn an einem Gewehr

Hai

Vorbote von Gefahr * verborgene Angst * grausamer Machtmissbrauch

Haken

Ein Hinweis darauf, dass man irgendwo »am Haken hängt«, d. h. von jemandem oder etwas abhängig ist. * Jemand, der gefürchtet oder unehrlich ist, wie beispielsweise Captain Hook (»Haken«) in *Peter Pan*: Nehmen Sie sich also in Acht! * Ein Haken, an dem man Dinge aufhängen kann, verweist vielleicht auf Organisation: Hängen Sie etwas auf, organisieren Sie sich.

Hals/Kehle

Positiv: die Bereitschaft, Ihre eigene Wahrheit auszusprechen, zu bekennen * negativ: das Gefühl stranguliert zu werden * etwas »nicht schlucken« können

Hals/Nacken

Positiv: Flexibilität, bereit, beide Seiten einer Angelegenheit zu betrachten * negativ: Halsschmerzen * halsstarrig oder unflexibel

Hamsterrad siehe *Tretmühle*

Hände/Hand

Positiv: Sie können »handeln«, es »in die Hand nehmen« oder »bekommen«. * Negativ: Sie bekommen etwas nicht in den Griff, können es nicht »händeln«, können es nicht »mit Händen greifen«. * positiv auch: etwas in der Hinterhand haben

Hans

Aktiv * vielseitig * breites Spektrum * »Hansdampf in allen Gassen« * auch: »Hans im Glück« oder »Hans-guck-in-die Luft« * »Was Hänschen nicht lernt, lernt Hans nimmermehr.«

Hase

Übersteigertes Selbstvertrauen * Im Märchen *Der Hase und der Igel* der Gebrüder Grimm verlor der Hase das Wettrennen, weil er sich für überlegen hielt.

Hass

Ein Gefühl, das Sie sich in der Realität, im »Wachzustand« Ihres Alltags nicht wirklich zugestehen * »Geträumter« Hass hilft dabei, dieses Gefühl loszulassen, sodass es Ihnen weder physischen noch emotionalen Schaden zufügen kann. * Häufig richtet sich der Hass, den Sie in einem Traum verspüren, gar nicht gegen die Person oder den Gegenstand, gegen den er sich zu richten scheint, vielmehr spiegelt er allgemein Zorn auf die eigene Person. * Das Objekt des Hasses in Ihrem Traum steht nur stellvertretend für den Teil Ihrer selbst, auf den Sie wütend sind oder den Sie *nicht leiden* können.

Haus

Etwa ein Drittel aller Träume spielt innerhalb eines Gebäudes, für gewöhnlich innerhalb eines Hauses oder einer Wohnung. Am allerhäufigsten wird das mit dem körperlichen oder spirituellen Selbst – oder beidem – in Verbindung gebracht. Was auch immer mit dem Haus oder der Wohnung geschieht, werden auch Sie erleben oder erfahren. Ist beispielsweise die Toilette verstopft, kann das auf eine Blockade Ihrer Gefühle (verkörpert durch das Wasser in den Zuleitungen) hindeuten. Träumen Sie davon, sich in einem dunklen Raum aufzuhalten, steht dieser stellvertretend für unbekannte Teile Ihrer selbst, die es zu erforschen gilt. Chaos im Haus führt Ihnen Bereiche Ihres Lebens vor Augen, die Sie säubern und aufräumen, oder Dinge, die Sie wegwerfen sollten. (Achten Sie darauf, welches Zimmer »übervoll« ist.) Die einzelnen Räume im Haus symbolisieren verschiedene Aspekte unserer selbst:

Küche: Nahrung, Ernährung und Kreativität (»Koch-Ideen«)
Korridor/Flur: Übergang
Badezimmer: Beseitigung des Alten
Keller: Ihr Unterbewusstes
Dachgeschoss/Dachboden: hohe Ideale und Ziele

Heilen/Heiler
Sie werden geheilt. * Greifen Sie auf die Heilungsenergie in sich selbst zu.

Heilig
Das Heilige, Geheiligte oder Göttliche in Ihnen selbst und Ihrem Leben * die Gottes- oder Schöpferkraft in Ihnen

Heiligenschein
Segen

Heiliger
Ihr Schutzengel oder Beschützer, Ihr Höheres Selbst * Hören Sie sehr genau zu, achten Sie sorgsam auf die in einem solchen Traum erscheinenden Botschaften und Symbole.

Henne siehe *Huhn*

Herz
Liebe * Seligkeit * der Mittelpunkt des Seins

Heuschrecke siehe *Grashüpfer*

Hexe
Die landläufige Assoziation geht in Richtung furchteinflößend oder hässlich. * Das Wort *witch* (engl. »Hexe«) rührt wohl her vom Altenglischen *wicche*, angelsächsisch *wicca*, ursprünglich

wohl *witga*, eine Kurzform von *witega* (»Seher«, »Wahrsager«), seinerseits vom Angelsächsischen *witan* (»sehen, wissen«) abgeleitet: Hexe also gleich »weise Frau«. * Möglicherweise repräsentiert sie die kluge oder weise weibliche Energie in Ihnen.

Himmel
Das Himmelszelt, das Firmament * uneingeschränkt auf Erfolgskurs sein * Nur der Himmel ist die Grenze! * Freiheit * Ausdehnung * Erweiterung

Himmel
Erleuchtung * Seligkeit * Einssein * Frieden

Hindernis/Behinderung
Unverrückbare physische Blockaden (wie Backsteinmauern, verschlossene Türen, Verkehrsstaus, Zäune und sogar schlechtes Wetter), die Ihnen im Weg stehen, wie auch persönliche oder berufliche Hemmnisse (etwa Verträge, die zurückgehalten werden, oder nicht funktionstüchtige Computer) sind deutliche Botschaften, dass es an der Zeit ist, sich in sich selbst zurückzuziehen und das Leben völlig neu zu bewerten. * Sie können allerdings auch den umgekehrten Weg einschlagen: Sammeln und bündeln Sie Ihre Energien und brechen Sie durch die Barriere!

Hirsch
Sexuelle Energie * kraftvoll * potent

Hirte/Pfarrer
Wächter über den Geist * Hüter des inneren Weges

Hitze
Leidenschaft * Intensität * Wünsche und Sehnsüchte können durch das Entfachen des Kundalini-Feuers geweckt werden. * Wut

Hochzeit
Die »Vermählung« Ihres Bewussten mit dem Unbewussten, die Vereinigung von Körper und Geist

Höhle
Ein machtvolles Symbol * Ihr enormer spiritueller Reichtum * Ihr unbewusstes Selbst * die Stabilisierung Ihrer Energie * das weibliche Prinzip * der Schoß von Mutter Erde * eine Zuflucht vor den Schwierigkeiten des Lebens * Unterdrückte traumatische Erinnerungen steigen hoch.

Hölle
Persönliche Probleme in Ihrem Leben

Honig
In der Mythologie galt der Honig als Speise der Götter und wurde so zum Symbol der Lebenskraft schlechthin: »Das Land, wo Milch und Honig fließen, das Schlaraffenland.« * Bezug auf die Süße des Lebens oder jemanden (oder etwas), den Sie lieben

Horn/Hörner
Hörner (Musikinstrumente) können die Macht der Musik und die himmlischen Hörner darstellen. * Nach C. G. Jung hat das Horn zwei symbolische Bedeutungen: Obwohl gehörnte Tiere und Hörner an sich häufig mit Männlichkeit und der männlichen Sexualität in Verbindung gebracht werden – das Horn ist innen hohl, d. h. es kann etwas aufnehmen, etwas »empfan-

gen« und deshalb auch für die weibliche Natur stehen. ⋆ In alten Zeiten dienten Hörner als Trinkgefäße, wurden häufig mit Schnitzereien u. Ä. verziert und galten als Symbol des Überflusses, wie das »Füllhorn«, das »Horn des Überflusses« zeigt. ⋆ Nach Ansicht der Gnostiker, Vertreter einer alten religiösen Lehre, steht das Horn für das »Prinzip, das allen Dingen Reife und Schönheit zuteilwerden lässt.« ⋆ In einigen Kulturen verkörperten Tiere mit Hörnern das Übel, das Schlechte überhaupt, wie es im »Gehörnten«, dem Teufel, zum Ausdruck kommt. Hörner können auch ein Hinweis auf die zerstörerischen Kräfte in jemandes Seele sein. ⋆ In vielen Kulturen galten (gekreuzte) Hörner auch als »Warnzeichen«. In ihrer Eigenschaft als »Tonerzeuger« dienten sie beispielsweise dazu, die Streitkräfte für den heiligen Krieg zusammenzurufen. Folglich könnte dieses Symbol eine Warnung an Sie beinhalten: Seien Sie also auf der Hut!

Hüften

Positiv: Unterstützung, Kraft, eine sich »in den Hüften wiegende« Frau als Synonym für weibliche Sinnlichkeit und Anziehung ⋆ negativ: Angst sich vorwärtszubewegen

Hügel

Hügel in ausgeprägt runder Form verkörpern oft die weibliche Sinnlichkeit und die Brüste von Mutter Erde. ⋆ Hinweis darauf, in Ihre Sinnlichkeit zu gehen ⋆ Ein kleines Problem in Ihrem Leben türmt sich vor Ihren Augen zu einem Riesenhügel auf.

Huhn/Henne

Häuslich ⋆ Nestbau-Instinkt ⋆ fleischig ⋆ mollig ⋆ zufrieden ⋆ aber auch: Feigheit ⋆ Scheu ⋆ Ängstlichkeit ⋆ verfrüht auf etwas zählen (»von ungelegten Eiern sprechen«)

Hund
Treue * Loyalität * Schutz * Rettung * Freundschaft

Hyäne
Geräuschvoll * laut * der Situation unangemessene Fröhlichkeit

I

Impfung
Emotionaler Schutz

Impotenz
Unsicherheit * Angst

Indianer
Eine tiefe, ursprüngliche Verbindung zur Natur * ein Teil Ihrer eigenen Grundnatur, Ihnen selbst immer noch fremd * Führung durch das höhere Selbst

Initiation/Einweihung
»Erwachen« * das Erlangen einer höheren Bewusstseinsstufe

Insekten
Etwas nervt Sie. * Maden stehen für Verfall und Fäulnis. * Schmetterlinge sind Boten der Transformation. * Fliegen bedeuten geringfügigen Ärger. * Ameisen und *Bienen* verkörpern ihren sprichwörtlichen Fleiß.

Insel
In sich selbst verschlossen * Gefühl der eigenen Isolation * das Bedürfnis nach einer Zufluchtsstätte

Inzest/Blutschande
Teile seiner selbst zusammenfügen, etwa den erwachsenen Teil mit dem kindlichen oder den männlichen Teil mit dem weiblichen verbinden ⋆ Denken Sie daran: Meistens stehen die verschiedenen Menschen in einem Traum für die unterschiedlichen Aspekte seines Selbst. ⋆ Das Thema kann auf sehr tief sitzende, ungelöste Probleme Ihres Lebens Bezug nehmen.

Irrgarten (siehe auch *Labyrinth*)
Sich im Traum durch ein kompliziertes System von Gängen hindurchwinden zu müssen, kann darauf verweisen, dass Ihrem Gefühl nach kein Ausweg existiert. Der Irrgarten soll Ihnen sagen: Halten Sie inne und klären Sie Ihren Geist. Lassen Sie Ihre Intuition sprechen, und der Weg aus Ihren Schwierigkeiten wird sich klar vor Ihnen abzeichnen.

J

Jagd
Nach unbekannten Teilen seiner selbst oder etwas im Leben suchen ⋆ das Gefühl, gejagt zu werden ⋆ etwas in Ihnen selbst, das Sie töten möchten

Jagd/Verfolgung/Verfolgtwerden
Jemand oder etwas läuft (davon) ⋆ Angst, sich mit etwas in seinem Leben zu konfrontieren ⋆ nach etwas in seinem Leben streben, ein Ziel verfolgen

Jagdhaus/Blockhütte
Ein im Wald gelegenes Jagdhaus kann für Frieden und Zufriedenheit stehen.

Jahreszeiten (siehe *Kapitel 22*)

Jesus siehe *Christus*

Jo-Jo
Das Gefühl, ständig hoch- und runtergeschleudert zu werden ⋆ immer dieselben (alten) Muster wiederholen

Jongleur
Der Versuch, mit zu vielen Dingen auf einmal zu jonglieren ⋆ Macht der Jongleur seine Sache gut, gilt das auch für Sie. ⋆ Lässt der Jongleur etwas fallen, entfernen Sie einige Dinge (oder Situationen) aus Ihrem Leben. Nehmen Sie sich die Zeit, um darüber nachzudenken, was Ihnen in Ihrem Leben wirklich wichtig ist.

Judas
Verrat – ganz allgemein ⋆ Selbstbetrug ⋆ sich selbst gegenüber nicht ehrlich sein

Jugendliche(r)
Große Veränderung ⋆ eine Zeit der Suche nach der eigenen Identität und der Lebens(aus)richtung ⋆ Kräftesammeln für einen/den Neubeginn ⋆ Aufruhr ⋆ Durcheinander

Junge
Das männliche Kind in uns allen ⋆ Bei einem Mann kann der Junge stellvertretend für seine eigene Kindheit stehen.

Jungfrau
Reinheit ⋆ Keuschheit ⋆ Maria, die Muttergottes ⋆ der weibliche Aspekt Gottes ⋆ Neuheit ⋆ eine neue Lebensphase beginnen

Juwelen
Reichtum * Überfluss * Brillanz * innerer Reichtum

K

Käfer
Bei den alten Ägyptern Symbol des ewigen Lebens * kann auf Glück hindeuten: »Glückskäfer«

Kaffee
Anregung oder Entspannung, ganz nach Ihrer persönlichen Assoziation

Käfig
Im Käfig (oder Gefängnis bzw. Kerker) seiner eigenen Angst sitzen * das Gefühl, in die Falle gegangen zu sein

Kakadu
Prächtig * reden, ohne dabei zu denken

Kaktus
Eine »stachelige« Angelegenheit * jemand oder etwas »Unberührbares«

Kalb
Eine glückliche, sorgenfreie Jugend in gesunder Umgebung

Kälte
Die Gefühle einsperren oder abschalten und den Rückzug ins eigene Innere antreten

Kamel

Das »Wüstenschiff« * durch eine schwierige Situation hindurchgehen, einen Weg hindurch finden * Widerstandskraft * Ausdauer

Kamera

Die Einhaltung einer gewissen Entfernung zwischen sich selbst und dem Leben * Hinwendung zur Vergangenheit * Bewahrung liebevoller Erinnerungen

Kämpfen/Kampf

Unterdrückte Emotionen * das Bedürfnis, Empfindungen zu haben und sie alle zu genießen * Es ist an der Zeit, sich zur Wehr zu setzen.

Kanal

Geburt eines Kindes * ein gerader, schmaler emotionaler Pfad

Kanarienvogel

Musik * Harmonie * kann auch auf Klatsch und Tratsch oder Geheimnisverrat hinweisen

Känguru

Rastlose Energie * Mobilität

Kaninchen

Kann auf Wohlstand hindeuten * Kühnheit * Furcht * Scheu * Fruchtbarkeit, Nachkommen * Liebenswürdigkeit * Weichheit * unorganisiertes, schnelles Voranschreiten * von einer Sache, einem Thema zum anderen springen * Schauen Sie hin, bevor Sie loshüpfen!

Kannibalismus
Das Empfinden, von einer Situation »aufgefressen« zu werden * von der Energie anderer abhängig sein, anstatt die eigene zu nutzen * Jemand ist »zum Fressen süß«. * Kannibalismus könnte auch ein Symbol für extreme Besitzgier sein: Verspüren Sie das Verlangen, jemanden zu verschlingen, oder haben Sie das Gefühl, jemand anderer will Sie »verzehren«?

Kapitän
Eine kontrollierte Persönlichkeit * Sie steuern Ihr Schiff eigenhändig durch die Gewässer (Emotionen) Ihres Lebens. * Zeit, um die Kontrolle zu übernehmen

Karussell
Das Gefühl, sich ständig nur im Kreis zu drehen und kein bisschen voranzukommen

Katze
Das intuitive Selbst * die Essenz des Weiblichen oder ein Teil Ihrer selbst * die innere Göttin * Die Ägypter verehrten die Katze als Göttin Bastet, Tochter des Sonnengottes Re.

Kaufhaus/Lager
Ihr inneres Potenzial * Alles, was Sie jemals benötigen werden, besitzen Sie bereits: Es steckt in Ihnen selbst.

Keim
Der Keim bildet die früheste Form eines Organismus, gleich, ob Same, Knospe oder Spore. * die Grundlage einer Idee, weiteren Wachstums oder einer Entwicklung * ein Hinweis darauf, dass es an der Zeit ist, Ihr Immunsystem zu stärken

Kelch/Trinkbecher
Ein machtvolles Zeichen, das auf Heiliges und Geheiligtes hindeutet * der Heilige Gral und Christus * der weibliche göttliche Geist

Keller
Die Grundlage oder Wurzel eines Problems * Ihre physische Energie * Sehr häufig steht ein Haus für unseren Körper, wobei das Dachgeschoss mit den oberen Chakren und der Keller mit den unteren Chakren assoziiert wird. * kann auf Ihr Unterbewusstes hinweisen oder auf etwas, das sich Ihrem normalen Bewusstsein entzieht und »begraben« liegt

Kellner/Kellnerin
Sich selbst oder anderen von Nutzen sein * das Gefühl, andere bedienen zu müssen * ein Zeichen, dass Sie Geduld haben und abwarten müssen, bis Sie »an der Reihe« sind und »bedient« werden

Kentern
Vom Kurs abkommen * in Gefühle (Wasser) gestürzt werden

Kerze
Ihre spirituelle Lebenskraft * Ihr wahres inneres Licht

Kette
»Gemeinsam sind wir stark«: Viele zusammen haben die Kraft, etwas zu bewegen. * das Gefühl, an eine Situation »gekettet« zu sein

Kidnapping (siehe auch *Entführung*)
Selbstsabotage * das Gefühl, außer Kontrolle oder das Opfer einer Situation zu sein * Wird ein Kind entführt, kann das ein

Hinweis darauf sein, dass Ihnen Ihr inneres Kind weggenommen wird oder wurde.

Kiefer

Steht für Kommunikation, für das »Quatschen« oder sich (vielleicht in angenehmer Umgebung) mit Freunden unterhalten oder etwas besprechen. * Sind die Kiefer fest geschlossen, besteht das Bedürfnis nach einer offeneren Kommunikation. * schelten * schimpfen * langweilig * langatmig * Eine ausgeprägte Kieferpartie, ein eckiges Gesicht, zeugt von Stärke und Zähigkeit, von »hart im Nehmen« sein.

Kinder

Das Kind in Ihnen * innere Aspekte Ihrer selbst wie Verspieltheit, Ausgelassenheit und Offenheit * Sie verweigern Ihrem kindlichen Anteil die Anerkennung. * Ein eigener unterbewusster Kinderwunsch: Bevor eine Frau schwanger wird (auch ungeplant), geschieht es sehr häufig, dass sie die Babys (auch Tierkinder) überall um sich herum wahrnimmt, auch wenn ihr selbst der Kinderwunsch gar nicht bewusst ist.

Kino

Das Leben beobachten * sich im Drama des Lebens verstricken * die unterschiedlichen Rollen in Ihrem Leben

Kirche

Glaube * Hoffnung * Liebe * der Tempel der Seele * Heiligtum * Hafen (Zufluchtsort) * Sicherheit

Kissen

Intuition * Innenwelt * innere Dimension * Entspannung * loslassen

Klavier (siehe auch *Musikinstrumente*)
Wenn das geträumte Klavier verstimmt ist, sind Sie es auch.

Klebstoff siehe *Leim*

Kleidung
Ihre äußere Person * Ihre »Fassade« * die Rollen, die Sie im Leben spielen

Kleiner Finger
Manipulation * das Gefühl, von jemandem »um den kleinen Finger gewickelt« worden zu sein

Klettern
Aufsteigen * der eigene Aufstieg in Richtung eines persönlichen oder beruflichen Ziels * die oberste Sprosse der beruflichen Karriereleiter erreichen * kann sexuelle Konnotationen haben * sexuelle Erregung * Jakob kletterte in seinem Traum die Himmelsleiter hinauf. * Absteigen (oder Abstieg) kann das Gegenteil bedeuten, auch Hinabsteigen in sich selbst: die Erforschung des eigenen Unterbewusstseins.

Klippe
Eine große Veränderung im Leben * ein Risiko auf sich nehmen und Schritte irgendwohin wagen, wo es keine Garantien oder Sicherheit(en) gibt * Machen Sie sich bereit, in gutem Glauben einen großen Sprung zu unternehmen. * Vertrauen Sie darauf, dass Sie Führung für Ihr Leben bekommen. * eine kritische Phase in Ihrem Leben * eine Zeit der Entscheidung

Klopfen/Anklopfen
Ein Bewusstsein versucht, sich bei Ihnen bemerkbar zu machen. * Eine günstige Gelegenheit »klopft an«.

Kloster (siehe auch *Kirche*, *Heim*, *Haus*, *Tempel*)
In sich gehen, um der Göttin in sich selbst zu begegnen * ein Heiligtum des weltlichen Lebens * eine Zeit, still und bescheiden zu sein * steht auch symbolisch für: sich geistig-spirituell nach innen zurückziehen und/oder vor der Welt (oder sich selbst) verstecken

Knie
Flexibilität * Angst (wenn Menschen Angst haben, pressen sie die Knie zusammen) * Unflexibilität * Unnachgiebigkeit * in Ehrfurcht verharren: das Knien während des Gottesdienstes

Knöchel
Mobilität

Knospe
Die Knospen der Pflanzen gelten als Frühlingsboten, möglicherweise verkörpern sie neues Leben und einen Neuanfang für Sie.

Knoten
Hinweis auf Anspannung * angebunden, »verknotet« sein * »einen Knoten im Magen oder im Hals haben« * eine Verpflichtung eingehen * einen Knoten »schnüren« * Das Lösen eines Knotens verweist auf eine Lösung oder Entspannung in einem bestimmten Lebensbereich.

Kobra
Die Kraft der Kundalini-Energie

Koch
Nahrung * Ernährung * materieller Komfort, aber auch Trost (»orale Befriedigung«)

Kochen (siehe auch *Koch)*
Die »Zutaten« Ihres Lebens zu einer »Mahlzeit« kombinieren

Kokon
Unglaubliches Potenzial, das auf seine Transformation wartet * sich »einspinnen« oder abschließen von anderen und sogar von der Realität

Kolibri (siehe auch Kapitel 27 *»Tiere«)*
Energie und Heiterkeit pur * in den Nektar des Lebens eintauchen * Kolibris können aufwärts-, abwärts- und sogar rückwärtsfliegen * Dehnen Sie Ihre Energie der Freude in alle Richtungen aus. * zu beschäftigt und hektisch im Leben unterwegs sein

Kollision
Schwere innere Konflikte oder tief sitzende ungelöste Probleme in Ihrem Leben

Komet
Ein machtvolles Symbol, das von enormer persönlicher und spiritueller Ausdehnung kündet

Kompass
Das Gefühl, verloren oder desorientiert zu sein * die Richtung, die Sie in Ihrem Leben einschlagen wollen

Konflikt
Ungelöster oder unterdrückter innerer Konflikt, selbst wenn Sie sich oberflächlich ruhig und ausgeglichen fühlen

König
Macht und Erhabenheit * Gott * Selbstverantwortung * Verantwortung für Ihr eigenes Leben übernehmen

Königin
Die machtvolle weibliche Energie in Ihnen * Sie besitzt mehr Kraft und Macht als eine Prinzessin. * eher die frauliche Klugheit als die mädchenhafte Reinheit * die Göttin in Ihnen

Königshaus/Ein Mitglied des Königshauses
Abhängig davon, ob das Mitglied des Königshauses männlich oder weiblich ist, bezieht es sich auf bestimmte göttliche Aspekte unseres Selbst: auf die göttliche Weiblichkeit oder die göttliche Männlichkeit. * das Empfinden Ihres eigenen inneren Königtums, Ihrer eigenen inneren Göttlichkeit

Kopf
Denken * analysieren * »Kopf hoch!« * Aber Vorsicht bei »Kopflastigkeit« und »seinen Kopf durchsetzen« wollen!

Korn/Körner
Das Lebenspotenzial, denn ein Korn ist die einsämige Frucht des Getreidegrases und trägt das Potenzial (die Blaupause) für die vollständige Pflanze in seinen Zellwänden. * ein Symbol für Überfluss * aus relativ kleinen Einzelteilen bestehende oder kristalline Masse * Vom Wort Korn abgeleitet ist die Körnung, der Begriff bezeichnet beispielsweise die Größe von Partikelchen oder die Feinheit von Schleifpapier oder die Struktur einer fotografischen Schicht. * Etwas, das Sie nicht unbedingt wörtlich nehmen, sondern wo Sie durchaus Bedenken walten lassen sollten, wie es in der lateinischen Redewendung *cum grano salis* (»mit einem Korn Salz«) zum Ausdruck kommt.

Körper (siehe auch *die einzelnen Körperteile*, sie haben alle eine symbolische Bedeutung)
Die rechte Körperhälfte steht oft für die hervorstechende, männliche, moralische (rechte/richtige) Seite Ihrer selbst und

Ihre äußerliche Stärke (Linkshänder/-innen kehren die Bedeutungen bitte um.), dementsprechend lässt sich die linke Körperhälfte mit Ihrem empfangenden, weiblichen, inneren Teil in Verbindung bringen. * Der untere Teil des Körpers kann den ursprünglichen, instinkthaften Teil symbolisieren, er wird auch mit den unteren Chakren assoziiert, mit Erdung und Sexualität. * Ein nackter Körper steht möglicherweise für Verwundbarkeit oder Offenheit. * Ein allzu »angezogener«, bekleideter Körper deutet möglicherweise darauf hin, dass Sie sich vor sich selbst verstecken.

Krabbe (siehe auch *Krebs*)
Problemen in Ihrem Leben ausweichen, anstatt ihnen geradewegs ins Gesicht zu sehen * sich nach Krabbenart seitwärts um eine Situation »herummogeln« * Die Krabbe entspricht dem Tierkreiszeichen des Krebses. * Da die Krabbe eines der Symbole des Meeres (der Wiege allen Lebens) ist, kann ihr Erscheinen im Traum die Bedeutung »Leben schenken« und »Nahrung spenden« haben.

Krähe
Da Krähe und Rabe derselben Gattung angehören, können sie demzufolge in mancher Hinsicht auch Ähnliches bedeuten (siehe auch *Rabe*). * ein Vorzeichen für eine Veränderung in Ihrem Leben * Angst vor dem Tod und innerer Dunkelheit * Der idiomatische Ausdruck »wie die Krähe fliegt« bedeutet, den kürzesten Weg zu nehmen, direkt geradeaus zu gehen, aufrichtig zu sein: Bewegen Sie sich in Ihrem Leben mit Klarheit und Entschlossenheit geradeaus. * »Krähen« bedeutet »seine Freude laut herauszujauchzen«, über den Misserfolg eines anderen zu triumphieren, zu prahlen. * »Krähen« heißt aber auch, Töne der Freude und des Vergnügens auszustoßen. * In den Augen der amerikanischen Ureinwohner besitzt die Krä-

he geheimnisvolle Kräfte. * Die alten Kelten, die germanischen Stämme und die Menschen in Sibirien dachten und denken ähnlich: Das Auge der Krähe gilt als Zugang zu den Bereichen des Übernatürlichen und den inneren Mysterien des Lebens, die Krähe fungierte auch als Botschafterin für das Reich des Großen Geistes. * Angehörige von Eingeborenenstämmen betrachten die Krähe als Gestaltwandler mit der Fähigkeit, sich in andere Bewusstseinsbereiche auszudehnen: Ein Gestaltwandler kann sich an zwei Orten gleichzeitig aufhalten und jederzeit eine andere physische Form annehmen.

Krake
Viele Dinge auf einmal machen (können) * zäh * habgierig * scheu und auf Rückzug bedacht

Krankenhaus
Heilungszentrum

Krankenschwester
Heilung * Fürsorge * Nahrung * Ernährung

Krankheit
Disharmonie (engl. *disease – dis-ease* »un-wohl« (sein)) * Möglicherweise benötigt Ihr Körper (mehr) Aufmerksamkeit.

Krebs
Etwas frisst emotional an Ihnen * das Tierkreiszeichen »Krebs« * Vielleicht ist es Zeit für eine Kontrolluntersuchung beim Arzt.

Kreis
Ein sehr machtvolles allgemeingültiges Symbol * Harmonie * Schönheit * Ausgeglichenheit * Vollständigkeit * Totalität * Ganzheit

Kreuz
Ein universales Symbol des unendlichen Gleichgewichts (Ausgleichs) und der Ganzheit aus entferntester Zeit, aus uralter Vergangenheit * Jesus * Christentum

Kreuzigung
Das größte Opfer * die Empfindung, dass jemand versucht, Sie emotional »ans Kreuz zu nageln«, oder dass Sie sich selbst zur Kreuzigung freigeben

Kricket
Vergnügen * Glück und Frieden am heimischen Herd * langes Leben

Krieg
Konflikt * innere Aggression * ungelöste Probleme * unerlöste Themen

Krise
Eine Zeit, um nach dem Sinn des Lebens zu suchen und sich der spirituellen Ebene zuzuwenden * eine Wegkreuzung im Leben oder ein Wendepunkt

Kristall
Spiritueller Vermittler * »Sender« * »Lupe« = Vergrößerungsglas * ein machtvolles Symbol für Klarheit und spirituelle Energie * Symbol des Mystischen * Schenken Sie diesem Traum große Beachtung und hören Sie genau auf seine Botschaft!

Kritik
Sich selbst oder anderen gegenüber allzu kritisch sein * das Bedürfnis, Situationen, an denen Sie beteiligt sind, mit mehr

Scharfsicht beurteilen zu können * Andere sind Ihnen gegenüber kritisch eingestellt, üben Kritik an Ihnen.

Krokodil
Probleme unter der Oberfläche * Unehrlichkeit * eine »Show« * geheuchelte Gefühle, wie es etwa in »Krokodilstränen« zum Ausdruck kommt * Scheinheiligkeit * Etwas oder jemand ist verlogen.

Krone
Die eigenen Fähigkeiten, die eigene Leistung ist auf dem Höhepunkt angelangt. * innere Königlichkeit, innere Majestät

Kröte (siehe auch *Frosch*)
Geerdet * die fruchtbaren Energien der Erde

Krücke(n)
Das Gefühl der Unfähigkeit, sich selbst aufrecht zu halten, zu stützen * das Bedürfnis nach Unterstützung gerade in dieser Lebensphase

Kuchen/Torte
Feiern Sie die Süße des Lebens! * Wenn Sie etwas erreicht oder vollendet haben, sollten Sie das Feiern nicht vergessen! * eine Chance * »ein Stück vom (großen) Kuchen abbekommen« * Die runde Form verweist auf die Kombination von Ganzheit und Nahrung/Ernährung. * etwas, das sich teilen lässt, ein teilbares Ganzes

Kugelschreiber siehe *Bleistift*

Kuh
Das Gefühl des Friedens oder das Bedürfnis nach mehr davon in Ihrem Leben * Geduld und passive Widerstandskraft * In einigen Kulturen wird die Kuh mit Erde, Mond und Bemutterung gleichgesetzt. Viele Mondgöttinnen, wie beispielsweise die ägyptische Göttin Isis, tragen Kuhhörner (diese symbolisieren die Sichel des Mondes) als Kopfzierde. Im Hinduismus verkörpern Kuh und Stier die Erneuerungskräfte des Universums.

Kühlschrank
Emotional blockiert * Gefühle abgeschnitten oder eingefroren * Mangel an Wärme

Künstler
Kreativer (Selbst-)Ausdruck im Leben * potenzielle künstlerische Begabung

Kuss
Tiefe Kommunikation mit seinem Selbst * Wärme * Zuneigung * Liebe * die männlichen und weiblichen Aspekte in uns selbst aufeinander ausrichten, vereinen

L

Laboratorium
Durch Experimentieren Lösungen finden

Lachen/Gelächter
Lachen ist ausgesprochen heilsam – nehmen Sie das Leben nicht so ernst!

Lachs
Der heilige Fisch der Kelten * allen Widrigkeiten zum Trotz voranschreiten

Lager siehe *Kaufhaus*

Lähmung
Das Gefühl völliger Immobilität in einem Lebensbereich * widerstreitende Gefühle oder Impulse

Lamm
Opfer * Martyrium * leicht lenkbar * Reinheit * Unschuld

Lampe/Laterne (siehe auch *Licht*)
Inneres Leuchten

Land
Stabile Erdung * Ihr Fundament * Ihre Grundlage

Landkarte
Hinweis auf Ihre Reiseplanung: Reisen ins Innere wie im Außen betreffend (siehe auch »*Astralreisen*« in Kapitel 13)

Laser
Punktgenau eingestelltes oder geschärftes Bewusstsein * intensiver Fokus * Konzentration

Laufen
Halt! Bleiben Sie stehen, drehen Sie sich um, und blicken Sie der Wahrheit ins Auge. * vor einer Situation weglaufen, mit der Sie sich nicht konfrontieren wollen * sich seiner selbst unsicher fühlen * Furcht vor einer Situation oder Erfahrung, die Sie nicht anerkennen wollen (Drehen Sie sich um, schau-

en Sie genau hin, erkennen Sie, wovor Sie eigentlich weglaufen – ob im Traum oder im wirklichen Leben. Stehen Sie Ihrem Gegner erst einmal gegenüber, dann wird es Ihnen auch gelingen, die Barriere in Ihrem Alltagsleben zu beseitigen.) ⋆ Wenn Sie im Traum in Zeitlupe laufen, ist das ein Hinweis darauf, dass die Zeit naht, sich seinem Problem zu stellen. ⋆ Wenn Sie auf etwas zulaufen: Ihre spirituelle Entwicklung beschleunigt sich gerade – und das ist aller Grund zum Feiern!

Lava
Etwas, das seit langer Zeit unterdrückt worden ist, üblicherweise Ärger, Wut

Lawine
Eine völlig überwältigende Erfahrung: das Erleben vorher eingefrorener Gefühle (siehe auch *Wasser*) ⋆ zu viel zu tun

Leber
Wut ⋆ Ärger ⋆ Die Leber ist das einzige Organ, das imstande ist, sich selbst zu regenerieren: Ein »Leber-Traum« könnte demnach auf die Erneuerung eines Teils Ihres Lebens hinweisen.

Leder
Stärke ⋆ Zähigkeit: »zäh wie Leder«

Leer/Leere
Ein Hinweis darauf, Ihr Leben etwas einfacher zu gestalten ⋆ Machen Sie sich leer: Werfen Sie (alte) Auffassungen, Verhaltensmuster und Ideale über Bord! ⋆ Leer zu sein bedeutet, hier besteht ein Potenzial, ein Raum, der gefüllt werden will. ⋆ die Empfindung von Leere und Einsamkeit

Lehm siehe *Ton*

Lehrer
Der Guru in Ihnen * Selbstvertrauen * Jeder Mensch in Ihrem Leben ist Ihr Lehrer; jeder Aspekt eines Traums lehrt Sie etwas während der Nacht.

Leibwächter/Rettungsschwimmer
Steht häufig symbolisch für einen Traumwächter oder Ihr Höheres Selbst, der/das Sie durch eine emotionale Krise geleitet.

Leim/Klebstoff
Die Verbindung zwischen getrennten Ideen oder Gegenständen * ein Zeichen »an etwas zu kleben«, an etwas »dranzubleiben«, »Bleiben Sie bei Ihrem Leisten!« * »aus dem Leim gehen«: dick werden * »jemandem auf den Leim gehen«: sich täuschen lassen, getäuscht werden

Leiter
Die Leiter steht für das Erreichen einer höheren Bewusstseinsstufe oder neuer Höhen im Leben. * Jakobs Leiter reichte geradewegs in den Himmel, ins Reich der Engel. * Führt die Leiter nach oben, sind Sie auf dem »aufsteigenden Ast«, auf Erfolgskurs, vielleicht auf der »Karriereleiter«. * Führt die Leiter abwärts, sollten Sie möglicherweise Ihr Unterbewusstsein erforschen, es könnte allerdings auch die Vorankündigung von etwas Pech im Leben sein.

Leopard
Potenz * Tapferkeit * Gerissenheit * Heimlichkeit * Wildheit * Macht

Lepra
Abmagerung * Verfall * Verschlechterung * Achten Sie darauf, welche Körperteile betroffen sind.

Licht
Das geistig-spirituelle Licht in uns * Die Lichtintensität bzw. seine Eigenschaften zeigen den Grad Ihrer Bewusstheit an.

Lilie
Leben * Tod * Wiedergeburt * Transformation

Links
Im Allgemeinen symbolisiert unsere linke Seite die passiven, empfangenden Kräfte des Kosmos, während die rechte Seite für das Prinzip der Ausdehnung, des Aktiven, Schöpferischen, Gebenden steht.

Linse (optisch)
Das Bedürfnis, Ihre Aufmerksamkeit zu bündeln oder sich Zeit zu nehmen, um die Richtung Ihres Lebens neu zu justieren

Lob
Glückwünsche! Sie haben Ihre Sache sehr gut gemacht. * Sie haben (sich) etwas verdient.

Loch
Etwas, das Sie nicht anerkennen * ein »Loch« bzw. eine Lücke in Ihrer Argumentation * auch als Symbol für »Einssein« gebraucht

Lotosblume
Geistig-spirituelles Erwachen * aus Schlamm oder Morast ans Licht gelangen

Löwe/Löwin
König der Tiere * Majestät * Erhabenheit * Macht * Mut * Führungskraft * Mutprobe: Einige afrikanische Stämme kennen einen Initiationsritus, bei dem der betreffende junge Mann seine Kraft mit einem Löwen messen muss.

Lumpen
Das Gefühl geistiger Armut

Lungen
Kummer * Leben in sich aufnehmen * der Atem des Lebens * auf Ihr Leben Acht geben * eine Atempause benötigen und/oder einlegen

M

Magen
Sie können etwas nicht verdauen. * Der Magen behält die Nahrung: Er hilft Ihnen dabei, Auffassungen, Vorstellungen, Ideen und Gefühle zu »verdauen«. * Ein Magen-Traum ließe sich auch deuten im Sinn einer Unfähigkeit, Neues in sich aufzunehmen, als Symbol der Angst vor allem Neuen, Unvertrauten.

Magie
Ein Hinweis darauf, dass jenseits der normalen Alltagsrealität eine geheimnisvolle, mystische Kraft oder Dimension existiert. * das Verlangen, Ihrer eigenen, inneren Magie zu lauschen * Glauben Sie!

Magier/Zauberer
Trugbild * Illusion * unecht * Die Bedeutung des Magiers im Tarot: Sehnsüchte oder Ziele durch den Zugriff auf die eigenen

inneren Ressourcen Wirklichkeit werden lassen; der Magier ist der »Transformator« und derjenige, der sich manifestiert. * Das Wort »Magier« leitet sich vom altpersischen *magu-sh* (griech. *magos*, lat. *magus*) ab, der Bezeichnung für die Mitglieder der Priesterkaste bei Persern und Medern; der Magier repräsentiert den Energiekanal zwischen Innen- und Außenwelt.

Magnet
Unwiderstehliche Anziehungskraft

Mammutbaum
Stärke * Weisheit * geerdet, aber mit dem Verlangen nach Spiritualität

Mandala
Ein kreisförmiges oder quadratisches Mandala steht für Harmonie, Schönheit und inneren Ausgleich. * Ein sehr machtvolles Symbol, das – vor allem im Buddhismus und Hinduismus – häufig als Meditationsobjekt und religiösen Zwecken dient. * Die Verbreitung der Mandalas ging mit dem Buddhismus einher, von Indien und Tibet aus über ganz Ostasien.

Mann
Der männliche Teil unseres Selbst, der geradlinige, vernünftige, praktische Teil * gebündeltes, zielgerichtetes Bewusstsein * die Yang-Energie in jedem von uns * Energie verströmen oder aussenden

Marienkäfer
Ein bedeutendes Glückssymbol

Marionette
Manipulation * das Gefühl manipuliert zu werden * selbst andere manipulieren * seine Macht abgeben * vergessen, dass man selbst seine Macht/Verantwortung übernehmen muss

Marmelade
Die Süße des Lebens

Mars
Kleine Störungen oder Disharmonien in Ihrem Leben * ein Hinweis darauf, Ihre gebündelte Kraft zielgerichtet dafür einzusetzen, um Wohlstand zu erlangen * Mars war ursprünglich der Gott der Fruchtbarkeit, der Landwirtschaft und der reichen Ernte. Erst nachdem die Römer mit der griechischen Kultur in Berührung gekommen waren, »avancierte« Mars zum römischen Kriegsgott, dem Äquivalent des griechischen Ares.

Märtyrer
Mangel an Persönlichkeitsstärke * das Gefühl, Opfer seiner Lebensumstände zu sein * anderen etwas geben und es übelnehmen, wenn die entsprechende Wertschätzung ausbleibt * Sie sollten an Ihrer Selbstakzeptanz arbeiten und die Verantwortung für Ihre Lebensverhältnisse selbst übernehmen.

Maschinerie
Das Gefühl, keine Verbindung (mehr) zu den organischen Abläufen des Lebens zu haben * der Einsatz einer natürlichen Macht für Kraft und Stärke

Maske(n)
Die unterschiedlichen Aspekte unseres Selbst * Unehrlichkeit * Schutz * sich verbergen * Nichtsein * In zahlreichen Einge-

borenen-Kulturen wurden Masken traditionell bei Initiations- und anderen Riten verwendet. Die Metamorphosen, die der betreffende »Einzuweihende« während dieser Rituale durchlief, waren dermaßen rätselhaft, geheimnisvoll und überwältigend, dass diese Transformationen hinter einer Maske verborgen werden mussten. Je nach Art der Maske kann sie als deutlicher Hinweis darauf gelten, dass Sie sich tatsächlich mitten in einem Prozess der persönlichen Transformation befinden.

Massage
Persönliche Integration * Spannung * loslassen * freigeben

Maultier (siehe auch *Esel*)
Eigensinn, Sturheit * die Fähigkeit, schwere, drückende Lasten zu tragen

Maulwurf
Wühlen, graben * etwas unter der Oberfläche * etwas, das nicht gesehen werden will

Maus
Sich selbst unbedeutend vorkommen * Kühnheit * Furcht * das Bedürfnis nach Ruhe, Stille * eine Angelegenheit, in der es darum geht, Ruhe zu bewahren

Meditation
Kann darauf hinweisen, dass Ihre geistige Führung mit Ihnen sprechen möchte, Sie jedoch zu beschäftigt oder zu abgelenkt sind, um zuzuhören. * Kommen Sie zur Ruhe und lauschen Sie auf die Stimme Ihres Herzens.

Medizin
Heilung ⋆ »seine eigene Medizin zu schlucken bekommen«, d. h. es wird einem etwas »heimgezahlt«

Medizinrad siehe *Zentrum*

Meer siehe *Ozean*

Meerjungfrau/Seejungfrau
Ihr intuitives, emotionales Selbst ⋆ ein unerreichbarer Geliebter ⋆ Versuchung ⋆ mit tiefen Gefühlen und dem Unterbewussten verbundenes Symbol

Melone
Einssein ⋆ Es eröffnet sich eine Fülle von Möglichkeiten.

Menge/Menschenmasse
Anonymität ⋆ Geheimhaltung ⋆ Fremde oder etwas Fremdes ⋆ Ihre Wahrnehmung der Meinung der Masse von Ihnen steht für Ihre unterbewusste Meinung von sich selbst. ⋆ das Gefühl, Teil eines weit größeren Ganzen zu sein

Menstruation
Das Alte loslassen, Neuanfänge ⋆ Tritt viel Blut in Erscheinung, kann das auf einen gefühlsmäßigen Verlust von Lebensenergie hindeuten.

Messer
Ein machtvolles Symbol: entweder kreativ oder zerstörerisch ⋆ alles »abschneiden«, was nicht länger gebraucht wird ⋆ Schneiden Sie im Traum einer Rose die Dornen ab, steht das als symbolische Handlung für die Aufgabe alter Denk- und Verhaltensmuster. ⋆ Wenn jemand mit einem Messer hinter

Ihnen her ist oder Sie damit verletzt, lässt sich das als Hinweis auf Ihre innere Angst deuten, jemand oder etwas könnte in Sie eindringen – emotional, physisch oder sexuell.

Metall
Stärke * Härte * Starrheit * Unbeweglichkeit

Mikroskop
Intensive Prüfung des eigenen Gewissens

Milch
Muttermilch * Nahrung * Ernährung * Versorgung * die »Milch der frommen Denkungsart«

Milchstraße
Unbegrenzte Möglichkeiten

Mine
Unentdeckte Schätze im eigenen Inneren

Misserfolg/Fehlschlag
Vielleicht sehen Sie sich selbst als Misserfolg, als Fehlschlag. * ein Wendepunkt in Ihrem Leben

Mittelfinger
Sehr eindeutiger Hinweis auf Wut oder Sexualität

Mittelweg
Wählen sie den »goldenen Mittelweg« im Leben, und wechseln Sie nicht von einem Extrem zum anderen. Halten Sie sich an Buddhas Lehre der Mäßigung in allen Dingen.

Mond
Der weibliche Aspekt unserer selbst * emotionaler innerer Frieden * Vollmond: Ganzheit und Kreativität auf intuitiver Grundlage * Neumond oder Halbmond: eine Zeit, sich mit seinem inneren spirituellen Selbst eins zu fühlen, eine Zeit tiefer innerer Reflexion

Monster siehe *Ungeheuer*

Mord siehe *Töten*

Morgendämmerung
Ein neues Erwachen oder Neuerwachen

Motte
Beharrlichkeit * Durchhaltevermögen, aber unbegründet * Etwas wird zerfressen, ohne dass Sie es bewusst mitbekommen, ohne dass es Ihnen bewusst wäre.

Müll/Abfall
Dinge, die Sie in Ihrem Leben nicht länger benötigen, die Sie loslassen müssen * emotionaler Müll oder Abfall, den Sie (vielleicht schon eine lange Zeit) mit sich herumschleppen * Eliminieren Sie ihn, lassen Sie ihn los, geben Sie ihn frei – und damit sich selbst!

Mund
Kommunikation * Selbstausdruck

Munition
Sich bewaffnen * Munition sammeln für eigene Angelegenheiten

Münze(n) siehe *Geld*

Muschel
Jemand, der nicht spricht * Mangel an Kommunikation * Sorge * Beunruhigung wegen einer Angelegenheit, die geheim gehalten werden muss * Leere * eine leere Hülle * verschlossen sein wie eine *Auster* * sich von der Außenwelt abriegeln * inaktiv * ohne Wachstum

Museum (siehe auch *Haus*)
Wissen, Kenntnisse * Weisheit aus der Vergangenheit in die Gegenwart transferieren und integrieren

Musik
Wohlklingende, harmonische Musik verkörpert das Erreichen einer höheren spirituellen Ebene und innere Harmonie. * unmelodische oder disharmonische Klänge: dasselbe in Ihrem Leben * Schon in alter Zeit hatten die Menschen die Himmelsplaneten in sieben Kreise (Sphären) eingeteilt und bestimmte Töne damit verbunden – diese »Planetentöne« ergeben zusammengestimmt die »Magie der Töne«. Ein antiker Philosoph ordnete verschiedenen Tieren verschiedene Töne zu und verband damit eine spezifische Bedeutung. In den Augen eines anderen Philosophen ergab sich die Bedeutung der Musik aus der Form des jeweiligen Instruments, das sie erschuf. * In Indien und vielen anderen Kulturen gilt der Klang bzw. die Schwingung als Ursprung allen Seins. * Auch die einzelnen Liedertexte besitzen ihre eigenen Inhalte und Bedeutungen.

Musikinstrumente
Klavier: die Schlüssel des Lebens * Flöte: Natur, Freiheit, das innere Kind * Trommeln: Natur- oder Ursprungsinstinkte, im

Rhythmus bleiben, sich im Rhythmus von Trommelschlägen bewegen * Harfe: Ausrichtung auf den Himmel und die Engel * Laute: das Attribut des wandernden Minnesängers, Zeit mit Freunden verbringen, Freude, Vergnügen, Zufriedenheit * Dudelsack: kulturelle Zusammengehörigkeit * Geige oder ein anderes Streichinstrument: Hingabe * Die indische Sitar repräsentiert einen Teil der asiatischen Kultur, steht für Mystik und inneren Frieden.

Muster
Ein Näh- oder Stickmuster nimmt möglicherweise Bezug auf das »normale« Geflecht Ihrer Realität, dasjenige, worin Sie sich wohlfühlen * Sich verändernde Muster können unter Umständen auf das Ausbrechen aus alten Mustern oder Strukturen hinweisen.

Mutter
Spiegelt möglicherweise den Teil Ihrer selbst wider, der Ihre Mutter repräsentiert * Nahrung * Versorgung * Mutter Erde * der klügere, weibliche Teil in Ihnen * die Göttliche Mutter * Ihre leibliche Mutter * Ihre mütterlichen Fähigkeiten, Ihr mütterliches Geschick

N

Nacht
Hindernisse * Verzögerungen * Dinge nicht klar sehen oder erkennen können * nicht in Kontakt mit seinem inneren Wissen sein * klare Nacht mit Sternen am Himmel oder Mondlicht: Symbol für Ihre Intuition und Ihre »Innenwelt«, Ihre innere Dimension

Nacktheit
Totale Freiheit * Verwundbarkeit, das Gefühl ausgeliefert oder preisgegeben zu sein * eine Situation »bloßlegen«, die Seele entblößen * Sinnlichkeit

Nagel
Lange (Holz-)Nägel: Unterstützung größerer Strukturen, Verbindungen schaffen * den Kern eines Problems erkennen: »den Nagel auf den Kopf« treffen * »genagelt« werden, gefangen werden * Fingernägelkauen steht für Angst und Nervosität.

Nagen
Etwas nagt an Ihnen

Naht/Saum
Die Nähte (des Selbst) fallen auseinander. * ein Element der »Verbindung«

Namen
In einigen esoterischen Traditionen wird Namen sehr große Bedeutung beigemessen. Nach Auffassung der alten Ägypter galten Personennamen als Spiegel der Seele und trugen dazu bei, jemandes Schicksal zu bestimmen.

Narbe
Eine emotionale Wunde der Vergangenheit heilt, ist aber immer noch vorhanden, wird nicht vergessen. Überprüfen Sie die anderen Symbole, Menschen und Situationen, um diejenigen emotionalen Wunden aufzuspüren, die noch geheilt werden müssen.

Nase
Neugier * Selbstbestätigung

Nashorn
Ein Symbol mit deutlichem sexuellem Gehalt * geballte Kraft und Stärke * blindlings irgendwo drauflosstürmen

Nebel
Die geheimnisvollen, mystischen »Innenwelten« * Ihr Unterbewusstsein und etwas, womit Sie in Ihrem Leben nicht »klarkommen« * ein Hindernis * ein Bereich Ihres Lebens, den Sie nicht klar erkennen bzw. wahrnehmen können

Nebennieren
Angst * ein Adrenalinstoß * Kräftesammeln für einen Neubeginn

Neid/Eifersucht
Sich nicht einbezogen oder gar verlassen fühlen * Arbeiten Sie an Ihrem Bewusstsein dafür, dass Sie auch in Ihrem jetzigen Zustand bereits vollkommen und vollständig sind. Ihr Dasein reicht aus, Sie brauchen nichts weiter zu sein, zu tun oder zu haben, um ganz zu sein. * Andere sind neidisch oder eifersüchtig auf Sie.

Nest
Das Be- oder Ausbrüten von Ideen und Projekten * nisten * Nestbau * Haus * Häuslichkeit * Familienleben * Rückzug ins eigene Innere, um sich zu verjüngen oder neu zu beleben

Netz
Das Gefühl, im Netz der eigenen Realitätswahrnehmung gefangen zu sein (Nehmen Sie sich Zeit, Ruhe und Frieden in

Ihren Geist zu bringen und gestatten Sie anderen Realitäten den Zugang zu Ihnen, sodass Sie diejenige wählen können, die mit Ihrem wahren Wesen in besserem Einklang steht.) * Ein Fischernetz oder Schmetterlingsnetz hilft Ihnen dabei, die Dinge »einzufangen«, die Sie benötigen * Sicherheitsnetz: Sie werden aufgefangen, falls Sie das Gleichgewicht verlieren. Nehmen Sie sich in Acht, jemand könnte seine Netze nach Ihnen ausgelegt haben. * Das Muster Ihres Lebens – und am Webstuhl sitzen Sie selbst.

Nieren
Angst * Enttäuschung * Kritik

Nilpferd
Gewichtig * schwerfällig * dickhäutig * Im alten Ägypten wurde die Fruchtbarkeitsgöttin Thoëris (oder Taw-eret), Beschützerin der Schwangeren und Gebärenden, in Nilpferdgestalt dargestellt.

Nonne
Seine Energien nach innen ziehen * Zölibat * Einstimmung auf Spiritualität

Norden
Wenn Sie in der Nordhemisphäre leben, steht der Norden für Kälte und Dunkelheit. * Leben Sie auf der südlichen Halbkugel, kann der Norden Wärme und Licht repräsentieren. * Bei den Indianern Nordamerikas war der Norden das Land der Ahnen, der spirituellen Ältesten, wie auch das Reich von Tod und Wiedergeburt.

Null

Die Stunde Null * das Gefühl, selbst eine Null und damit völlig wertlos zu sein * Leere * Absolute Vollkommenheit, denn die physische Darstellung der Null hat Kreisform und der Kreis ist das universale Symbol der Einheit, Ganzheit und Unendlichkeit. * »Ground Zero«

Nuss/Nüsse

Neues Leben * Potenzial, das auf seine Entfaltung wartet * Überfluss * Nüsse für den Winter sammeln (d. h. Vorräte anlegen, Vorsorge treffen) * ein schwieriger Mensch oder eine schwierige Situation: »eine harte Nuss«

Nymphe

In der griechischen und römischen Mythologie Naturgottheit niedrigeren Ranges, die in den Bergen, im Wasser (Meer, Flüsse, Bäche und Quellen), Bäumen und Höhlen bzw. Grotten zuhause ist * mystische Jungfrau * lustvolle Sexualität * unreifes Insekt (Larvenstadium), steht für eine unvollständige Entwicklung oder unvollkommene Verwandlung

O

Oase

Zufluchtsstätte * Ort der Verjüngung oder Neubelebung

Oben

Inspiration * das Höhere Selbst * Dinge, die sich über Ihnen abzeichnen * Ängste, die Ihnen größer erscheinen als Sie selbst * Betrachten Sie die Situation von einer höheren Warte aus!

Obergeschoss/Dachboden/Speicher
Hohe Ideale (Das Dachgeschoss steht für die oberen Chakren.) * alte Themen aus Ihrer eigenen oder der familiären Vergangenheit, die Sie auf die Seite geschoben haben

Oberlippe
Allen Schwierigkeiten zum Trotz nicht aufgeben

Obstgarten (siehe auch *Garten*)
Ein bedeutsames Symbol, das Ihnen sagt, dass Sie nun die Früchte Ihrer Arbeit ernten und auch in Ihrem Leben produktiv sein können.

Ofen
Eine Idee oder Projekt »auskochen«

Offen
Seien Sie offen für das Leben und neue Möglichkeiten. * Der Weg wird sich vor Ihnen öffnen/auftun. * Zu offen sein heißt, zu viel von sich preisgeben.

Offizier/(Polizei-)Beamter/Funktionär
Autorität * Schutz oder Führung * Gewissen * Strafe * Selbstgerechtigkeit * deutet möglicherweise auf eine Schuld hin * Sie wollen bestraft oder von Schwierigkeiten ferngehalten werden. * ein bekräftigender Hinweis, dass Sie die Souveränität über Ihr Leben annehmen (sollen)

Ohren
Bereit und willens, die Wahrheit zu hören

Öl

Etwas »einölen«, d. h. flexibler oder gleitfähiger machen ⋆ Öl auf die Wogen gießen, um sie zu beruhigen ⋆ das Sakrament der (letzten) Ölung, Krankensalbung ⋆ ein schmieriger oder öliger Charakter ⋆ etwas geht einem »runter wie Öl« (ein Kompliment, eine Schmeichelei)

Olive

Frieden, der Ölzweig als Symbol des Friedens

Opfer

Wenn jemand oder etwas geopfert wird, nimmt das Bezug auf einen Bereich Ihres Lebens, worin Sie Ihrem Gefühl nach die Opferrolle innehaben. (Das ist Märtyrertum: mehr dazu unter *Märtyrer.*) ⋆ Das Gefühl, dem Leben auf Gedeih und Verderb ausgeliefert zu sein, anstatt es »in die eigenen Hände zu nehmen«, es selbst bewusst (und selbstbewusst!) zu lenken und zu gestalten.

Orange (siehe auch Kapitel 25 *»Farben«*)

Repräsentiert den Übergang in eine mehr nach außen gerichtete, soziale Lebensphase ⋆ Orange ist warm, macht fröhlich und wirkt stimulierend, es besitzt eine leichtere und höhere Schwingung als Rot und große Heilungsenergien. Diese Farbe weckt Glücksgefühle, soziale Empfindungen, regt zum Optimismus an, dazu, sich auszudehnen, fördert das emotionale Gleichgewicht, Vertrauen, Veränderungen, Bemühungen, Selbstmotivation, Flexibilität, Begeisterungsfähigkeit und das Gemeinschaftsgefühl. Orange ist prachtvoll und warmherzig.

Orchester

Synthese ⋆ Harmonie ⋆ Synergie

Orgasmus

Der Symbolwert hängt von den Gefühlen ab, die man persönlich mit dem Orgasmus assoziiert bzw. ob man schon mal einen erreicht hat. * kraftvolles Einschwingen Ihrer männlichen und weiblichen Energien aufeinander * Verbindung mit der Kundalini-Energie * Damit ein Mann im Schlaf einen Orgasmus bekommt, sollte er vielleicht seine Prostata unterstützen bzw. stärken.

Orgie

Vielleicht verzetteln Sie Ihre kreative Kraft; konzentrieren Sie sich stärker auf Ihre Lebensziele! * Sie lassen Ihrer sexuellen Energie freien Lauf.

Osten

Die Himmelsrichtung der aufgehenden Sonne und Neuanfänge * ein spirituelles Wiedererwachen

Osterglocke

Abgesandte des Frühlings, der Zeit allen Neubeginns * frisches Potenzial * Erneuerung * neues Leben

Otter

Launisch * verspielt * lebenslustig

Ozean

Ruhiger Ozean: große innere Stärke sowie emotionale und geistige Ausgeglichenheit * Raues oder bewegtes Meer: Ihnen fehlt der Mut, sich zu gestatten, inmitten des ganzen emotionalen Aufruhrs in ruhigere Gewässer überzuwechseln. * Meer des Lebens: enorme intuitive Stärke

P

Pack/Bündel
Wenn Sie im Traum ein »Pack« oder ein Bündel, einen Rucksack, tragen, könnte das darauf hindeuten, dass Sie etwas, jemanden oder sogar eine Vorstellung mit sich herumschleppen, die nutzlos für Sie ist. Lassen Sie einfach los. * Sind Sie dabei, etwas ein- oder zusammenzupacken (»Ihr Bündel zu schnüren«), bereiten Sie sich vielleicht schon auf Veränderungen in Ihrem Leben vor. * mit dem »Pack« (der Menge) laufen, oder das Pack hinter sich lassen und allein weitergehen

Paket
Wenn Sie ein Paket versenden, lassen Sie vielleicht etwas los bzw. gehen. * Bekommen Sie ein Paket, dann akzeptieren Sie damit möglicherweise einen bisher unerkannten Wesensteil Ihrer selbst.

Palast (siehe auch *Haus*)
Das Gefühl Ihrer eigenen wahren inneren Pracht

Pan
Der griechische Gott der Hirten und Jäger, das Mischwesen mit Menschenoberkörper und dem Unterleib eines Ziegenbocks verkörpert die heitere Unbeschwertheit (in) der Natur, er liebt Musik, Tanz und Fröhlichkeit. Seine Mittagsruhe darf man allerdings nicht stören, dann wird er sehr zornig und stört seinerseits ganze Herden von Schafen und Ziegen auf, die dann in *panischem* Schrecken flüchten. Wir verdanken ihm die Hirtenflöte, die entstand, als Pan vernahm, wie der Wind durch Hineinblasen in Schilfrohr klagende Töne erzeugte. Da Pan das selbst auch können wollte, brach er verschieden lange

Rohrstücke ab, verband sie miteinander und blies hinein: Die Panflöte war geboren.

Panda

Strahlt Ruhe und Gelassenheit aus * wirkt liebenswert und knuddelig, ist jedoch (auch) ein gefährliches Raubtier

Panik (siehe auch *Pan*)

Die Empfindung, dass Ihnen die notwendige Kraft zur Auseinandersetzung mit jemandem oder einer Situation fehlt oder Sie sich völlig außer Kontrolle fühlen

Papagei

Unaufrichtigkeit * Falschheit * kopieren * nachahmen * gedankenlos nachplappern, was andere vorsagen * Symbol für Exotik * Dschungel

Parade

Hinweis auf Ihre Bereitschaft, Anerkennung entgegenzunehmen, insbesondere für Ihre Bemühungen für die Gemeinschaft * Jeder Teilnehmer an der Parade oder dem Aufmarsch verkörpert einen Aspekt Ihrer selbst.

Paradies

Ein Ort des vollkommenen Friedens und der Liebe * das Paradies in Ihnen * Unschuld oder der Sündenfall, denn der Garten Eden ist zwar das Paradies, steckt jedoch voller Versuchungen.

Parasit

Etwas oder jemand, der Ihre Energie zum Versiegen bringt oder »abzapft« * Es könnte allerdings auch ein Hinweis darauf sein, dass Sie sich wirklich irgendwelche Parasiten eingefangen haben.

Parfum/Duft
Wenn Sie tatsächlich einen Duft oder ein Parfum in Ihren Träumen wahrnehmen bzw. richtiggehend riechen können, verweist das vermutlich auf Ihre Sinnlichkeit.

Party
Feiern

Pass
Gleichbedeutend mit »Passierschein« oder »Berechtigungsausweis«, um zu verändern und neu zu erschaffen, was Sie in Ihrem Leben erreichen möchten

Passagier
Sind Sie selbst der Passagier, dann haben Sie nur begleitende Funktion und jemand anderer legt die Richtung fest.

Pavian
Gemeinschaftssinn * soziale Kompetenz * Gehorchen Sie Ihren Instinkten, und halten Sie sich in Naturnähe auf! * Einfalt * Stoffeligkeit

Pegasus
Freiheit * innere Magie * geflügelte Inspiration * hochfliegende Gestaltungskraft * Symbol der Dichtkunst, »Reittier der Dichter«

Pendel
Ungewissheit, das Abwägen mehrerer Wahlmöglichkeiten * das Bedürfnis nach einem Gleichgewicht, einem Ausgleich in seinem Leben

Penis
Yang * aktive, hervordrängende Energie * das männliche Prinzip * Macht * Potenz

Periskop
Unterbewusste Beobachtung der bewussten Realität * objektive Beobachtung * Befindet das Periskop sich im Wasser, verweist das darauf, dass Sie Ihre bewusste Realität von Ihrem emotionalen, intuitiven Selbst aus beobachten.

Perle
Auch in Lebenssituationen kann aus Irritation Schönheit hervorgehen, so wie ein Sandkorn in einer Muschel zunächst ein »Störenfried« ist und dann, mit Perlmutt ummantelt, zur vollendeten Schönheit einer Perle heranreift. * Weiblichkeit, die mit dem Mond, dem Wasser und der Muschel verbunden ist – allesamt Symbole des weiblichen Lebensprinzips * Schwangerschaft jetzt oder in der Zukunft * In China betrachtet man die Perle als den »Genius im Verborgenen«, weil die herrliche Perle im Dunkel der geschlossenen Austernschale schlummert. Nach muslimischer Auffassung ist die Perle ein Symbol des Himmels; in einigen mystischen Lehren repräsentierte die Perle den wahren Mittelpunkt des Lebens.

Pfad
Schmaler, gerader Pfad, der irgendwo hinaufführt: Sie machen Fortschritte, sind auf einer Linie mit Ihren Zielen und dem Zweck Ihres Lebens. Sie bleiben »auf Kurs«. * Langer gewundener Pfad: Sie wandern ziellos dahin, wissen nicht, in welche Richtung Sie sich eigentlich wenden sollen.

Pfarrer siehe *Hirte*

Pfau
Stolz * Hochmut * Eitelkeit * ins Extreme übersteigertes Vertrauen

Pfeffer
»Gepfefferte« Gefühle * anregend

Pfeife
Eine Warnung * Etwas versucht, Ihre Aufmerksamkeit zu erlangen. * Musikinstrument: Freude und Freiheit * Die indianische Friedenspfeife ist ein heiliger Gegenstand und genießt Verehrung, sie symbolisiert die Einheit mit dem Großen Geist.

Pfeil
Klare Ausrichtung * Ziel * gerader Kurs

Pfeiler siehe *Säule*

Pfennig/Cent (siehe auch *Geld*)
»Kleinvieh macht auch Mist.«, »Wer den Pfennig nicht ehrt …«

Pferd
Erweitertes Selbstgefühl * Freiheit * Bewegung * die Motive anderer in Frage stellen * »Einem geschenkten Gaul schaut man nicht ins Maul.«

Pfirsich
Erbauung * Lebenskraft

Pflaume siehe *Backpflaume*

Pflicht siehe *Aufgabe*

Pfütze
Ärger ⋆ Geringfügige emotionale Schwierigkeiten nerven Sie.

Pickel
Dinge zuspitzen ⋆ auf den »Punkt bringen«

Pille/Tablette
Etwas Unangenehmes oder Widerliches, das man aushalten muss ⋆ »eine bittere Pille schlucken« ⋆ ein langweiliger Mensch, eine echte »Schlaftablette« ⋆ Heilung

Pionier
Auf neue Gebiete in Ihnen und in Ihrem täglichen Leben vordringen

Pirat
Unerlaubtes Kopieren eines Produkts oder Verwendung einer Produktmarke ⋆ »Markenpiraterie« ⋆ Vorstellungsvermögen oder Kreativität ⋆ Sie müssen zu Ihrer eigenen Autorität in Ihrem Leben werden.

Pistole/Gewehr
Das Bedürfnis nach Schutz oder Selbstverteidigung ⋆ In den Augen der Therapeuten alter Tradition stellt die Pistole/das Gewehr ein Symbol für Sexualität dar und wird mit dem Penis gleichgesetzt.

Planeten
Gestirne ⋆ Erleuchtung ⋆ Erde: Erdung, Nahrung ⋆ Jupiter: Ausdehnungsvermögen, Weite; gewaltig, eindrucksvoll ⋆ Mars: Aggressivität, Leidenschaft; mit Krieg verbunden ⋆ Merkur: Der römische Götterbote, er steht für Kommunikation, Geschwindigkeit und rasche Stimmungsänderungen (Lau-

nenhaftigkeit). * Neptun: der Gott des Meeres, seelisches Bewusstsein, Mystizismus * Pluto: klein, konzentriert; kosmisches Bewusstsein, geistig-spirituelle Entfaltung, lustig bis launisch, wie der nach dem Zwergplaneten benannte Pluto, der Hundefreund von Micky Maus bei Disney * Saturn: Konzentration, Innenschau, Ruhe, Tiefe, aber auch Kälte, Grausamkeit, Härte * Uranus: verborgene geistige Anlagen; Veränderungen, Innovation, aber auch Kontrolle * Venus: Schönheit, Ästhetik, Harmonie, Musik, sanfte Weiblichkeit, Lieblichkeit

Planierraupe siehe *Bulldozer*

Plastik (Kunststoff)
Flexibilität * Form- und Gestaltbarkeit * biegsam * Künstlichkeit * Fälschung

Plattform
Klar Stellung beziehen * seinen Glauben festlegen * eine Grundsatzerklärung abgeben

Poker
Spielen (vielleicht mit einem Einsatz, den Sie sich gar nicht leisten können …)

Polizei (siehe auch *Offizier*)
Schutz und Führung * Schuld * einige Lebensbereiche, die Sie vielleicht stärker beachten oder besser kontrollieren sollten

Popcorn
Eine Unmenge an Kreativität und neuen Ideen, die dabei ist, sich zu manifestieren * Die »Maiskörnchen« der Ideen platzen auf und breiten sich aus. * Altes Popcorn verweist auf den unbefriedigenden Ausgang einer Sache.

Portemonnaie siehe *Geldbeutel*

Porträt/Selbstbildnis
Wie Sie selbst sich sehen oder sich von anderen gesehen glauben * nicht unbedingt Ihre wahre Natur

Post (siehe auch *Brief*)
Ein ganz offensichtlicher Hinweis auf Botschaften

Präsident
Sie sind Ihre eigene Autorität. * Kontrolle * Führungskraft * Priester, geistliche Autorität * Führung * den Weg gewiesen bekommen

Prinz
Der göttlichste männliche Teil seiner selbst * die männliche Energie des Kosmos: Yang

Prinzessin
Der göttlichste weibliche Teil seiner selbst * die weibliche Energie des Kosmos: Yin

Prophet
Führung, Lektionen, göttliche Lenkung * der Mystiker, der Hellseher oder Visionär, der Meister * Hören Sie auf das, was der Prophet Ihnen sagt. * ein machtvolles Symbol für Führung

Prophetische oder visionäre Träume
Bedenken Sie zuerst bitte dies: Die meisten Träume, die sich als Visionen, Vorahnungen oder Prophezeiungen ausgeben, repräsentieren in der Regel lediglich Aspekte des Wachstums des inneren Selbst; nur sehr selten handelt es sich dabei um echte Zukunftsszenarien. * So erschütternd und verwirrend der

Traum vom Tod eines Kindes auch sein mag, er bezieht sich fast immer auf den »Tod« oder das Ablegen kindischer Verhaltensweisen o. Ä. in Ihrem Leben. Ein solcher Traum ist nicht notwendigerweise eine Vorahnung oder Vorankündigung! * Es bedarf einiger Übung, um einen wirklich prophetischen Traum zweifelsfrei von einem Traum mit der Symbolik des eigenen inneren Wachstums zu unterscheiden, aber es gibt einige spezifische Merkmale, an denen Sie sich orientieren können: Im Allgemeinen sind die Farben in einem prophetischen Traum ein wenig heller; und sehr häufig spielt ein abgerundeter oder runder Gegenstand eine Rolle, Symbol der prophetischen oder visionären Energie. Dieses Symbol wie auch die zu übermittelnde Botschaft wird in einem prophetischen oder visionären Traum drei Mal erscheinen. Falls Sie sich nicht sicher sind, bitten Sie Ihre Traumführer oder -helfer um Erklärung in einem weiteren Traum. Je besser Sie mit Vorahnungen in Ihren Träumen vertraut werden, desto besser können Sie damit umgehen und desto leichter wird es Ihnen zukünftig fallen, diese Art von Träumen zu haben (mehr dazu in Kapitel 11 *»Prophetische Träume«*).

Prostituierte
Sich selbst prostituieren, seine Energie auf inadäquate oder unangebrachte Dinge verwenden * Missbrauch Ihrer Kreativität * Versiegen der latenten sexuellen Energie * Sinnlichkeit offenbaren

Prüfung/Untersuchung
Das Gefühl, im Leben »auf dem Prüfstand zu stehen« * das Bedürfnis nach Selbsterforschung oder Gewissensprüfung * das Empfinden, sich vor anderen bewähren zu müssen * Angst vor Misserfolg oder Fehlschlägen

Publikum

Glückwünsche! * positive Publikumsreaktionen: ein Bekenntnis zur Selbstachtung * Negative Publikumsreaktionen: Sie müssen an Ihrer Selbstachtung noch arbeiten.

Pumpe

Die lebenserhaltenden Energien aufrechterhalten * das Erwachen der Lebenskraft * Sexualität * Kraft * Stärke * Potenz * Wenn das Wasser ungehindert aus der Pumpe strömt: leichte, frei fließende Emotionen. * Bleibt das Pumpen ergebnislos: emotionaler »Engpass« oder emotionale Grenzen; die Pumpe füllen: deutet auf eine bevorstehende günstige Gelegenheit hin.

Puzzle

Nur einen Ausschnitt sehen können, nicht das ganze Bild * Jeder Teil Ihres Lebens ist ein anderer Teil des Puzzlespiels, ein fertiges Puzzlebild deutet auf Vereinigung hin. * sich unsicher oder verwirrt fühlen * Mangel an Klarheit * Nehmen Sie sich Zeit, um Ihre Energie zu sammeln und zu bündeln, die Antwort wird nicht lange auf sich warten lassen.

Pyramide

Ein machtvolles Symbol der inneren Vereinigung und Ausrichtung * Ein Symbol der Initiation, der Einweihung: Sie haben sich auf eine höhere Ebene des Selbstbewusstseins und -verständnisses begeben * Sie sind offen für die Führung seitens der Sie umgebenden höheren Energien und durch Ihr Höheres Selbst.

Python

Ein bedeutsames Symbol (siehe auch *Schlange*) * Kundalini-Energie: Ihre Lebenskraft

Q

Quadrat
Stabilität * altmodisch * nicht auf der Höhe der Zeit * »unzeitgemäß« * unaktuell * eingeengt * eingeklemmt * kontrolliert

Quäker
Die Angehörigen dieser religiösen Gemeinschaft gelten allgemein als sehr ausgeglichen, sie können stellvertretend für innere Ausgeglichenheit und ein friedliches Leben stehen. * Familie * Einheit * Harmonie

Qualle
Im Wasser schweben, sich treiben lassen * keinerlei Rückgrat besitzen

Quarantäne
Das Gefühl, isoliert oder in einem Zustand der Isolation zu sein * sich von seiner wahren Natur, seinem wahren Wesen getrennt fühlen

Quarz
Sender * Energieleiter * Spiritualität * Klarheit

Quecksilber/Mercurium
Merkur hieß der Götterbote bei den Römern, er war der Überbringer von Nachrichten, sein Heroldsstab mit dem Flügelpaar und den beiden darum gewundenen Schlangen sollte ihn vor dem Zorn der Adressaten schlechter Nachrichten schützen. * Merkur war zugleich der Gott des Handels, der Geschäfte, assoziiert mit Gewinn, Glück, Reisen und guten Geschenken. * Eloquenz * jähe Stimmungsänderungen

Quelle siehe *Brunnen*

Quilt/Steppdecke
Häusliches Glück * Schutz * Patchwork-Quilt: Verschiedene Teile Ihrer selbst finden sich zusammen, um ein Ganzes zu bilden.

R

Rabbi
Führer * »Wegweiser« * Lehrer

Rabe (siehe auch *Krähe*)
Das Unbekannte * Tod * in unbekannte Regionen seiner selbst fliegen * Angst vor dem Unbekannten * ein Bote »von der anderen Seite«

Rad
Das Rad des Lebens * das Glücksrad * das karmische Rad: säen und ernten * Enden und Anfänge * Vervollständigung * unaufhörlicher Wandel

Radar
Die Fähigkeit, unter die Oberfläche zu blicken * Einweihung * Intuition

Radio
Kommunikation * Führung aus einer anderen Quelle

Rakete
Der Aufstieg in geistige Höhen * unbegrenztes Potenzial und schrankenlose Macht

Rasen/Wiese
Ernährung * Nahrung * Erdung

Rasieren/Rasur
Sich pflegen * das Selbstbewusstsein »aufpolieren« * Mönche rasierten sich eine Tonsur zum Zeichen ihrer Demut und der Aufkündigung des weltlichen Lebens, seit 1973 existiert dieser Brauch meist nur noch in symbolischer Form, wobei dem neuen Seminaristen im Priesterseminar nach seiner Einkleidung eine Strähne seines Haupthaars abgeschnitten wird.

Rasierer/Rasierklinge
Durchschneiden * Trennung * loslassen * Eine Sicherheitsklinge deutet möglicherweise auf geistige Klarheit hin.

Ratte
Verräter * Betrüger * Übeltäter * Dinge an sich selbst nagen oder zehren lassen * sich selbst aus der Perspektive anderer beurteilen * Unordnung * Wirrwar * heilloses Durcheinander

Räuber (siehe auch *Einbrecher*)
Gewaltige Angst und Unsicherheit, das Gefühl, im Leben in der Rolle des Opfers (fest) zu stecken (Denken Sie an den Satz: »Was so ist – ist so!«, d.h., wenn man etwas für wahr hält oder glaubt, führt man es unter Umständen dadurch erst herbei. Es gibt keine Opfer.) * Treten Sie in die Verantwortung für Ihr Leben ein, nehmen Sie die Verantwortung an. * Gehen Sie im Wachzustand in Ihren Traum zurück und bringen Sie den Räuber zur Strecke. Machen Sie sich selbst zum Helden oder zur Heldin Ihres Traums, auf diese Weise werden Sie erheblich an innerer Stärke und Sicherheit gewinnen.

Rauch
»Ohne Feuer kein Rauch!«, eine Warnung vor drohender Gefahr * Mangel an Klarheit, die Dinge sind durcheinander. * Konfusion * Den Indianern diente Rauch als »Vehikel«, auf dem ihre Gebete zum Großen Geist, dem Schöpfer reisen konnten und auf dem der Schöpfer seinerseits seinen Segen auf die Erde sandte.

Raupe
Ungenutztes oder unausgeschöpftes Potenzial, dessen Sie sich gar nicht bewusst sind

Rechnung/Quittung
»Karmische« Rechnung oder Quittung * überfällige Rechnungen oder etwas anderes, das Sie jemandem schulden * »mit jemandem (sich selbst) eine Rechnung offen haben«

Regen
Reinigung * Läuterung * emotionale Erquickung * Stärkung * Der Regen im Traum könnte symbolisch dafür stehen, dass Sie eine gefühlsintensive Zeit und einen Prozess der inneren Reinigung durchlaufen.

Regenbogen
Ein sehr machtvolles Symbol für Freude, Vergnügen, Feiern und Vervollständigung * Die emotionalen Probleme sind ausgestanden.

Regenschirm
Schutz vor den Stürmen des Lebens

Rehe/Wild
Die liebenswürdigen Aspekte Ihres Selbst * ein Anzeichen für das Gefühl der Aufopferung und Wehrlosigkeit

Reifen
Mobilität * Bewegung * Eine Reifenpanne könnte besagen, dass Sie innerlich nicht »rund«, nicht ausgeglichen sind.

Reihe
Kampf * Streit * Auseinandersetzung * kann auch für Organisation stehen: Menschen oder Dinge »in Reih und Glied«

Reis
Häusliches Glück * Hochzeit * Freude * Feiern * gute Ernte * Nahrung

Reise
Selbsterforschung * Wachstum

Reiten
Auf einem Tier zu reiten, steht für das Gefühl, sich im Einklang mit der Natur zu befinden, aber auch für Herrschaft oder Sieg und Eroberung. * aber auch: auf etwas herumreiten, keine Ruhe geben

Reparatur
Etwas in Ihrem Leben muss ausgebessert oder repariert werden. Machen Sie tagsüber all das heil, was Ihnen in Ihrem Traum als reparaturbedürftig gezeigt wurde. Dieser symbolische Akt kann Ihnen helfen, Ihr Leben »in Ordnung zu bringen«.

Restaurant
Nahrung * Ernährung * Geselligkeit * Gemeinschaft

Rettung
Sie müssen gerettet werden. * Sie haben das Gefühl, nicht die Kontrolle über Ihr Leben auszuüben. * Sie empfinden sich selbst als fremdbeherrscht, doch das ist die Sicht aus der Perspektive des Opfers. Denken Sie daran, es gibt keine wirklichen Opfer, man stellt sich nur zur Verfügung. Arbeiten Sie daran, die Verantwortung für Ihr eigenes Leben und Ihr direktes Umfeld zu übernehmen. * Andere retten, Sie spüren, dass jemand (Ihre) Hilfe benötigt.

Rettungsschwimmer siehe *Leibwächter*

Revolution
Verschiedene Aspekte Ihrer selbst liegen im Krieg gegeneinander, das deutet im Allgemeinen auf eine Zeit der Veränderungen hin. Versuchen Sie bei Tage, im Wachbewusstsein, den Aufstand oder die Revolte mit friedlichen Mitteln beizulegen.

Rezept
Die Inhaltsstoffe oder Zutaten Ihres Lebens zu einer Einheit zusammenfügen

Richter
Sich selbst verurteilen * Das Urteil, die Bewertung mag oberflächlich auf jemand anderen bezogen sein, ist jedoch wahrscheinlicher etwas, das Sie innerhalb Ihrer selbst verurteilt haben. * Vergessen Sie nicht: Alles, was Sie anderen angetan haben, war notwendig für Ihr eigenes Wachstum und um dorthin zu gelangen, wo Sie jetzt stehen. Diese Sichtweise kann Ihnen dabei helfen, Verurteilungen und Schuld loszulassen, zu

»erlösen«. ⋆ Kann auch ein Führer oder Ihr Höheres Selbst sein, das Ihnen Informationen übermittelt.

Ring
Lange Freundschaft ⋆ Verlobung ⋆ Heirat ⋆ Versprechen ⋆ ewige Liebe ⋆ Vervollständigung ⋆ Einssein ⋆ Einheit

Roboter
Mechanische Gefühle ⋆ Ihre wirklichen Empfindungen sind »abgeschaltet«. ⋆ Sie sind gefühl-los.

Rolltreppe siehe *Klettern*

Röntgenstrahlen
Ungesehene Kräfte ⋆ klarer sehen, was im Inneren vor sich geht und ein Verständnis dessen entwickeln ⋆ innere Tiefe ⋆ inneres Verständnis

Rose
Liebe ⋆ Schönheit ⋆ Unschuld

Rost
Talente oder geistige Anlagen liegen ungenutzt brach. ⋆ Ihre Sachkenntnisse und Fähigkeiten sind ein bisschen eingerostet – polieren Sie sie wieder auf!

Rot
Eine sehr starke Farbe, sie verkörpert Leidenschaft, physische Kraft, Wut, Sexualität, Sinnlichkeit, Aggression und Gefahr ⋆ Leben und Schöpfung ⋆ Blut ⋆ Rot ist in China sehr beliebt und erscheint auf vielen Bannern und Spruchbändern, die als Talismane verwendet werden. Die indische Muttergottheit ist teilweise blutrot bemalt, weil die Hinduisten sie mit der

Schöpfung assoziieren. Schon den Menschen der Urgeschichte galt das Rot als die Farbe des Lebens, deshalb bemalten oder bespritzten sie Gegenstände, die sie lebendig machen wollten, mit Blut.

Rotes Kreuz (siehe auch *Kreuz*)
Das Zeichen der Heilung * Selbstheilung

Rotkehlchen
Ein sehr glückliches Omen, ein positiver Ausblick auf die Zukunft * Neuanfänge

Rücken
Unterstützung * Stärke * Rückzug * sich in Sicherheit bringen * Widmen Sie der Gesundheit Ihrer physischen »Rückseite« Aufmerksamkeit, denn die Wirbelsäule ist die Stütze unseres Körpers.

Ruder
Ein ruderloses Boot ließe sich als Hinweis darauf interpretieren, dass Sie richtungslos in einem emotionalen Dilemma treiben. * Ruder hingegen können dafür stehen, dass Sie Ihrem eigenen Gefühl nach inmitten eines emotionalen Chaos sehr wohl die Kontrolle besitzen.

Rudern
durch bewegtes Wasser rudern * sich in emotionalem Fahrwasser bewegen

Rüstung
Schutz * abgeschlossen sein

S

Sack

Zukünftige Ereignisse warten darauf, »ausgepackt« zu werden * etwas oder sich selbst verbergen * »eingesackt« werden, seine Macht einbüßen * »in Sack und Asche gehen«

Saft (siehe auch *Sperma*)

Stärke * Energie * Kraft * betrunken

Säge

Nach Größen ordnen * Konstruktion * Aufbau * Erschaffen * Bilden * Tun * aber auch beschneiden, im Sinn von »zurückschneiden«, »Abstriche machen«

Salz

Das Salz der Erde * das Element Erde * Stärke und Stabilität * Reinigung und Auflösung von Negativität * In uralten Zeiten sah man im Salz einen Ersatz für das regenerierende Blut der Muttergottheit. * In der mystischen jüdischen Tradition der Kabbala ist Salz ein heiliges Wort, denn numerologisch betrachtet hat es denselben Wert wie Gottes Name Jahwe dreifach multipliziert. * Im Talmud steht das Salz symbolisch für die Tora, denn wie die Welt nicht ohne Salz besteht, kann sie es auch nicht ohne die Tora (Soferim 15,8). In der jüdischen wie auch in der christlichen Religion galt Salz auf dem Altar als ein Ersatz für das Blut(opfer), da es aus dem »Mutterschoß« des Meeres kommt und einen ähnlichen Geschmack hat. * Salz besitzt bemerkenswerte reinigende Kräfte, im Meer entfaltet es eine antiseptische und antibakterielle Wirkung.

Samen

Große Dinge erwachsen aus kleinen Anfängen, vorausgesetzt, sie erhalten die nötige Pflege und Nahrung. * ein Neubeginn * »Was man sät, wird man ernten.« (In der Bibel heißt es: »Wer Wind sät, wird Sturm ernten.« AT, Hosea, 8,7)

Samt

Sinnlichkeit * Achten Sie darauf, was sich unter der Oberfläche verbirgt.

Sand

Der Sand der Zeit * »Sanduhr« * im Sand verlaufen * Nichts ist dauerhaft, alles nur Illusion. * auf Sand gebaut, nicht auf einem soliden Fundament * Veränderung * Irritationen * kleine, vorübergehende Ärgernisse

Sarg

Vervollständigung * Vollendung * das Ende einer Situation * der Tod einer Beziehung

Sattel

Unter einem Sattel zu gehen, also »gebunden« zu sein und etwas oder eine Situation (er)tragen zu müssen, von der Sie sich befreien möchten.

Statue/Bildsäule

Eingefrorene Gefühle und Emotionen * sich unbeweglich fühlen * Sie können sich nicht bewegen. * leblos sein * Sie können nicht aus Ihrer eigenen Kraft oder Energie schöpfen. * Sie sollten an Ihrem Selbst-Vertrauen und Selbst-Bewusstsein arbeiten!

Saugen

Nähren * versorgen * Krankenpflege * Wenn Sie im Traum ein Baby stillen, nähren Sie neue Ideen, eine neue Daseinsweise. * Jemand oder etwas saugt Sie aus.

Säule/Pfeiler

Stärke * Kraft * schwäbisch für »kleines Schwein«

Schäbig/Schäbige Kleidung

Menschen verhalten sich Ihnen gegenüber schäbig, oder Sie verhalten sich anderen oder sich selbst gegenüber schäbig. * gefangen in der Illusion der Opferrolle

Schaf

Jemandem oder etwas bedenkenlos Gefolgschaft leisten oder gehorchen, ohne die Situation für sich selbst zu überprüfen * blindes Vertrauen * moralisch oder finanziell ausgenutzt, »geschröpft« werden

Schakal

Ein Hinweis darauf, dass Sie wachsam und sich Ihrer bewusst sein sollen, das herzzerreißende Heulen des Schakals und sein Kläffen werden auch gerne als Warnung verstanden. * Vertrauen Sie auf Ihre Sinne. Der ägyptische Gott Anubis, Wächter der Unterwelt und Seelenführer in das Totenreich, wird meist als Schakal oder Mensch mit Schakalkopf dargestellt. Eines seiner Insignien ist das *Ankh.* Als Wüstentier wird der Schakal auch mit der *Wüste* assoziiert.

Schallplatte (siehe auch *Tonband*)

Das Gefühl sich im Kreis zu drehen, aus seiner Routine, dem endlosen Alltagstrott, nicht mehr herauszukommen, immer denselben Gedanken, Vorstellungen und Haltungen nachzuhängen: Es ist Zeit, endlich aus der Tretmühle auszusteigen!

Schatten
Das verborgene, noch ungenutzte Potenzial einer Person * Angst * Illusion * der unbekannte (oder dunkle) Teil seiner selbst

Schatz
Originelle Ideen * persönlicher Wohlstand * innerer Reichtum * Geschenke vom Spirit

Schauspieler/Schauspielerin
Ihre Rollen im Leben sind nur Illusion. * Betrug * falscher Anschein * Sind Sie mit Ihrer Handlungsweise im Leben zufrieden? * Glamour * Aufregung * Überlebensgröße * im Mittelpunkt des Bühnengeschehens stehen * sich in der Bewunderung anderer sonnen * *Handeln Sie jetzt!* Tun Sie jetzt etwas!

Scheide siehe *Vagina*

Scheidung
Eine Kluft innerhalb Ihrer inneren Seele, wie zwischen Herz und Verstand oder den männlichen und weiblichen Anteilen Ihres Selbst * eine Situation oder Person, von der Sie sich »scheiden lassen« möchten * der verborgene Wunsch, eine Beziehung zu beenden * Die Furcht, Ihre eigene Ehe oder Beziehung könnte in einer Scheidung bzw. Trennung enden.

Schere
etwas abschneiden * loslassen, was im Leben unnötig oder überflüssig ist * das Gefühl, von anderen Menschen oder sich selbst abgeschnitten zu sein

Schießen
Auf ein Ziel schießen: Energie sammeln und bündeln, ein bestimmtes Ziel anvisieren * jemanden erschießen: einen Aspekt seiner selbst vernichten * erschossen werden: das Gefühl, penetriert, zum Opfer geworden zu sein

Schiff (siehe auch *Boot*)
Ihr ganzes Selbst * Sie selbst * eine Lebensphase der Unsicherheit, insbesondere Ihre Gefühle betreffend

Schild (siehe auch Kapitel 18 »*Traum-Schilde*«)
Ihr Schutz, er ermöglicht Ihnen, inmitten aller Veränderungen ausgeglichen und zentriert zu bleiben. * Ein Schild kann auch auf einen Abwehr- bzw. Verteidigungsmechanismus verweisen.

Schildkröte
Ein machtvolles Symbol * sich langsam, aber kontinuierlich auf sein Ziel zubewegen * Vervollständigung durch Fleiß * möglicher Hinweis auf das Verlangen, sich von einem Problem zurückzuziehen und nach innen zu gehen, um dort Kräfte zu sammeln

Schinken
Genießen Sie Ihr Leben in vollen Zügen.

Schlachtfeld/Kriegsschauplatz
Tief sitzender innerer Konflikt, wobei Ihre Gegner entweder Menschen in Ihrem Alltag sind, denen Sie feindselige Gefühle entgegenbringen oder für einen inneren Konflikt stehen. Denken Sie daran: Jede Person in Ihren Träumen verkörpert meist einen Aspekt Ihrer selbst!

Schlafen
Träumen, dass man schläft, kann der Hinweis auf eine Astralreise sein und darauf, dass Sie sich selbst von außen, d.h. aus einer Position außerhalb Ihres Körpers beobachten. * Abneigung gegen Änderungen * Stagnation

Schlamm (siehe auch *Sumpf*)
Das Gefühl, völlig festzusitzen, totale Stagnation: sich nicht bewegen oder wachsen * Dinge in Ihrem Leben erscheinen Ihnen »verschlammt«, unsauber, unklar. * Kindliches Vergnügen – Kinder lieben das Spielen im und mit Schlamm (»Schlammkuchen backen«).

Schlange
Ein sehr bedeutsames Symbol, aber keineswegs zum Fürchten! * Heilung * Lebenskraft * die Macht in Ihrem Inneren * die *Kundalini*-Energie (mehr dazu in Kapitel 4) * spirituelles Erwachen * geistige Heilung (Der Äskulapstab mit der sich darum windenden Schlange ist das Wahrzeichen des Ärztestandes.) * das Gefühl, in Versuchung zu geraten oder selbst jemanden in Versuchung zu führen * eine »falsche Schlange« * Transformation und Auferstehung

Schloss (siehe auch *Haus/Heimat*)
Ein Schloss kann eine Art Festung sein, aber auch auf das Reich der Magie verweisen.

Schlüssel
Ein machtvolles Symbol: Ihnen öffnen sich Türen, sowohl auf der geistig-spirituellen wie auch auf der physischen Ebene.

Schlüsselloch
Sich einer Lösung oder einer neuen Richtung im Leben nähern, aber noch nicht ganz dort angelangt sein. (Gehen Sie in Ihren Traum zurück, und stellen Sie sich vor, Sie nehmen einen Schlüssel und öffnen die Tür. Achten Sie darauf, was sich dahinter verbirgt.)

Schmal
Das Gefühl, eingeschränkt und »geschmälert« zu werden * Dieses Traumbild steht für den Bedarf, seine Aufmerksamkeit zu bündeln und auf ein Ziel zu richten, das es dann mit Disziplin zu erreichen gilt.

Schmelzen
Eine dramatische innere Veränderung durch das Loslassen der persönlichen Gestalt und Struktur * Gefühle erleben ihre Befreiung und der Weg für Liebe, Selbstachtung und Vergebung öffnet sich (siehe auch *Wasser*). * das Schmelzen des Eises zwischen der eigenen Person und anderen Menschen oder innerhalb der eigenen Wesensanteile * das Einschmelzen der alten Strukturen, um ein neues mehrdimensionales Verständnis zu schaffen * Das Einschmelzen von Metall im Feuer kann stellvertretend für in Geist transformierte Materie stehen.

Schmerz
Schmerz muss überhaupt kein schlechtes (Vor-)Zeichen sein. In der Regel steht der Schmerz für eine Botschaft Ihres Körpers, der Ihnen auf diese Weise mitteilt, dass es ein Problem gibt, um das Sie sich kümmern müssen.

Schmetterling

Neubeginn auf einer höheren Ebene * Wiedergeburt * innere Schönheit * Transformation * Romantik und Vergnügen * sozialer Erfolg * zurückhaltende Freude

Schmutz

Erdung * Verbindung mit der Mutter Erde * Etwas in Ihrem Leben muss »gereinigt« oder »aufgeräumt« werden.

Schnecke

Die Dinge gehen nur langsam voran, sozusagen im »Schneckentempo«. * Verlassen Sie (endlich) Ihr Schneckenhaus, und kommen Sie in die Schuhe!

Schnee

Reinigung * Reinheit * ein neuer Anfang mit einem neuen Blick auf die Welt * ein Neubeginn * eingefrorene, blockierte Gefühle

Schneesturm

Emotionaler Aufruhr * emotionales Durcheinander

Schneiden

Kontextabhängig kann das symbolischen Bezug auf das »Abschneiden« unerwünschter Meinungen, Gewohnheiten, innerer Auffassungen und Glaubensvorstellungen nehmen. * Werden Sie selbst geschnitten und bluten, deutet das möglicherweise auf den Verlust von Lebenskraft hin.

Schnelligkeit/ Geschwindigkeit

Ein Problem mit der gegenwärtigen Geschwindigkeit Ihres Lebens (Entweder läuft alles zu schnell ab oder Sie müssen ein bisschen »Speed geben«.) * Das englische Wort *fast* bedeutet nicht nur schnell, sondern auch »fasten«, falls Sie auf Englisch träumen, könnte es also ein Hinweis darauf sein, ein paar Fastentage einzulegen und sich innerlich zu reinigen.

Schnur siehe *Faden*

Schrank
Sich von sich selbst und/oder anderen »abschließen« * Im Englischen hat »aus dem Schrank kommen« die Bedeutung, sich zu etwas bzw. konkret zu seiner Homosexualität zu bekennen. * »Skelette im Schrank« haben (im Deutschen: »Leichen im Keller haben«)

Schreiner/Tischler/ Zimmermann
Reparaturen in Ihrem Leben ausführen * physischer, emotionaler und geistiger Wiederaufbau (Jesus war von Beruf Zimmermann.)

Schreiten/Schritte
Wenn Sie hin und her laufen (vielleicht wie ein Tiger im Käfig), dann sind Sie unsicher, was die Richtung Ihres Lebens betrifft, nehmen Sie sich Zeit, um zur Ruhe zu kommen. Über eine Situation nachzudenken (oder zu grübeln) ist nicht immer die beste Lösung! Wenn Sie sich Zeit nehmen und Ihren Verstand abkühlen lassen, wird die richtige Lösung sachte an die Oberfläche steigen.

Schuhe
Die im Leben notwendigen Schritte unternehmen * Erdverbundenheit * Stellen Sie sich erst einmal in die Schuhe eines anderen, bevor Sie sich ein Urteil über ihn bilden oder ihn gar ver-urteilen! * in zu vielen Schuhen herumspazieren: zu viele Rollen spielen, auf zu vielen Hochzeiten tanzen

Schuld
Die Verantwortung für etwas im Leben leugnen

Schulden
Etwas, das Sie selbst jemandem schulden oder das Ihnen geschuldet wird

Schule
Die Schule des Lebens * die Lektionen, die Sie sich für dieses Leben (diese Inkarnation) ausgesucht haben * Lassen Sie das Leben Ihr Lehrer sein, akzeptieren Sie jeden Menschen und jeden Umstand als »Wegweiser«.

Schultern
Stärke * Verantwortung übernehmen * eine Sache »schultern« * »sich ins Zeug legen«

Schwamm
Alles aufsaugen * Lernstoff unterschiedslos in sich einsaugen * andere Menschen anschnorren * das Empfinden, von anderen angeschnorrt zu werden

Schwan
Das Zeichen der Weißen Göttin * Schönheit * Stärke * zu neuen Höhen emporschweben * Freiheit * Ein schwarzer Schwan kann das Symbol der inneren Geheimnisse des Lebens und der Intuition sein. * die Balance zwischen männlichen und weiblichen Energien * Der griechische Gott Apollon, neben den anderen Künsten auch für die Musik zuständig, wurde mit dem Schwan assoziiert, weil man glaubte, der Schwan singe in den letzten Augenblicken seines Lebens am allerschönsten – seinen »Schwanengesang«.

Schwangerschaft

Sie sind dabei, eine Idee, ein Gefühl oder eine Emotion zur Welt zu bringen. ⋆ Ein neues, kreatives Projekt, mit dem Sie neue Wege gehen oder eine neue Richtung einschlagen. ⋆ der Wunsch nach einer Schwangerschaft ⋆ ein machtvolles Symbol

Schwarz

Das Unbekannte ⋆ Angst ⋆ Ihr Schatten und Ihre unbewusste Meinung ⋆ innere Finsternis ⋆ Der Ausdruck »geistige Umnachtung« steht für Verwirrung. ⋆ Depression und Verzweiflung ⋆ Trauer ⋆ Stärke und Macht ⋆ das Bedürfnis, sich vom Leben überhaupt und in sich selbst zurückzuziehen ⋆ Viele Nonnen, Mönche und Selbstverleugner tragen Schwarz.

Schweben

Sie sind im Einklang mit Ihrer Intuition und Ihren Gefühlen. ⋆ Sie sind spirituell sehr gut eingestimmt, weil Sie sich darauf hinbewegen, sich mit allem eins zu fühlen. ⋆ getrennt werden/sein

Schwein

Genusssucht ⋆ Völlerei ⋆ Eigennutz ⋆ Ichbezogenheit ⋆ Selbstsucht ⋆ Habgier ⋆ Wohlstand ⋆ Vergnügen ⋆ die Empfindung, dass Sie Ihren Anteil entweder nicht bekommen oder nicht abgeben

Schweiß/Schwitzen

Ein Anzeichen Ihrer Angst oder Nervosität ⋆ Anstrengung

Schwert

Verteidigung ⋆ Angriff ⋆ Macht ⋆ Wahrheit ⋆ Tod dem Ego, den inneren Dämonen oder den Illusionen

Schwester
Weiblicher Aspekt seiner selbst * religiöser Aspekt, Nonne * Verbundenheit * Schwesterschaft

Schwimmen
Schwimmen Sie nicht gegen den Strom! * Behalten Sie den Kopf oben (über Wasser), auch wenn um Sie herum emotional alles im Fluss ist, sich alles verändert. * das »Durchschwimmen« einer Situation

See (siehe auch *Ozean*)
Ein stiller, klarer See stellt einen Bezug zu Intuition und tiefer innerer Weisheit her. * Bewegtes Wasser verweist auf ein emotionales Durcheinander. * Trübes Wasser gilt als Zeichen gefühlsmäßiger Stagnation. * In den Augen der alten Ägypter repräsentierten Seen das Okkulte und die geheimnisvollen inneren Bereiche des Menschen. Zu bestimmten Zeitpunkten im Jahr pflegten Priester einen bestimmten See in feierlicher Prozession zu durchqueren. In der keltischen Mythologie lag das Totenreich unterhalb der Erdoberfläche, als »Garten Eden« jenseits des Meeres. *Wasser* kann als Symbol Ihres Unterbewussten und der unbekannten Orte tief in Ihrem Inneren stehen. Die geheimnisvollen inneren Dimensionen liegen in Ihnen selbst.

Seejungfrau siehe *Meerjungfrau*

Segelboot
Durch das Fahrwasser emotionaler Veränderungen navigieren * Gleiten Sie im Traum schnell und leicht auf dem Wasser dahin, dann »segeln« Sie problemlos und mit Leichtigkeit durch diese Phase.

Segelflieger/Segelflugzeug
Wenn Sie in einem Segelflugzeug aufsteigen, könnte das ein Zeichen einer außerkörperlichen Erfahrung (Astralreise) sein (mehr dazu in Kapitel 13). ⋆ das Reiten oder Gleiten auf den Winden der Veränderung im Leben ⋆ sich treiben lassen ⋆ im Fluss bleiben

Seide
Luxus ⋆ Reichtümer ⋆ Fülle ⋆ Sinnlichkeit ⋆ in Fluss kommen können

Seife
Säuberung ⋆ Reinigung

Seifenblasen
Kindliches Vergnügen und Überschwang ⋆ sich selbst isolieren – wie in einer Seifen- oder Luftblase ⋆ Zerplatzende Seifenblasen deuten möglicherweise auf eine Enttäuschung in Ihrem Leben hin.

Seil siehe *Tau*

Selbstbildnis siehe *Porträt*

Selbstmord
Selbstschuld ⋆ Selbstverfolgung ⋆ die Vernichtung bestimmter Aspekte von sich selbst ⋆ aufgeben ⋆ eine Warnung, ja nicht aufzugeben ⋆ Sie sollten eines wissen: Es wird Ihnen im Leben nichts vorgesetzt, das Sie nicht ertragen oder bewältigen könnten. ⋆ Ein Hinweis darauf, dass Sie die Menschen in Ihrer Umgebung um Unterstützung bitten sollten. Beten Sie!

Sex (siehe auch *Kapitel 15*)
Eine in Ihnen schlummernde, unterbewusste sexuelle Energie

Silber
Kann für die Silberschnur (den Ätherfaden) stehen, die spirituelle Verbindung von Seele und Körper * inneres Licht

Singen
Feste * feiern * Freude * Heiterkeit * geistige Erhebung * spirituelles Licht * Ende der Schwierigkeiten * Harmonie

Sirup
Bis hin zur Falschheit sentimental oder emotional sein * Klebrigkeit

Skelett
Nicht anerkannte Dinge * »ein Skelett im Schrank« oder »eine Leiche im Keller« * Dieses Symbol braucht keineswegs auf einen realen physischen Tod hinzudeuten, kann für (innere) Leere stehen. * Inhaltslosigkeit

Skilaufen
Freudige Erregung * Falls Sie zu schnell fahren, könnte das ein Hinweis darauf sein, dass Sie durch Ihr Leben »hetzen«. * das Gefühl des Kontrollverlusts * Ihre (Sach-)Kenntnisse und Fähigkeiten einsetzen, um Lebensprobleme zu meistern

Sklave
Ein Sklave seiner alten Gewohnheiten, Ideen oder Glaubensvorstellungen sein * der Sklave anderer Menschen oder Situationen

Smaragd

Ein Symbol für Ihre eigenen großartigen Heilkräfte * Der Smaragd galt in vielen Kulturen als Heilstein: Auch bei den alten Ägyptern fand er Verwendung und wurde »das Juwel der Venus und der Liebe« genannt. * Das Magische in Ihnen selbst: So wie für Dorothy, als sie auf der Suche nach der smaragdgrünen Stadt und dem *Zauberer von Oz* war, kann der Smaragd ein Hinweis für Sie sein, nach Ihrer eigenen inneren Magie Ausschau zu halten.

Sockel

Jemand anderen oder sich selbst in eine »erhabene« Stellung bringen oder jemand anderen als »höherstehend« ansehen – das zehrt an Ihrer eigenen inneren Macht, denn wenn Sie sich selbst als einen Bestandteil des großen Ganzen begreifen bzw. erfahren, dann gibt es kein »höher« oder »niedriger« mehr.

Sohle(n) siehe *Schuhe*

Soldaten

Krieg im Inneren und/oder im Außen * (militärische) Organisation und Disziplin

Sommer (siehe auch *Kapitel 22*)

Absolute Erfüllung * Vertrauen * Glück * Zufriedenheit

Sonne

Gott * der Große Geist * Christus * der Gott oder das Göttliche in uns * die Quelle, aus der alles strömt * Kraft * Stärke * Klarheit * Ihr inneres Licht

Sonnenblume

Vergnügen * Freude * das Leben umarmen

Spalte/Riss

Eine Situation steht kurz vor dem Durchbruch. * Eine Situation, die oberflächlich stabil erscheint, in Wahrheit jedoch etliche Risse in sich trägt. * geistiger »Zusammenbruch« * Etwas sorgt für großes Vergnügen.

Sperma

Männliche Kraft * Stärke * Energie * Macht * Potenz * Fruchtbarkeit * das kreative Potenzial

Sphinx

Spirituelles Verständnis * Weisheit * Eine Sphinx im Traum *kann* auf eine frühere Inkarnation in Ägypten hindeuten.

Spiegel

Ein Schritt von der Wirklichkeit entfernt, eine Reflexion des Vorhandenen * Wahrheit * Selbstverwirklichung * Ein machtvolles Symbol mit einer Doppelbedeutung: Ein Spiegel kann für Ihre Fantasie und Ihre bewussten Gedanken stehen, in dem Sinn, dass er die Welt um Sie herum »widerspiegelt«. Man kann ihn aber genauso gut als Hinweis auf Selbstbetrachtung und das Bedürfnis, Ihre Gedanken auf Ihr Inneres zu richten, interpretieren. * Manche Psychologen verbinden Spiegel mit verborgenen oder unbewussten Erinnerungen. * In China benutzt man Spiegel, um ungünstige Einflüsse zu reflektieren oder zu zerstreuen, zu vertreiben. * In der Volkskunde und in Märchen werden Spiegel mit Magie in Verbindung gebracht. Ein Spiegel bildet einen Zugang oder eine mythische Tür zwischen dieser Welt und anderen Bereichen.

Spiel

Spielende Kinder spiegeln Vergnügen und Spontaneität wider. * »Die ganze Welt ist ein Theater …«, und Ihr Leben ist Ihr

Theaterstück oder Drehbuch, und es ist allein *Ihre Entscheidung*, ob Sie bei dem Drama mitwirken wollen oder nicht. Sie wählen das Stück oder das Buch aus – es ist Ihr Spiel.

Spielkarten

Das Spiel des Lebens * Ihr Schicksal * Falls es sich um Tarotkarten oder andere Weissagekarten handelt, dann sind sie vielleicht als Schicksalsboten zu betrachten: In den Karten steht Ihre Zukunft. * Ihre spezifischen Gefühle hinsichtlich der Karten können zukünftige Aspekte und Tendenzen in Ihrem Leben aufdecken.

Spielzeug

Heiterkeit * Vergnügen * Das Leben ist ein Spiel. * das Gefühl, dass mit Ihnen gespielt oder Ihnen übel mitgespielt wird

Spinne

Fleiß * Die acht Beine der Spinne repräsentieren materiellen Wohlstand. * »Reichtum durch Fleiß« * Falle * In-die-Falle-gelockt-Werden * aber auch: in seinem eigenen Netz zappeln

Spinnweben

Verborgene Erinnerungen oder ungenutzte Talente * das Gefühl, in jemandes Netz zu »zappeln« oder in einem Netz von Intrigen gefangen zu sein

Spion

Das Gefühl der Unsicherheit * von anderen beansprucht werden oder andere in Anspruch nehmen * sich mehr um andere oder deren Angelegenheiten kümmern als um die eigene Entwicklung

Spirale
Das Urbild der Evolution * der komplizierte Baustein unserer Existenz, die (Doppel-)Helix-Struktur von DNA und RNA * ein sehr machtvolles Symbol für Transformation

Springen/Sprung
Der Sprung in ein neues Wagnis * Vorankommen * Schauen Sie aber genau hin, bevor Sie losspringen!

Stab/Zauberstab
Spiritualität * Sie können Dinge augenblicklich verändern. * Transformation

Stachelschwein
Etwas Stacheliges, Kitzliges * eine »kitzlige« Situation * etwas, dem Sie fernbleiben wollen

Stadt
Ihre Wahrnehmung einer Stadt spiegelt für gewöhnlich Ihr eigenes Innenleben. * Was empfinden Sie beim Gedanken an »Stadt«: Begeisterung, Amusement, Unterhaltung, Chaos, Geschäfte und Geschäftigkeit, Handel, Verbrechen oder Schmutz- und Lärmbelästigung?

Stahl
Stärke * Unbeweglichkeit * Unflexibilität * Entschlossenheit * »hart wie Stahl« * »ein Mann aus Stahl«

Stapellauf/Gründung
Eine neue Herausforderung, ein neues Wagnis unternehmen

Staub
Steht für etwas in Ihrem Inneren, woran nie gerührt wurde, oder für einen vergessenen Teil Ihrer selbst

Stecknadel/Anstecknadel/Sicherheitsnadel
Etwas Stabiles, das einzelne (Stoff-)Teile zusammenhält, wobei ein Teil auch am anderen »hängen« kann. * geringfügiger Ärger * »feststecken« oder »festgesteckt werden«: an der Bewegung gehindert werden

Stein(e) (siehe auch *Felsen*)
»Drehen Sie jeden Stein um.« * Festigkeit * Stabilität * Stärke

Steinkreis siehe *Zentrum*

Steppdecke siehe *Quilt*

Stern
Ein bedeutsames Symbol für Licht, Führung und Einsicht(en) * Sie sind Ihr eigener Stern. * Sie sind Ihr eigenes Licht.

Sternwarte
Ein größeres Bild bekommen – sich ein »genaueres Bild« machen * die tiefere Bedeutung im Leben erkennen

Steuer/Finanzamt
Last * bis an die äußerste Grenze belastet werden * die »Prüfung« oder »Festsetzung« Ihrer Kraft

Stier siehe *Bulle*

Stinktier
Soziale Ablehnung * etwas »stinkt« einem * innere Schutzmacht

Stock/Rohr
Das Verlangen nach Unterstützung im Leben * eine grausame Form der Strafe * Zuckerrohr * ein natürlicher Süßstoff * Gewinnen Sie Freude am Leben!

Storch
Neuanfänge * Neuankunft * Empfängnis * die Geburt einer neuen Idee * Der Storch kann auch ein Zeichen häuslichen Glücks und innerer Zufriedenheit sein.

Stoß
Ein Gedächtnisanstoß * Bewegung * Arbeit an sich selbst

Strand
Die Grenze zwischen Ihrem unterbewussten, emotionalen Teil, vertreten durch das Wasser, und Ihrer irdischen, physischen Seite * Ausgleich * Ausgeglichenheit * Reinigung * Verjüngung

Straße/Weg
Die Straße Ihres Lebens * Ihr Lebensweg * Achten Sie sorgfältig auf den Weg oder die Straße. Ist sie steinig, wie verläuft sie – gekrümmt oder gerade? Führt sie bergauf oder bergab? Liegt der Weg klar erkennbar vor Ihnen? Das steht stellvertretend für Ihr Schicksal, Ihre Lebensrichtung. Halten Sie nach Straßengabelungen oder Wegkreuzen Ausschau, sie stehen für die wesentlichen Entscheidungen, die Sie treffen müssen. Die Straßenverhältnisse, der Zustand des Weges, spiegeln den Weg wider, den Sie im Moment gerade nehmen.

Straßenkreuzung
Eine Zeit der Entscheidungen kommt auf Sie zu.

Strauß (siehe auch Kapitel 27 *»Tiere«*)
»Den Kopf in den Sand stecken« – nicht hinschauen, was im Leben vor sich geht

Streichholz
Unangezündet: Ihr Potenzial schlummert noch. * Entzündet: Ihr inneres Licht beginnt herauszuscheinen.

Streit
Verschiedene Aspekte in Ihnen führen Krieg gegeneinander. Holen Sie sich die kämpfenden Parteien aus Ihrem Traum vor Ihr geistiges Auge und diskutieren Sie mit jeder über ihre Position aus der inneren Haltung des Verstehens und Friedens heraus. Auf diese Weise wird es Ihnen gelingen, die »Streithähne« erst einmal zu beruhigen (und später miteinander auszusöhnen).

Stricken
Ideen und Lebensthemen miteinander verknüpfen, zusammenbringen * innerer Friede * ausbessern * flicken * reparieren * »heil machen«

Stroh
Ein Ertrinkender klammert sich an jeden Strohhalm. * »Stroh dreschen« für »Phrasen dreschen«, »Worthülsen« absondern, nichts Wirkliches aussagen * Jemand hat nur Stroh im Kopf.

Strom siehe *Fluss*

Stufen
Hinaufführend: Aufstieg * Statuszuwachs * Erfolg * hinunterführend: Verlust der Anerkennung * Verlust des (Selbst-)Vertrauens

Stuhl
Ihre Position oder Einstellung * wo Sie im Hinblick auf eine bestimmte Angelegenheit oder Situation »Ihren Platz haben« * Das Schaukeln in einem Schaukelstuhl kann auf eine AKE oder den Aufbau psychischer Energie verweisen.

Sturm
Innerer Konflikt * Hinterher ist die Luft rein bzw. die Atmosphäre gereinigt, auch in Bezug auf Ihre Lebenssituation.

Stütze (siehe auch *Krücke*)
Etwas, das Sie provisorisch unterstützt, bis Sie in Ihre eigene Weisheit, Ihre eigene Urteilsfähigkeit oder Kraft gehen.

Suche nach etwas
Eine geistig-spirituelle Reise * spirituelle Sehnsucht

Sucht/süchtig
Jemand oder etwas anderem die Macht (über sich selbst) geben/überlassen

Sumpf
Das Gefühl, in einem Projekt oder einer Situation restlos festzusitzen, ohne jede Klarheit oder einen Ausweg * in einem emotionalen Sumpf stecken * sich von Arbeit überhäuft oder überschwemmt fühlen: »Ich ertrinke in Arbeit!« * emotionale Stagnation, sich seiner selbst gefühlsmäßig nicht sicher sein

Süßigkeiten

Die Süße des Lebens * Geliebte * sich selbst achten und ehren * Gönnen Sie sich die Süße des Lebens!

Swastika

Die Ursprünge des Sonnenrades datieren wesentlich weiter zurück in die Geschichte als es der Missbrauch dieses Symbols seitens der Nationalsozialisten vermuten ließe. Nachweisen lässt es sich seit rund 6000 Jahren.
Dem Swastika begegnet man in seinen verschiedenen Formen und Darstellungsweisen (links- wie rechtsdrehend, mit geraden, abgeknickten oder abgerundeten Armen) in beinahe jeder alten Kultur, darunter etliche im asiatischen Raum, doch auch die Griechen und Römer, Kelten, Wikinger, die Ureinwohner Amerikas, präkolumbische Zivilisationen und (natürlich) Germanenstämme kannten es. Es ist in christlichen Katakomben in Irland gefunden worden, in Großbritannien, Mykene, der Gascogne, Italien und in der etruskischen Kunst zutagegetreten. Auch auf Orientteppichen sieht man es häufig, oftmals als Schmuck der Bordüren.
* Die männlichen und weiblichen Aspekte des Göttlichen: Im Uhrzeigersinn drehend symbolisiert das Swastika die männlichen und links drehend die weiblichen Aspekte des Göttlichen. * Die kreisenden Arme des Swastika sollen auch die Erschaffung des sich drehenden Kosmos widerspiegeln.

T

Tablette siehe *Pille*

Tachometer
Zu schnell oder zu langsam unterwegs sein ⋆ Achten Sie darauf, welche Werte der Tachometer anzeigt und schlagen Sie die Zahlen dann in Kapitel 26 nach.

Tal
Der »Tiefstand« im Leben ⋆ die Berge und Täler im Leben ⋆ das Bedürfnis nach innerem Rückzug, danach, sich einige Zeit lang »unterzustellen«

Tante
Der fleißige, emsige Teil Ihrer selbst (Ameise) ⋆ kann sich auf Ihre realen Tanten beziehen ⋆ Die Eigenschaften, die Sie mit einer bestimmten Tante verbinden, können auch projizierte Aspekte Ihrer eigenen Persönlichkeit sein. ⋆ die weiblichen Aspekte des Selbst

Tanzen
Freude ⋆ Vergnügen ⋆ Tanz des Lebens ⋆ sexuelle Begeisterung ⋆ Leidenschaft

Tapisserie siehe *Bildteppich*

Tasche (Kleidung)
Ein Aufbewahrungsort ⋆ eine »Schatzhöhle« ⋆ ein Behälter oder Gefäß

Tau/Seil

Die Abhängigkeit von einem anderen Menschen, Ort oder Gegenstand * eine Rettungsleine * Ein ordentlich aufgerolltes Tau steht für »gut organisiert sein« wie auch für das Gleichgewicht von Körper, Geist und Seele. * ein gespanntes oder verknotetes Tau oder Seil: Trennung * das Gefühl, »vertäut« oder »verknotet«, d.h. eingeschränkt zu sein

Taub/Taubheit

Etwas in Ihrem Leben, das Sie nicht hören wollen * Sie verschließen Ihre Ohren vor etwas.

Taube

Friede * Freiheit * jemand oder etwas, mit dem Sie Ihren Frieden machen möchten

Tauchen

Ins Unterbewusste »eintauchen« * vor allem emotionale Probleme betreffend, da Wasser üblicherweise (die) Gefühle symbolisiert * in Kontakt treten mit unterbewussten Motivationen oder Ängsten wie auch mit der tiefen Weisheit, dem alten Wissen, das in uns lebt * Ein Symbol für Sexualität, da Wasser das weibliche Prinzip verkörpern kann und das Tauchen bildhaft für das Eindringen in diese Sphäre steht.

Tee

Freundschaft * Entspannung * kann für das Initial »T« stehen

Teich

Wasser verkörpert immer die Gefühle und die Intuition: Ein ruhiger, klarer Teich verweist auf eine stabile, klare Gefühlslage, bewegtes oder raues Wasser auf Probleme. * Da die Ausmaße eines Teichs natürlich geringer sind als die eines Sees oder gar Meeres, bezieht sich ein Teich auch auf kleinere Gefühlsaufwallungen.

Telefon
Hören Sie anderen zu. * Kann auch für einen Führer stehen, der versucht, Ihre Aufmerksamkeit zu erlangen. Lauschen Sie seiner Botschaft mit großer Aufmerksamkeit. * Telefon-Träume sind wichtig.

Telegramm
Mit der Welt um einen herum in Verbindung bleiben * eine Botschaft aus der Ferne oder von einem »entfernten« Teil Ihrer selbst

Teleskop siehe *Fernrohr*

Tempel
Persönlich-private Zufluchtsstätte * inneres Heiligtum

Teufel
Der innere Kampf zwischen denjenigen Wesensanteilen, die Sie selbst als »gut« und »schlecht« bewerten * Angst und Furcht * Jemand in Ihrem Leben handelt unethisch.

Tief / Tiefen
Ihr eigenes Unbewusstes * etwas unter der Oberfläche

Tierarzt
Die Heilung Ihrer Tier- oder Instinkt-Natur

Tiere (mehr dazu in *Kapitel 27* und einigen Einträgen in diesem Verzeichnis)
Ein ursprünglicher, instinktiver Teil Ihres Selbst: Wilde und

grimmige Tiere verkörpern möglicherweise den primitiven, aggressiven Teil Ihres Wesens; zahme Tiere hingegen stehen vielleicht symbolhaft für den kontrollierten Ausdruck Ihrer Instinktnatur. Falls Ihnen wilde Tiere in Freiheit (im Traum!) begegnen, können diese Ihre Verbindung zur Natur her- bzw. darstellen.

Tiger
Katzenhafte Schläue ⋆ Potenz ⋆ ungezähmte Energie und Stärke ⋆ Majestät

Tisch
Eine Entscheidung beiseiteschieben ⋆ eine Entscheidung oder ein Gefühl »auf den Tisch oder aufs Tapet bringen«, d.h. etwas offenlegen ⋆ »seine Karten auf den Tisch legen«

Tischler siehe *Schreiner*

Tochter
Ihr eigener mädchenhafter Wesensanteil oder Ihre eigene Tochter ⋆ ewige Jugend

Tod/Sterben
Kein schlechtes Omen! ⋆ Transformation ⋆ der Tod alter (Verhaltens-)Muster und Programme ⋆ einer Wiedergeburt den Boden bereiten ⋆ Unter Umständen, aber ***sehr selten,*** kann dieses Symbol den bevorstehenden Tod des Menschen anzeigen, der in Ihrem Traum stirbt oder gestorben ist. ⋆ Für gewöhnlich steht der Tod im Traum für das Aufgeben eines alten Glaubenssystems, das durch die sterbende oder verstorbene Person verkörpert wird.

Todesanzeige
Aufgabe alter Ideen, Denkmuster und Glaubensvorstellungen * Etwas nähert sich der Vollendung.

Toilette/Wasserleitung
Beseitigung dessen, was Sie in Ihrem Leben nicht (mehr) brauchen. * Gefühle * Unterstützung * das Gefühl, im Leben emotionale Unterstützung zu erfahren * verstopfte oder überlaufende Toilette: blockierte oder überquellende Gefühle * eingefrorene Wasserrohre: eingefrorene Gefühle * Das »Überlaufen« kann sich auch auf die Blase oder Harnröhre beziehen.

Ton/Lehm
Der Wunsch, Ihr Leben nach Ihren eigenen Wünschen und Vorstellungen zu »formen«, zu gestalten * Jemand versucht, Sie in eine Form zu bringen, in der Sie nicht glücklich sind.

Tonband (siehe auch *Schallplatte*)
Dieselben Probleme immer wieder durchspielen * in einem oder mehreren alten Mustern festsitzen

Topf
Etwas, das Sie kochen – könnte sich symbolisch auf Ihre Ernährungsweise beziehen. * etwas, das Sie erschaffen

Töpfern
Ihr Leben, Ihre inneren Einstellungen und Glaubenvorstellungen ausformen * Dinge sind »bewahrt«, »enthalten«.

Tor/Tür
Der Übergang von einem Bereich in einen anderen * neue Möglichkeiten * die Himmelspforten

Torte siehe *Kuchen*

Töten
Tötungsakte im Traum könnten symbolisch darauf hinweisen, dass Sie Teile von sich selbst loslassen (»töten«), die Sie für Ihre Entwicklung nicht mehr brauchen: Sie machen Schluss mit Glaubensvorstellungen oder Verhaltensweisen, die für Sie selbst nicht mehr erforderlich sind. * Die Tötung eines Kindes nimmt aller Wahrscheinlichkeit nach Bezug auf den Abschied von Ihren eigenen unpassenden kindischen Verhaltensweisen, kann jedoch auch für den Tod Ihres inneren Kindes stehen. * Die Tötung eines Elternteils symbolisiert möglicherweise die Abnabelung von den eigenen Eltern oder die Emanzipation vom eigenen Erziehungsstil. * Machen Sie sich wegen eines Tötungstraums keine Sorgen und kein schlechtes Gewissen, für gewöhnlich markiert ein solcher Traum das Einsetzen eines inneren Wachstumsschubs. Im Allgemeinen ist diese Symbolik also positiv aufzufassen! * Werden Sie selbst getötet, sollten Sie wahrscheinlich die Kontrolle bzw. Verantwortung in Ihrem Leben in die eigenen Hände nehmen, sodass Sie sich kraft-voll und nicht kraft-los fühlen. (Gehen Sie in Ihren Traum zurück, stellen Sie Ihren Gegner, kämpfen Sie wirklich mit ihm und *besiegen Sie ihn!* Das wird Ihnen im Wachzustand in der Realität weiterhelfen.)

Tränen (siehe auch *Weinen*)
Loslassen * Reinigung * Befreiung * Ausgleich

Trauer
Das Loslassen von Gewohnheiten, inneren Einstellungen und Beziehungen, die Ihnen nicht länger dienlich sind, um Platz für sinnvollere, angebrachtere Lebensweisen und -auffassungen zu schaffen * gehen lassen * Ein Hinweis darauf, dass es in Ihrem Leben etwas gibt, das Sie sehr traurig stimmt.

Traum
Wenn Sie träumen, dass Sie träumen, haben Sie wahrscheinlich einen Klar- oder Wachtraum – auch »luzides Träumen« genannt (mehr dazu in *Kapitel* 9).

Treibsand
Angst * das Gefühl, in den Abgrund hinuntergezogen zu werden

Trennung siehe *Scheidung*

Tretmühle (siehe auch *Drehtür*)
Das Gefühl, nirgendwo hin- oder anzukommen, kein Ziel zu erreichen * Sie sitzen fest mit immer denselben Glaubensvorstellungen, inneren Haltungen und Gedanken. * »Hamsterrad«

Trödel
Alles, was Sie nicht länger benötigen, alles Überflüssige wie Ideen, Gefühle, Gewohnheiten, Beziehungen usw. * Um den »Gefühlströdel« loszuwerden, müssen Sie Ihren »Lebenströdel« loswerden. (Symbolisch dafür steht das Aufräumen und Putzen von Küchenschränken und Schubladen, das Aussortieren von Dingen, die Sie nicht benutzen oder nicht (mehr) mögen, das alles hilft dabei, auch emotionalen Ballast zu beseitigen, der nichts zu Ihrem wahren Wesen beiträgt.)

Trommel
Ein machtvolles Zeichen – es steht für den Anschluss an Ihre eigenen inneren Rhythmen. * Nicht nur die indianischen Schamanen setz(t)en Trommeln oder Tamburine bei ihren (Heilungs-)Ritualen (»Schamanenreise«) ein – mithilfe der in bestimmten Rhythmen geschlagenen Trommel, der Schwin-

gungen der Schläge, kann man die Reise in die spirituellen Bereiche des Inneren antreten und auf diese Weise sogar in den Zustand der Ekstase geraten.

Tümpel/Lache

Repräsentiert in höherem Maße die Intuition und die tiefen inneren Bereiche des Selbst als andere Gewässer.

Tunnel

Licht am Ende des Tunnels * der innere Durchgang zum Selbst * »Tunnelblick«, stark eingeschränktes Gesichtsfeld * Eine außerkörperliche Erfahrung (Wenn Sie sich im Traum durch einen Tunnel bewegen, kann das darauf hindeuten.) * ein möglicher Hinweis auf eine Nahtod-Erfahrung * die Veränderung der Wirklichkeit oder der Bewusstseinsebenen

Tür

Eine große Chance auf neue Abenteuer und Selbstentdeckung * Eine offene Tür: Sie sind bereit. * Eine geschlossene Tür: Es ist noch nicht ganz an der Zeit. * bedeutsames, wichtiges Traumsymbol

Turm

Isolation * in seinem Elfenbeinturm sitzen * von verschiedenen Aspekten seiner selbst abgetrennt sein * kann auch einen Status großer geistiger Klarheit repräsentieren, den Sie erreicht haben * spirituelle Vision * Der Turm gilt in den Augen von Freudianern als Phallus-Symbol.

U

U-Bahn
Ihr Unbewusstes * Ihr Unterbewusstes

Überschwemmung/Flut
Überwältigende Gefühle

UFO
Integration der Persönlichkeit * seelisches Potenzial * höhere Intelligenz * Angst vor dem Unbekannten * die Angst vor (den) unbekannten Aspekten seiner selbst

Uhr(en)
An die Zeit »gebunden« sein * das Bedürfnis nach größerer Pünktlichkeit * zu spät kommen * keine Zeit mehr haben * Die Zeit rinnt einem durch die Finger.

Unbekleidet (siehe auch *nackt*)
das Gefühl ausgeliefert zu sein * Persönliche Geheimnisse werden offenbart, preisgegeben. * Offenheit

Unfall
Ein machtvolles Symbol mit der Aussage: »Mach langsamer!« * zu schnell voranwollen im Leben * das innere Bedürfnis nach Verlangsamung und Integration * unaufmerksam sein * das Gefühl, Opfer einer plötzlichen Veränderung zu sein * Vorahnung (oder Vorwarnung) eines Unfalls * Nehmen Sie sich Zeit zu entspannen. * Seien Sie achtsam und gewissenhaft.

Ungeheuer/Monster
Ein Teil Ihrer selbst, den Sie nicht anerkennen und fürchten * Manifestation Ihrer verborgenen Ängste * Sie fürchten sich vor dem Unbekannten. * Jemand in Ihrem Leben verhält sich wie ein Ungeheuer oder »ungeheuerlich«. * Sie selbst verhalten sich wie ein Monster oder »monströs«. * Treten Sie einem drohenden Ungeheuer gegenüber, bieten Sie ihm die Stirn: Stellen Sie sich vor, wie Sie in Ihren Traum zurückgehen und – anstatt ihm zum Opfer zu fallen – den Kampf mit dem Monster aufnehmen. Gehen Sie *siegreich* daraus hervor!

Uniform
Starrheit * Unbeugsamkeit * Autorität

Universität
Heilungszentrum

Unterholz
Dichtes Unterholz kann im übertragenen Sinn bedeuten, dass Sie in der Klemme stecken oder im Leben nicht vorankommen.

Untersuchung siehe *Prüfung*

Ureinwohner/Eingeborener
Der ursprüngliche Teil im Menschen * das instinktive Selbst * Teil der Grundnatur des Menschen, die einem selbst vielleicht noch immer fremd ist

Urin
Lösung einer Spannung * emotionales Loslassen * sich reinigen * das Bedürfnis nach Erleichterung

Urlaub
Vergnügen * Entspannung * etwas gehen- oder loslassen * Betrachten Sie Ihre Ideen und Ziele aus einer anderen/neuen Perspektive.

Urne
»Asche zu Asche, Staub zu Staub« * Reinkarnation

V

Vagina/Scheide
Offenheit * Akzeptanz * Empfänglichkeit * Fraulichkeit * das innere Tal des Spirit * Machen Sie im Traum negative sexuelle Erfahrungen, die um eine Vagina kreisen (sei es Ihre eigene oder die einer anderen Frau), lassen sich durch diesen Hinweis möglicherweise verdrängte Erinnerungen ganz nach vorne in Ihr Bewusstsein holen, und Sie können diese bearbeiten und loslassen bzw. heilen.

Vakuum
Das Gefühl, in einem Vakuum zu leben * isoliert, unkreativ sein * (Be-)Reinigen oder beseitigen Sie alles nicht Erforderliche oder Überflüssige, entfernen Sie die Negativität aus Ihrem Leben.

Vampir
Erschöpfung * Jemand anderer saugt Ihnen die Lebenskraft aus.

Vater
Gottvater * Gott * Beschützer * Versorger * kann auf Ihren realen Vater oder Ihr Vaterbild Bezug nehmen

Veranda siehe *Vorbau*

Verbergen/Verstecken
Sich vor einer Person oder Situation im Leben verstecken * ein Geheimnis verbergen * das Gefühl, jemand hat etwas zu verbergen oder verbirgt etwas vor Ihnen * Das Versteck/die Zuflucht eines Tieres kann gleichbedeutend mit Ihrem Verstecken/Ihrer Flucht vor dem Leben sein.

Vergessen
Sie werden von etwas anderem völlig in Anspruch genommen * sich vergessen oder verlassen fühlen

Vergewaltigung
Die Realität eines anderen Menschen als seine eigene annehmen oder zu seiner eigenen machen * das Gefühl, penetriert worden zu sein * Verlust der Kraft und der Selbstachtung * das Gefühl, benutzt und ausgebeutet worden zu sein

Verlassen (sein)
Das Gefühl, verlassen oder ausgeschlossen zu sein * möglicherweise unterbewusst vorhandene Themen aus der Kindheit oder einer früheren Inkarnation * Menschen oder Umstände hinter sich lassen * Eigenschaften ablegen, die nicht mehr gebraucht werden * Bedürfnis nach Selbstakzeptanz * die eigene innere Wahrheit herausfinden * Zeit, Hemmungen abzuwerfen und in einen Zustand der Sorglosigkeit hinüberzuwechseln * die Ketten der Konventionen sprengen, die einen gefesselt haben * Vorzeichen von Unbekümmertheit und Sorglosigkeit können erscheinen, bevor man mehr Unabhängigkeit erreicht und in die Eigenverantwortung geht.

Verletzung (siehe auch *Krankheit*)
Sie selbst haben jemanden emotional verletzt oder ein anderer Mensch Sie. ⋆ Sie machen etwas zu schnell, und falls Sie nicht »herunterschalten«, könnte das zu einer Verletzung führen.

Verloren
Unsicherheit bezüglich Ihrer Identität und Ihres (Lebens-) Ziels, Ihrer Zielrichtung

Verpassen: Bahn, Bus, Schiff oder Flugzeug
Vielleicht haben Sie das Gefühl, in Ihrem Leben nicht voranzukommen, keine »Fortschritte« zu machen oder aufgrund Ihrer Lebensverhältnisse ausgeschlossen zu werden. ⋆ eine verpasste Gelegenheit ⋆ sich nicht genügend anstrengen ⋆ Nehmen Sie sich die Zeit, um Ihre Ziele neu zu überdenken.

Verschmutzung
Innere Stagnation

Verstecken siehe *Verbergen*

Verstopfung
An Menschen, Dingen oder Situationen in Ihrem Leben »festhalten«, die Sie nicht länger brauchen ⋆ das Bedürfnis nach einer Ernährungsumstellung

Verwirrung
Etwas in Ihrem Leben, das Sie nicht sehen oder mit dem Sie sich nicht konfrontieren wollen

Verzögerung/Verspätung
Der richtige Zeitpunkt ist vorüber. ⋆ Warten Sie, nicht jetzt!

Vier (siehe auch *einzelne Zahlen* sowie *Kapitel 26)*
Ganzheit * In vielen alten Kulturen verkörpert die Vier das Universum: Das indianische Medizinrad basiert auf den vier Elementen (Luft, Wasser, Feuer und Erde) und den vier Himmelsrichtungen (siehe auch *Zentrum*). * Ein Kreuz mit vier gleichlangen Schenkeln ist ein vorchristliches Symbol der Vollkommenheit. * Die Vier steht auch für die vier Quadranten (»Viertelkugeln«) Ihres Wesens: mental, emotional, physisch und geistig-spirituell. * Erscheint die Vier wiederholt in Ihren Träumen, sollten Sie die verschiedenen Aspekte Ihres Selbst ins Gleichgewicht bringen.

Vogel
Aufsteigen in neue Höhen * über die Probleme hinwegsegeln * Vorzeichen von Glück * Falls der Vogel singt, kann man ihn als Überbringer guter Nachrichten ansehen. * Freiheit * Vögel stehen als Boten mit dem Großen Geist in Verbindung. * Das Bedürfnis, sich tiefer mit der Quelle der göttlichen Energie zu verbinden, die allem innewohnt * das Bedürfnis, zu einer Situation auf Distanz zu gehen, um sie aus einem anderen Blickwinkel betrachten zu können * ein »Höhenflug der Fantasie« oder der Einbildungskraft * Lassen Sie Ihrem kreativen Vorstellungsvermögen Flügel wachsen! * das Verlangen, zur süßen Reinheit der Natur zurückzukehren * Ein Vogel im Käfig kann für das Gefühl des Verlusts der Freiheit stehen.

Vogeleier
Neuanfänge * Eier in einem Nest können Geld bedeuten.

Vogelscheuche
Nicht real, unwirklich * »Strohmann« * Bluff * Angst haben, erschrocken sein * besitzt wie im *Zauberer von Oz* nur geringe intellektuelle Fähigkeiten * Menschen mit einem unech-

ten Auftreten oder Erscheinungsbild (Tarnung) »verscheuchen«

Vorahnung siehe *Prophetische Träume*

Vorbau/Vordach/Veranda
Eine Anfügung, ein an das eigene Selbst angefügter Teil, eine Erweiterung seines Selbst * etwas, das nicht Teil Ihrer Grundnatur ist, was Sie aber zu sich selbst in Beziehung setzen

Vulkan
Explosionsartiges Freisetzen unterdrückter Gefühle

W

Wach(-zustand)
Wenn Sie während eines Traums im Wachbewusstsein sind, handelt es sich um einen sogenannten Wachtraum oder um »luzides Träumen« (mehr dazu in *Kapitel* 9).

Wachs
Leicht formbar * Eine Situation kann sich verändern oder verändert werden. * Reinigung * eine glänzende Oberfläche schaffen * etwas geschmeidig machen * etwas neu aussehen, in neuem Glanz erstrahlen lassen * »wachsen« im doppelten Wortsinn

Wachtel
Furcht * vor Angst zurückschrecken

Waise siehe *Verlassen (sein)*

Wald
Überfluss * Wachstum * Stärke * Schutz * sich überwältigt fühlen * den »Wald vor lauter Bäumen nicht sehen«

Walfisch
Ein bedeutsames Symbol * Wahrnehmung * Intuition, »der Gesang des Walfischs« * unglaubliche Kraft und Stärke * kann sich auf die Größe von etwas beziehen * das biblische Gleichnis von Jonas und dem Walfisch

Wand
Hindernis * Blockade * das Gefühl, von anderen Menschen durch eine Wand oder Mauer getrennt zu sein

Wandern
Sie werden Ihre Ziele mit langsamen, aber sicheren Schritten erreichen.

Wanze
Kleiner Ärger * Unannehmlichkeit

Wäsche (siehe auch *Wäscherei*)
Loslassen der Vergangenheit * verzeihen * alte Auffassungen und Glaubensvorstellungen gehen lassen

Waschen siehe *Baden*

Wäscherei
Ihre körperliche oder geistige Reinigung * sich von seinen Taten »säubern«, die Spuren seiner Tat auslöschen * schmutzige Wäsche auslüften

Wasser

Emotionale Energie ⋆ Intuition ⋆ Vergewissern Sie sich, ob das Wasser klar oder trübe ist. ⋆ Einstimmung auf Spiritualität und Erleuchtung ⋆ Ihr unbewusstes Selbst ⋆ die Wasser des Lebens ⋆ die geheimnisvollen Bereiche der archetypischen weiblichen Energie ⋆ Fruchtbarkeit, neues Leben und neues kreatives Potenzial ⋆ Bei den Chinesen galt Wasser als die Quelle allen Seins. ⋆ Im christlichen Sakrament der Taufe verkörpert das Wasser Leben, Tod und Auferstehung. Bei der Ganzkörpertaufe der Erwachsenen verschwand der »alte« Mensch unter Wasser und ein ganz neuer entstieg dem Becken. ⋆ Ungeborene Kinder schwimmen im Fruchtwasser, es begleitet den Geburtsvorgang: eine weitere Analogie von Wasser und Leben.

Wasserfall

Vollständige Heilung ⋆ emotionales Loslassen ⋆ emotional »auftanken«

Wasserhahn

Wasser steht im Allgemeinen für die Gefühlswelt eines Menschen. ⋆ Ein undichter Wasserhahn kann ein Hinweis darauf sein, dass Sie emotionale Energie verlieren. ⋆ Ein »festgefressener« Wasserhahn kann bedeuten, dass Sie Ihre Gefühle nicht »aufdrehen« können. ⋆ Ein eingerosteter Wasserhahn deutet möglicherweise darauf hin, dass Sie keine Verbindung zu Ihren Gefühlen (mehr) haben.

Wasserleitung siehe *Toilette*

Weben

Das Muster Ihres Lebens, das eingewebt ist ⋆ der *Bildteppich* Ihres Lebens ⋆ Dinge zusammenfügen, »verweben«, um eine Verbindung oder Einheit zu schaffen

Weide (siehe auch *Baum/Bäume*)
Schwermut * Traurigkeit * die Fähigkeit, sich je nach Situationserfordernis zu bewegen und zu (ver)biegen * »mit dem Wind zu gehen«

Weihnachten
Erscheint dieses Fest oder ein Symbol davon außerhalb seiner »Saison«, deutet es möglicherweise auf Feiern mit der Familie und Freunden hin. * eine spirituelle Geburt * das Hochsteigen alter Erinnerungen

Wein
Wohlstand * Fülle * Überfluss * Feiern * Entspannung * spirituelles Einschwingen auf die Christusenergie, mit Wein, der Verkörperung von Christi Blut oder der darin enthaltenen geistigen Energie * Gott

Weinen/Tränen
Etwas, das in der Alltagsrealität noch im Unterbewussten schlummert * emotional loslassen * Freude über ein gelöstes Problem oder das Aufgeben einer inneren Einstellung, die Sie blockiert hat

Weingarten/Weinberg
Ernten Sie die Früchte Ihrer Mühen und Erfahrungen!

Weinrebe
Eine spirituelle Verbindung

Welle (siehe auch *Wasser* und *Flutwelle*)
Eine Ozeanwelle symbolisiert einen Vorwärtsdrang, steht für große Stärke und Macht. * Ihre Emotionen kreativ einsetzen, fruchtbar machen * Am Wasser stehen und die Wellenbewe-

gungen beobachten, steht stellvertretend für das Aufladen Ihres inneren »Akkus«.

Wespe

Das Gefühl der/einer Bedrohung * »stechende« Gedanken oder Worte

Wetter

Ihre psychische und emotionale Verfassung * Ihr Gesundheitszustand * schönes Wetter mit klarem Himmel: ausgezeichnete Gesundheit * Bewölktes bis stürmisches Wetter: Ein Bereich Ihres Körpers sollte neu ausgerichtet werden.

Wettlauf/ Wettrennen

Der einzige Mensch, mit dem Sie im Wettbewerb stehen, sind Sie selbst. Machen Sie also langsamer, genießen Sie den Lauf, und nehmen Sie dabei den Duft der Blumen wahr.

Widder

Männliche Kraft und Stärke * Pioniergeist * ein Neubeginn * Der Widder gilt als Symbol der Einweihung und Initiationsenergie.

Wiege

Fürsorge und Nahrung * das Bedürfnis, in die Wiege gelegt und umsorgt zu werden

Wiese

Ein Ort geistiger Harmonie und Ausgeglichenheit * Verjüngung * Nahrung (siehe auch *Rasen*)

Wiesel

Verrat * Betrug * das Gefühl, jemand schubst Sie aus dem Weg * jemand »wieselt« um Sie oder in Ihrer Umgebung herum * »wieselflink« * »neugierig wie ein Frettchen«

Wind

Die Winde der Veränderung * Das Element Luft, es steht für Gedanken und Intellekt. * Botschaften aus dem Reich von *Spirit*, dem himmlischen Atem Gottes * Eine sich ändernde Windrichtung könnte auf Veränderungen in Ihrem Leben hindeuten. * In vielen Ursprungsvölkern überall auf der ganzen Welt herrscht der Glaube, der Wind überbringe Botschaften aus dem Reich des *Spirit*. Jede Windrichtung besitzt ihre eigene, spezifische Bedeutung, die je nach Volksstamm unterschiedlich sein kann. Nach der Auffassung einiger Kulturen übermittelt der Nordwind Botschaften ihrer eigenen Ahnen.

Windhund

Tempo * Schnelligkeit

Winken

Sie winken jemandem zu oder umgekehrt. * Liebe * Verbundenheit * Anerkennung

Wippe

Das Gefühl, ständig auf und ab zu schwingen, aber nirgendwohin zu gelangen, nirgendwo »anzukommen«, keine Mitte zu finden

Wissenschaftler

Auf die linke Gehirnhälfte konzentriert * analytisches Denken * Vernunftdenken * scharfer Intellekt * Geben Sie Ihrem

Herzen denselben Stellenwert und Spielraum wie Ihrem Verstand! Lernen Sie mit dem Herzen denken!

Wolf

Gemeinschaft und Sozialgefühl * familiäre Unterstützung (»Rudel«) * Angst, insbesondere davor, zu etwas gezwungen zu werden, dem zu entsprechen einem die Mittel fehlen. * ein »Wolf im Schafspelz« * das Märchen vom Wolf und den sieben Geißlein * »wölfisches Grinsen« * »Mit den Wölfen heulen« bedeutet: keine eigene Meinung haben oder nicht dazu stehen. * unpassendes, kokettes Verhalten

Wolken

Ein positives, gesundes Zeichen * helle, klar umrissene Wolken: spirituelle Erhebung, innerer Frieden * Sturmwolken: spirituelle Zweifel und Fragen * Ein persönlicher Sturm braut sich zusammen.

Wurm

Verborgene Vorbereitungen oder Arbeit »im Untergrund«: unterhalb der Oberfläche * »Verlierer« * rückgratloser »Kriecher« * sich durchs Leben winden oder kriechen * »armer Wurm«

Wüste

Jesus ging in die Wüste, um sich spirituell neu zu beleben. * verwüstet * verlassen * unfruchtbar

Wut

Lassen Sie Ihrer lange unterdrückten Wut freien Lauf. Im Traum ausgelebte Wut bietet Ihnen die Möglichkeit, die Wut loszulassen, die Sie in Ihrem Lebensalltag unterdrückt haben bzw. unterdrücken. * unterbewusste negative Empfindungen einem Menschen oder einer Situation gegenüber

Z

Zahlen

Schon immer haben die Menschen Zahlen als Träger mystischer Bedeutung betrachtet. Den nachfolgenden Interpretationen liegt das alte pythagoreische System zugrunde, auf dem die moderne Numerologie gründet. Erscheint Ihnen eine Zahl immer wieder und in verschiedenen Kombinationen in Ihren Träumen, sollten Sie auch den damit assoziierten Bedeutungen Beachtung schenken.

1: Unabhängigkeit * Neuanfänge * Einssein mit dem Leben * Entwicklung des Selbst * Individualität * Fortschritt und Kreativität

2: Gleichgewicht der Yin- und Yang-Energien (der kosmischen Polaritäten) * Die Zwei steht für Selbsthin- oder -aufgabe, man stellt sich selbst hintan. * gegenseitige dynamische Anziehung * Wissen entspringt dem Gleichgewicht und der Vereinigung der beiden Gegensätze.

3: Die Dreieinigkeit: Körper, Geist und Seele, die Dreifaltigkeit des Göttlichen * Ausdehnung, Ausdruck, Kommunikation, Spaß und Selbstausdruck * Die Drei repräsentiert auch das Nach-außen-Gehen, Offenheit und Optimismus: »Aller guten Dinge sind drei.«

4: Sicherheit und Grundlagen * die vier Elemente und die vier Himmelsrichtungen * Selbstdisziplin durch Arbeit und Dienstleistung * Die Vier steht stellvertretend für Produktivität, Organisation, Ganzheit und Einheit.

5: Sich frei fühlen; die Fünf ist selbst-emanzipierend, aktiv, physisch, impulsiv, energiegeladen, abenteuerlustig und einfallsreich, sie wird mit Reisen und Wissbegierde in Verbindung gebracht. * Die Fünf ist die Zahl der freien Seele, der Begeisterung und Veränderung.

6: Harmonie mit sich selbst, Mitgefühl, Liebe, Dienstleistung, soziale Verantwortung, Schönheit, die Künste, Großzügigkeit, Sorge und Fürsorge * Die Sechs nimmt Bezug auf Kinder, Ausgeglichenheit und den Dienst an der Gemeinschaft.

7: Die innere Dimension und das innere Wissen, die innere Weisheit * Die Sieben ist eine geheimnisvolle, mystische Zahl, sie symbolisiert Weisheit, die sieben Chakren und die sieben Himmel, Geburt und Wiedergeburt, religiöse Stärke, heilige Schwüre, den Pfad der Einsamkeit, Analyse und nachdenkliche Betrachtung.

8: Die Acht verkörpert die Unendlichkeit, materiellen Wohlstand, Persönlichkeitsstärke wie auch, Überfluss, kosmisches Bewusstsein, Dank und Anerkennung, Autorität und Führungskraft.

9: Humanitäre Einstellung, Selbstlosigkeit, sein Leben anderen widmen * Die Neun ist die Zahl der Vervollständigung und der Beendigung, des Abschließens, sie repräsentiert universale Empathie, Toleranz und Weisheit.

Nach der pythagoreischen Auffassung besaßen **Meister-Zahlen** (bestimmte zweistellige Zahlen) spezielle Kraft und ihre ganz eigene Bedeutung: Die **11** entwickelt die Intuition, das Hellsehen, das geistige Heilen und andere metaphysische Fähigkeiten. * Die **22** steht für unbegrenztes Potenzial der Meisterschaft auf allen Gebieten – nicht nur geistig-spirituell, sondern auch physisch, emotional und mental. * Die **33** vereint die 11 und die 22 in sich, ist die einflussreichste Zahl und verkörpert das innere Heiligtum, das kosmische Bewusstsein: »Alles ist möglich.«

Zähne

Kauen * Vorbereitung auf die Verdauung * sich in ein Problem verbeißen * Fallen Ihnen im Traum Zähne aus, könnte das darauf hindeuten, dass Sie zu viel reden, Ihre Energie vergeuden oder ein Problem wie auch eine Situation nicht verstehen. * Der Verlust von Zähnen lässt sich unter Umständen als »Verlust des Gesichts« interpretieren oder der äußerlichen Attraktivität oder sogar als Machtverlust. Laut Edgar Cayce, dem »schlafenden Propheten«, bedeutete der Verlust von Zähnen eine unbesonnene Rede und falsche Zähne Lügen. * Ein fauler Zahn steht für eine schmutzige, unanständige Sprache. * Zähne repräsentieren Entschlossenheit, der Verlust von Zähnen den Verlust der Entscheidungs- und Tatkraft. * Der Verlust von Zähnen kann aber auch auf Wachstum verweisen: sich auf eine neue Entwicklungsstufe bewegen, beispielsweise wenn die Milchzähne der zweiten, dauerhaften Zahngarnitur weichen. * Der Verlust von Zähnen im Traum kann aber genauso gut auch auf Zahnprobleme in der Realität hindeuten; am besten gehen Sie mal zum Zahnarzt.

Zauberer siehe *Magier*

Zauberstab siehe *Stab*

Zaun
Das Gefühl, eingezäunt zu sein * das Bedürfnis nach Grenzen im Leben * Der englische idiomatische Ausdruck »auf einem Zaun« sitzen, bedeutet, Entscheidungen hinauszuzögern oder sich nicht entscheiden zu können, folglich kann ein Zaun ein Hinweis darauf sein, dass es an der Zeit ist, Entscheidungen zu treffen und Stellung zu beziehen.

Zeichen
In oder hinter den Wörtern des Zeichens verborgene Botschaften, die sich in Ihr Bewusstsein drängen

Zelt
Unbeständigkeit * Vorläufigkeit * Provisorium * Das Selbstbild oder Selbstverständnis ist instabil.

Zeltlager siehe *Campingplatz*

Zentrum/Mittelpunkt
Der Ort des Gemeinschaftslebens, wo Menschen zusammenkommen, um ein gemeinsames Ziel in Angriff zu nehmen * In beinahe allen Überlieferungen auf der Welt gilt das »Zentrum« als der Wohnsitz des Schöpfers: Gemäß der hinduistischen Tradition residiert Gott im Zentrum des Kosmos; bei den alten Chinesen existierte die Vorstellung, Gott sei der Mittelpunkt sich nach außen vergrößernder konzentrischer Kreise; und in der Tradition der amerikanischen Ureinwohner bildet der Große Geist immer das Zentrum des Medizinrads. (Medizinräder bestehen aus 36 Steinen, die verschiedene Kräfte verkörpern, sie gelten als Spiegel des Universums und damit zugleich Spiegel unserer Seele, sind Symbole der Einheit und des Gleichgewichts allen Lebens: der Elemente, der Tiere, Pflanzen und der menschlichen Eigenschaften.) * das Verlangen, zum Mittelpunkt einer Situation oder in seine eigene Mitte vorzudringen * Wenn Sie in Ihre eigene Mitte gehen, integrieren Sie alle Anteile Ihres Selbst und fügen sie innerhalb des Zentrums Ihres Wesens (d.h. in Ihrer Mitte) zusammen.

Zerbrechen
Eine plötzliche und unerwartete Veränderung wird in Ihrem Leben stattfinden. * Eine schon länger vorhandene Situation kann im Begriff sein, sich aufzulösen. * Wenn um Sie herum ständig etwas zerbricht, dann seien Sie noch vorsichtiger als üblich, vor allem, wenn Sie es sind, der die Schäden anrichtet.

⋆ Zeit, eine Beziehung oder eine Situation »abzubrechen«, zu beenden ⋆ Eine Illusion zerbricht – oder ein Glaube.

Ziege/Ziegenbock
Lüstern ⋆ geil ⋆ alt und verschroben ⋆ schrullig ⋆ sich zu Unrecht beschuldigt fühlen oder den »Sündenbock« geben für etwas, das man nicht getan hat

Ziegel
Stärke ⋆ Ausdauer ⋆ solide Fundamente

Ziel/Zielscheibe
Ihre Richtung oder Absicht ⋆ Bedürfnis nach Konzentration auf das eigene Selbst und Selbstdisziplin

Zigarre/Zigarette
Besehen Sie sich Ihre emotionale Antwort auf die Zigarre oder Zigarette einmal genauer: Verbinden Sie Entspannung damit, dann brauchen Sie mehr Zeit, um lockerzulassen; sollte es Angst sein, fragen Sie sich, was Sie womit ersetzen, um die Grundbedürfnisse Ihres Lebens zu befriedigen; und falls Sie Schuldgefühle empfinden, können Sie das als Hinweis (oder innere Warnung) verstehen und das Rauchen aufgeben.

Zimmer (siehe auch *Haus*)
Ein Aspekt seiner selbst

Zimmermann siehe *Schreiner*

Zirkus
Die Sehnsucht nach Ihrer eigenen kindlichen Freude ⋆ Lachen Sie, und freuen Sie sich Ihres Lebens. ⋆ Das Leben ist ein Zirkus, es passiert einfach zu viel!

Zitrone

Reinigen und erfrischen * »sauer« sein * jemanden »ausquetschen wie eine Zitrone«

Zug/Eisenbahn

Die kollektive und individuelle Reise durch Phasen, Stadien und Ereignisse Ihres Lebens * Kraft * Durchhaltevermögen * Den Zug zu versäumen, könnte bedeuten, günstige Gelegenheiten im Leben zu verpassen. * Ein schwer beladener Güterzug verweist vielleicht darauf, dass Sie selbst eine sehr schwere Lebenslast zu tragen haben.

Zündung (Auto)

Steht für Ihren inneren »Kraft-Schalter«, es könnten Schwierigkeiten in Ihrem Leben auftreten. * Etwas kann beginnen.

Zwerg

Das Gefühl, von einer Situation »überragt« oder in den Schatten gestellt zu werden * Ihr eigenes Potenzial begrenzen * Die Zwerge als Symbole entstammen wohl dem Grimm'schen Märchen *Schneewittchen*, in dem die sieben Zwerge Schneewittchens Beschützer und echte Freunde waren.

Zwiebel

Die Zwiebel kann die Bewusstseinsschichten verkörpern. * potenzielle Schwermut (Die meisten Menschen müssen beim Zwiebelschneiden weinen.) * Eine Blumenzwiebel steht für unentdecktes oder ungenutztes Schönheitspotenzial.

Kapitel 29
Eine Traumgruppe gründen

Wenn Sie in noch engeren Kontakt mit Ihren Träumen treten wollen, dann empfehle ich Ihnen die Teilnahme an einer bereits existierenden Traumgruppe oder die Gründung einer eigenen. Die Mitglieder einer solchen Gruppe treffen sich in regelmäßigen Abständen, um sich über ihre Träume auszutauschen und sie miteinander zu diskutieren – zur gegenseitigen Ermunterung und Unterstützung für ihre Traum-Reisen.

Der Sinn einer Traumgruppe

Beschließen Sie gleich zu Beginn Ihrer gemeinsamen Traum-Arbeit in der Gruppe deren Ziele: Ob Sie individuelle Fähigkeiten weiterentwickeln oder besser mit den Alltagsproblemen zurechtkommen möchten, indem Sie die Ereignisse in Ihren Träumen bzw. die Traumszenarien genauer unter die Lupe nehmen. Legen Sie Ihre Absichten schriftlich nieder und verwenden Sie dabei klare, eindeutige Formulierungen, damit jeder potenzielle Teilnehmer genau weiß, woran er ist und ob diese Zielsetzungen auf seiner Linie liegen. Dieser erste Schritt ist erforderlich und wird bei zukünftigen Treffen die

Synergie positiv verstärken. Einigen Sie sich auch gleich über die Häufigkeit Ihrer Zusammenkünfte – vielleicht ein Mal pro Woche – und einen Zeitpunkt, der allen Beteiligten passt.

Jede Traumgruppe entfaltet ihre eigene Dynamik, doch beim ersten regulären Treffen können Sie einfach so vorgehen: Setzen Sie sich alle im Kreis hin, und stellen Sie sich reihum kurz vor. Nennen Sie außer den persönlichen Daten auch Ihre Ziele, Ihre Absichten im Leben und so weiter. Nutzen Sie diese erste Sitzung dazu, Sinn und Zweck der Traumgruppe zu klären und die Energien der einzelnen Gruppenmitglieder zusammenfließen zu lassen.

Erdung

Geben Sie sich am Anfang jedes Gruppentreffens ein paar Minuten Zeit, in denen jedes Mitglied »ankommen«, sich entspannen und in seine Mitte gehen kann. Vielleicht macht einer von Ihnen die Vorgaben dazu und übernimmt die Leitung der Gruppe. Alle Anwesenden sollen im Kreis herum Platz nehmen und sich aufrecht hinsetzen. Ein gerader Rücken ist besonders wichtig, doch sollen sich alle zugleich ganz entspannt fühlen. Erschaffen Sie sich eine »Erdungsschnur«: Visualisieren Sie dazu einen silbernen Lichtstrahl, der von der Erde aus durch Ihre Fußsohlen in Ihren Körper eindringt, die Wirbelsäule entlang nach oben wandert und am Scheitelpunkt wieder austritt, wonach das Licht in Kaskaden über Ihren Körper herunterfällt. Hat jeder Einzelne diese Übung für sich beendet, beginnen Sie damit, die Essenz jeder einzelnen Person in den Kreis hineinzuatmen. Holen Sie tief Atem, atmen Sie jeden Anwesenden in Ihr eigenes Sein und lassen sie oder ihn anschließend langsam wieder los. Währenddessen stellen Sie sich die betreffende Person jeweils als stark, gesund

und sehr gut zentriert vor. Auf diese Weise »verweben« Sie die einzelnen Träumer der Gruppe in einem dichten Netz spiritueller Verbundenheit miteinander. Als nächsten Schritt atmen Sie drei Mal die Essenz Ihres eigenen Seins ein. Visualisieren Sie ein strahlendes silberweißes Licht, das mit seinem gewaltigen Wirbel aus Helligkeit und Energie die gesamte Gruppe einschließt. Haben alle Teilnehmer diese Meditation abgeschlossen, lassen Sie ein paar Augenblicke der Stille verstreichen, bevor Sie zum gegenseitigen Austausch Ihrer Träume übergehen.

Träume teilen

Um seine Träume in einem größeren Kreis mitteilen zu können, ist es wichtig, jedem Einzelnen ausreichend Zeit für seine Traum-Erzählungen einzuräumen. Hat jemand das Gefühl, (die) Ereignisse der vergangenen Woche könnten in irgendeiner Weise mit dem Traum verknüpft sein, kann es nützlich sein, auch diese miteinzubeziehen. Behalten Sie dabei aber im Hinterkopf, wie leicht man bei derartigen Beschreibungen vom Hundersten ins Tausendste geraten kann und unter Umständen so viel Zeit vergeht, dass keiner der anderen mehr die Möglichkeit hat, seine eigenen Träume zu schildern. Um dies zu verhindern, setzen Sie jedem Teilnehmer ein Limit, dadurch lernen alle, ihre Zeit besser einzuteilen, zudem vermitteln ein Anfangs- und ein Endpunkt jedem in der Gruppe das Gefühl einer »runden« Geschichte. Bevor Sie einen bestimmten Traum zur gemeinsamen Diskussion auswählen, stellen Sie sicher, dass alle Anwesenden ihre Zeitspanne ausschöpfen konnten. Einen Traum einfach nur deshalb nicht (mit)teilen zu können, weil die Zeit um ist, kann für die/den Betreffenden sehr enttäuschend sein. Da jeder einzelne Traum ein Kompositum zahlloser Bilder aus verschiedensten Dimensionen darstellt, kann man natürlich ohne weiteres mehrere Sitzungen auf einen einzigen Traum verwenden. Und bedenken Sie auch, dass es absolut wichtig und wertvoll ist, wenigstens *einen Traum jedes einzelnen Teilnehmers* gemeinsam zu bearbeiten. Wenn jeder Teilnehmer in der Gruppe die Möglichkeit hat, seine Träume einzubringen und davon auch Gebrauch macht, schafft das mit der Zeit eine tiefe innere Verbindung zwischen allen Mitgliedern. Das Ergebnis besteht in einer erhöhten Sensibilität untereinander, einer Art von telepathischer Verbundenheit und vielleicht sogar einer gewissen Ähnlichkeit zwischen den auftretenden Traumsymbolen.

Erzählen Sie Ihre Träume immer in der Gegenwartsform, also »ich renne« anstatt »ich rannte«. Dadurch bleiben Sie während Ihrer Schilderung wesentlich dichter an Ihrem Traumgeschehen, und alles ist präsenter. Auch die Verwendung der Ich-Form ist wichtig, weil man aus dieser Perspektive im Allgemeinen leichter neue Einsichten über sich selbst gewinnt. Beginnt ein Teilnehmer seine Erzählung im Präsens und wechselt dann – ohne es selbst zu bemerken – in die Vergangenheitsform über, deutet das darauf hin, dass seine Gefühle an diesem Punkt des Traumgeschehens besonders heikel oder schwierig für ihn sind. Machen Sie den Betreffenden darauf aufmerksam, das kann sich als wertvoller Hinweis für ihn herausstellen und zu einer Erkenntnis, einem »Aha-Erlebnis«, führen.

Schenken Sie bei den Erzählungen der einzelnen Gruppenmitglieder auch ihrer Wortwahl genaue Aufmerksamkeit und achten Sie ebenso auf ihre Körpersprache.

Eignen Sie sich die Auffassung an, dass jedes Mitglied der Gruppe einen anderen Aspekt Ihrer selbst repräsentiert. Wenn sich die geheimen Botschaften eines Traums den anderen erschließen, werden Sie in Ihrem eigenen Inneren ein Neuerwachen erleben. Dabei ist es sehr nützlich, auf die Art und Weise zu achten, in der die anderen Gruppenteilnehmer über den betreffenden Traum sprechen. Jeder einzelne Traum wird seine spezifische Bedeutung für Sie haben oder erhalten, da er auch von Ihnen handelt. Sie alle sitzen ja nicht zufällig beisammen: Es hat Sie zueinander gezogen, weil Sie ähnliche Energien besitzen. Sämtliche Angehörigen der Traumgruppe sind zugleich auch Stellvertreter Ihrer selbst. Bestimmen Sie für jede Sitzung einen Moderator, um die Gruppe »auf Kurs« zu halten. Hierfür empfiehlt sich ein Rotationsverfahren, wonach bei jedem Treffen ein anderes Mitglied an die Reihe kommt.

Traumbedeutungen

Hat die Gruppe sich für einen bestimmten Traum zur tiefer gehenden Bearbeitung entschieden, sollten Sie darauf achten, dass jeder in der Runde dem »Eigentümer« oder der »Eigentümerin« des Traums seine An- und Einsichten dazu mitteilt. Das sind in der Regel sehr wertvolle Hinweise für den Betreffenden. Dennoch ist es sehr wichtig, dass der Träumer nur das übernimmt, was sich für sie oder ihn »stimmig« anfühlt.

Wenn es (zu) den Mitgliedern Ihrer Gruppe passt, stellen Sie Ihre Zusammenkünfte gelegentlich doch unter ein bestimmtes Thema oder Motto: So können die Teilnehmer in der einen Woche beispielsweise alle ihre Energie auf die Lösung in ihrer Kindheit entstandener Blockaden richten, in der folgenden Woche »bebrüten« Sie dann alle Ihre Träume, um Visionen und Prophezeiungen für das kommende Jahr zu erhalten. Ist in der Gruppe entsprechendes Interesse vorhanden, kann jeder von Ihnen eine Woche lang im Traum auf telepathischem Weg mit Außerirdischen kommunizieren und sich beim nächsten Treffen darüber austauschen. Praktischer anwendbar wäre das Traum-Thema »Analyse der Börsenbewegungen«. Oder Sie widmen eine Woche und eine Sitzung dem Heilen: Nacht-Heilung, Tag-Heilung oder Selbst-Heilung.

Gehen Sie in Ihren Traumgruppen schöpferisch vor: So könnten Sie sich beispielsweise in einer Zusammenkunft Ihre Träume alle gegenseitig vortanzen oder Sie rüsten sich mit den entsprechenden Utensilien aus und zeichnen Ihre Träume! Eine andere schöne Idee: Sie suchen sich Traum-Partner aus und träumen während der Woche gegenseitig füreinander, ohne dabei vorher einen bestimmten Abend festzusetzen. Letztere Übung hat sich bei mir persönlich als besonders effektvoll erwiesen, denn ich erhalte auf diese Weise immer wieder tiefe Einblicke in mich selbst. Wo der eine Träumer seinen »blinden Fleck« hat, sieht der andere besonders scharf. Sogar Menschen mit noch vergleichsweise geringer Erfahrung in der Traum-Arbeit können gut für andere träumen und enthüllen dabei für den Betreffenden höchst bedeutungsvolle und wichtige Symbole.

Nehmen Sie Ihre Traumjournale zu jedem Treffen mit und tauschen Sie sie freimütig untereinander aus. Vielleicht legen Sie in Ihrem Traumjournal sogar eine eigene Sparte für die Hinweise und Ansichten der anderen Gruppenmitglieder zu Ihren Träumen an. Eine andere Möglichkeit, Ihrer Kreativität freien Lauf zu lassen und Ihren Träumen noch tiefer auf den Grund zu gehen, bieten Traum-Masken und Traum-Schilde. Auch könnte die ganze Gruppe gemeinsam – nach indianischem Vorbild – einen besonders aussagekräftigen oder gehaltvollen Traum nachspielen, wie ein Bühnenstück, wobei jedes Mitglied eine bestimmte Rolle aus dem Traum-Drehbuch übernimmt. Und eines nicht vergessen: Haben Sie Freude dabei, genießen Sie das Ganze!

Zum Schluss

Rudere, rudere, rudere Dein Boot,
Behutsam den Fluss hinunter,
Munter, munter, munter, munter
Das Leben ist nur ein Traum.

Danksagung

Dank sei Dir, Leon Nacson, denn Du hattest den Traum, der mich zu diesem Buch inspirierte. Du bist ein wundervoller Freund!

Dich in unserem Leben zu haben, Allison Harter, ist ein echter Segen. Ich danke Dir für Deine großzügige Freundlichkeit und Unterstützung.

Dank auch an Ann Sewell, die sich diesem Projekt hingebungsvoll gewidmet und seine Fertigstellung bewirkt hat. Ihre Bereitschaft, unermüdlich und unverzagt daran weiterzuarbeiten, werde ich ihr nie vergessen. Sie hat dieses Buch »auf die Welt gebracht«.

Lieben Dank auch an Karl Bettinger, den Computer-Mystiker und »Schicksalswalter«.

Barb Kelly verdanke ich das große Vergnügen beim Zustandekommen dieses Buchs! Wer hätte gedacht, dass die Niederschrift des Textes so viel Spaß machen könnte?

Jill Kramer, der wundervollen Cheflektorin beim Verlag Hay House, danke ich herzlich für ihre Unterstützung und Liebe. Meiner unglaublichen und unerschütterlichen Hay House-Lektorin Lisa Mitchell kann ich gar nicht oft genug sagen, welche Freude mir die Zusammenarbeit mit ihr gemacht hat!

Jane Bakkan, während Dein langersehntes Kind in Dir heranreifte, verhalf Dein sanfter Zauber diesem Buch zum Leben. Danke Dir!

Barbara Ropers stille Klugheit wärmte so manche lange Nacht.

Alice Allen danke ich dafür, dass sie uns so behutsam den Pfad der Gnade entlanggeführt hat.

Lydia Christofides verdanke ich einige bemerkenswerte Einsichten.

Anne Sweet, Deine Verse ließen uns auf den Traumflügeln der Nacht dahinsegeln.

Cheryl Steinle danke ich für ihre Ausdauer und Hingabe.

Phillip Crockford – Du wirst immer ein Teil unserer Familie sein. Mein besonderer Dank geht an Dich für Deine Hilfe bei der Arbeit am Kapitel »Die alte chinesische Organuhr«.

Ken Collbung (Nundjan Djiridjakin), dem spirituellen Führer und männlichen Seniorchef des australischen Aborigines-Stammes der Bibulmun: Danke Dir von Herzen für Deine Einsichten und Deine Unterstützung!

Wie beglückend, Dich in unserem Leben zu haben, Glynn Brady!

Dancing Feather (»Tanzende Feder«): Du bist meinem Herzen immer nahe, und ich danke Dir sehr!

Anmerkungen

Kapitel 1

1. Begley, Sharon, »The Stuff That Dreams Are Made Of,« *Newsweek*, August 14, 1989, S. 41-44
2. Long, Michael E., »What Is This Thing Called Sleep?« *National Geographic*, Dezember 1987, S. 790f.
3. ibid., S. 787f., 802
4. ibid., S. 792, 802, 818
5. Morris, Jill, *The Dream Workbook*, New York 1985, Fawcett Crest, S. 15
6. ibid., S. 16
7. ibid.
8. ibid., S. 13
9. ibid., S. 16f.
10. Dee, Nerys, *Your Dreams and What They Mean*, New York 1984, Bell Publishing Company, S. 43f.
11. Long, S. 820
12. Taylor, Jeremy, *Dream Work*, Mahwah, NJ 1983, Paulist Press, S. 6 (Dt.: *Das innere Universum. Die schöpferische Kraft der Träume*, Reinbek bei Hamburg 1991, Rowohlt)
13. ibid., S. 6f.
14. ibid., S. 7
15. ibid., S. 7f.

Kapitel 2

1. Dee, *Dreams*, S. 56f.
2. ibid., S. 57.
3. ibid., S. 58f.
4. Clift, Jean Dalby und Clift, Wallace B., *Symbols of Transformation in Dreams*, New York 1987, The Crossroad Publishing Company, S. 6f.
5. ibid., S. 7
6. ibid., S. 11f.
7. ibid., S. 12f.
8. Dee, S. 62
9. Clift/Clift, S. 9f.; Dee, S. 62f.
10. Clift/Clift, S. 14
11. ibid., S. 17

Kapitel 3

1. Bro, Harmon H. und Cayce, Hugh Lynn, ed., *Edgar Cayce on Dreams*, New York 1968, Warner Books, S. 7 (Dt.: *Traumdeutungen in Trance des größten Propheten der Gegenwart Edgar Cayce*, Genf/München 1982, Ariston)
2. ibid.
3. ibid., S. 8
4. ibid., S. 8f.
5. ibid., S. 16-19
6. ibid., S. 11-32
7. ibid.

Kapitel 4

1. Garfield, Patricia, *Creative Dreaming*, New York 1974, Ballantine Books, S. 215 (Dt.: *Kreativ träumen*, Interlaken 1983, Ansata)
2. ibid., S. 20f.
3. Dee, *Dreams*, S. 14
4. ibid., S. 15
5. Dee, S. 15f.; Clift, Jean Dalby und Clift, Wallace B., *Symbols of Transformation*, S. 90; Faraday, Ann, *The Dream Game*, New York 1974, Harper & Row, S. 63 (Dt.: *Die positive Kraft der Träume*, München 2000, Droemer Knaur)
6. Dee, S. 16; Garfield, S. 24
7. Garfield, S. 24f.
8. Dee, S. 16f.
9. ibid., S. 17f.
10. ibid., S. 18
11. Zitiert nach Garfield, S. 26
12. Garfield, S. 26
13. Dee, S. 18, 22
14. ibid., S. 23
15. ibid., S. 25f.

Kapitel 5

1. Garfield, *Creative Dreaming*, S. 59f.
2. Taylor, *Dream Work*, S. 108
3. ibid.
4. ibid., S. 108f.
5. ibid., S. 109
6. Garfield, S. 69

7. ibid., S. 73
8. ibid., S. 71f.

Kapitel 7

1. Kunz, George Frederick, *Curious Lore of Precious Stones*, Philadelphia 1913, J. B. Lippincott Company, S. 176-224

Kapitel 8

1. Garfield, *Creative Dreaming*, S. 20f.
2. ibid., S. 21-23.

Kapitel 9

1. Garfield, *Creative Dreaming*, S. 151-69; LaBerge, Stephen, *Lucid Dreaming*, New York 1985, Ballantine Books, S. 23-25, 144f. (Dt.: *Hellwach im Traum, Höchste Bewusstheit in tiefem Schlaf*, München 1991, Moderne Verlagsgesellschaft)
2. Long, *Sleep* in *National Geographic*, S. 787

Kapitel 10

1. Bass, Virginia (Hrsg.), *Dreams Can Point the Way: An Anthology*, Sugar Land, TX 1984, Miracle House Books, S. 145

Kapitel 11

1. Loman, Eve, *You Are What You Dream*, Greenwich, CT 1972, Fawcett Publications, S. 61f.

Kapitel 12

1. Moore, Marcia und Douglas, Mark, *Reincarnation, Key to Immortality*, York Cliffs, ME 1968, Arcane Publications, S. 17-31.

Kapitel 13

1. Castaneda, Carlos, *Journey to Ixtlan*, New York 1972, Simon and Schuster (Dt.: *Reise nach Ixtlan. Die Lehre des Don Juan*, Frankfurt 1984, Fischer)
2. Fox, Oliver, *Astral Projection*, New Hyde Park, NY 1962, University Books, S. 32f.
3. Greenhouse, Herbert B., *The Astral Journey*, New York 1974, Avon Books, S. 4
4. ibid.
5. ibid.
6. ibid., S. 4-8
7. ibid., S. 9, 13
8. ibid., S. 15f.
9. ibid., S. 16-18

Kapitel 15

1. Garfield, *Creative Dreaming*, S. 104
2. ibid., S. 104f.

Kapitel 25

1. Dudley, G. A., *Dreams: Their Mysteries Revealed*, Wellingborough, Northamptonshire, UK 1979, Aquarian Press, S. 78
2. ibid.
3. ibid., S. 78f.
4. ibid., S. 79
5. ibid., S. 79f.

Literaturhinweise

Aeppli, Ernst, *Der Traum und seine Deutung*, München 1998, Knaur Esoterik

Ball, Pamela, *Was Träume verraten. Lexikon der Traumsymbole*, München 2000, Mosaik bei Goldmann

Bro, Harmon H., *Edgar Cayce, Seher, Heiler, Mystiker – An der Schwelle des neuen Zeitalters*, München 1996, Heyne

Bro, Harmon H. und Cayce, Hugh Lynn (Hrsg.), *Traumdeutungen in Trance des größten Propheten der Gegenwart Edgar Cayce*, Genf/München 1982, Ariston

Castaneda, Carlos, *Die Kunst des Träumens*, Frankfurt/M. 1998, Fischer

Carlos Castaneda, *Reise nach Ixtlan. Die Lehre des Don Juan*, Frankfurt/M. 1984, Fischer

Faraday, Ann, *Deine Träume – Schlüssel zur Selbsterkenntnis*, Frankfurt/M. 2001, Fischer

Faraday, Ann, *Die positive Kraft der Träume*, München 2000, Droemer Knaur

Freud, Sigmund, *Traumdeutung*, Frankfurt/M. 2005, Fischer TB

Garfield, Patricia, *Frauen träumen anders: Die weibliche Traumwelt*, München 1992, Piper

Garfield, Patricia, *Kreativ träumen*, Interlaken 1983, Ansata

Gendlin, Eugene T., *Dein Körper, Dein Traumdeuter*, Stuttgart 2009, Klett-Cotta

Hark, Helmut, *Die Heilkraft der Träume*, München, 2000, Kösel

Huiffner, Johanna, *Träume zwischen Geist und Schöpfung: Spirituelle Traumdeutung*, Oldenburg 2003, Schardt-Verlag

Jung, Carl Gustav, *Träume und Traumdeutung*, München 2008, dtv

Jung, Carl Gustav, *Der Mensch und seine Symbole*, Olten 1982, Walter

LaBerge, Stephen, *Hellwach im Traum. Höchste Bewusstheit in tiefem Schlaf*, München 1991, Moderne Verlagsgesellschaft

Mertens, Wolfgang, *Traum und Traumdeutung*, München 1999, C.H. Beck Wissen

Schnocks, Dieter, *Was unsere Träume sagen wollen: Botschaften aus dem Raum der Seele*, Freiburg i. B. 2009, Herder

Spurr, Pam, *Erotische Träume verstehen*, München 2008, Ariston

Stearn, Jess, *Der schlafende Prophet, Edgar Cayces Prophezeihungen in Trance*, München 2006, Kailash

Taylor, Jeremy, *Das innere Universum. Die schöpferische Kraft der Träume*, Reinbek bei Hamburg 1991, Rowohlt

Villoldo, Alberto, *Mutiges Träumen. Wie Schamanen Realitäten erträumen*, München 2009, Goldmann Arkana

Vollmar, Klausbernd, *Das Handbuch der Traum-Symbole, Die Bildsprache der Träume verstehen und nutzen*, München 2007, Heyne Spiritualität

Zumstein, Carlo, *Der schamanische Weg des Träumens*, München 2003, Ariston

Zumstein, Carlo, *Träume Deine Heilung. Schamanische Traum-Meditationen*, Audio-CD, München 2007, Ariston

Über die Autorin

Denise Linns eigene bewusste Lebensreise begann mit einer Nahtod-Erfahrung im Alter von 17 Jahren, was ihr ganzes Leben dramatisch veränderte. Nachdem sie sich von ihren schweren Verletzungen erstaunlich gut und rasch erholt hatte, begab sie sich auf ihre spirituelle Reise. Sie erforschte die Heiltraditionen zahlreicher verschiedener Kulturen, was sie zunächst ihren eigenen indianischen Wurzeln und ihren Vorfahren vom Stamm der Cherokee wieder nahebrachte.

Ihre Reise führte sie zudem ins australische Buschland zu den Aborigines und nach Bophuthatswana ins Land der Zulu. Sie ging bei einer hawaiianischen *Kahuna* (Schamanin) und der Reikimeisterin Hawayo Takata in die Lehre. Ein neuseeländischer Maori-Stamm nahm sie durch Adoption in seine Reihen auf. Später verbrachte sie über zwei Jahre in einem buddhistischen Zen-Kloster. Die auf diesen Reisen und durch ihre Begegnungen gewonnenen Inhalte sind in ihre eigene Arbeit eingeflossen.

Denise Linn genießt als Heilerin und Lehrerin im Bereich der »Selbst- und Seelenentwicklung« internationales Ansehen. Sie ist Autorin von 15 Büchern, darunter die Bestseller *Quellen der Inspiration: Orte der Kraft für Geist und Seele im eigenen Zuhause*, *Die Magie des Wohnens: Wie Sie die Energien Ihres*

Zuhauses harmonisieren und steigern sowie der preisgekrönte Titel *Feng-Shui für die Seele*, die insgesamt in 26 Sprachen erschienen sind. Außerdem war sie in unzähligen Dokumentarsendungen und TV-Shows auf der ganzen Welt zu Gast. Sie hält ihre Seminare auf sechs Kontinenten ab und hat das Internationale Institut für Soulcoaching® gegründet, das Ausbildungsprogramme auf dem Gebiet der Seelen- und Lebensentwicklung anbietet. Sie lebt mit ihrem Mann David, zwei Hunden und (derzeit) fünf Hühnern sowie zahllosen »Tiergästen« auf ihrer Ranch »Summerhill« im Weinanbaugebiet an der kalifornischen Küste.

Wer Interesse an näheren Informationen zu Denise Linns Person, ihren Seminaren sowie Aus- und Fortbildungen hat, findet das Gesuchte unter **www.DeniseLinn.com** auf ihrer Homepage oder wendet sich an folgende Adresse:

Denise Linn Seminars
P.O. Box 759
Paso Robles, California 93447
USA

Den sehr empfehlenswerten, weil von Herzenswärme und Humor geprägten Newsletter von Denise Linn *Mumblings and Musings* (wörtlich: »Genuschel und Gegrübel«) kann man ebenfalls auf ihrer Webseite nachlesen und abonnieren.